専修大学社会科学研究所 社会科学研究叢書 14

変貌する現代国際経済

鈴木直次・野口 旭 編

専修大学出版局

まえがき

　本書は，専修大学経済学部国際経済学科に籍を置くスタッフによる，現代国際経済に関する共同論文集である。共同研究の運営と成果の公刊は，本学社会科学研究所から与えられた「グループ研究助成Ａ」と「特別研究助成」のお陰を被っている。はじめに本書の成り立ちについて簡単にふれておきたい。

　やや旧聞に属するが，本学経済学部は，教育・研究改革の一環として，1996年度から国際経済学科を発足させ，経済学科との２学科制をとって再出発した。新学科の立ち上げに際して，従来からの経済学関連を中心とするスタッフに加え，新たに国際政治や国際関係論，社会学や民族学など多様な専門領域の研究者が迎えられた。そこで新学科発足の前後から，学科内部における研究交流の必要性が認識され，定期的な研究情報交換の場を設けることが計画された。非公式に始まっていた研究会は2004年度から正式に本学社会科学研究所から助成を受け，「グループ研究助成Ａ　現代国際経済の研究」として発足した（参加者16名，06年度までの３年間）。この研究会は，学科スタッフが全員参加し，各自の研究報告を軸にしながら，ときには外部から研究者を招へいし，合宿研究などを含め，現代国際経済に関するオープンで肩の凝らない議論の場となった。その後，研究成果の取りまとめが構想され，2007年度から09年度までの３年間は同研究所の「特別研究助成　グローバル化時代の国際経済の諸問題」（参加者18名）を得て，今日に至った。この３年間には，各参加者が順次，執筆予定原稿の概要を報告し，異なる専門領域の研究から啓発を受けながら，現代国際経済に関する基本的認識を共有する努力がはらわれた。この間，定年退職や新規採用などを通じて，学科の教員スタッフには若干の変化が見られたが，ほぼ全員が参加するオープンな体制は維持された。本書においても，現在，学内行政において重要な職務に就いていたり，健康上の問題を抱えたりしているスタッフを除き，海外留学中や定年退職された教員の一

部の方々をも含め，メンバー全員が執筆した。

　われわれが共同研究を始めた当初に設定した課題は，21世紀初頭の世界における「グローバリゼーション」のめざましい進展を前に，その実態と影響をそれぞれの専門分野から検討しようという比較的緩いものであった。当初は，IMFのGreat Moderationという表現が広く流布していたように，世界経済は多様な問題を抱えつつも繁栄を謳歌していたように思われたが，われわれが成果の取りまとめに入った2007年ないし08年を境に，一転して，激動の時代に突入した。言うまでもなく，アメリカの住宅ブームの崩壊とそれに伴うサブプライム・ローンの焦げ付きを契機に金融危機が生じ，08年秋の大手投資銀行，リーマンブラザースの破綻を経て，深刻な経済危機が現出したことである。一部はその影響を受けて，また，一部はアメリカ以上の住宅バブルの崩壊に直面し，ヨーロッパの少なからぬ国々が深刻な経済困難に見舞われた。内外における経済政策の大動員と協調を通じて，世界的な金融・経済危機は「大恐慌」の再来にまでは至らなかったが，今度は，不況対策の財政支出が巨額の財政赤字とソブリン危機をまねいた。かくて2010年夏頃からギリシャ危機が表面化し，それが震源となってユーロ諸国を揺さぶった。危機は今なお継続し，一部では，ユーロ圏の瓦解すらささやかれるなど，現代の国際経済は激動の渦中にある。

　このような循環的な変動の背後で，世界経済の構造面にも大きな変化が生じていた。すでにリーマン危機以前に，中国を筆頭に，インド，ブラジル，ロシアなどの新興諸国はめざましい成長を開始し，世界の成長センターに躍進しつつあった。新興国の高成長は世界経済危機後も基調としては維持され，多少の変化を伴いつつも，今日まで続いている。経済成長の波は，東アジアからさらにラテンアメリカ，アフリカの一部地域へと，経済統合を伴いつつ，広がっている。しかし経済成長の進展は，他方で，貧困問題や新たな内政上の問題を引き起こし，国際協力のさらなる進展を要請している。

　本書は，このようにめざましく変貌する現代国際経済の諸相を明らかにしようとした共同論文集である。全体は「グローバルイシュー」と「新興経済・発展途上国経済」，「先進国経済」の3部から構成されている。もっとも，本書

に収められた論文の多くは一国経済の枠を超えた広がりを持っているので，このような構成はやや機械的だが，まず各論文を主たる対象とする国および地域に即して，「新興経済・発展途上国経済」と「先進国経済」とに分類し，これでは収まらないグローバル性の高いものを「グローバルイシュー」に含めた。

第Ⅰ部の「グローバルイシュー」には3つの論文が収められ，第1章「世界経済危機と経済政策」では，世界経済危機の原因と経済政策とりわけ金融政策との関連が包括的に論じられ，第2章「世界経済危機後の輸出減少のメカニズム」では，世界経済危機の貿易への影響が輸出減少要因の解明を通じて検討される。第3章「混迷する現代国際経済と国際石油情勢」では石油需給関係の分析を通じて，石油危機以降現在に至る世界経済の構造変化が俯瞰される。

第Ⅱ部「新興経済・発展途上国経済」には6論文が収められ，現代世界経済の成長センターとなった中国経済の内需主導型への成長パターンの変化が検討された第4章「グローバル・インバランスと中国経済」に始まり，第5章の「変容するロシアの穀物生産」は，ロシア経済の市場経済への移行が含む問題点をロシア農業，とくに穀物の生産を通じて明らかにした。続く2章は東南アジア・ASEANを対象とし，第6章「東南アジア諸国の国際資本フローと国内金融」では，ASEAN諸国の国際資本フローが国内金融および世界金融危機に及ぼした影響が検討され，第7章「東南アジア諸国連合（ASEAN）にみる地域統合と域内格差」では，ASEAN諸国内での地域統合の展開における格差問題の捉え方が検討される。第8章「貧困削減における動機と誘因」と第9章「アンゴラにみる紛争後復興支援の課題と教訓」はいずれもラテンアメリカ，アフリカとの国際協力を見据えた論文であり，前者では，21世紀のラテンアメリカ経済の高成長とその背後に進行した貧困問題をグアテマラとの関連で，後者は，内戦を経て急速な復興プロセスをたどっているアンゴラの経済，内政の問題点と復興支援から得られる教訓がまとめられている。

第Ⅲ部「先進国経済」も6つの章からなり，最初はアメリカを対象とした第10章「アメリカの自動車産業救済策と新生GMの歩み」，第11章「アメリカの対外援助及び環境政策とキリスト教原理主義」であり，前者は経済危機

への対策として行われた自動車産業救済策の実態と効果を，後者は，キリスト教右派のアメリカ政治・経済への影響力の高まりをブッシュ政権下の対外援助および環境政策に即して，それぞれ検討している。第12章「統一後20年のドイツ」は，東西統一後の20年間におけるドイツ経済の変貌を包括的に論じた。第13章「イギリス経済衰退／再生論の動向」と第14章「ウェルフェアからワークフェアへ」，第15章「土地のアクセス権と自然環境保全」の3論文はイギリスを扱ったものだが，13章は，「イギリス病論争」をはじめ，戦後を通じて論じられたイギリス経済没落論とその背景を分析し，14章では，近年の福祉政策の転換に焦点を絞り，その意味を考察する。最後の15章では，イングランドの土地所有権の特質をアクセス権という点から検討し，日本との比較を試みたものである。

　編者としての印象をつけ加えれば，多彩な分野の優れた研究者との共同研究は楽しく有益であった。しかし，その成果をまとめる段になると，それぞれの問題意識がきわめて広い範囲にわたり，また異なる学問的なバックグラウンドを持っていることから，確固としたフレームワークのもとにリジッドな共同研究を遂行するのは無理と考えた。これはむろん，編者の力量不足のゆえでもある。そこで，本書は2008年以降の世界的な経済危機を念頭に置くことを全体の緩やかな了解事項とし，あとは各自が関心を持つ専門領域からそれぞれテーマを選択することとした。その意味では本書は学際的な共同論文集であり，われわれの共同研究の第一歩をなすものと言えよう。

　最後になるが，長期にわたってわれわれの研究交流の場を支え，さらに研究成果公表の機会を与えて下さった専修大学社会科学研究所に厚く感謝したい。本叢書の刊行に当たっては，本学出版局の笹岡五郎氏から様々な助力と気配りを頂いた。また，学校法人専修大学からは本書の刊行経費についてあらためて支援を得た。それぞれ心から感謝を申し上げる。

2011年12月

編者を代表して　鈴木直次

目 次

まえがき

■第 I 部■ グローバルイシュー

第 1 章　世界経済危機と経済政策 …………………………… 野口　旭　3

1. はじめに　3
2. 世界経済危機に関する三つの仮説　4
   2.1　アメリカの金融政策は失敗だったのか　4
   2.2　グローバル・インバランスの意味　8
   2.3　金融市場におけるインセンティブ構造の歪み　11
3. 三仮説が提起する政策的課題　13
   3.1　金融政策による「バブル抑制」は可能か　13
   3.2　グローバル・インバランスは是正されるべきか　16
   3.3　金融規制改革の方向性　17
4. マクロ経済政策の将来　21

第 2 章　世界経済危機後の輸出減少のメカニズム
…………………………………………………………… 伊藤　萬里　25

1. はじめに　25
2. 貿易ショックの特徴　28
   2.1　危機後の急激な落ち込みと緩やかな回復傾向　28
   2.2　危機前の高付加価値製品の輸出集中　31
3. 危機前後の輸出額変化の分解　34

4. 重力モデルによる貿易変化要因の特定　39
　　4.1　モデルの枠組み　39
　　4.2　危機後の貿易要因の影響変化　40
5. おわりに　44

第3章　混迷する現代国際経済と国際石油情勢 …… 小島　直　47

1. はじめに　47
2. インフレーションの国際的波及と第一次，第二次石油危機の発生　49
　　2.1　相対的に制約されていた国際経済の統合　49
　　2.2　アメリカにおけるインフレーションの昂進　51
　　2.3　第一次石油危機の発生　54
　　2.4　打ち続く第二次石油危機の発生　55
　　2.5　規制による市場介入策の失敗　58
3. グローバル経済の深化と国際石油エネルギー情勢の変化　60
　　3.1　1980年代〜90年代における経済のグローバル化と国際石油市況の安定化　60
　　3.2　2000年代に接近した先進国と新興国・発展途上国との経済規模　62
　　3.3　先進国と新興国・発展途上国との一次エネルギー消費量の逆転　66
4. グローバル経済の下で乱高下した国際石油市況　71
　　4.1　アメリカ経済の変貌が国際石油市況に及ぼした影響　71
　　4.2　長期的に持続する新興国・発展途上国における石油エネルギー消費量の増大　83
　　4.3　一次エネルギー需給の非弾力性　87
5. むすび　93

■第Ⅱ部■ 新興経済・発展途上国経済

第4章 グローバル・インバランスと中国経済
―― 内需主導型成長への転換 ――
.... 大橋 英夫　99

1. はじめに　99
2. グローバル・インバランスの拡大　100
   2.1 米国の経常赤字　100
   2.2 グローバル・インバランスの背景　101
3. グローバル・インバランスに対する中国の対応　103
   3.1 輸出抑制・輸入促進策の展開　103
   3.2 為替レートの切り上げ　105
   3.3 東アジアの輸出生産ネットワーク　107
   3.4 貯蓄・投資バランスの変化　109
4. 経済発展方式の転換　111
   4.1 東アジアの域内貿易　111
   4.2 中国と近隣諸国の貿易パターンの変化　112
   4.3 中国の内需主導型成長への含意　115
5. おわりに　117

第5章 変容するロシアの穀物生産 ―― 市場経済移行20年 ――
.... 野部 公一　121

1. はじめに　121
2. 穀物生産の推移　122
3. 穀物輸出の問題点　127
4. おわりに　132

第6章　東南アジア諸国の国際資本フローと国内金融
　——東アジア危機と世界金融危機の経験——············ 大倉　正典　135

1. はじめに　135
2. ASEAN 4 カ国の国際資本フローの変遷　137
3. グローバル銀行を通じた ASEAN 4 カ国への国際資本フロー　141
4. ASEAN 4 カ国の sudden stop の経験　145
5. 金融リンケージと危機の波及　150
6. 外貨建て借入を利用した国内民間向け信用　158
7. おわりに　162

　補節　BIS 銀行統計について　166

第7章　東南アジア諸国連合 (ASEAN) にみる地域統合と域内格差
··· 飯沼　健子　173

1. はじめに　173
2. ベラ・バラッサの地域統合理論における格差の問題　174
3. ASEAN 地域統合の進展と格差概念　177
   - 3.1　地域統合以前の ASEAN　177
   - 3.2　CLMV 援助への動きと ASEAN 拡大　178
   - 3.3　アジア通貨危機の格差概念への影響　180
   - 3.4　統合イニシアティブ (IAI) による二層格差概念の固定化　182
   - 3.5　共同体構想と格差概念　184
4. 域内格差の絶対性・相対性について　188
   - 4.1　格差概念と貧困問題　188
   - 4.2　格差の相対性について　190
5. おわりに　194

第8章　貧困削減における動機と誘因
　　——グアテマラにおける開発協力への予備的考察——
　　　　　　　　　　…………………………………………… 狐崎　知己　205

1. はじめに　205
2. 21世紀ラテンアメリカ経済の動向　206
3. 経済成長と貧困動向　212
4. ミクロ経済学と貧困研究　220
5. おわりに　225

第9章　アンゴラにみる紛争後復興支援の課題と教訓
　　　　　　　　………………………………………………… 稲田　十一　229

1. はじめに　229
2. アンゴラ内戦と戦後復興プロセス　229
　2.1　アンゴラの内戦の経緯　229
　2.2　内戦が長く続いた要因　232
　2.3　アンゴラの経済破綻と復興プロセス　233
3. 急速な経済復興といびつな経済　234
　3.1　石油に依存する近年の高成長　234
　3.2　安定した債務と国際収支の状況　237
　3.3　「資源の呪い（resource curse）」といびつな経済社会構造　238
　3.4　国民としてのアイデンティティ形成　241
4. 政府の不透明性・汚職とガバナンス　243
　4.1　開発計画とその透明性　243
　4.2　ガバナンス上の課題と能力強化の必要　244
　4.3　アンゴラの国としての脆弱性・リスク評価　245
5. アンゴラと国際社会——急増する中国の支援　247
　5.1　圧倒的な中国の支援　247

5.2 他の主要ドナー　250
5.3 中国の支援に対する評価　252
6. まとめ——アンゴラの復興プロセスから得られる教訓　253

■第Ⅲ部■ 先進国経済

第10章　アメリカの自動車産業救済策と新生GMの歩み
……………………………………………… 鈴木 直次　259

1. はじめに　259
2. 「デトロイトスリー」の経営破綻と公的金融支援　260
   2.1 GM, クライスラーの経営破綻と「自動車産業融資計画」の発足　260
   2.2 「自動車産業融資計画」の展開と連邦破産法第11章の適用申請　265
3. 新生GMの発足と再建過程　270
   3.1 新生GMの発足　270
   3.2 新生GMの再建過程　273
4. むすびにかえて——「自動車産業融資計画」の評価　279

第11章　アメリカの対外援助及び環境政策とキリスト教原理主義
……………………………………………… 堀江 洋文　285

1. はじめに　285
2. 米国国際開発庁の対外援助公的資金と信仰依拠団体　287
3. ブッシュ政権の環境政策とキリスト教右翼団体　299

第12章　統一後20年のドイツ……………………………加藤　浩平　311

1. はじめに　311
2. 統一ショックと統一ブーム　312
3. 経済発展の新たな展開　316
4. 都市での産業集積と「アウトバーン経済」の出現　319
5. 労働生産性停滞の原因　322
6. トランスファーと可処分所得の上昇　324
7. 将来の成長の隘路　328
8. まとめ　332

第13章　イギリス経済衰退／再生論の動向…………永島　剛　341

1. はじめに――イギリス経済の「再生」論　341
2. イギリス病論争　344
3. 製造業とシティ　347
4. 「豊かな社会」と経済衰退　351
5. 戦後の経済運営をめぐって　354
6. 衰退史観と政治　357
7. おわりに　358

第14章　ウェルフェアからワークフェアへ
　　　――ニューレイバーと福祉国家――………………毛利　健三　365

1. はじめに　365
2. ワークフェア戦略　367
3. ニューディール　371
4. 所得税および国民保険料の改革――就労報償改善策（MWP）(1)　374
5. 「税額控除・給付制(tax credits)」の導入――就労報償改善策（MWP）(2)
　376

5.1 「就労家族税額控除・給付（WFTC）」　376
5.2 「就労税額控除・給付（WTC）」と「児童税額控除・給付（CTC）」の新設　379
5.3 「就労税額控除・給付（WTC）」　380
5.4 「児童税額控除・給付（CTC）」　381
6. 最低賃金制　382
7. 結論　383

第15章　土地のアクセス権と自然環境保全
―― イングランドの歩く権利・アクセス権から考える ――
　　　　　　　　　　　　　　　　　　　　　　泉　留維　391

1. はじめに ―― 奪われる日本の土地？　391
2. イングランドにおける歩く権利・アクセス権について　393
　2.1 歩く権利・アクセス権制定の歴史的変遷　393
　2.2 歩く権利・アクセス権の実態　400
3. 日本における歩く権利・アクセス権について　404
　3.1 里道の概要　405
　3.2 里道の現代的な意義　408
4. むすびにかえて ―― 歩く権利・アクセス権と地域の環境保全　410

■第Ⅰ部■
グローバルイシュー

第 1 章
世界経済危機と経済政策

野口　旭

1. はじめに

　アメリカのサブプライム問題を背景に，2008年9月に生じたいわゆるリーマン・ショック（米投資銀行リーマン・ブラザーズの破綻）を契機として拡大した世界経済危機は，その深さと拡がりのゆえに，その後「百年に一度の経済危機」とまで呼ばれるにいたった。経済政策のあり方に関するこれまでの通念は，それによって大きく揺るがされることになった。世界経済危機が生じて以降，専門家や政策担当者の多くは，危機はなぜ生じたのか，そしてそれを防ぐには何が必要だったのかを論じ続けている。本章では，それらの論議の整理と評価を通じて，今後の経済政策がどうあるべきかを考察する。
　ところで，一口に経済危機対策といっても，そこには明確に区別されるべき二つの種類のものがある。第一は，危機の発生を将来的に防ぐための事前対策である。第二は，危機が生じてしまったのちに経済を正常な状態に戻すための事後対策である。両者はともに重要ではあるが，紙幅の制約のため，本章では主に，危機を今後どう防ぐかという事前対策に係わる政策に焦点を当てる。
　経済政策には，それぞれ固有の政策目的がある。それは経済危機の防止策に関しても同様であり，それらは常に「危機を引き起こす原因」を抑制あるいは排除することを目的としている。したがって，正しい危機対策を行うためには，まずはその「危機を引き起こす原因」とは何かを特定しなければならない。今回の世界経済危機に関しては，それを引き起こした原因について，現状

では専門家の間でさまざまな考え方が提起され続けている段階であり，必ずしも十分な見解の一致が得られているわけではない。その議論の観点も，リーマン・ブラザーズに代表されるアメリカの金融機関の経営のあり方を問題にするようなミクロ・レベルのものから，現在のグローバル経済のあり方を問題にするような壮大なものまで，千差万別である。しかし，少なくとも経済政策に関連する文脈の中では，基本的な論点はほぼ出尽くしつつあるといってよい。

　本章では，今回の世界経済危機の原因とその将来的な対策に関する議論を，以下の三つの仮説を軸として整理する。第一は，アメリカの金融政策のあり方を問題とした「金融政策の失敗」説である。第二は，貯蓄投資の世界的な不均衡を問題としたグローバル・インバランス説である。第三は，金融市場の持つ不安定な特性を問題とした「金融市場の歪み」説である。この三つの仮説は，一方では相互に密接に関連しつつも，他方ではそれぞれ異なった政策的課題を示唆している。本章では，まずこの三つの仮説の経済学的内容と，その妥当性を吟味する。さらに，それぞれの仮説が示唆する政策的課題を考察し，そのことを通じて，危機の再発防止に向けた今後の政策のあり方を展望する。

2. 世界経済危機に関する三つの仮説

2.1 アメリカの金融政策は失敗だったのか

　この「金融政策の失敗」説とは，サブプライム問題を生み出したアメリカ住宅バブルの発生とその崩壊の要因を，2000年代前半から半ばまでの米FRB（連邦準備銀行）の金融緩和に求める見解である。

　アメリカの中央銀行であるFRBは，2002年から2004年の半ば頃まで，異例ともいえる低金利政策を続けた。図1はアメリカの政策金利であるフェデラル・ファンド・レートの推移を示したものである。そこには同時に，5.2%というアメリカの「中立的」政策金利が示されている。中立的金利とは，経済が潜在成長経路上にある時に実現されるような，平常時の金利のことである。1990年代後半のアメリカ経済は，消費者物価上昇率は2〜3%，失業率は5%前後で安定していたので，ほぼ潜在成長経路上にあったと想定できる。

図1　アメリカの政策金利の推移

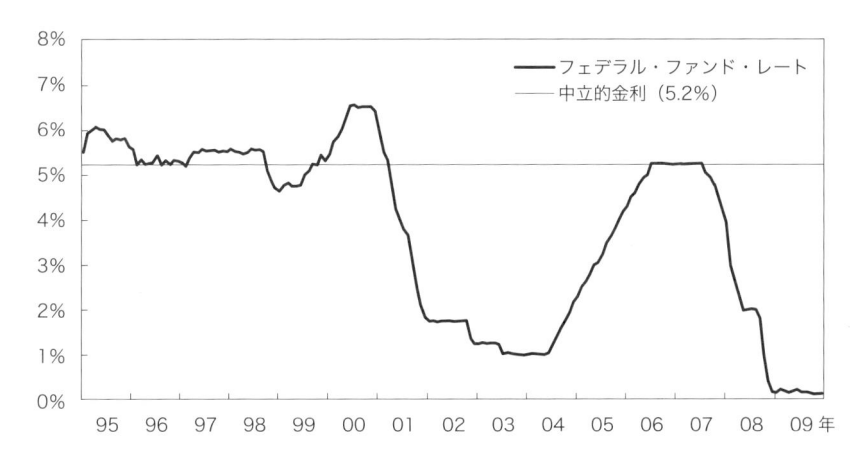

グラフ：フェデラル・ファンド・レート、中立的金利（5.2%）、1995年～2009年

出所：アメリカFRBホームページ。

したがって，その時期にFRBが維持していた5%強のフェデラル・ファンド・レートは，アメリカにおける「中立的」な政策金利と考えることができる。

　アラン・グリーンスパンが議長を務めていた当時の米FRBは，ITバブルが過熱化した2000年頃にはフェデラル・ファンド・レートをいったん6.5%程度まで引き上げたが，バブル崩壊が明らかとなった2001年からは一転して，年間でほぼ4.5%ポイントもの急激な利下げを行った。そして，その後の2002年からの景気回復過程においても，1%台の政策金利を2年以上にわたって維持した。FRBが金利の正常化に着手し始めたのは，景気の「谷」から4年近くも経過した2004年半ば以降になってからのことである。

　金融政策失敗説とは，このFRBの長きにわたる金融緩和政策の結果として発生した「過剰流動性」こそが，アメリカの住宅市場にバブルをもたらし，その後の住宅バブル崩壊によるサブプライム危機をもたらしたとする仮説である。確かに，アメリカの地価の上昇率が顕著に高まったのは2002年から05年にかけてのことであり，それはITバブル崩壊後の金融緩和期とほぼ一致している。その事実は，金融政策失敗説に強い説得力を与えているようにもみえる。

この時期の米金融政策を主導してきたグリーンスパンは，FRB議長在任中は，その巧みな金融政策運営によって「マエストロ」とまで呼ばれ，市場関係者の崇拝を一身に集めてきた。皮肉なことに，今回のサブプライム危機は，グリーンスパンがFRB議長退任後も保ち続けてきた威信を，大いに失墜させる結果となった。サブプライム危機が生じる以前は，グリーンスパンがITバブル崩壊後に迅速かつ大胆な金融緩和を行ったからこそバブル崩壊後の不況がきわめて短期間に終わったとする評価が一般的であった。しかし，リーマン・ショック以降は，未曾有の金融危機をもたらした住宅バブルとその崩壊は，まさしくグリーンスパンの金融緩和によって引き起こされたとして，厳しく批判されているのである。

　このように，金融政策失敗説は，グリーンスパンによって主導されたアメリカの2000年代前半の過度な金融緩和政策こそが今回の世界経済危機の主因であったとする。問題は，グリーンスパンあるいは当時のFRBの金融政策に対するこうした批判が，果たしてどこまでの妥当性を持つかである。グリーンスパンは本当に，金融緩和をより早い段階に，例えば2004年にではなく2003年に終わらせるべきだったのであろうか。結論からいえば，その答えは否である。というのは，当時のアメリカ経済が直面していた「過度なディスインフレ」という状況を考慮すれば，2003年の段階から金利正常化に着手すべきだったとは到底思われないからである。

　図2は，アメリカのインフレ率，より正確には，食料およびエネルギー価格を除く消費者物価上昇率（いわゆるコアCPI上昇率）の推移を示したものである。コアCPI上昇率は，中央銀行が金融政策を遂行する上での，最も基本的な目標である。図2には同時に，2.2％という「望ましいコアCPI上昇率」が示されている。これは，先進諸国の中央銀行の多くが，2％強程度のコアCPI上昇率の維持を目標にして金融政策を運営しているという事実に基づいている。実際，アメリカにおいても，1990年代後半以降は，ほぼその水準が維持されている。

　そのアメリカのコアCPI上昇率が例外的に1％台にまで大きく低下したのが，2002年から2003年にかけてであった。こうしたインフレ率の急激な低

図2 アメリカのインフレ率の推移

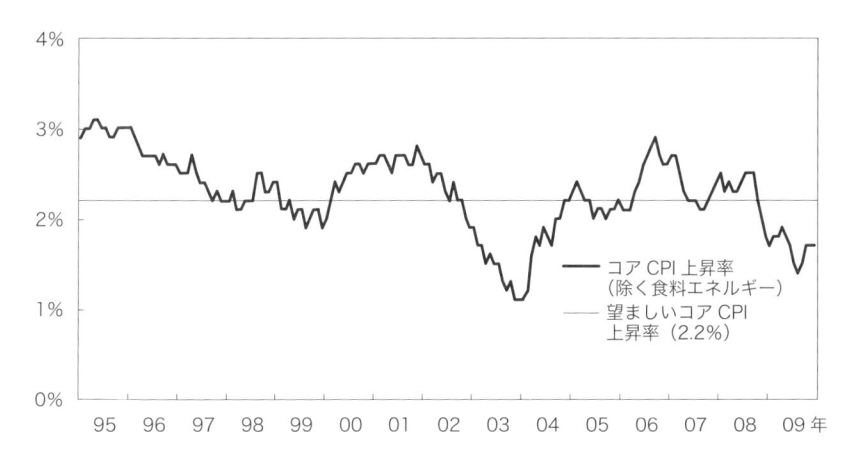

出所：U.S. Bureau of Labor Statistics ホームページ。

下は，FRB とりわけグリーンスパンに，「日本の二の舞になるかもしれない」という危機感を抱かせた。日本では既に 90 年代後半から，政策金利がほぼゼロになってそれ以上の利下げの余地がなくなる中でデフレが進行し続けるという「デフレの罠」が発生していた。金利操作という金融政策の基本手段を奪われた状況でデフレに対峙するという事態は，中央銀行にとっては最も避けるべきものである。その危険性は，日本経済が 2011 年現在もまだ長期デフレと事実上のゼロ金利から脱却し得ていないという事実からも明らかであろう。したがって，コア CPI 上昇率が低下し続けていた 2003 年に金利の引き上げを行うという選択肢は，グリーンスパンの頭の中にはまったくあり得なかったのである[1]。

仮に，FRB が 2003 年の段階で金利正常化に踏み切っていれば，アメリカの住宅バブルがより早い段階で潰れていたことは間違いない。しかしそれは，グリーンスパンが危惧していたようなデフレの発生可能性を，限りなく高めたはずである。バブル崩壊後 20 年近くになってもデフレの克服に苦しんでいる日本の実態を考えれば，それはアメリカ経済により大きな困難をもたらすにすぎなかったかもしれない。

2.2 グローバル・インバランスの意味

グローバル・インバランス説とは，危機の根本原因を，アメリカと日本や中国を含む国々との間に存在する，経常収支の世界的な不均衡に求める見解である。

アメリカの経常収支赤字は，既に 1980 年代前半から，世界経済上の一大問題として認識されてきた。その直接的な原因となったのは，当時のアメリカ大統領ロナルド・レーガンによる減税政策であり，その結果としての財政赤字であった。国民所得の会計原則によれば，一国の経常収支は，民間と政府部門を含めた一国のマクロ的な貯蓄投資差額に等しい。レーガンの減税政策は，政府の所得を減少させることで，アメリカの政府部門の貯蓄投資差額を一挙に赤字化させた。他方で，アメリカの民間部門は，既に 1980 年代以前から，その貯蓄余剰を減少させつつあった。結果として，民間と政府を含めたアメリカの貯蓄投資差額は赤字化し，経常収支の赤字が拡大したのである。こうしたアメリカの財政赤字と経常収支赤字の同時並行的な拡大は，「双子の赤字」と呼ばれている。

この 80 年代から 90 年代にかけては，世界における経常収支不均衡問題とは，もっぱらアメリカの赤字に対する日本の黒字の問題であった。日本はアメリカとは対照的に，1980 年代以降に民間貯蓄余剰が拡大すると同時に，1970 年代後半の財政支出によって拡大していた政府部門赤字の一律的な削減が 80 年代に「増税なき財政再建」のスローガンのもとに行われ，結果として恒常的な貯蓄余剰国＝経常収支黒字国に転じていた。1980 年代から 90 年代に日米経済摩擦が激化した背景には，このようにして定着した赤字国アメリカ対黒字国日本の構図があった。

しかしながら，2000 年代に入ると，それ以前はもっぱら日米間の問題として捉えられていた世界的な経常収支不均衡の図式に，大きな変化が生じ始めた。その変化とは，それまでは経常収支が赤字か，あるいはほぼ均衡しているにすぎなかったアジアの中進国や一部の新興諸国が，恒常的な経常収支黒字国に転じ始めたことである。その代表は中国である。中国は 2006 年以降，90

表1　各国の経常収支の推移と見通し（2004年～2013年）

上段：金額（10億ドル）
下段：対GDP比（％）

	日	米	独	仏	英	ユーロ圏	露	中	韓	印
2004年	172.1	▲630.5	127.9	11.1	▲45.6	112.9	59.5	68.7	32.3	0.8
	3.7	▲5.3	4.7	0.5	▲2.1	1.2	10.1	3.6	4.5	0.1
2005年	165.7	▲747.6	142.8	▲10.4	▲59.8	41.1	84.4	160.8	18.6	▲10.3
	3.6	▲5.9	5.1	▲0.5	▲2.6	0.4	11.1	7.1	2.2	▲1.3
2006年	170.4	▲802.6	188.5	▲13.0	▲82.8	43.0	94.3	253.3	14.1	▲9.3
	3.9	▲6.0	6.5	▲0.6	▲3.4	0.4	9.5	9.3	1.5	▲1.0
2007年	211.0	▲718.1	253.8	▲25.9	▲73.0	29.7	77.0	371.8	21.8	▲8.1
	4.8	▲5.1	7.6	▲1.0	▲2.6	0.2	5.9	10.6	2.1	▲0.7
2008年	157.1	▲668.9	245.7	▲54.6	▲44.1	▲86.7	103.7	436.1	3.2	▲24.9
	3.2	▲4.7	6.7	▲1.9	▲1.6	▲0.6	6.2	9.6	0.3	▲2.0
2009年	141.8	▲378.4	167.0	▲51.3	▲37.3	▲23.5	49.5	297.1	32.8	▲35.8
	2.8	▲2.7	5.0	▲1.9	▲1.7	▲0.2	4.1	6.0	3.9	▲2.8
2010年	194.8	▲470.2	176.1	▲53.1	▲56.0	11.6	71.5	306.2	28.2	▲49.0
	3.6	▲3.2	5.3	▲2.1	▲2.5	0.1	4.9	5.2	2.8	▲3.2
2011年	134.1	▲493.9	180.8	▲76.5	▲60.1	3.8	105.1	372.2	11.9	▲62.5
	2.3	▲3.2	5.1	▲2.8	▲2.4	0.0	5.6	5.7	1.1	▲3.7
2012年	138.6	▲450.7	164.1	▲76.4	▲48.9	6.6	85.7	454.6	11.6	▲70.5
	2.3	▲2.8	4.6	▲2.7	▲1.9	0.0	3.9	6.3	1.0	▲3.8
2013年	136.0	▲439.8	160.1	▲70.6	▲41.5	17.6	58.9	548.7	11.6	▲56.3
	2.2	▲2.7	4.3	▲2.4	▲1.5	0.1	2.4	6.8	0.9	▲2.7

備考：1．IMF "World Economic Outlook database"（2011年4月）。
　　　2．2011年以降は見通し。
出所：外務省『主要経済指標』2011年5月23日号。

年代以前における世界の二大経常収支黒字国であった日本とドイツを追い越し，世界最大の経常収支黒字国となった（表1）。

　他方で，世界最大の経常収支赤字国であるアメリカの赤字額は，2000年代に入るとますます拡大していった。それは，民間部門の貯蓄余剰が減少してほぼ恒常的にマイナスになるとともに，2001年に誕生した共和党のブッシュ政

権が，IT バブル崩壊後の景気対策として減税政策を行い，その政策が政府部門の赤字を再び拡大させたからである。

つまり，2000 年代以降の世界経済では，圧倒的な経常収支赤字であるアメリカがその赤字をますます拡大させていく一方で，中国をはじめとする新興諸国の多くが黒字国へと転じ，その黒字を顕著に拡大させていったのである。これが，いわゆるグローバル・インバランスである。

ところで，国際収支においては，経常収支黒字は資本純輸出を意味し，経常収支赤字は資本純輸入を意味する。つまり，経常収支赤字国アメリカは巨額の対外借り入れを行い，逆に日本や中国等の黒字国はそれだけの資金供給を行っていることになる。これまでの世界経済の常識では，先進国は資本輸出国＝経常収支黒字国であり，後発国あるいは新興諸国は資本輸入国＝経常収支赤字国と考えられてきた。それは，後発国は一般に，投資機会に対して資金が不足しており，先進国はその逆と想定されてきたからである。しかしながら，現在の世界では，中国その他の新興諸国が世界最大の経済的先進国であるアメリカに対して資本供給を行っているのである。このように一見すると奇異な構図が成立している理由は，アメリカがマクロ的には常に過剰消費＝貯蓄不足の状態にあるのに対して，中国等の新興諸国は，高い所得の伸びに国内支出の伸びが追いつかず，結果として貯蓄過剰が発生しているからである。

以上のようなグローバル・インバランスの図式は，新興諸国の貯蓄過剰がアメリカの住宅投資の急拡大に密接に関連していることを示唆している。この事実を，既にサブプライム危機が顕在化する以前から指摘していたのが，現 FRB 議長ベン・バーナンキであった。バーナンキは，FRB 理事時代に行った講演の中で，2000 年代以降のアメリカの住宅投資の拡大は，中国等の新興諸国からの資金流入によって支えられたものであることを論じていた (Bernanke, 2005)。というのは，仮にこうした海外からの資本供給が存在しなかったとすれば，アメリカの資本市場は逼迫して金利が上昇し，住宅投資は抑制されていたはずだからである。バーナンキの前任者であったグリーンスパンは，2004 年以降の FRB の利上げにもかかわらず長期金利が低いままに推移したことをコナンドラム（謎）と呼んでいたが (Greenspan, 2007, ch.20),

バーナンキのこの「グローバルな貯蓄過剰」仮説は，その「謎解き」でもあった。

グローバル・インバランスは，本来はそれによってより大きな消費や投資が可能であったはずの新興諸国の資本が，アメリカの過剰な消費や投資に振り向けられたことを意味し，その点で確かに問題をはらむものではあった。しかし，グローバル・インバランスという現象自体をその後の危機の「原因」とする主張には，論理的に無理がある。というのは，バーナンキも指摘するように，経常収支の不均衡とは本来，さまざまなマクロ的な条件によって決まる「結果」であり，その大きさそれ自体を問題視することに意味はないからである。

この時期におけるグローバル・インバランスの拡大の背後には，サブプライムも含めたアメリカの「過剰な」住宅投資があったことは明らかである。しかし，真の問題は，グローバル・インバランスの拡大というよりは，それを生み出した過剰な住宅投資にあった。そして，そこには明らかに，住宅投資を過剰にさせるような，市場におけるインセンティブの歪みが存在したのである。

2.3　金融市場におけるインセンティブ構造の歪み

今回の経済危機の発端は，アメリカにおける住宅投資のバブル的な拡大と，その崩壊にあった。とりわけ重要なのは，従来は住宅ローンの対象にはなり得なかったような貸し倒れリスクの高い低所得層，いわゆるサブプライム層までもが簡単に融資を受け，結果として住宅投資が急激に拡大していったことである。

本来，貸し倒れが生じた時に最も大きな損失を被るのは，貸し手すなわち不動産融資を行った金融機関である。したがって一般的には，適正なリスク管理を行うべき金融機関が，貸し倒れリスクの高いサブプライム層への住宅ローンを無制限に拡大させるような事態は想定しにくい。しかし，事後的に見れば，アメリカの金融機関は，一般的には想定できないほどの過剰なリスク・テイクを行っていた。そこには明らかに，投資銀行などに代表されるアメリカの金融機関に過剰なリスク・テイクを行わせるような，インセンティブ構造の歪みが

存在したと考えられる。

アメリカの投資銀行は、サブプライム危機以前は、自己資本規制の適用を受けずに資本市場から資金を調達し、レバレッジの高い投資を行い、短期間に高い収益を得てきた。しかし、そのようなビジネス・モデルは、今回の金融危機によって完全に崩壊した。それは、その異常な高収益が、まさしく過大なリスク・テイクの結果でしかなかったことを端的に示している。

一般に、金融機関が短期で収益を上げる方法は一つしかない。それは、高いリスクを厭わずに取るということである。投資銀行の高いレバレッジと高い自己資本利益率は、まさにそのことを示していた。経済学的には高い収益率と高いリスクは常に裏腹の関係にあるから、それは投資銀行のバランスシートが恐るべきリスクにさらされ続けていたことを意味する。

投資銀行が収益率を高めるために、レバレッジを高めて巨額のリスク資産を抱え込んでいくことは、市場の逆潮に対して自らのバランスシートをより脆弱にすることを意味する。そのリスクが長らく顕在化しなかったのは、1990年代以降のアメリカにおいて、"the great moderation"とも呼ばれるような比較的に良好なマクロ経済環境が続いていたからと考えられる。しかし、経済には常に、事前には予想できないような大小さまざまなショックが不可避である。そうであるとすれば、仮に今回のサブプライム・ショックが存在しなかったとしても、アメリカの投資銀行は、別のショックによっていずれ同様な状況に陥ったはずである。

つまり、投資銀行の経営インセンティブには当初から、リスクを避けるよりもより大きなリターンを選好するような構造的なバイアス＝歪みが存在したのである。そのことを示す一つの証拠は、投資銀行の経営者や社員の報酬体系にある。投資銀行などでは通常、経営者や社員の報酬が短期の業績に強く連動するように設計されている。というのは、そうでないと、ウォール街のような土壌では、有能な経営者や社員を留めておくことができないからである。もちろん、経営者や社員は、経営や業務に失敗すれば職を失うことにもなるが、失敗のペナルティはせいぜい解職でしかない。これは、勝てば丸儲けで負けても失うものは少ないという歪んだ賭けのようなものである。したがって、経営者や

社員は当然，できるだけ短期のうちに，できる限り高い収益をあげようとする。それは，彼らにとっては，きわめて合理的な行為なのである。

　重要なのは，投資銀行の「短期志向」の報酬体系には確かに問題があったにしても，そのことは投資銀行が過大なリスク・テイクを行った「原因」では必ずしもないということである。それは，金融市場に本来存在していたインセンティブ構造の歪みの一つの現れにすぎない。一般に，競争にさらされている企業や金融機関は，それぞれの市場環境に最も適合的な経営体系を採用する。というのは，そうでない限り，競争市場において収益をあげ続けることはできないからである。つまり，投資銀行の報酬体系に顕著な「歪み」が確認できるとすれば，問題は，報酬体系それ自体にではなく，そうした体系の採用を許容し促進するような市場環境の方にある。その市場環境の「歪み」とは何かについては，次節で政策に関連付けて改めて考察する。

3. 三仮説が提起する政策的課題

3.1　金融政策による「バブル抑制」は可能か

　世界経済危機の「原因」に関する以上の三つの仮説，すなわち「金融政策の失敗」説，グローバル・インバランス説，「金融市場の歪み」説は，それぞれ異なった政策的含意を持っている。以下では，それらを順次吟味していく。

　まず「金融政策の失敗」説とは，2000年代前半におけるFRBの過度な金融緩和政策が，アメリカの住宅市場にバブルをもたらし，その後の住宅バブル崩壊によるサブプライム危機をもたらしたとする仮説であった。この立場からは当然ながら，金融政策を単に物価の安定だけにではなくバブルの抑制にも用いるべきだという考え方が導き出される。この考え方は，それ自体としては決して新しいものでない。というよりはむしろ，バブルとその崩壊が生じるたびに繰り返し提起され続けてきた主張といってよい。実際，今回だけではなく，日本の1990年前後の地価・株価バブルの後や，アメリカの1990年代末のIT株価バブルの後においても，「なぜバブルをあらかじめ抑制するような予防的な金融政策運営ができなかったのか」が問われてきたのである。

この問いに対する既存の定型的な返答は，以下の二つである。第一は，「バブルは崩壊した後にのみそれがバブルであったことが明らかになるのであり，特定の資産の価格上昇を事前にバブルと見極めることは政策当局ですら難しい」ということである。第二は，「仮に政策当局がバブルを見極めたとしても，それを政策的に潰すことは，経済を安定化させるよりもむしろ不安定化させる可能性がある」ということである。この第二の命題には，日本の政策当局（具体的には日本銀行と当時の大蔵省）が 1990 年前後のバブル期に急激な金利引き上げと不動産融資規制という「バブル潰し」を行い，それによって生じたバブル崩壊が結果としてはその後の日本経済の長期低迷の引き金になったという，典型的な実例が存在している。

　こうした従来的な定説を経済学的に基礎付けた最も代表的な文献は，現 FRB 議長バーナンキがプリンストン大学教授時代に朋友マーク・ガートラーとともに公刊した諸論考である（Bernanke and Gertler, 1999; 2001）。その要点は，「資産バブルとその崩壊は経済に大きなダメージを与えるが，金融政策は，その資産価格変動が期待インフレ率変動のシグナルでない限りは，決してそれに対して反応すべきではない」というものである。というのは，資産価格の安定化を目標に金融政策を運営することは，金融政策の本来の目標であるインフレ率や実体経済の不安定化をもたらす危険性があるからである。この考え方は，「金融政策をバブル潰しに用いるべきではなく，バブルに対してはそれが潰れた後に積極的な金融緩和を行うことで対応すべきである」という，前 FRB 議長アラン・グリーンスパンが在任中に実践してきた政策運営の適切さを裏付けるものと考えられたため，その後は Fed View と呼ばれるようになった[2]。

　それに対して，国際決済銀行 BIS のエコノミストであるウィリアム・ホワイトは，危機が顕在化する以前である 2006 年の段階で，のちに Bis View と呼ばれることになる通説批判を展開していた（White, 2006）。その要点は，過度の資産価格の上昇は，それがいったん崩壊した場合には金融システムの不安定化と実体経済の悪化を招くので，それを回避するため，仮に物価が安定していた場合にも，資産価格上昇を抑制するような引き締め的な金融政策運営が

必要である，というものである。ホワイトはさらに，バブルが生じている場合にはそれを放置し，バブルが潰れた時にはじめて急激な金融緩和を行うという「非対称的」な金融政策運営は，それ自体がバブルの発生を促進する結果になると主張した。これら明らかに，従来の通説であった Fed View，とりわけバブルを政策的に潰すことは経済を不安定化させるという上の第二命題への批判を意図するものであった。

　アメリカのサブプライム住宅バブル崩壊後の世界経済危機は，当然ながら，専門家や政策当局者の間で，Fed View への信頼を大きく損なわせ，Bis View への注目を高めていく結果となった。しかしながら，Bis View が今後の各国の金融政策運営の指針になり得るのかと問われれば，その可能性はきわめて低いとせざるを得ない。というのは，資産価格のバブル的上昇は望ましくない結果をもたらすからそれを政策的に抑制することが必要という Bis View の考え方が，仮にその限りでは正しいとしても，特定の資産価格上昇がファンダメンタルズの反映なのか抑制すべきバブルなのかを判断する確実な方法がない限り，Bis View を現実の政策指針として具体化することはできないからである。Fed View はそもそも，その判断は金融政策当局においてさえ難しいという立場（上の第一命題）に立脚していたのである。

　付言すれば，従来の Fed 流の金融政策運営においても，資産価格の変動がまったく無視されていたわけではない。事実，IT バブルが発生していた 1990 年代末期には，グリーンスパンもかなり強い姿勢で金融引き締め＝政策金利引き上げを行っていた。それは，資産価格の上昇が明確に景気過熱と結びついていたからである。留意すべきは，そこでのグリーンスパンの意図は，決してバブル潰しにあったのではなく，あくまでも景気過熱の抑制による経済の安定化にあったという点である。

　今回の危機を教訓として，各国の中央銀行は今後，資産価格の変動にこれまで以上の注意を振り向けるようになるであろう。しかしそれは，資産価格変動がマクロ経済の変動に結びつく重要なシグナルだからにすぎない。金融政策の目標は，あくまでもマクロ経済それ自体の安定化にある。資産価格への注目は，資産価格の安定化を政策目標にするという意味での金融政策のレジーム変

更を意味するわけでは決してないのである。

3.2 グローバル・インバランスは是正されるべきか

　グローバル・インバランスすなわち経常収支の世界的不均衡が危機の原因であるという視点は，当然ながらその経常収支の不均衡は是正されるべきだという考え方に結びつく。実際，その課題は，リーマン・ショック以降，国際的な政策協議において，一つの大きな焦点となってきた。2010 年 10 月に行われた G20 財務相・中央銀行総裁会議において，アメリカのガイトナー財務長官は，赤字国であるアメリカだけでなく黒字国も経常収支不均衡を抑制すべきとする立場から，経常収支黒字額ないし赤字額の対 GDP 比率に関して，各国がその水準に向けて削減努力を行うような具体的な数値目標を設定することを求めた。これに対して，もしそのような数値目標が設定されれば最も厳しい削減義務を負わされることになる黒字国の中国とドイツは強く反発し，結局その数値目標の設定は見送られた。その点について，10 月 23 日に公表された共同声明では，「過度の不均衡を削減し経常収支を持続可能な水準で維持するためあらゆる政策を追求する」と抽象的な課題として示されるにとどまった。

　このように，経常収支不均衡の政策的縮小というアメリカの主張が他の国々に受け入れられなかったのは，その必要性に関して，中国やドイツなどの黒字国の強い反発を押し切るだけの明確な根拠と説得力がなかったからである。アメリカは 1980 年代後半〜 90 年代前半にも，自国の経常収支赤字が拡大する中で，日本の経常収支黒字は日本市場の閉鎖性の現れであると主張し，日本に対して盛んに「黒字減らし」を要求した。数値目標の設定というアメリカの今回の要求の背後にも，中国の巨額の経常収支黒字は元安維持という為替政策の結果であるとするアメリカの年来の主張が存在する。しかし，こうしたアメリカの主張は，まったく説得的ではない。本来，一国の経常収支赤字や黒字とは，一国の貯蓄投資差額の現れにすぎない。その国内の貯蓄投資に為替レートや貿易政策が一定の影響を与えることは確かであるが，それは数ある諸要因のうちのごく一部でしかない。グローバル・インバランスの基本的な原因は，アメリカの貯蓄不足と，中国，ドイツ，日本などの貯蓄過剰にある。こうした各

国の貯蓄投資構造が変わらない限り，経常収支不均衡は存在し続けるであろうし，それがむしろ当然なのである。

3.3　金融規制改革の方向性

今回の世界経済危機の発端は，アメリカにおけるサブプライム住宅バブルの発生とその崩壊にあった。その背後には，サブプライム・ローンの証券化などの手法を用いて結果として無制限ともいえるほどのリスク・テイクを行ってきた，投資銀行などに代表されるアメリカの金融機関におけるインセンティブ構造の歪みが存在した。その後の金融規制改革論議が，そうした金融機関の過剰なリスク・テイクをどう抑制し，そこから生じる諸問題をどう克服するかが焦点になったのは，その意味で当然のことであった。

それにしても，リスクを避けるよりもより大きなリターンを選好するようなバイアス＝歪みが，あのようにアメリカの金融市場全体を巻き込むまでに拡大したのはなぜなのだろうか。多くの論者は，その原因を，この20〜30年の間に進展した金融市場の規制緩和に求めている。その指摘は必ずしも間違いではないが，規制緩和によって顕在化した「歪み」とは何かが明示されない限り，少なくとも「原因」を特定化したものとはいえない。

重要なのは，金融業に関してはこれまで，単に規制だけではなく，公共財としての金融システムの保全の必要性から生み出された，さまざまな形の公的保護＝セイフティ・ネットが存在してきたという点である。こうした公的保護の存在は，当然ながら，金融機関のモラルハザード的行動を助長する大きな要因となる。過大なリスク・テイクを行った結果として経営的に困難な状況に陥ったとしても，最後には政府が救済してくれることが分かっているのなら，リスクを避けるよりも大きなリターンを選好するようになるのは当然だからである。金融業に伝統的にさまざまな事前規制が行われてきた根拠の一つは，まさしくそうしたモラルハザードにあった。それは，公共財としての金融システムの保護の必要性から生み出された，ある種の副産物であったと考えられる。

この「公共財としての金融システム」の最も狭義の意味は，銀行システムとりわけその預金が持つ信用創造機能と決済機能の中にある。銀行というシステ

ムは，それ自体が通貨として機能する預金を，経済の必要に応じて自律的に拡大させる，信用創造機能を持っている。その預金通貨は，人々の貯蓄手段として機能するだけでなく，さまざまな経済取引を媒介する決済手段として機能する。重要なのは，銀行の持つこの信用創造機能は，金融システムというネットワークが存在し，その安全性が信認されてはじめて正常に機能するという点である。つまり，いったん銀行の破綻などが生じた場合には，金融システムは不安定化し，信用創造機能は阻害され，実体経済そのものが大きく毀損される。これが，資本主義の歴史とともに古い金融恐慌＝信用恐慌である。

　現代の金融システムは，過去に生じた金融恐慌の経験から，それを防止し，問題の波及を抑制するための，さまざまな制度的枠組みが構築されている。それは，過度なリスク・テイクの抑制を意図した自己資本比率規制，個別銀行の経営破綻が銀行間の債権債務関係を通じて銀行システム全体へ波及するというシステミック・リスクの発生防止を目的とした預金保険制度，流動性危機に陥った銀行への「最後の貸し手」としての中央銀行貸付，金融機関が破綻した場合の公的救済措置など，多岐にわたる。

　今回の世界的金融危機の最大の特徴は，危機の発生源が，このような形で一方では規制され他方では保護されてきた伝統的な銀行（より厳密には商業銀行）の外側にあった点にある。銀行あるいは商業銀行は，預金を受け入れる一方で貸付を行うことで上記のような信用創造機能を持つものであることから，金融機関の中でも特別な存在と考えられてきた。例えばアメリカでは，1929年の株価大暴落から始まった大恐慌の中で生じた金融破綻を受けて，1933年銀行法いわゆるグラス・スティーガル法が制定され，銀行と証券の分離が定められたうえで，銀行に対しては一定の規制と保護が行われることになった。

　問題は，金融業の規制緩和が行われ始めた1980年代以降，伝統的商業銀行が縮小する一方で，投資銀行やヘッジ・ファンドをはじめとする規制外の金融機関が肥大化し，グラス・スティーガル法的な考え方がまったく時代にそぐわなくなっていったことである（事実，同法は1999年に廃止された）。こうした状況は，その後の金融危機につながる大きなジレンマを生み出した。それは，こうした事態の進展が，一方で金融機関としてのさまざまな保護を間接的

に享受しつつも，公的規制を受けることもなく自由にリスク・テイクを行って収益を短期的に拡大させようとする投資銀行などの行動を，ほぼ野放しにする結果となったことである。実際，今回の危機はまさしく，アメリカの投資銀行が無制限ともいえるほどのリスク・テイクを行った結果として生じたのである。

つまり，保護が存在する一方で規制は形骸化するという状況の進展こそが，金融市場におけるモラルハザード的な行動を助長する「インセンティブ構造の歪み」を生み出し，金融機関に過大なリスク・テイクを行わせる結果となっていたのである。問題がそこにあるとすれば，改革の方向性は二つしかない。一つは，金融規制の再構築である。もう一つは逆に，従来的な金融機関保護を縮小し，モラルハザードの根源である「損失を他に転化させる可能性」を減少させることである。

アメリカのオバマ大統領は，2010年1月に，金融業に対する新たな規制強化案を提案した。それはその後，その是非をめぐってさまざまな論議を呼んだが，若干の手直しののちに同年7月15日に金融規制改革法案として米上院で可決され，7月21日に大統領の署名を経て成立した。

この改革法の最大の眼目は，銀行によるファンド投資の制限と高リスクな自己勘定取引の制限にある。規制が改めて銀行に向けられることになったのは，今回の金融危機の中で，投資銀行がほぼ壊滅し，形式としてはすべて商業銀行に吸収統合されてしまったからである。それは，預金を受け入れていることからより公的保護の度合いが強い商業銀行が，トレーディング業務やファンド投資という従来は投資銀行が行ってきたような高リスク分野で活動を活発化させるという，新たな問題を生み出した。それは確かに，そのまま放置すれば将来の危機につながりかねない由々しき事態であり，オバマ政権が懸念を持つのも当然であった。

改革法のもう一つの重要な眼目は，「他の金融機関買収後の連結負債のシェアが全米金融機関総合計の10％以上となることを禁止する」という，金融機関への負債規模制限の導入にあった。これは，規制の強化というよりは，むしろ公的保護の必要性縮小を目的としたものと考えられる。今回の金融危機の一

つの大きな教訓は，金融機関の巨大化は，それ自体が大きなモラルハザードを生み出すという点である。これは「大きすぎて潰せない」(Too big to fail)問題としてかねてからよく知られてはいたが，そのジレンマが今回ほど深刻化したことはなかった。というのは，アメリカ政府は今回，モラルハザード覚悟で金融機関を救済するか，経済の悪化を覚悟の上で個別金融機関を市場の淘汰にまかせるかという，まさに究極の選択に何度も直面したからである。このジレンマを解消する最も単純な方法は，「破綻しても大きな影響が生じない程度まで金融機関の規模を小さくする」ことである。この改革法の負債規模制限とは，まさしくそれを狙ったものである。

振り返ってみれば，今回の世界的経済危機の最大の分水嶺は，2008年9月に生じた，アメリカの代表的投資銀行，リーマン・ブラザーズの破綻であった。このリーマン・ショック以降，世界経済はまさに未曾有の危機に陥った。そのことは必然的に，リーマン・ブラザーズを救済せずに破綻させたアメリカ政府の対応に批判を集中させることになった。

しかし，サブプライム危機をもたらした住宅バブルの主因が，上述のようなインセンティブの歪みにあるのなら，代表的な投資銀行であるリーマン・ブラザーズを救済しなかったアメリカ政府の選択は，確かに大きな代償を支払うものではあったが，長期的な観点からは正しかったともいえる。というのは，過剰なリスクを取り短期的に大きな収益をあげるという投資銀行のビジネス・モデルがそもそも歪んでいたにもかかわらず，その歪みの結果として生じた損失を第三者である政府が負担してしまうことになれば，歪みを是正させようとする市場本来の機能が無効化されてしまうからである。逆にいえば，もし政府がリーマン・ブラザーズを救済してしまえば，リスクは取れるだけ取った方がよいという既に顕著に存在した歪んだインセンティブ＝モラルハザードを，ますます市場に蔓延させてしまうことになったであろう。

市場経済の基本ルールは，自らがリスクを取って行動した結果は自らが引き受けるしかないという「自己責任」の原則である。それによれば，無謀なリスクを取った結果として損失を被った企業を政府が救済する必要は毛頭ない。むしろ，そのような企業を政府が無原則に救済すれば，経営者に過剰なリスクを

取らせるようなインセンティブの歪み，すなわちモラルハザードが生じ，将来的なバブルの発生をむしろ促進してしまうのである。

しかし問題は，リーマン・ショック以降の世界経済の大混乱が示しているように，そのようにして生じた企業の倒産が，単に一企業の問題にとどまらず，しばしば経済全体に負の影響を及ぼし，まったく無関係な人々をも巻き込んでしまうという点にある。政府はそのような場合，個々の企業を救済する必要はないにしても，そうしたショックから発生した負の影響を可能な限り抑制し，あるいはそれを反転させて経済を正常化させるような措置を積極的に講じる必要がある。各国政府がリーマン・ショック以降に行ってきた金融緩和政策，拡張的財政政策とは，まさしくそのためのものであったと考えることができる。

4. マクロ経済政策の将来

今回の世界金融危機がもたらしたもう一つの厄介な現実は，第二次世界大戦後の先進諸国では1990年代後半以降の日本や2003年以降のスイス以外には経験した国が存在しなかった「政策金利の下限」に，英米をはじめとするいくつかの国々が逢着してしまったことである。それは，リーマン・ショック以降の経済縮小があまりにも急激であったために，各国中央銀行ともなりふり構わず可能な限りの金融緩和＝金利引き下げを行わざるを得なかったためである。その後の各国中央銀行のいくつかは，こうした金利引き下げと並行して金融の量的緩和政策を行い，その措置を利下げ余地がなくなって以降も継続した。

こうした「金利操作を用いた伝統的な金融政策の機能停止」という状況は，これまで長い間，日本以外の先進諸国ではほとんど顧みられることのなかった，「景気対策としての財政政策」への注目を，世界的に呼び覚ますことになった。戦後のケインズ経済学の全盛期には，景気対策のためのマクロ政策といえば，まずは財政政策というのが常識であった。しかしながら，学界的にはミルトン・フリードマンらマネタリストや，ロバート・バローら古典派マクロ経済学者によるケインジアン批判の浸透によって，実務的にはとりわけグリーンスパン時代のFRBによる金融政策を用いた景気安定化政策の成功によって，

財政政策を景気対策として用いるという考え方は，学問的にも現実的にもまったく廃れてしまっていた．その状況を根底的に変えたのが，今回の危機だったのである．

とはいえ，専門家がすべて財政政策に賛成であったわけではまったくない．アメリカにも，ポール・クルーグマンやブラッド・デロングをはじめとして，財政政策を強く唱えている経済学者は確かに存在していた．しかし実は，アメリカにおいては，財政政策に明確に反対している経済学者の方が，それに賛成している経済学者よりも，数的にははるかに多かったのである．アメリカの保守派シンクタンクであるCato Instituteは，ニューヨーク・タイムズの2009年1月9日号に，オバマ政権の打ち出した景気刺激策を批判する全面広告を掲載したが，そこには，ジェームズ・ブキャナン，エドワード・プレスコット，バーノン・スミスらノーベル賞経済学者を含む，全米の200人以上もの経済学者が名前を連ねていたのである．また，これら保守派の経済学者とは立場が異なるはずのニューケインズ派の経済学者の中にも，グレゴリー・マンキューやジョン・テーラーなど，財政政策に批判的な経済学者は多数存在していた．

こうした状況を見れば，財政政策への注目の拡大をもって「ケインズ経済学の再興」を喧伝する一部の見方は，あまりにも短絡的すぎるといわざるを得ない．今回の事態は，あくまでも伝統的な金融政策が使えなくなった特殊な状況を背景にしたものと理解すべきであろう．実際その後，一方では各国の景気回復の進展によって，他方では一部の国々の政府財政状況の逼迫によって，財政政策への注目は徐々に限定されたものになっていったのである．

今後のマクロ政策運営を考える上でむしろより重要なのは，いかに財政政策を使う必要のないマクロ経済状況を維持するかである．それは，政策金利の下限という伝統的金融政策の機能停止をいかに阻止するか，ということとほぼ同義である．そのための方策としてきわめて大きな注目を集めているのが，国際通貨基金IMFのエコノミストであるオリヴィエ・ブランシャールらが提起する，「中央銀行によるより高いインフレ目標の設定」である（Blanchard, Dell'Ariccia, and Mauro, 2010）．

その論理は以下である。名目金利とは実質金利と期待インフレ率の合計であるから，中央銀行が高いインフレ率の実現にコミットすれば，名目金利もそれに合わせて自ずと高くなる。そして，そのように名目金利を十分に高くしておけば，政策金利がその下限に行き着いてしまう可能性は低くなる。つまり，相当な景気悪化が生じた場合でも，政策金利をゼロまで下げることなく，景気の回復が可能になるのである。事実，先進諸国の中では4％前後というかなり高いインフレ率に常時直面していたオーストラリアは，結果として他国のようにゼロ金利に陥ることもなく，2009年後半以降，順調な景気回復を遂げている。こうした事実は，従来は2％前後が望ましいと半ば漠然と考えられてきた各国中央銀行のインフレ目標のあり方に，重大な再考を迫りつつあるといえる。

【注】
1) グリーンスパン自身は，この時の自らの認識を以下のように述べている。「2003年になると，景気の落ち込みとディスインフレが長期にわたって続いてきたため，FRBはさらに変わった危機を考慮せざるをえなくなった。物価が下落する現象，デフレーションである。つまり，13年にわたって日本経済の沈滞をもたらしていたのと同様の悪循環に，アメリカ経済が陥る可能性だ。これはきわめて心配な問題だった」(Greenspan, 2007, p. 228; 邦訳（上）332頁)
2) バーナンキとガートラーは，1999年夏にジャクソン・ホールで行われたたFedカンファレンスに招待された時にはじめて，この見解を発表した。米雑誌ニューヨーカーの記事(Cassidy, 2008)によれば，彼らの見解はその時，何人かの学者やエコノミストの強い批判を受けた。しかし，そこに出席していたグリーンスパン本人は，セッション中は何も発言しなかったが，セッション終了後にバーナンキに歩み寄り，限りなく小さな声で「あなたに同意だ」と述べたという。

【参考文献】
Bernanke, Ben (2005) "The Global Saving Glut and the U.S. Current Account Deficit," Remarks by Governor Ben Bernanke at the Sandridge Lecture, Virginia Association of Economics, Richmond, Virginia, March 10.
Bernanke, Ben and Mark Gertler (1999) "Monetary Policy and Asset Price Volatility," Federal Reserve Bank of Kansas City, *Economic Review*, December.
Bernanke, Ben and Mark Gertler (2001) "Should Central Bankers Respond to Asset

Prices?" *American Economic Review Papers and Proceedings*, Vol. 91, No. 2.

Blanchard, Olivier, Giovanni Dell'Ariccia and Paolo Mauro (2010) "Rethinking Macroeconomic Policy," *IMF Staff Position Note*, SPN/10/03.

Cassidy, John (2008) "Anatomy of a Meltdown: Ben Bernanke and the financial crisis," *The New Yorker*, December 1.

Greenspan, Alan (2007) *The Age of Turbulence: Adventures in a New World*, New York: Penguin Press. (山岡洋一・高遠裕子訳『波乱の時代（上）（下）』日本経済新聞出版社，2007 年)

White, William (2006) "Is Price Stability Enough?" *BIS Working Papers* No. 205.

第2章

世界経済危機後の輸出減少のメカニズム

伊藤 萬里

1. はじめに

　2008年の金融危機後,世界経済は急激な信用収縮と需要減退に直面し,1929年以降の世界大恐慌時のように国際貿易の縮小を通じて実体経済に大きな影響を受けた。日本は金融危機が顕在化した当初,欧米諸国に比べ危機の引き金となった米国サブプライムローン関連の金融資産の保有が少なく,実体経済への影響は相対的に小さいと期待されていた。しかし,危機後の4カ月の間に輸出が前年同月比で半減し,実質GDP成長率が主要国中最大の下落率を示すなど,国内経済に大きな影響をもたらした。こうした急激な貿易縮小はどのようなメカニズムによって生じたのであろうか。本章では,日本の月次貿易統計を利用した危機前後の輸出推移に関して定量的な分析結果を提示する。
　貿易の決定要因に関する研究は,理論・実証分析の両面においてこれまで多くの研究が蓄積され,大きく区切って2度のパラダイム変化を経ている。最初の変化は,1970年代後半から80年代のクルーグマンやヘルプマンらに代表される新貿易理論の登場である。これにより,それまで主流であったリカードやヘクシャー・オリーンに代表される比較優位に基づく伝統的貿易理論から,独占的競争市場での製品差別化に着目して産業内貿易を説明しようとする理論へパラダイム変化が生じた。2度目の変革は,2000年以降に勃興し始めた企業の異質性に着目したメリッツ (Melitz, 2003) らに代表される"新"新貿易理論によるパラダイム変化である。"新"新貿易理論は新貿

易理論の基礎となる独占的競争市場を想定しながらも，企業の異質性（firm heterogeneity）に着目して分析の対象を産業から企業へ移したことに大きな特徴がある。これにより，たとえ同じ産業内であっても輸出する企業とそうでない企業が生まれることが理論的に示され，より現実に沿った形に貿易理論を進化させている。こうした理論研究の発展とミクロデータの利用可能性が拡大しつつあることも影響し，実証分析においても企業や事業所レベルの細かなデータによって貿易の決定要因を分析しようとする試みが広がっている。

従来取り組まれてきた貿易の決定要因に関する実証分析は，2国間取引の貿易総額を観察した分析が主流であった。このような貿易総額による分析では，輸出企業数や取引品目数の増減による変化（extensive margin）なのか，あるいは1企業当たりの取引額や1品目当たりの取引額の増減による変化（intensive margin）が寄与しているのか識別することができない。現在の国際貿易理論のフロンティアである"新"新貿易理論が従来よりもミクロなレベルの変化に焦点を当てていることを考慮すると，単純な貿易総額による分析を超えて，輸出企業の参入退出や輸出品目数の増減など細分化したレベルの変化が貿易全体の変化にどの程度寄与しているかに焦点を当てる必要がある。最近の実証分析においても，細分化された貿易統計を利用して，こうした貿易変化に対する貢献度を分解しようとする試みが見られる。たとえばBernard et al. (2007)，Hillberry and Hummels (2008) は，米国のHSコード10桁レベルの貿易統計と企業データを接続させたデータを利用して，貿易フローの変化に対するextensive marginとintensive marginの分解を試みている。分析では重力モデル（gravity model）によって，輸出企業数や品目数，企業・品目当たりの取引額を貿易相手国のGDPと両国間の距離に回帰させ，貿易総額を回帰させた場合の係数と比較することで各々の貢献度を判断している。その結果，貿易総額全体の変化の中で，輸出企業数や品目数の変化といったextensive marginが，1企業当たりや1品目当たりの取引額の変化によるintensive marginよりも支配的であることが示された。欧州の企業についても，フランスとベルギーのデータを利用して同様に分析を試みたMayer and Ottaviano (2007) が整合的な結果を示している。このように，市場規模や貿

易障壁の変化によって影響を受ける部分は，貿易に参加している企業数や取引される品目数など extensive margin であることが示されている。日本の貿易統計を利用した研究としては，Maeno (2010) が輸出に関して品目数で定義した extensive margin が仕向地の経済規模や所得水準と正の相関があることを報告している。このように，貿易額を構成する各要素への分解は，細かなレベルのデータの利用可能性が拡大するとともに実証分析に広く用いられるようになっている。

いわゆるリーマンショックのようなマクロ経済ショックが貿易に与える影響について分解を試みた研究としては，Bernard et al. (2009) によるアジア通貨危機の貿易への影響を分析した事例がある。彼らは米国企業の取引レベルの貿易統計を利用して，1997年の前後で対アジア[1]と対その他の国で，米国の輸出入に統計的な差が認められるか否か検証している。その結果，危機の1997年から1998年にかけて extensive margin の顕著な変化が見られるものの，危機による米国の対アジア輸出の落ち込みとアジアからの輸入増大の大部分は intensive margin の変化によって説明されることが示された。この結果は，危機の発生によって貿易変化に占めるシェアが比較的小さい企業や品目が退出し，大きなシェアを占める企業や品目は危機による貿易変化への貢献度が大きいことを示唆している。こうした結果が他国のケースや今回の世界金融危機の場合でも一般性を持つものなのか，更なる実証分析の蓄積が必要とされている。本章では，2008年世界金融危機後の日本の輸出変化を extensive margin と intensive margin に分解し，どのような傾向が見られるのか示していく。具体的には，HSコード9桁レベルの品目と仕向地別の輸出額に関する2007年1月から2010年3月までの月次データを利用して，2008年9月以前と以降で輸出変化に対する extensive margin と intensive margin が定量的にどの程度異なるのか明らかにする。

最後に本章の構成を示しておきたい。次節では，世界金融危機が顕在化した2008年9月以前と以降の輸出の趨勢について，記述的な統計を紹介する。第3節では，輸出変化の分解に関して extensive margin と intensive margin の定義についてそれぞれ記述し，月次データを利用した時系列の輸出額変化に関

する分解結果を示す。第4節では，貿易要因の影響を特定する分析枠組みとして重力モデルを紹介し，危機前後の月次データを利用した分析結果を提示する。最後に，結論として分析結果が示す含意について述べたい。

2. 貿易ショックの特徴

2.1 危機後の急激な落ち込みと緩やかな回復傾向

日本の輸出は2008年9月のいわゆるリーマンショック以降に急激な減少を記録した。図1は財務省貿易統計の2007年1月～2010年3月までの輸出入総額について推移を示したものである。輸出額は危機前のピーク時である2008年3月の73.3兆円から，危機後は2009年1月に32.9兆円まで減少した。輸入についても同様に急激な減少を示しており，危機の前後には輸入超の状態が生じ，輸出が上向く2009年4月頃まで貿易収支赤字の状態が続いた。輸出減少の底は2009年第1四半期であり，その後は緩やかな回復傾向が見られる。

世界金融危機による影響は，年次を超えて短期的かつ急激に生じたため，年次データなど集計化されたデータでは危機の影響を抽出することはできない。このため，以下では，ショックによる底と回復がいずれも第1四半期に集中していることを考慮して，2008年，2009年，2010年第1四半期（以下Q1）について，どのような品目や仕向地向けの輸出に影響が強く表れたのか示していく。表1は，各Q1の輸出をHS2桁分類の品目別に2007年実績の上位20品目の前年同期比の変化率を表示している。

全体的な傾向として，危機前2008年Q1には多くの品目で輸出が伸びており，中には鉄鋼，船舶など2桁増の品目も散見される。危機後になると，全ての品目で輸出が減少しているが，その減少率は品目間で多少ばらつきが見られる。たとえば輸出の約6割を占める，輸送機械器具，機械類，電気機器，精密機器などは，危機後に輸出が半減している。中でも輸送機械器具は前年同期比で−65％と減少率が顕著であり，とりわけ自動車産業が影響を強く受けたことを反映している。輸出拡大に大きく貢献してきたこうした輸出主要品目

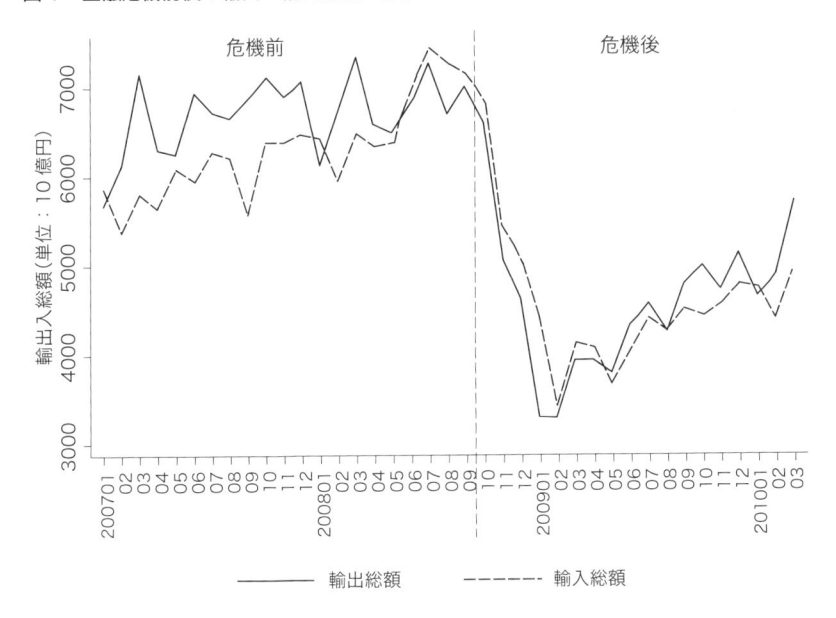

図1 金融危機前後の輸出・輸入総額の推移

出所：伊藤（2011）。

に，今回の危機によるショックが集中している点が特筆される。その一方で，船舶や鉄鋼製品など相対的に減少率が低い品目も見受けられる。2010年Q1の回復局面では，鉄鋼製品を除いて大幅な輸出回復を実現している。特に，上位では輸送機械の8割増などが目立つが，ショックの影響を受けた前年からの伸び率であるため，危機前の水準までには届いていない。

表1の右側には，仕向地別にどのような特徴が見られるのか示しており，輸出仕向地について2007年輸出実績の多い順に変化率を示している。輸出の仕向地別からも影響が一様でないことが読み取れる。いずれの仕向地も危機後に輸出額が半分近くに減少しているが，特に上位20カ国に注目すると，英国（-62%）・米国（-55%）・フランス（-54%）など先進国と，2007年に大幅な上昇を記録したロシアの減少幅（-79%）が顕著である。一方，アジア地域に関しては，台湾（-52%）・香港（-51%）・タイ（-50%）などが比較的高い減少率を示しているものの，中国（-38%）や，シンガポール（-46%）・マ

表1 主要仕向地別・主要品目別輸出額変化率（前年同期比，％）

2007年輸出シェア	HS	品目内容	輸出額変化率（前年同期比） 2007Q1-2008Q1	2008Q1-2009Q1	2009Q1-2010Q1	2007年輸出シェア	仕向け地	輸出額変化率（前年同期比） 2007Q1-2008Q1	2008Q1-2009Q1	2009Q1-2010Q1
22.4%	87	輸送機械器具類	8.3	-65.0	79.9	19.27	アメリカ合衆国	-7.2	-55.2	35.2
19.5%	84	原子炉，ボイラー及び機械類	4.5	-45.6	31.9	14.33	中華人民共和国	7.3	-38.3	57.0
18.9%	85	電気機器及びその部分品等	-4.9	-47.3	43.8	7.23	大韓民国	3.3	-42.2	44.4
4.6%	90	精密機器及び医療用機器等	2.4	-46.2	58.1	5.95	台湾	6.9	-52.1	77.3
4.2%	72	鉄鋼	15.3	-38.3	34.4	4.90	香港	-0.4	-50.9	59.3
3.1%	39	プラスチック及びその製品	8.2	-45.3	77.3	3.47	タイ	8.4	-49.9	79.3
2.9%	29	有機化学品	-5.9	-35.7	39.6	3.02	ドイツ	2.1	-46.7	19.0
2.2%	89	船舶及び浮き構造物	30.1	-1.4	13.0	2.68	シンガポール	21.3	-45.7	60.7
1.7%	73	鉄鋼製品	-1.3	-19.6	-9.3	2.49	オランダ	6.2	-49.7	19.0
1.6%	38	各種の化学工業生産品	6.5	-54.3	64.5	2.13	英国	11.8	-62.3	18.8
1.5%	40	ゴム及びその製品	5.0	-37.1	40.8	2.00	マレーシア	5.9	-41.2	45.8
1.3%	27	鉱物性燃料及び鉱物油等	87.3	-48.4	28.6	1.90	オーストラリア	26.2	-52.8	64.3
1.1%	74	銅及びその製品	14.4	-54.1	97.5	1.50	ロシア	46.3	-78.8	62.5
0.9%	71	貴金属及び貴金属装飾製品等	98.5	-57.8	64.1	1.44	カナダ	-0.5	-47.9	34.9
0.7%	37	写真用又は映画用の材料	-1.9	-38.3	26.1	1.36	メキシコ	-19.9	-42.9	35.7
0.6%	70	ガラス及びその製品	8.2	-41.2	94.3	1.29	フィリピン	-2.6	-48.7	66.5
0.6%	28	無機化学品等	16.1	-44.6	36.4	1.23	インドネシア	27.7	-45.6	96.9
0.5%	95	玩具，遊戯用具及び運動用具等	-16.7	-42.3	6.4	1.21	パナマ	10.0	1.3	23.0
0.5%	32	染料等	9.2	-43.4	71.2	1.11	フランス	19.2	-53.8	18.6
0.4%	82	卑金属製の工具，道具，刃物等	26.6	-36.6	10.9	1.10	アラブ首長国連邦	40.8	-41.3	10.7

出所：伊藤（2011）。

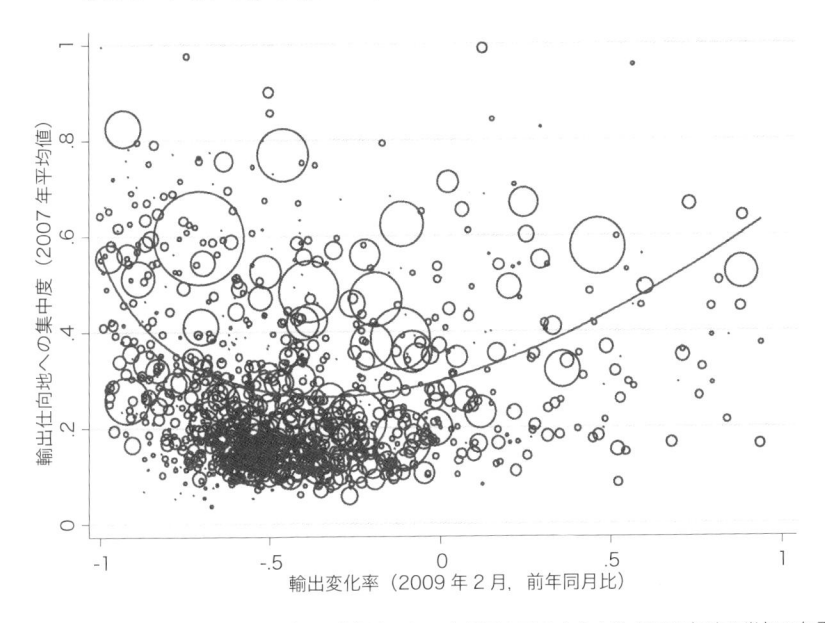

**図2 輸出仕向地集中度と世界金融危機による輸出ショックの関係
（HSコード84~90，9桁レベル）**

注：仕向地集中度はハーフィンダール指標を示し，各品目の円の大きさは2007年時の単価の年平均値に対応している．なお，再輸出品は含まない．
出所：財務省貿易統計より筆者が作成．

レーシア（−41%）・フィリピン（−49%）・インドネシア（−46%）などの一部のNIEs・ASEAN諸国については，相対的に減少幅が小さい傾向が見受けられる．さらに，2010年第Q1のこれらアジア地域に対する輸出は，たとえばインドネシア（+97%）・タイ（+80%）・台湾（+77%）・香港（60%）・シンガポール（+61%）・中国（+57%）などのように，米国（+35%）やドイツ・英国・フランス（+19%）などと比べ大きな増加率を示しており，アジア向け輸出が危機後の回復を牽引している．

2.2 危機前の高付加価値製品の輸出集中

このように今回の世界同時不況によって日本の輸出が大きな負の影響を受けた背景にはどのような要因があるのか．一つの主要な要因として，輸出品の付

加価値が上昇していたことが指摘されている。これは，自動車や電気機械など付加価値が高い製品の輸出が危機前に増加していたため，世界的な需要減退による輸出減の影響が生活必需品等に比べ大きかったという指摘である。さらに，危機前の日本の貿易構造の特徴として，米国など特定の国へ輸出が集中していることもショックを大きなものにしたという指摘がある[2]。このため，金融危機の震源地である米国市場の需要減退が他国よりも強く作用した可能性がある。2009年通商白書によれば，輸出産業の構造が近いドイツと比較した場合，両国とも今回の世界同時不況により輸出が大きく減少したものの日本のほうがピーク時でドイツよりも倍近い減少幅を記録している。日本の場合，全仕向地について大幅な減少を示している一方で，ドイツの場合は危機による影響が相対的に弱い南米，中東，アフリカ地域向けなどに輸出の仕向地が日本よりも分散しており，このことが両国のショックの違いを示す要因であると考えられる（経済産業省，2009）。

図2は，HSコード9桁レベルの貿易統計を利用して，輸出減少のショックが比較的大きいHSコード84〜90の機械類や電気機器，輸送機器，精密機器について[3]，各品目の輸出仕向地の集中度と危機後の輸出減少ショックとの関係を示したものである。図の縦軸には，輸出仕向地の集中度の指標として，各品目の国別・月次輸出額のデータから算出したハーフィンダール指標の2007年時の平均値である。ハーフィンダール指標は，9桁レベルの品目の各輸出仕向地のシェアの二乗和であり，値が1に近づくほど輸出仕向地の集中度が高いことを示している。横軸には，危機による輸出ショックとして，前年同月比で輸出総額の減少が最大であった2009年2月時の輸出変化率をとっている。さらに，各品目の付加価値の水準を同時に示すため，散布図に描かれる各品目は単位価格（金額／数量）の2007年時の平均値によってウェイト付けしており，図示される円が大きいほど単価が高い品目であることを示している[4]。

図2では，第一に，輸出変化率がゼロの箇所よりも左側，とりわけ−0.5近辺に極端に集中しており，HSコード9桁レベルで見ても大多数の品目が大幅な減少を示している。第二に，近似曲線を描いたところ，仕向地集中度と輸出

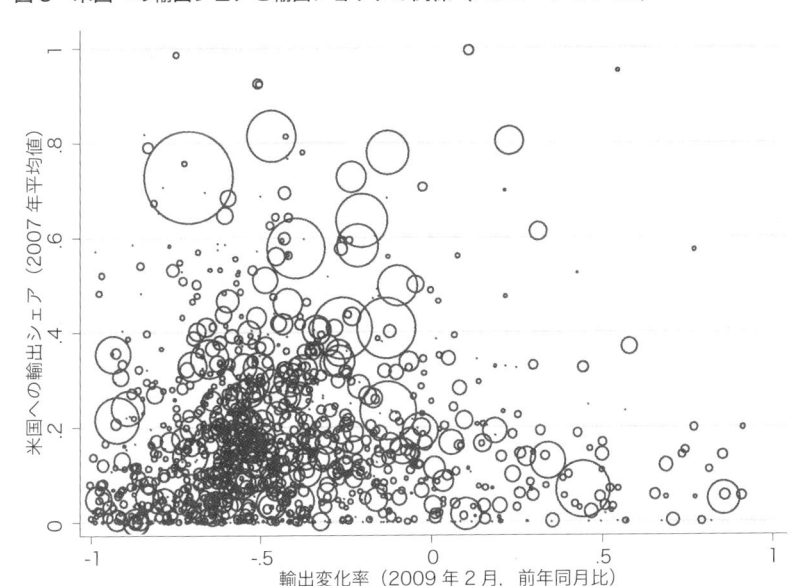

第2章 世界経済危機後の輸出減少のメカニズム

図3 米国への輸出シェアと輸出ショックの関係（HSコード84~90）

注：各品目の円の大きさは2007年時の単価の年平均値に対応している。
出所：財務省貿易統計より筆者が作成。

変化率との間には変化率-1からゼロにかけて，仕向地の集中度が高い品目ほど輸出減少のショックが大きい，すなわち右下がりの関係が示される。ただし，ばらつきも大きく，仕向地が比較的に分散していても大きな減少を示している品目が多く見受けられる。さらに，ショックのピーク時であるにも拘わらず増加している品目も少なからず存在し，近似曲線の形状は両者の間にU字の関係が見られる。第三に，集中度が高い品目は単価が高い傾向があり，図の左方に集中して分布している。すなわち，輸出減少ショックの大きい品目は，比較的仕向地の集中度が高く，付加価値の高い品目が多いことを示唆している[5]。

次に米国市場への依存度と輸出ショックとの関係について示す。図3は，各品目の仕向地集中度に替わり，米国への集中度（輸出額シェア）の2007年時の年平均値との関係を示したものである。結果は，米国への輸出シェアが低い品目についてもその多くが，前年比で大きく輸出が減少していることを示

しており，仕向地に関係なく全地域で輸出の減少がみられることと整合的である。その一方で，各品目を示すサークルは図の上方に大きいものが集中する傾向がみられる。このことは言い換えると，米国市場へ特化する輸出品目は付加価値が高いことを示している。さらに，比較的付加価値の高い品目のみに焦点を当てると，米国への輸出シェアと輸出変化率との間にやや右下がりの関係が読み取れる。危機による輸出減少のショックは，米国への輸出シェアが高く，かつ比較的付加価値の高い品目に集中していることが示唆される。以上の傾向は，品目横断的に見られる世界同時不況による輸出ショックの特徴である。

今回の輸出への影響の大きな特徴は，図1で示したようにショックが急激に生じた点である。このような短期的かつ急激な変化を捕捉するためには時系列的な変化を分析する必要がある。このため次節以降では月次データを利用して，品目数の変化による輸出減なのか，輸出仕向地の変化による減少なのか，既存の輸出品目当たりの輸出額が減少したためなのかなど，どのような経路で今回のショックが生じたのか明らかにする。

3. 危機前後の輸出額変化の分解

本節では，月次データを利用して，輸出額の変化を extensive margin と定義される品目数の変化と輸出仕向地の変化に，intensive margin と定義される既存の輸出品目当たりの輸出変化にそれぞれ分解し，どのような経路で今回のショックが生じたのか明らかにする。貿易を構成する寄与度の分解について，Bernard et al. (2007, 2009) の研究は，米国の企業レベルで品目別かつ仕向地別に把握した詳細な貿易データを利用している。彼らは貿易の extensive margin として輸出企業の参入退出と輸出品目数の増減に，intensive margin として1企業の1品目当たりの平均貿易額に貿易総額を分解している。フランスとベルギーのデータを利用した Mayer and Ottaviano (2007) も，同様にこうした企業レベルで詳細な貿易取引が識別可能なデータによって分析している。他国の結果との比較という観点において，企業レベルまで細分化されたデータを利用することが好ましいが，日本の貿易統計は残念

ながら企業レベルの品目かつ仕向地別の情報は利用できず，品目別かつ仕向地別のデータのみ利用可能である。このようなデータの利用可能性から，本研究では公表されている貿易統計の月次データを利用して，品目かつ仕向地レベルの輸出額変化について分解を試みる。輸出額の分解は，仕向地横断的な変化に関する分解と，時系列的な変化に関する分解の2つについて試みる。両者の分解の枠組みについて，本研究では，同様に貿易額の分解を試みた研究としてBernard et al. (2009) の手法を参考に，品目レベルの extensive margin と intensive margin を以下に示すように定義する。

まず時系列的な extensive margin を，前期には輸出実績のなかった品目が今期新たに正の輸出実績を持つ場合に表れるものと定義する。一方，時系列的な intensive margin は，前期にも輸出実績のある品目の輸出増加によってもたらされるものと定義する。それぞれ前期から今期にかけて退出する品目や，品目当たりの輸出が減少することも考えられるので，輸出総額の変化率は次式に示すように分解される。

$$\frac{\sum_i V_{it} - \sum_i V_{it-1}}{\sum_i V_{it-1}} = \frac{\sum_{i \in I_t^{Entry}} V_{it}}{\sum_i V_{it-1}} - \frac{\sum_{i \in I_{t-1}^{Exit}} V_{it-1}}{\sum_i V_{it-1}} + \frac{\sum_{i \in I} V_{it} - \sum_{i \in I} V_{it-1}}{\sum_i V_{it-1}} \quad (1)$$

ここで，V_{it} は，品目 i の t 期における輸出額を示しており，I_t^{Entry} は t 期に新たに輸出を開始した品目の集合を示し，I_{t-1}^{Exit} は $t-1$ 期には輸出実績があったが t 期には退出した品目の集合を示す。一方，I は前期と今期の両方について輸出実績がある品目の集合を示している。すなわち $I \subseteq (I_t \cap I_{t-1})$ によって示される関係にある。したがって，右辺第一項は新たに輸出参入した品目による輸出額変化率の増加を，第二項は，退出した品目による変化率の減少を，第三項は，前期に引き続き輸出実績のある品目の変化率を示している。さらに，(1) 式の右辺第三項は次式に示すように，輸出仕向地の追加と脱落による変化と，継続的に輸出している仕向地への輸出変化へ分解することが可能である。

$$\frac{\sum_{i \in I} \Delta V_{it}}{\sum_i V_{it-1}} = \frac{\sum_{i \in I^{Add_i}} V_{ijt}}{\sum_i V_{it-1}} - \frac{\sum_{i \in I^{Drop_i}} V_{ijt-1}}{\sum_i V_{it-1}} + \frac{\sum_{i \in I^{Growth_i}} \Delta V_{ijt}}{\sum_i V_{it-1}} + \frac{\sum_{i \in I^{Decline_i}} \Delta V_{ijt}}{\sum_i V_{it-1}} \quad (2)$$

(2) 式の右辺第一項は，輸出継続品目の中で，仕向地が新たに追加された品目 ($I^{Add.}$) の輸出増加率について，第二項は仕向地が脱落した品目 (I^{Drop}) の輸出減少率を示している。一方，第三項は輸出継続品の中で増加している品目かつ既存の仕向地へ輸出している品目 (I^{Growth}) の輸出増加率を示しており，第四項は輸出継続品の中で減少している品目かつ既存の仕向地へ輸出している品目 ($I^{Decline}$) の輸出減少率を示している。

　ここで，extensive margin による貿易変化率への寄与度は，次の二つによって解釈される。一つは，品目の参入退出によって変化する extensive margin であり，(1) 式の右辺第一項と第二項の差によって定義される。いま一つは，輸出継続品目の仕向地の追加と脱落により変化する extensive margin であり，これは (2) 式の右辺第一項と第二項の差によって定義される。intensive margin による輸出総額への貢献は，輸出継続品の中で既存の輸出仕向地への輸出変化分によって捕捉され，(2) 式の右辺第三項と第四項の差によって定義される。分析では，月次データによって輸出総額の変化を分解し，品目の参入退出，仕向地の追加と脱落，既存の輸出仕向地への輸出変化の 3 つの要素の寄与度について，危機の前後でどのような違いが見られるのか検証する。

　表 2 は，財務省貿易統計 HS コード 9 桁レベルの仕向地別・月次データを利用して，(1) 式と (2) 式において示した手法により，時系列的な前年同月比輸出額変化率の分解を 2008 年 1 月から 2010 年 3 月まで示したものである。表には，左から a. 輸出総額変化率，b, c, d には品目の参入退出によって変化する extensive margin を，e, f, g には輸出継続品目の仕向地の追加と脱落により変化する extensive margin を，h, i, j には輸出継続品の中で既存の輸出仕向地への輸出変化率によって示される intensive margin をそれぞれグロスとネットの数値で表示している。

　b, c 列に示した品目の参入と退出による輸出額の変化は，両者共に非常に小さく，ネットの変化率に関しても 1% に満たない変化率で推移している。一方，輸出が前期から継続している品目について，変化を分解すると e, f 列の仕向地の追加や脱落による変化がそれぞれ 2〜6% の幅で推移している。また，危機後において危機前よりも変化率がやや上昇して推移する傾向が見られる。

これらの結果は，品目の参入・退出よりも，輸出継続品目の中での仕向地の追加や脱落による変化が相対的に大きいことを示している。他方で，前期から引き続き輸出されている品目について，h, i 列に示した継続して輸出仕向地となっている国への輸出額には大きな変化率が観察され，その水準は，品目の参入・退出や仕向地の追加・脱落による変化に比べはるかに大きい。危機後の急激な輸出減少についても，この輸出継続品目中の既存の仕向地への輸出の減少が大きく寄与している。特に，2008年11月と2009年1月の大幅な減少は，intensive margin による輸出減である。また，2009年3月以降に観察される輸出の持ち直しを支えているのも既存の仕向地への輸出の回復であり，危機による輸出への影響に関して intensive margin が強く作用している。

表2には，k, l, m 列に，品目の参入・退出，仕向地の追加と脱落，既存の輸出仕向地への輸出変化の3つのマージンについて，輸出総額変化率への寄与度をそれぞれ示している。輸出総額変化率への寄与度はいくつかの時点で大きな変動が生じているが，総じて m 列に示した intensive margin の総輸出額変化への寄与度が高いことが判明した。これらの結果は，月次ベースの短期的な輸出変化が，主に intensive margin によって説明されることを示している。期間中の各マージンの寄与度について平均値を求めると，品目の参入・退出マージン寄与度は–2.5%，仕向地の追加と脱落マージンの寄与度が12.0%，既存の輸出仕向地への輸出変化による寄与度が90.4% である。危機の前後において平均値をそれぞれ算出すると，2009年9月以前についての3者のマージンは，–8.3%, 22.9%, 85.4%，危機後の10月以降の平均値は，0.5%, 6.6%, 93.0% であり，危機後の方が危機前に比べて intensive margin の寄与度が増加している。これらの結果を要約すると，輸出総額全体の変化に最も強く寄与しているのは，前月に引き続いて取引される品目の既存の輸出仕向地への輸出変化がもたらす intensive margin である。この結果は，米国のデータを利用してアジア通貨危機による貿易への影響分析を試みた Bernard et al. (2009) の結果と整合的である。各 margin の大きさの比較に関しては，彼らの研究が企業レベルのデータを利用した分析であり，extensive margin を品目ではなく，企業の参入・退出と定義している点と，時系列的な変化を月次で

表2 時系列輸出変化の分解（前年同月比，%）

	a. 輸出総額変化率	b. 参入製品輸出変化率	c. 退出製品輸出変化率	d. 参入退出純変化率(b+c)	e. 輸出継続品の仕向地追加による変化率	f. 輸出継続品の仕向地脱落による変化率	g. 仕向地追加脱落による純変化率(e+f)	h. 輸出継続増加品の既存仕向地輸出変化率	i. 輸出継続減少品の既存仕向地輸出変化率	j. 既存仕向地輸出純変化率(h+i)	k. 品目参入退出による寄与度(d/a)	l. 仕向地追加脱落による寄与度(g/a)	m. 既存仕向地への増減による寄与度(j/a)
2008年1月	7.87	1.24	-1.10	0.15	4.85	-3.38	1.48	12.48	-6.24	6.25	1.9	18.8	79.4
2月	8.75	1.13	-0.93	0.20	4.54	-3.31	1.23	13.41	-6.09	7.32	2.3	14.0	83.7
3月	2.55	0.95	-0.95	0.00	4.40	-3.24	1.17	9.46	-8.07	1.39	-0.1	45.7	54.4
4月	4.36	1.08	-1.05	0.04	4.40	-3.40	1.00	10.80	-7.47	3.32	0.9	22.9	76.2
5月	3.89	1.05	-1.08	-0.04	4.04	-3.66	0.38	11.46	-7.91	3.55	-0.9	9.7	91.2
6月	-1.77	1.07	-0.99	0.07	4.25	-4.09	0.16	8.15	-10.15	-2.00	-4.2	-9.3	113.5
7月	8.25	1.03	-1.00	0.03	4.67	-3.87	0.80	14.54	-7.11	7.42	0.4	9.6	89.9
8月	0.44	1.01	-1.29	-0.29	4.21	-3.90	0.31	9.85	-9.43	0.41	-65.1	70.5	94.6
9月	1.93	0.97	-1.17	-0.20	4.14	-3.67	0.47	11.26	-9.61	1.65	-10.2	24.5	85.7
10月	-7.70	0.93	-1.07	-0.14	3.57	-3.51	0.06	7.20	-14.82	-7.62	1.8	-0.7	99.0
11月	-26.27	0.69	-1.02	-0.33	3.20	-4.80	-1.60	3.64	-27.97	-24.34	1.3	6.1	92.6
12月	-34.90	0.67	-1.11	-0.45	3.16	-4.96	-1.80	3.18	-35.83	-32.66	1.3	5.1	93.6
2009年1月	-46.09	0.13	-0.33	-0.21	3.03	-5.87	-2.84	1.77	-44.82	-43.04	0.5	6.2	93.4
2月	-50.25	0.17	-0.21	-0.03	2.82	-5.53	-2.71	1.52	-49.02	-47.51	0.1	5.4	94.5
3月	-46.38	0.05	-0.19	-0.14	2.62	-5.61	-2.99	1.60	-44.86	-43.26	0.3	6.4	93.3
4月	-40.40	0.19	-0.18	0.01	2.61	-5.69	-3.08	2.37	-39.70	-37.33	0.0	7.6	92.4
5月	-41.83	0.07	-0.14	-0.07	2.50	-7.22	-4.71	1.71	-38.76	-37.05	0.2	11.3	88.6
6月	-36.67	0.30	-0.29	0.00	2.80	-6.02	-3.21	1.84	-35.30	-33.46	0.0	8.8	91.2
7月	-37.20	0.07	-0.15	-0.08	2.37	-5.72	-3.34	1.66	-35.44	-33.77	0.2	9.0	90.8
8月	-36.61	0.07	-0.14	-0.06	2.16	-6.38	-4.22	1.55	-33.88	-32.33	0.2	11.5	88.3
9月	-31.45	0.06	-0.14	-0.08	2.85	-5.85	-3.00	2.19	-30.56	-28.37	0.3	9.5	90.2
10月	-24.01	0.13	-0.21	-0.08	2.70	-6.01	-3.31	4.12	-24.74	-20.62	0.3	13.8	85.9
11月	-7.40	0.14	-0.17	-0.03	4.06	-6.05	-1.99	10.03	-15.41	-5.38	0.4	26.9	72.8
12月	11.29	0.38	-0.15	0.23	5.16	-6.65	-1.49	24.23	-11.69	12.54	2.1	-13.2	111.1
2010年1月	41.03	0.36	-0.28	0.08	7.19	-6.73	0.46	47.73	-7.25	40.49	0.2	1.1	98.7
2月	46.82	0.26	-0.58	-0.32	6.99	-6.75	0.24	53.17	-6.28	46.90	-0.7	0.5	100.2
3月	45.13	0.29	-0.13	0.16	6.96	-5.76	1.20	49.71	-5.94	43.77	0.4	2.7	97.0

出所：『財務省貿易統計』より筆者が算出。

はなく年次データを利用して分析していることから，本研究の結果で得られた数値と直接比較することは困難である。しかしながら，マクロショックによる輸出変化に関して intensive margin の寄与が大きく，敏感に反応している点は共通した発見と言えよう。

4. 重力モデルによる貿易変化要因の特定

4.1 モデルの枠組み

前節で示したように時系列的な貿易額変化の分解は，世界金融危機によって輸出の intensive margin が大きく減少したことを示している。本節ではこうした減少がどのような要因によって引き起こされたかという点について重力モデルの枠組みからアプローチする。一般に，重力モデルは年次データを利用して推計されるが，危機によるショックが年次を超えた短期間に集中していることを考慮すると影響の補足は難しい。伊藤（2011）は，貿易変化の要因に関して四半期データを収集することでこの問題を克服し，危機による国横断的な貿易縮小と経済規模との関係を分析している。以下では，その枠組みと結果について概観する。

重力モデルにおける貿易額の分解は，Mayer and Ottaviano (2007) を参考に日本と各国との2国間貿易額を品目数と品目当たりの平均輸出額に分解し，前者による変化を extensive margin に，後者による変化を intensive margin として定義される。推計では，四半期 t 時点の i 国から j 国への輸出額を X_{ijt}，輸出される品目数を N_{ijt}，品目当たりの平均輸出額を $\bar{v}_{ijt}$ と定義する。貿易変化をもたらす要因としては，2国間の貿易額が輸出国の経済規模 GDP_i と輸入国の経済規模 GDP_j，2国間の距離 $Dist_{ij}$，地域貿易協定の有無 FTA_{ijt} をモデルに導入し，次の重力モデルを考える。

$$X_{ijt} = N_{ijt}\bar{v}_{ijt} = A(GDP_{it})^{\beta_1}(GDP_{jt})^{\beta_2}(Dist_{ij})^{\beta_3}e^{\phi FTA_{ijt}+e_{ijt}} \tag{1}$$

ここで A は定数項を，e_{ijt} は攪乱項を示しており，両辺について対数をとる

と次式が導出される。

$$\ln X_{ijt} = \ln N_{ijt} + \ln v_{ijt} = \beta_0 + \beta_1 \ln GDP_{it} + \beta_2 \ln GDP_{jt} + \beta_3 \ln Dist_{ij} + \phi FTA_{ijt} + e_{ijt} \quad (2)$$

ここで左辺を品目数の対数値 $\ln N_{ijt}$ として推計した場合に得られる係数 $\beta_1 \beta_2 \beta_3$ は，貿易変化の extensive margin を示し，左辺を品目当たりの平均輸出額 $\ln v_{ijt}$ とした場合に得られる係数は intensive margin となる。さらに平均輸出額の項に関しては，平均価格 p_{ijt} と平均数量 q_{ijt} にも分解可能であり，$X_{ijt} = N_{ijt} p_{ijt} q_{ijt}$ に置き換えて price margin と quantity margin が推計される。(2)式のモデルをベースに分析では危機前後の各マージンの変化を捉えるため，危機後の 2008 年第 4 四半期以降に 1 をとる危機ダミー変数 $Shock_t$ と，各要因の交差項を導入し次式を推計している。

$$\begin{aligned}\ln X_{ijt} =\ & \beta_0 + \beta_1 \ln GDP_{it} + \beta_2 \ln GDP_{jt} + \beta_3 \ln Dist_{ij} + \phi FTA_{ijt} + \delta Shock_t \\ & + \gamma_1(Shock_t \cdot \ln GDP_{it}) + \gamma_2(Shock_t \cdot \ln GDP_{jt}) + \gamma_3(Shock_t \cdot \ln Dist_{ij}) \\ & + \gamma_4(Shock_t \cdot FTA_{ijt}) + e_{ijt}\end{aligned} \quad (3)$$

被説明変数となる 2 国間の貿易総額，品目数，品目当たりの平均貿易額は，財務省貿易統計から，四半期別・貿易相手国別に集計したものを利用している。説明変数に関しては，国の経済規模を OECD 統計の "*Quarterly National Accounts*" から US ドル購買力平価換算の支出ベース GDP データを，日本との 2 国間距離については，CEPII が公表している各国首都間の地理的な距離データ（km）をそれぞれ利用している。日本との FTA/EPA 締結国ダミー変数に関しては，データに含まれる国の中で，日本と FTA/EPA を締結している国 [6] について，発効後の期に 1 をとるダミー変数と定義している [7]。分析対象となる国は，四半期 GDP データについて補足が可能な日本とその他 OECD 加盟 31 カ国と非加盟 3 カ国である。

4.2 危機後の貿易要因の影響変化

金融危機前後の四半期データを利用した重力モデルの推計結果は，分解後

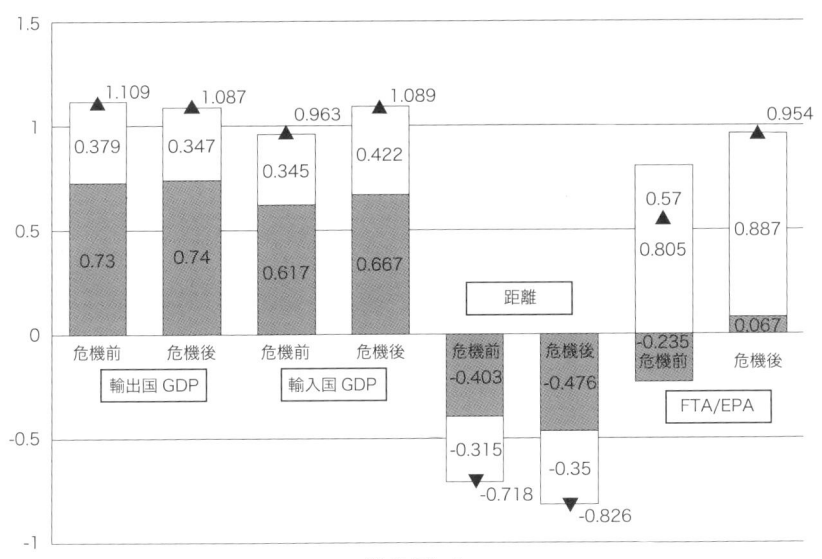

図 4　重力モデルによる貿易要因の推計値（1）

の貿易変化のどの要素に危機の影響が強く表れたかを示している。図4は，2007年第1四半期から2010年第1四半期までの貿易データを利用して，(3)式をプーリング推計（OLS）した結果をまとめたものである[8]。図中には，貿易総額を被説明変数としたときに得られる係数を▲印によって示しており，棒グラフには危機前と危機後の2期間について，被説明変数を品目数（$\ln N_{ijt}$）と平均輸出額（$\ln v_{ijt}$）にした際に得られる各要素の寄与度をそれぞれ示している。危機前について貿易総額の結果を見てみると，経済規模を示すGDP対数値は輸出国について1.11，輸入国について0.96の係数が得られた。この結果は，ある国の経済規模が10％拡大した場合，他国よりも平均で10～11％日本との貿易量が増えることを示している。日本との距離の対数値に関しては係数が-0.72であり，距離が10％遠い場合，平均で7.2％貿易額が小さいことを示している。FTA/EPA締結の有無を示すダミー変数の係数は統計的に有意であり，他の条件を一定として締結国は非締結国より平均的に57％日本との貿易額が多い。貿易総額を品目数と平均取引額に分解した結果について見

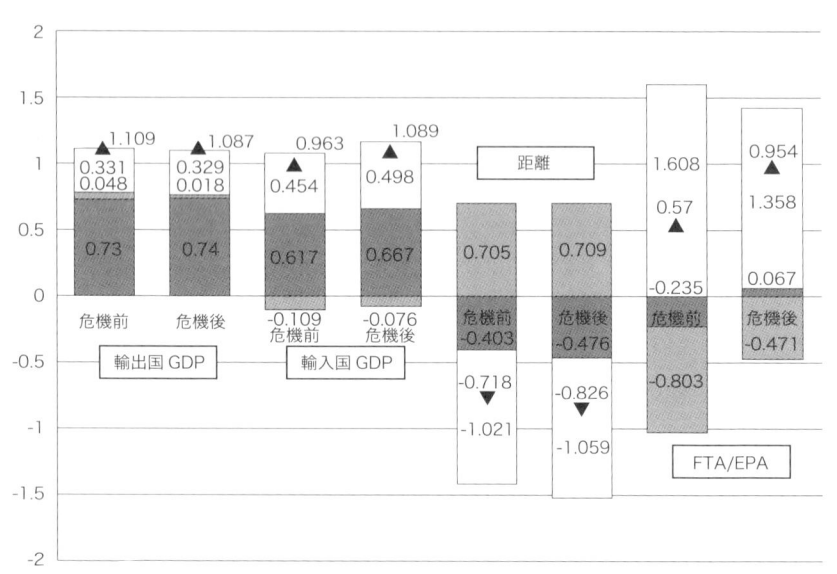

図5 重力モデルによる貿易要因の推計値（2）

てみよう。GDP は品目数と平均取引額の両者と正の相関関係がある。GDP の貿易総額への影響のうち品目数の拡大が輸出国 GDP の場合に 66％，輸入国 GDP の場合でも 64％を占め，国横断的な貿易量の違いを説明する要因として extensive margin の説明力が相対的に大きいことを示している。同様に2国間距離の貿易への影響についても，56％を extensive margin が占めている。一方，FTA/EPA ダミーの影響は品目当たりの平均取引額に集中しており，締結後に新たな品目参入が増えるというよりも既存の品目当たりの取引額が増加しているものと考えられる。

危機後の係数には変化が表れているものと若干の変化が認められるものとがあり，輸出国 GDP についてはほとんど変化が見られない一方で，その他の変数については危機前に比べて大きい値が示されている。たとえば，輸入国 GDP の係数は 0.96 から 1.09 にインパクトが増加しており，危機後に顕在化した輸入国側の経済規模の急激な縮小が，その国へ向けられた輸出を大きく減

少させたことを反映しているものと思われる。また，2国間の距離に関しても，係数の値が–0.72 から–0.83 へと変化しており，貿易ショックが比較的距離の遠い国との貿易においてより顕著であったことを示している。さらに，FTA/EPA 締結に関しては係数の値が 0.57 から危機後には 0.95 へと大きく増加している。これは，危機後の FTA/EPA 締結国ペアの貿易が非締結国との貿易に比べて顕著にプラスであったことを示している。

図 5 には，平均取引額（$\ln \bar{v}_{ijt}$）を平均価格（$\ln \bar{p}_{ijt}$）と平均数量（$\ln \bar{q}_{ijt}$）について分解した結果を図示している。価格と数量に関しては，いずれの説明変数も平均数量に与える影響が支配的である。たとえば，GDP10％の増加は品目当たり平均貿易額を構成する平均数量の 3 ～ 5％の増加と関係を有している一方で，平均価格とは効果が小さく，輸入国 GDP に関しては負の相関があることを示している。距離の影響に関しては，価格に対して正，数量に対して負の相関がある。この結果は，英米仏独など分析の対象国の中で日本との距離が比較的遠い先進国との間で，自動車など高付加価値製品の貿易が相対的に活発であることを反映していると思われる。すなわちこうした国向けの輸出は，数量は相対的に小さいが，価格は高い傾向にある品目が多く含まれていると考える。FTA/EPA ダミーの係数については，価格には負，数量には正の結果が得られている。この結果は，締結国間の貿易が非締結国との間の貿易よりも平均的に価格が低いものの，平均的な取引数量が大きい傾向があることを示している。

次に危機前と危機後について変化を見てみる。輸入国 GDP の係数が危機後に増加しているが，intensive margin をさらに price margin と quantity margin に分けると，危機後の GDP の価格への影響が小さくなり，数量への影響は上昇している。危機後に顕著に上昇した GDP の intensive margin は，特に数量への影響に相対的に強く表れている。2 国間距離の係数は，intensive margin の内訳として価格に +0.004 ポイント，数量に–0.038 ポイントとなっている。ここでも，危機後の距離が与える影響は特に数量に関して強まったことを示している。FTA/EPA ダミーの係数については，非締結国との差は価格と数量共に危機後は縮小しているものの，依然として締結国間の貿易額は平均的に有意に高い傾向を維持しており，そのほとんどは平均数量の寄

与によって説明される。

5. おわりに

　日本は2008年の世界金融危機に直面するまで，空前ともいうべき輸出の伸びを記録した。その輸出拡大は危機後の世界的な不況によって歴史的な急降下となって実体経済に大きな影響を与えた。本章では，金融危機による世界的な景気後退が日本の輸出に与えた影響を，貿易統計を利用してその傾向を読み解いた。近年，国際経済学では企業の異質性に基づいた貿易理論が盛んに用いられていることから，実証分析においても集計データではなく細分化されたレベルのデータを利用することに重きが置かれつつある。日本の貿易統計は，一部の欧米の国で利用可能な企業レベルには分解が可能でない。このため本研究では，HSコード9桁レベルの品目あるいは輸出仕向地のデータを基に，輸出総額を extensive margin と intensive margin の各要素に分解を試みた。輸出総額の時系列変化に関する分解結果は，品目の参入・退出や仕向地の追加・脱落によるネットの変化率が危機前に比べ危機後にマイナスに大きくなる一方で，輸出総額の変化への貢献度は相対的に小さいことを示している。危機前後を通じて既存の輸出仕向地への輸出変化分が，輸出総額の変化に最も強く寄与している。この結果は，欧米のデータを利用した結果とも整合的であり，危機の発生によって輸出総額の変化に占めるシェアが比較的小さい品目や仕向地への輸出が止まり，大きな輸出シェアを占める品目は危機による変化への貢献度が大きいことを示している。"新"新貿易理論との関連では，貿易参入に係る固定費用の存在を示唆していると考えられる。固定費用が大きい場合，一度参入すると退出しないことが費用を削減する手段となりうる。たとえ今回のような大きなマクロ経済ショックが生じても extensive margin の寄与が非常に限定的であるということは，参入時の固定費用が無視し得ない大きさであることを示している。

　重力モデルによる推計からは，輸入国側の需要減退が貿易ショックとして強く影響したことが示された。このことは，日本が危機前に集中的に輸出してい

た付加価値の高い品目が，危機後の需要減退によって大きな影響を受けたことを反映しているものと思われる。平均輸出額を平均価格と数量にさらに分解した結果からは，数量変化の寄与が支配的であり，危機後その寄与が高まる傾向が見受けられた。これは，1品目当たりの平均輸出額の落ち込みの大部分は平均数量の減少によって説明されることを意味する。また，推計結果からFTA/EPA締結国間の貿易が非締結国との間の貿易に比べて危機前後を通じて高い水準にあることが示された。FTA/EPA締結による貿易費用の削減が危機後の貿易ショックを緩和させることに寄与したと考えると，今後こうした地域貿易協定の締結をより一層推進していくことがこのようなマクロショックへの対応力を向上させる上で重要であろう。

＊本稿は，伊藤（2011）を基に一部内容を発展させたものである。

【注】
1) タイ，インドネシア，韓国，フィリピン，マレーシアの5カ国としている。
2) Wakasugi (2009) は1990年〜2007年の米国向けおよび中国向け輸出の時系列データを利用して，extensive margin と intensive margin の違いについて分析し，日本が大きな影響を受けた要因として危機前に付加価値の高い製品を集中的に米国向けに輸出していたことを指摘している。
3) HSコード84（原子炉，ボイラー及び機械類並びにこれらの部分品），HSコード85（電気機器及びその部分品並びに録音機，音声再生機並びにテレビジョンの映像及び音声の記録用又は再生用の機器並びにこれらの部分品及び附属品），HSコード86（鉄道用又は軌道用の機関車及び車両並びにこれらの部分品，鉄道又は軌道の線路用装備品及びその部分品並びに機械式交通信号用機器），HSコード87（鉄道用及び軌道用以外の車両並びにその部分品及び附属品），HSコード88（航空機及び宇宙飛行体並びにこれらの部分品），HSコード89（船舶及び浮き構造物），HSコード90（光学機器，写真用機器，映画用機器，測定機器，検査機器，精密機器及び医療用機器並びにこれらの部分品及び附属品）。
4) このため，散布図作成に利用したデータは単価の計算が統一できるkg表示の品目に限定している。なお，kg表示の品目は全データの8割超を占めている。
5) 全品目のデータを利用して描いた場合，ばらつきが大きくなるが傾向に大きな違いは見られない。また，品目レベルをHSコード9桁から2桁に集計化した場合，仕向地への集

中度と輸出減少との間に明確な関係は読み取れない。ただし、集中度が高い品目ほど単価が高い傾向は9桁のケースと同様に見受けられる。
6) メキシコ（2005年4月1日発効），チリ（2007年9月3日発効），スイス（2009年9月1日発効）の3カ国である。
7) 変数の実質化，データサンプルの構成など詳細については伊藤（2011）を参照されたい。
8) 推計ではOLS推計に加え変量効果モデルの推計も実施し，観察されない時間不変な2国ペアの個別効果をコントロールしているが，全体的に両者の結果に大きな差異は見られない。

【参考文献】

伊藤萬里（2011）「世界同時不況による日本の貿易への影響：貿易統計を利用した貿易変化の分解」，『経済分析』184号，pp. 1-29.

経済産業省（2009），『通商白書2009』．

Bernard, Andrew B., Bradford J. Jensen, Stephen J. Redding and Peter K. Schott (2007) "Firms in International Trade," Journal of Economic Perspectives, 21(3), 105-130.

Bernard, Andrew B., J. Bradford Jensen and Peter K. Schott (2009) "Importers, Exporters and Multinationals: A Portrait of Firms in the U.S. that Trade Goods," in Producer Dynamics: New Evidence from Micro Data, ed. Timothy Dunne, J. Bradford Jensen and Mark J. Roberts, 133-63. Chicago: University of Chicago Press.

Hillberry, Russell & Hummels, David, (2008) "Trade responses to geographic frictions: A decomposition using micro-data," European Economic Review, vol. 52(3), pp. 527-550.

Maeno, Takaaki (2010) "How Big is the Extensive Margin of Trade?: Evidence from Trade Data in Japan," The Nihon University Economic Review 79(4), pp. 73-95.

Mayer, Thierry and Gianmarco I.P. Ottaviano (2007) The Happy Few: The Internationalisation of European Firms. Bruegel Blueprint Series.

Melitz MJ (2003) "The Impact of Trade on Intra-Industry Reallocations and Aggregate Industry Productivity," Econometrica 71:1695-1725.

Wakasugi, Ryuhei (2009) "Why the Financial Crisis Affected Japanese Exports So Seriously?" Keio/Kyoto Global COE Discussion Paper Series, DP 2009-009.

第3章
混迷する現代国際経済と国際石油情勢

小島　直

1. はじめに

　国際石油価格は2003年末から徐々に上昇し始め，2008年7月にピークに達し，同月アメリカの製油所原油取得平均価格は129ドル／バレルになった。その後，2008年12月には38ドル／バレルにまで低下したが，2011年3月中旬には先進諸国における大幅な金融緩和，新興国における底堅い石油消費量の増大，中東情勢の不安定化などの要因が重なって北海ブレント原油スポット価格は114ドル／バレルへと上昇した。第二次大戦後，国際石油価格は1973年の第一次石油危機時と1979～80年の第二次石油危機時に高騰したから，2000年代後半の高騰は3度目の高騰となった。

　第一次石油危機は第四次中東戦争による中東石油の供給不安に，第二次石油危機はイラン革命とイラン・イラク戦争による中東石油の供給不安に石油価格高騰の直接的な原因があったとの判断から，この二つの石油危機はサプライ・ショックとも呼ばれた。

　2003年3月に米軍のイラク侵攻が始まり，イラク戦争が勃発した。同年5月にアメリカは戦闘終結宣言を出したが，最終的な終戦宣言は2010年に出された。この間，イラクの産油量は2002年に204万バレル／日であったものが2003年には132万バレル／日に急減したが，2008年にかけて回復し，同年には239万バレル／日に戻っていた。したがって，2000年代後半の石油価格の高騰がサプライ・ショックであったという見解は聞かれず，世界的な石油

消費の増大に原因があったとするデマンド・ショック説が聞かれた。

しかしながら，過去3回の国際的な石油価格の高騰をサプライ・ショックやデマンド・ショックと区分する分析方法は一面的に過ぎる。第一次石油危機前にも石油消費は急速に増大し，国際石油市況は売り手市場化していた。第四次中東戦争が第一次石油危機の直接的な引き金となったことは事実であるが，第一次石油危機の原因は消費国にも産油国にもあったのであり，簡単にサプライ・ショックと呼べるものではない。第二次石油危機の原因も基本的には同様である。

2000年代半ばには第四次中東戦争やイラン革命のような政治，軍事的要因による中東石油の大きな供給中断はなかった。この時期には世界的に石油消費が増大していたから，石油価格の高騰はデマンド・ショックのためであると言われた。石油や他の一次エネルギー消費が拡大しても供給がそれに見合って拡大すれば価格は上昇しない。しかし，実はこの時期にも各一次エネルギーの供給サイドに制約要因があったのである。

二つの石油危機を契機に石油・エネルギー消費国は省エネ，石油代替エネルギー利用などの強化に努めてきた。しかし，石油にもそれ以外の各一次エネルギーにも供給制約要因があり，現在の国際石油・エネルギー価格水準と技術水準を前提にすると世界の需要を単独でカバーしうる一次エネルギーは存在しない。つまり，2000年代後半の国際石油・エネルギー価格の高騰も需給の両面に問題があったのであり，単なるデマンド・ショックではなかったのである。

二つの石油危機以降，世界の一次エネルギー消費に占める石油の割合は急減したが，2000年代後半でも一次エネルギー源別消費では石油の割合が33％ほどで最大である。世界の石油埋蔵量の80％近くはOPEC諸国に賦存しているが，そのOPEC諸国が埋蔵量の限界からというよりは，各国の特異な政治・経済体制を原因として石油供給を抑制していることが国際石油価格の高騰をもたらしている供給側の一大要因になっている。

1980年代に入って経済のグローバル化が進み，1990年代〜2000年代にかけて経済のグローバル化は急速に深化し，重層化していった。ここで言う経済のグローバル化とは国際貿易の自由化，国内・国際金融の自由化の進展とと

もに国際経済が市場経済によって統合化されてきたことを指している。

2001〜02年にいわゆるIT不況（ドット・コム不況）が到来し，その対策として先進諸国は足並みをそろえて超低金利政策を採ったから，投機資金が石油先物取引市場に流入し，それが2000年代後半に石油価格を高騰させたとの見解がある[1]。

2000年代後半の石油価格の高騰に投機筋が果たした役割は大きかったが，金融が緩和され余資があればいつでも石油価格が高騰するということではない。石油の実需家（commercial trader）が石油の需給関係にタイト感を持てば現物市場で石油を手当しようとするからスポット価格が上昇する。いわゆる投機家（non-commercial trader）はそのスポット市況動向やグローバルな石油需給動向を見ながら先物市場で取引をするのだから，投機市場の動向は実需と無関係ではないのである。

本稿では以上のような分析視角から，国際石油・エネルギー情勢の変化について，①国際経済の構造変化，②国際的な一次エネルギー需給動向，③石油とくにOPEC石油の供給動向に焦点を絞って考察してゆく。

2. インフレーションの国際的波及と第一次，第二次石油危機の発生

2.1 相対的に制約されていた国際経済の統合

第一次石油危機が発生した1973年の世界の名目GDPは約4兆2,600億ドルで，OECD諸国のシェアが79.3％，非OECD諸国のシェアが20.7％であった。国別ではアメリカの名目GDPが最大で1兆3,600億ドル，世界全体の31.9％を占めていた。次いで，日本（10.0％），ドイツ（9.1％），フランス（6.1％），イギリス（4.2％）の順であり，これら上位5ヵ国のGDPで世界の61.3％に達していた[2]。第一次石油危機までの国際経済においてはアメリカの主導力，影響力はまだ強かったのである。

1973年の世界の石油消費量は5,598万バレル／日であり，OECD諸国の消費量が世界全体の73.7％，非OECD諸国の消費量が26.3％であった。アメリカの消費量は1,732万バレル／日であり，世界全体の30.9％を占めていた

表1 世界の石油消費量

(100万バレル／日, %)

	アメリカ			日本			OECD諸国合計			中国			非OECD諸国合計			世界合計	
	消費量	構成比	伸び率	消費量	構成比	伸び率	消費量	構成比	伸び率	消費量	構成比	伸び率	消費量	構成比	伸び率	消費量	伸び率
1965	11.52	37.0	…	1.64	5.3	…	23.14	74.4	…	0.21	0.7	…	7.96	25.6	…	31.10	
1973	17.32	30.9	5.2	5.06	9.0	15.1	41.25	73.7	7.5	1.07	1.9	13.3	14.73	26.3	8.0	55.98	7.
1979	18.44	28.7	1.0	5.25	8.1	0.6	43.77	68.2	1.0	1.83	2.9	9.4	20.37	31.8	3.2	64.14	2.
1985	15.73	26.5	-2.6	4.41	7.4	-2.9	37.19	62.7	-2.7	1.83	3.1	0.0	22.16	37.3	2.7	59.35	-1.
1990	16.99	25.5	1.6	5.26	7.9	1.3	41.31	61.9	2.1	2.32	3.5	4.9	25.38	38.1	0.4	66.69	2.
2000	19.70	25.8	1.5	5.56	7.3	1.1	47.65	62.3	2.9	4.77	5.5	7.5	28.78	37.7	1.3	76.43	1.
2001	19.65	25.4	-0.3	5.42	7.0	-2.5	47.89	62.2	0.5	4.87	6.3	2.1	29.14	37.8	1.3	77.03	0.
2002	19.76	25.3	0.6	5.35	6.9	-1.3	47.88	61.4	0.0	5.29	6.8	8.6	30.07	38.6	3.2	77.95	1.
2003	20.03	25.2	1.4	5.44	6.8	1.7	48.23	60.7	0.7	5.80	7.3	9.6	31.19	39.3	3.7	79.42	1.
2004	20.73	25.2	3.5	5.27	6.4	-3.1	49.07	59.7	1.7	6.77	8.2	16.7	33.19	40.3	6.4	82.26	3.
2005	20.80	24.9	0.3	5.34	6.4	1.3	49.49	59.3	0.9	6.98	8.4	3.1	34.02	40.7	2.5	83.51	1.
2006	20.69	24.5	-0.5	5.21	6.2	-2.4	49.32	58.5	-0.1	7.41	8.8	6.2	35.05	41.5	3.0	84.37	1.
2007	20.68	24.2	-0.1	5.04	5.9	-3.3	49.01	57.2	-0.3	7.77	9.1	4.8	36.61	42.8	4.5	85.62	1.
2008	19.50	22.9	-5.7	4.85	5.7	-3.8	47.36	55.6	-3.4	8.09	9.5	4.1	37.88	44.4	3.5	85.24	-0.
2009	18.96	22.6	-2.8	4.40	5.2	-9.2	45.33	53.9	-4.3	8.63	10.3	6.7	38.73	46.1	2.2	84.06	-1.
2010	19.17	21.8	2.1	4.42	5.0	1.1	46.10	52.5	1.5	9.40	10.7	11.9	41.70	47.5	5.6	87.80	3.

出所：2009年までは "BP Statistical Review of World Energy" June 2010 による。構成比, 伸び率は算出した。
2010年は, IEA "Oil Market Report" February 2011 によった。伸び率は, 同レポートの2009年と2010年の数値から算出した。

(表1)。

　第一次石油危機の需要側の原因を地理的に求めるならば，名目GDPと石油消費の割合が世界の70％以上を占めていたOECD諸国，国別では30％以上を占めていたアメリカが当然のことながら注目される。石油は世界的な規模で取引される商品であり，その需給，価格動向は国際経済の影響を強く受ける。

　戦後から第一次石油危機に至るまでの時期，国際経済では市場の自由な価格メカニズムによる統合が相対的に制約されていた。国際貿易はGATTの貿易交渉によって段階的に自由化されていったが，たとえば，1962～67年に開

催されたケネディ・ラウンドの参加国は62ヵ国にすぎなかった。また，戦後の国際通貨体制であるブレトン・ウッズ体制のもとでは固定平価を守る義務を課された加盟諸国はその維持を容易にするために国際資本取引を規制していた。その義務を課されていなかった基軸通貨国のアメリカも1960年代にドル危機が深まると，1964年にアメリカでの非居住者による資本調達を規制する金利平衡税を課し，1968年には居住者に対外投資自主規制を要請するなど，国際資本取引を規制したのである。

つまり，自由な市場の価格メカニズムに依拠した国際的な資源配分は相対的に制約されており，先進諸国といえども現在のグローバル化時代に比して自国の経済資源に相対的に依拠して経済発展を図らざるをえなかった。言い換えれば，各国の経済的フロンティアは相対的に狭かったのである。こうした制約のある国際経済環境の下でアメリカは完全雇用や経済成長など対内均衡の持続を優先し，国際収支調整などの対外均衡の維持を後回しにするビナイン・ネグレクト政策を1960年代に採ったのである。

2.2 アメリカにおけるインフレーションの昂進

1950年代末から1960年代初頭にかけてアメリカ経済は比較的長いリセッションに直面し，低迷する経済からの脱却と完全雇用の達成が経済政策の主要な課題となった。そのために拡張的な財政，金融政策が中長期的に採られた。その結果，1960年代半ばにはデフレ・ギャップが解消し，物価上昇が顕在化し始めた[3]。

ベトナム戦争を遂行するための軍事費や偉大な社会を実現するための社会保障関連費の増額も財政赤字を増大させた。連邦準備制度は物価が上昇しても金融引き締め政策を徹底せず，財政赤字を補填するために政府が発行する国債の市場消化を後押しするために金融をすぐに緩めた。デフレ・ギャップが解消傾向にあったにもかかわらずこのような拡張的な財政・金融政策が続けられたために，市場ではマネー・サプライが増え，インフレーションが長期化した[4]。

1960年代後半に賃金，資本財，サービス，農産物など全般的に物価上昇が目立ち始め，輸入財では海外の供給に不安があった銅鉱石の値上がりが顕著に

表2 アメリカの消費者物価対前年比変動率

(%)

	ヘッドライン・インフレ	コアー・インフレ	エネルギー
1965	1.6	1.2	1.8
66	2.9	2.4	1.7
67	3.1	3.6	2.1
68	4.2	4.6	1.7
69	5.5	5.8	2.5
1970	5.7	6.3	2.8
71	4.4	4.7	3.9
72	3.2	3.0	2.6
73	6.2	3.6	8.1
74	11.0	8.3	29.6
75	9.1	9.1	10.5
76	5.8	6.5	7.1
77	6.5	6.3	9.5
78	7.8	7.4	6.3
79	11.3	9.8	25.1
1980	13.5	12.4	30.9
81	10.3	10.4	13.6
82	6.2	7.4	1.5
83	3.2	4.0	0.7
84	4.3	5.0	1.0
85	3.6	4.3	0.7
86	1.9	4.0	-13.2
87	3.6	4.1	0.5
88	4.1	4.4	0.8
89	4.8	4.5	5.6
1990	5.4	5.0	8.3
91	4.2	4.9	0.4
92	3.0	3.7	0.5
93	3.0	3.3	1.2
94	2.6	2.8	0.4
95	2.8	3.0	0.6
96	3.0	2.7	4.7
97	2.3	2.4	1.3
98	1.6	2.3	-7.7
99	2.2	2.1	3.6
2000	3.4	2.4	16.9
01	2.8	2.6	3.8
02	1.6	2.4	-5.9
03	2.3	1.4	12.2
04	2.7	1.8	10.9
05	3.4	2.2	17.0
06	3.2	2.5	11.2
07	2.8	2.3	5.5
08	3.8	2.3	13.9
09	-0.4	1.7	-18.4

注：ヘッドライン・インフレはエネルギーと食品を含む全品目の消費者物価動向。コアー・インフレはエネルギーと食品を除く消費者物価動向。エネルギーには家庭用電力、ガス、燃料油、自動車用燃料などを含む。
出所：US Dept. of Labor "Focus on Prices and Spending".

なった。食品とエネルギーを除いた消費者物価上昇率であるコアー・インフレ率は1965年の前年比1.2%から1970年には6.3%に高まったのである（表2）。

この間、エネルギー価格の上昇率は相対的に低く、1965年には前年比1.8%でしかなく1970年に至っても2.8%の上昇率にとどまっていた（表2）。1930年代から戦後にかけて中東で超巨大油田が次々に発見され、中東の石油利権を支配していた国際石油資本（メジャー）は市場での供給過剰を抑制するために寡占的協調政策を続けていた。その結果、国際石油価格水準は、1960年代には1〜2ドル／バレル台で長期間安定していた（図1）。

石油部門では1930年代の大不況期に国内原油価格の下落を抑えるために井戸元原油価格規制が実施され、1958年からは国内中小産油業者を保護するために海外原油の輸入規制が実施されていたが、こうした市場の価格メカニズムを規制する措置は1960年代にも継続されていた。

アメリカ国内でエネルギー価格の上昇が懸念されるようになったのは1970年末からであり、電力業やエ

図1 国際石油価格動向

(ドル／バレル)

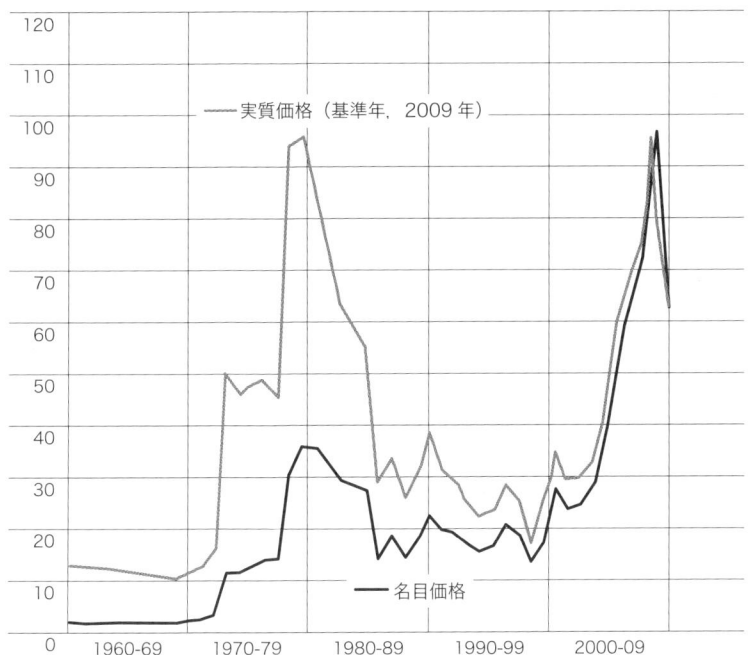

注：1983年まではアラビアン・ライトのスポット価格，それ以降はブレントのスポット価格。
出所："BP Statistical Review of World Energy 2010".

業部門でエネルギー消費量が増大し，重油価格が上昇し始めた。これに誘発されて石炭価格，天然ガス価格も上昇した[5]。当時はエネルギー価格の上昇よりも公害問題の深刻化のほうが重大視されていたが，1971年1月に出された『大統領経済報告』や1971年6月に出された『第一次エネルギー教書』では公害とエネルギー価格上昇を同時に解決するための施策が提唱された。

1970年代に入ってもインフレの昂進は収まらず，1971年から1974年にかけて賃金と特定の物価を時限的に抑制しようとする所得政策が5回にわたって実施された。このような時限立法や自主規制の要請によって賃金，物価の上昇を抑制する施策は短期的には効果があるように見えた。しかし，物価上昇は1965年以降持続してきたことであり，国民の間にはインフレマインドが定着

していたから，規制実施期間後にはまた賃金，物価が上昇するであろうと判断するインフレ期待を抑え込むことはできなかった。所得政策の実施期限後にはかえって物価上昇率は高まったのである。

2.3 第一次石油危機の発生

アメリカ国内でインフレーションが昂進していたにもかかわらず対内均衡を優先し，対外均衡の維持を後回しにしたビナイン・ネグレクト政策の継続が1960年代にドル危機を深める主因となった。昂進するインフレーションのもとでアメリカの貿易収支の黒字は急減していった。ブレトン・ウッズ体制の下でアメリカは自国通貨が国際通貨であるというドルの特権の地位を得ていたからビナイン・ネグレクト政策を継続しえたが，アメリカがブレトン・ウッズ体制を擁護しようとすれば金の公定価格を維持せざるをえず，海外諸国が自国通貨の対ドル法定平価を決めるという非対称性の負担も被った。

経済ファンダメンタルズから判断して自国通貨が割安になっていても欧州諸国や日本は法定平価をなかなか切り上げようとはしなかったから，このこともアメリカの貿易収支黒字の減少，実質的なドル減価，アメリカの公的金準備残高の減少を早め，ドル危機を深化させる要因になった。

ドル危機が深化するとヨーロッパ諸国などの通貨当局は保有ドルの金交換をアメリカに求めた。かくして，アメリカは公的金準備が100億ドルを割り込む直前の1971年8月に金ドル交換を停止した。この措置は1945年に発効し，維持されてきたブレトン・ウッズ協定の破棄，戦後の国際通貨体制の崩壊を意味していた。

ブレトン・ウッズ体制の崩壊を契機に不況が深刻化することを回避すべく先進諸国は一斉に景気刺激策を採った。このために，先進諸国では押しなべて景気が過熱した。設備稼働率が極端に高まった日本の装置産業では火災が起きるほどであった。

日本では高度成長期の後半に卸売物価は安定的であったが，消費者物価は前年比4〜5%で上昇する状態になっていたが，1970年に消費者物価上昇率は前年比7.7%，1971年には6.3%へと高まった。固定レート制の下ではイン

フレーションの隔離効果は弱いから，輸入物価（卸売物価）のインフレーションが上乗せされたのである。

このようなインフレーションを伴った先進諸国での好況の持続は石油需要を増大し，石油市場は売り手市場化し，OPEC諸国は資源主権の確立，石油価格の引き上げを国際石油会社に迫ることになる。1970年に上流部門の支配力が弱かった独立系石油会社に対してリビアが原油公示価格の引き上げを認めさせたのを皮切りに，1971年2月のテヘラン協定，1971年4月の新トリポリ協定によって課税参照価格となっていた原油公示価格の引き上げ，利権料率と所得税率の引き上げをOPEC諸国が国際石油会社に認めさせた。OPEC諸国側の要求は国際的なインフレーションによって石油収入が実質的に減少したことに対する補償であった。

1971年8月にブレトン・ウッズ体制が崩壊すると，OPEC諸国は1972年1月のジュネーブ協定，1973年6月の新ジュネーブ協定によってドル減価による石油収入の実質的減少を補填させるべく原油公示価格の引き上げを認めさせた。

1972年12月にはリヤド協定によって石油利権を段階的に取り戻す事業参加を国際石油会社に容認させ，イラクなどナショナリズムの強い国は国有化を断行し，石油利権を取り戻した。

1973年初頭にはすでに国際石油市況は逼迫しており，1973年10月に第四次中東戦争が勃発すると第一次石油危機が発生した。こうしてこの危機を契機にOPECは石油価格の建値決定権を掌握し，危機前の水準に対して名目石油価格を4倍に引き上げた。

このように第一次石油危機に至る過程では，先進諸国，とりわけアメリカでの高経済成長の持続と石油需要の増大→インフレーションの昂進→その国際的波及→国際石油市況の逼迫化→中東情勢の不安定化を契機とした石油危機の発生という特徴があったのである。

2.4 打ち続く第二次石油危機の発生

第二次石油危機時（1979～80年）の世界の名目GDPは10兆6,690億

ドルで，表3では先進国に入っているアジアNIEsを除く先進国の比率は75.0％であった（表3）。アジアNIEsの比率を新興国・発展途上国に加えてもその比率は25.0％にすぎない。つまり，1980年の時点でも経済規模でみればまだ先進国の比率が圧倒的であった。1979年にOECDは現在のアジアNIEs（韓国，台湾，シンガポール，香港）に加えて6ヵ国，合計10ヵ国を新興工業国（Newly Industrializing Countries）と名付けてその経済成長に注目したが，所得水準から判断して先進国と位置付けたわけではない。メキシコ，韓国，東欧3ヵ国がOECDに加盟したのは1994〜96年のことである。

1980年に世界では石油換算で72億トン（約1億4,400万バレル／日）の一次エネルギーが消費されていたが，その56％がOECD諸国で消費され，非OECD諸国で消費された割合は45.5％であった。表3と対比するためにOECD諸国を先進国，非OECD諸国を新興国・発展途上国とすれば，経済規模に比して一次エネルギー消費では新興国・発展途上国の割合が大きくなっている。

しかし，この時点では中国，インド，中東欧・ユーラシア諸国は国際経済に対してまだ閉鎖的であり，エネルギー消費も自給的であった。消費している一次エネルギーも石炭の割合が大きかった。またインドを除けば，中国，中東，中南米，旧ソ連などは一次エネルギーの純輸出国・地域であった。

世界の石油消費量は1979年で6,414万バレル／日であり，そのうちOECD諸国が68.2％，非OECD諸国は31.8％を消費していた。アメリカの割合は28.7％であり，第一次石油危機が発生した1973年に比べて2.2％ポイント低下していた。

つまり，第二次石油危機の原因を経済規模や一次エネルギー消費，石油消費に着目して地域別，国別に考察するならば，この時点でも第一次石油危機時と同様に先進諸国（OECD諸国），国別ではアメリカが注目されたのである。

1973年の第一次石油危機時，1979〜80年の第二次石油危機時には，1960年代に国内で起きたようなインフレーションにとどまらず輸入石油価格の高騰が国内卸売物価，消費者物価の上昇を加速するという傾向も強まった。つまり，輸入インフレーションがコアー・インフレーションを昂進させるとい

表3 世界の名目GDP, 2010年PPPベースのGDP

(10億ドル, %)

	1980 名目値	構成比	1990 名目値	構成比	2000 名目値	構成比	2005 名目値	構成比	2010 名目値	構成比	2010 PPPベース	構成比
世界	10,669	100.0	22,138	100.0	32,149	100.0	45,514	100.0	61,963	100.0	74,004	100.0
先進国	8,151	76.4	17,647	79.7	25,688	79.9	34,699	76.2	41,197	66.5	38,746	52.4
G7	6,636	62.2	14,362	64.6	21,164	65.8	27,328	60.0	31,735	51.2	29,293	39.6
アジアNIEs	147	1.4	551	2.5	1,122	3.5	1,512	3.3	1,857	3.0	2,882	3.9
EU	3,651	34.2	7,047	31.8	8,509	26.0	13,784	30.3	16,106	26.0	15,150	20.5
新興国・発展途上国	2,518	23.6	4,491	20.3	6,461	20.1	10,815	23.8	20,765	33.5	35,257	47.6
中東欧	247	2.3	359	1.6	605	1.9	1,179	2.6	1,727	2.8	2,560	3.5
CIS	3	0.3	994	4.5	353	1.1	1,003	2.2	1,947	3.1	3,143	4.2
アジア発展途上国	664	6.2	1,127	5.1	2,339	7.2	4,070	8.9	9,136	14.7	17,801	24.1
ASEAN5	212	2.0	306	1.4	487	1.5	751	1.7	1,517	2.4	2,650	3.6
ラ米, カリブ諸国	640	6.0	1,181	5.3	2,084	6.4	2,659	5.8	4,679	7.6	6,354	8.6
中東・北アフリカ	497	4.7	539	2.4	758	2.3	1,279	2.8	2,231	3.6	3,619	4.9
サブ・サハラ・アフリカ	266	2.5	289	1.3	322	1.0	622	1.4	1,023	1.7	1,779	2.9

注：(1) 先進国と新興国・発展途上国に同じ国は重複計上されていない。
(2) G7とEUには重複国がある。
(3) アジア発展途上国とASEAN5には重複国がある。
(4) 2010年, 先進国には33ヵ国が含まれているが, メキシコは含まれていない。
(5) 新興国・発展途上国は150ヵ国でブラジル, インド, ロシア, 中国, 南アフリカ, メキシコなどを含む。
(6) アジア発展途上国にはインド, 中国, ASEAN諸国, その他, 合計26ヵ国が含まれる。
(7) 世界合計はIMF加盟国のみ。
出所：IMF Data Base.

う関係も強まったのである。石油危機が発生し石油価格が高騰すると消費国では短期間に高インフレーションが蔓延し、原材料価格や賃金の高騰を製品価格に転嫁できない企業の経営は行き詰まり、交易条件の悪化は消費国から産油国に大規模な所得移転をもたらしたから、1974〜75年に景気は急激に悪化した。この石油危機直後の消費国経済の混乱状態をサプライ・ショックと呼ぶのであれば、それは表現としてとくに問題はないが、中東石油の突然の供給中断という事実を外的に前提し、それが第一次石油危機の原因であるということをサプライ・ショック説が意味しているのであれば、それは石油危機の原因分析

としては不十分である。

1974〜75年に急激に悪化した先進消費国の景気は1975年にはV字型に回復する。アメリカの実質GDP成長率は1976年が5.4％，1977年が4.6％，1978年が5.6％であり，第一次石油危機直前の1972年の実質GDP成長率5.3％，1973年の5.8％と大差はない。1977年には石油危機後の不況の克服をめぐってアメリカは日本と西ドイツにも景気回復努力を迫ったが，結局はアメリカが景気回復の「機関車」役を主に果たした。このように比較的高い経済成長率を実現していながら1976〜78年にアメリカでスタグフレーションが問題視されたのは，インフレ率が6〜7％と高く（表2），失業率も6〜7％と同様に高く，経常収支が1977〜78年に140〜150億ドル台の赤字に転落したためであった。いくら実質経済成長率が高くとも個別の物価や賃金の上昇率はまちまちであるから，インフレ率が高ければ高いほどミクロ経済的に問題は深刻になるのである。

実質GDP成長率が比較的高く景気回復が急速であったからアメリカの石油消費の伸び率も高く，1976年には前年比7.0％，1977年には5.6％と第一次石油危機直前の1972年の7.6％，1973年の5.6％もの高い伸び率と同水準になっていた。石油精製業者の原油調達価格も1975年の10.38ドル／バレルから1978年には12.46ドル／バレルに上昇していた[6]。第二次石油危機直前にはアメリカの景気は過熱気味であり，石油エネルギー需給は逼迫気味であったから，これらの状況は第一次石油危機直前の状況と同様であったのである。

こうした景気動向，石油需給状況のもとで1979年に産油国のイランで革命が勃発して石油供給が中断したために，それを契機に第二次石油危機が発生したのである。つまり，第二次石油危機の際にもその危機前に大石油消費国のアメリカでインフレーションを伴った好況と石油消費の増大という事実があったのであり，たんに，イラン革命が第二次石油危機の原因であったわけではない。

2.5 規制による市場介入策の失敗

アメリカの石油産業に対する政府の市場介入規制で消費者に大きな影響

を及ぼした措置は1973年に制定された非常時石油割当法（the Emergency Petroleum Allocation Act 1973）と1976年に施行されたエネルギー政策節約法（the Energy Policy and Conservation Act of 1975）であった[7]。これら双方の法律の趣旨は同じであり，国産原油を1972年以前に生産されていた低コスト原油（"old oil"）と1973年以降に生産された高コスト原油（"new oil"）に分け，低コスト原油価格に上限を設けて低く抑え，高コスト原油の価格には生産を促すために規制を課さないこととした。輸入原油価格の規制はそもそも困難なので，規制の対象から外した。この複雑な価格規制によって石油製品価格の上昇を抑制しようとしたのであり，低コスト原油を使った石油精製業者から高コスト原油を使った石油精製業者にエンタイトルメントと呼ばれた事実上の補助金の支払いを連邦政府が介入して強制したのである。

　これらの措置の結果，原油価格に上限を設定された"old oil"の産油業者は国内投資を抑えて海外油田への投資を増やした。石油精製業者のなかには最も価格の高かった輸入原油を使ってエンタイトルメント（補助金）を請求するものも現れた。消費者は国際的に比較して低価格になった石油製品を消費するようになったから，石油価格の高騰時にアメリカでは石油消費の節約が進まないという事態になった。

　こうした複雑な市場介入政策を実施したためにエネルギー省の人件費は膨らみ，1979年に国際原油価格が高騰して介入コストがさらに膨らんだために，カーター大統領はこうした規制を部分的に撤廃せざるをえなくなった。1981年にはレーガン大統領が原油価格規制を完全に撤廃した。この一連の国産原油価格規制は市場に重大な歪みを生み出したから，規制によってはインフレーションを退治することはできないことが明確になった。市場原理を重視したレーガン政権は金融，航空，通信業などでも規制を撤廃した。イギリスではサッチャー政権がアメリカと時を同じくして規制を撤廃し，市場の価格メカニズムによる需給調整を重視してゆく。

3. グローバル経済の深化と国際石油エネルギー情勢の変化

3.1 1980年代〜90年代における経済のグローバル化と国際石油市況の安定化

　1971年8月にブレトン・ウッズ体制が崩壊し，1973年にかけて外国為替制度を先進諸国は変動相場制へと変更していった。市場介入を伴わない変動相場制（クリーン・フロート）ならば国際資本取引を規制しておく意味はないから，アメリカは1974年に国際資本取引規制を撤廃した。イギリスも1976年に国際資本取引規制を撤廃した。しかし，輸出産業の利害を重視し，国内金融保護政策（護送船団方式）を続けていた日本は国際資本取引を制限し，変動相場制を採りながら外国為替市場への介入を続けた。

　金融取引を国際的に活発化するためには国内金融規制も撤廃されなければならない。アメリカやイギリスで金融部門の規制が撤廃されたのはインフレーションを克服するためであったが，この規制の撤廃は金融のグローバル化を促す重要な契機となった。国際貿易交渉では東京ラウンド（1973〜79年）とウルグアイ・ラウンド（1986〜95年）によって自由化が一段と促進された。こうして，国際経済の実体取引を構成する財・サービス貿易の自由化と内外金融取引の自由化がほぼ時を同じくして進展し，経済がグローバル化してゆく。

　第二次石油危機が発生すると景気が後退したが，第一次石油危機後に採ったような強引な景気刺激政策を繰り返し実施することはもはやできなかった。そのような政策を繰り返せば第三次石油危機を誘発することになると危惧されたからである。強引な景気刺激策を繰り返すのではなく，インフレーションの退治が経済政策の最優先課題となった。もっとも，アメリカでは1977年に連邦準備法が改正され，連邦準備制度には物価の安定化とともに，現実の経済成長率を潜在成長率と同じ水準に保ち，雇用の維持を図るという難題が課されていた。

　アメリカでは1979年10月から実施された新金融調節方式によって高インフレーションが退治された。1980年代前半にはディスインフレーション政策

表4 世界各国，地域の実質GDP成長率

(%)

	1992〜2001	02	03	04	05	06	07	08	09	2010
アメリカ	2.8	1.8	2.5	3.6	3.1	2.7	1.9	0.0	-2.6	2.8
ユーロ地域	2.1	0.9	0.8	2.2	1.7	3.1	2.9	0.4	-4.1	1.7
日本	0.9	0.3	1.4	2.7	1.9	2.0	2.4	-1.2	-6.3	3.9
アジア発展途上国	7.3	6.9	8.1	8.6	9.5	10.4	11.4	7.7	7.2	9.5
中国	10.3	9.1	10.1	10.1	11.3	12.7	14.2	9.6	9.1	10.3
インド	5.7	4.6	6.9	8.1	9.2	9.7	9.9	6.2	6.8	10.4
アフリカ	2.8	7.4	4.9	7.1	6.2	6.4	7.2	5.6	2.8	5.0
中央・東ヨーロッパ	2.8	4.4	4.8	7.3	5.9	6.4	5.5	3.2	-3.6	4.2
CIS	-3.1	5.2	7.7	8.1	6.7	8.9	9.0	5.3	-6.4	4.6
中東	3.4	3.8	7.3	6.0	5.4	5.8	6.2	5.1	1.8	3.8
中南米	3.0	0.5	2.3	6.0	4.7	5.6	5.7	4.3	-1.7	6.1
世界	3.2	2.9	3.6	4.9	4.6	5.2	5.4	2.9	-0.5	5.0

出所：IMF "World Economic Outlook" April 2011.

がアメリカのみならず先進諸国で採られることとなった。しかし，そのための施策は各国で異なり，ディスインフレーションのテンポはまちまちであったから，外国為替レートは乱高下した。しかし，1980年代も後半になると経済のグローバル化や国内経済規制の撤廃が進展して資源配分が効率化し，予防的金融政策の実施と相まってアメリカではコアー・インフレーションが4％台で安定化し（表2），他の先進諸国でも同様に物価は安定化した。

アジアNIEs，ASEAN諸国，中国，CIS諸国，インドなども程度の差はあれ対外経済を開放し，対内直接投資を受け入れ，輸出産業を育成，強化し，グローバル経済に適応する施策を講じ始めた。しかし，これら諸国では1990年代に至っても国内経済の構造改革は遅れ気味であり，市場に歪みが残り，資源配分が十分に効率化されず，好況が持続すると不動産価格や株価がしばしば高騰し，資本流出が起きて通貨・金融危機，実体経済危機に多くの国が見舞われた。1982年，1994年のメキシコでの通貨危機，1997〜98年のアジアの通貨危機，1998年のロシア，ブラジルの危機などである[8]。ただし，危機を経

た新興国，同地域では経済の構造改革がある程度進展し，輸出の拡大のみならず内需も拡大し始め，相対的に安定した成長期を迎えることとなる（表4）。

高インフレーションの終息，先進国経済の安定成長化，所得効果，代替効果による石油消費の減少（表1），OPECの価格防衛の失敗などによって1986年に国際石油市況が崩落した。それ以降，国際的な景気変動に連動して国際石油価格は変動を繰り返し，1990年代には1970年代〜1980年代前半に比べて低水準で推移した（図1）。したがって，新興国の経済成長にとって国際石油情勢が大きな障害になるということはなかった。

3.2 2000年代に接近した先進国と新興国・発展途上国との経済規模

1980年代にはアジアNIEsやASEANの発展が「東アジアの奇跡」と呼ばれて注目され，1990年代に入ると中国が高経済成長期を迎え，インドも持続的成長期を迎えた。2000年代に入るとこれら新興国の発展にとどまらず，紛争国を除く多くの新興国と発展途上国が比較的高い経済成長を遂げることとなった（表4）。

その理由は多様である。①消費主導，住宅建設主導の成長によって景気を維持したアメリカをはじめサービス経済化したEU諸国や日本などの先進国に新興国と発展途上国は製品，一次産品の輸出を拡大しえた。②主としてアジア新興国で産業内貿易が拡大した。産業内貿易の発展は部品貿易と製品貿易の双方を同時に拡大し，グローバル化時代における国際貿易の発展の一大要因となった。③先進国のみならず，中国，インドなど経済規模の大きい新興国で内需が一段と拡大したために，これら諸国に向けて資源輸出型の新興国や発展途上国が一次産品の輸出を増やした。④多くの新興国，発展途上国で経済改革が進展し，マクロ経済が安定し，経済発展が軌道に乗り始めた。⑤ネット・ベースで見ると貯蓄超過国から投資超過国に容易に資本が移動するようになり，グロス・ベースで見れば証券投資，銀行間貸付，直接投資など多様な投資がグローバルに大規模に展開されるようになり，好況期が長くなる傾向が出てきた。こうして，グローバル経済が2000年代に入ると一段と拡大し，重層化したのである。

表5 域内, 地域間貿易（2009年）

(10億ドル, %)

	北米	中南米	ヨーロッパ	CIS	アフリカ	中東	アジア	世界
世界	2,026	437	5,105	311	391	510	3,197	12,178
	16.6	3.6	41.9	2.6	3.2	4.2	26.3	100.0
北米	769	128	292	9	28	49	324	1,602
	48.0	8.0	18.2	0.6	1.8	3.1	20.2	100.0
中南米	115	120	90	6	13	11	96	459
	25.0	26.1	19.6	1.3	2.8	2.5	20.8	100.0
ヨーロッパ	366	75	3,620	147	162	154	426	5,016
	7.3	1.5	72.2	2.9	3.2	3.1	8.5	100.0
CIS	23	5	239	87	7	14	63	452
	5.2	1.1	52.9	19.2	1.6	3.2	13.9	100.0
アフリカ	66	9	149	1	45	12	85	384
	17.1	2.4	38.8	0.3	11.7	3.0	22.2	100.0
中東	60	5	76	4	34	107	357	690
	8.7	0.7	11.0	0.5	4.9	15.5	51.8	100.0
アジア	627	95	641	57	102	163	1,846	3,575
	17.5	2.7	17.8	1.6	2.8	4.6	51.8	100.0

注：各地域の下段は構成比。
出所：WTO "International Trade Statistics" 2010.

　2007年に入って資産バブル経済の行き詰まりが表面化し，2008年第4四半期から2009年第2四半期にかけてアメリカやヨーロッパ諸国では金融危機が実体経済危機に転化して急速に景気は減速した（表4）。この急激な景気後退は1930年代の'the Great Depression'（「大不況」）という表現になぞらえて'the Great Recession'とも呼ばれた[9]。拡大し，重層化したグローバル経済の一角が広範囲にわたって深刻なリセッションに陥ったのである。

　日本はアメリカやヨーロッパで起きた金融破綻の影響をそれほど深刻に受けなかったが，景気を長らく支えてきた輸出が急減し，個人消費の大幅な減少にとどまらず，住宅建設，設備投資も含めて内需の落ち込みも激しかった[10]。その結果，資産バブルがはじけたアメリカやヨーロッパ諸国よりも景気の落ち

込みは鋭くなった（表4）。

　先進諸国経済が急激に悪化し，輸出の減少に直面したアジア諸国の景気も2008年第4四半期〜2009年第1四半期に減速したが，潜在成長力の大きい中国やインドは拡張的財政，金融政策を梃子に景気を早期に持ち直した（表4）。これら諸国は金融市場や不動産市場に歪みを残しているから，2010年後半にはインフレーションの昂進が懸念される事態にすらなった。

　中国やインドの周辺諸国，中東諸国，アフリカ諸国などは，中国，インドとの貿易関係を拡大することで景気の極端な悪化を回避しえた（表5）。その結果，主要先進諸国の実質GDP成長率が大幅なマイナスになったにもかかわらず，これらの新興国や発展途上国では2009年の実質GDP成長率はプラスを維持した（表4）。重層化したグローバル経済の特徴がこの点にも見られたのである。

　購買力平価で見た1986〜2005年の世界の実質経済成長に対する寄与率は先進諸国が44.6％，新興国が51.9％，発展途上国が3.5％であり，この期間中に経済成長寄与率で先進国を新興国が上回ったのである[11]。国別に見ると，名目ベースでは中国の寄与率が2007年で約17％と世界最大であり，ユーロ地域の15％，アメリカの15％弱を上回った。購買力平価ベースでは中国が34％で最大であり，次いでインドの11％，アメリカとユーロ地域が7％強であった[12]。

　2009年における中国の実質GDP成長率9.2％に対する支出項目別経済成長寄与率は最終消費が52.5％，固定資本形成が92.3％，純輸出がマイナス44.8％であり，拡張的財政，金融政策に主導された内需の拡大がネット・ベースの外需の減少を大幅に上回ったのである[13]。

　中央・東ヨーロッパは西ヨーロッパとの貿易，資本取引関係が深く，ロシアは資源輸出国ではあるが，大半を西ヨーロッパに輸出しているから，西ヨーロッパの景気の悪化をもろにかぶった。中南米も北アメリカや西ヨーロッパとの貿易と資本取引が一定のシェアを占めているから，2009年の実質経済成長率はマイナスになった（表4，表5）。このように新興国，発展途上国の経済発展パターンも重層化したグローバル経済の下で多様化しているのである。

表6　国別GDP

(10億ドル, %)

	2009			2010			2010	
	名目値	構成比		名目値	構成比		PPPベース	構成比
世界	57,843	100.0	世界	61,963	100.0	世界	74,004	100.0
①アメリカ	14,119	24.4	①アメリカ	14,624	23.6	①アメリカ	14,624	19.4
②日本	5,066	8.8	②中国	5,745	9.3	②中国	10,084	13.6
③中国	4,985	8.6	③日本	5,391	8.7	③日本	4,308	5.8
④ドイツ	3,338	5.8	④ドイツ	3,306	5.3	④インド	4,001	5.4
⑤フランス	2,656	4.6	⑤フランス	2,555	4.1	⑤ドイツ	2,932	4.0
⑥イギリス	2,178	3.8	⑥イギリス	2,259	3.6	⑥ロシア	2,189	3.0
⑦イタリア	2,118	3.7	⑦イタリア	2,037	3.3	⑦ブラジル	2,182	2.9
⑧ブラジル	1,574	2.7	⑧ブラジル	2,024	3.3	⑧イギリス	2,181	2.9
⑨スペイン	1,467	2.5	⑨カナダ	1,564	2.5	⑨フランス	2,146	2.8
⑩カナダ	1,336	2.3	⑩ロシア	1,477	2.4	⑩イタリア	1,771	2.4
⑪インド	1,237	2.1	⑪インド	1,430	2.3	⑪スペイン	1,364	1.8
⑫ロシア	1,231	2.1	⑫スペイン	1,375	2.2	⑫カナダ	1,330	1.8
12ヵ国合計	39,172	67.7	12ヵ国合計	43,787	70.7	12ヵ国合計	49,112	66.3
内, 先進国	30,160	52.1	内, 先進国	33,111	53.4	内, 先進国	30,656	41.4
BRICs合計	9012	15.6	BRICs合計	10,676	17.3	BRICs合計	18,456	24.9

出所：IMF Data Base.

　2000年代には先進諸国の経済成長率が相対的に低く，新興国と発展途上国の経済成長率は全般的に高まったから，先進諸国と新興国・発展途上国との経済規模の差は急速に接近してきた。2000年には先進国の名目GDPの規模は世界全体の79.9％で新興国・発展途上国の規模は20.1％であったから，この差は1990年と同じであった。しかし，2010年の名目GDP規模の割合は先進国が世界の66.5％に低下し，新興国・発展途上国は33.5％に拡大した。この割合を購買力平価（PPP）ベースで見ると先進国が52.4％にとどまり，新興国・発展途上国が47.6％にまで増えている（表3）。石油エネルギー消費動向を分析する基礎データとして経済規模を比較分析するには購買力平価ベースのGDP規模のデータが参考になる。

国別の名目GDP規模を見ると，2010年ではアメリカが14兆6,240億ドルで世界のGDP 61兆9,630億ドルの23.6%を占めて最大である（表6）。第2位は中国の5兆7,450億ドルで世界の9.3%であり，アメリカとの差はまだ14.3%ポイントもある。しかし，購買力平価ベースで見ると，アメリカのGDPは世界の19.4%であり，中国は10兆840億ドルで世界の13.6%を占め，両国の差は5.8%ポイントに縮小する。

世界上位12ヵ国のGDP規模を比較すると，2010年ではブラジル，ロシア，インド，中国のいわゆるBRICsの割合が名目ベースでは世界のGDPの17.3%，購買力平価ベースでは24.9%である（表6）。この購買力平価ベースではBRICsのGDP規模はアメリカと日本のGDPを加えた規模，世界の25.2%に近い。また，BRICsのGDP規模は新興国・発展途上国の名目GDP全体の51.6%，購買力平価ベースのGDP全体の52.3%を占めているのである。

3.3 先進国と新興国・発展途上国との一次エネルギー消費量の逆転

2010年の時点で先進国と新興国・発展途上国のGDPで見た経済規模は急接近しているが，一次エネルギー消費量という実物の世界ではどうであろうか。2000年の世界の一次エネルギー消費量は石油換算10億トンで，その内，OECD諸国が52.2%，非OECD諸国が45.2%であり，バンカー・オイルなど両地域に区分しえないその他の割合が2.6%で，まだ先進国における消費量の割合のほうが非OECD諸国の消費量の割合よりも7.0%ポイントほど大きかった（表7）。

しかし，2008年にはOECD諸国の消費量の割合が世界の44.2%，非OECD諸国が53.1%，その他が2.7%であり，OECD諸国の消費量の割合を非OECD諸国の消費量の割合が8.9%ポイントも上回っているのである。一次エネルギー消費量という実物の世界ではOECD諸国と非OECD諸国との逆転現象がすでに起きているのである。2000～2008年の一次エネルギー消費量の年平均伸び率はOECD諸国が0.4%でしかなかったのに，非OECD諸国は4.6%と大差があったからである（表7）。

表7 世界の国別，地域別一次エネルギー消費量

(石油換算100万トン，%)

	1980 消費量	1980 構成比	2000 消費量	2000 構成比	2008 消費量	2008 構成比	1980〜2000 伸び率	2000〜2008 伸び率
OECD	4,050	56.0	5,233	52.2	5,421	44.2	1.3	0.4
アメリカ	1,802	24.9	2,270	22.6	2,281	18.6	1.2	0.1
ヨーロッパ	1,493	20.7	1,734	17.3	1,820	14.8	0.8	0.6
日本	345	4.8	519	5.2	496	4.0	2.1	-5.6
非OECD	3,003	41.5	4,531	45.2	6,519	53.1	2.1	4.6
中東欧・ユーラシア	1,242	17.8	1,019	10.2	1,151	9.4	-0.1	1.5
アジア	1,067	14.8	2,172	21.7	3,545	28.9	3.6	6.3
中国	603	8.3	1,107	11.0	2,131	17.4	3.1	8.5
インド	208	1.8	459	4.6	620	5.1	4.0	3.8
中東	128	1.8	381	3.8	596	4.9	5.6	5.8
アフリカ	274	3.8	502	5.0	655	5.3	3.1	3.4
中南米	292	4.0	456	4.5	569	4.6	2.3	2.8
世界	7,229	100.0	10,031	100.0	12,271	100.0	1.7	2.6

注：世界合計には地域別区分には含まれないバンカー・オイル，航空用燃料が含まれている。構成比と伸び率は算出した。
出所：IEA "World Economic Outlook" 2010.

表8 主要国の経済活動別GDP構成比，2009年

(%)

	農林漁業	鉱工業	(内，製造業)	建設業	サービス業
アメリカ	1	17	13	5	77
イギリス	1	15	11	6	78
ドイツ	1	22	19	4	73
日本	1	20	18	6	73
中国	11	42	…	6	41
インド	17	20	16	8	55
ブラジル	6	20	15	5	69
ロシア	5	27	15	6	62

出所：UN "National Accounts Main Aggregates Database".

表9 アメリカの産業別産出に占める付加価値と中間投入の割合 (2003〜2009年平均)

(%)

	農林漁業	鉱業	公益事業	製造業	卸・小売業	運輸倉庫業	情報産業	金融・保険・不動産・リース産業	専門サービス業	教育・医療・社会サービス業	一般政府
総産出	100.0	100.0	100.0	100.0	100.0	100.0	100.0	100.0	100.0	100.0	100.0
付加価値	42.3	56.6	60.1	33.6	70.0	52.0	53.6	61.1	67.1	61.6	61.2
雇用者報酬	12.1	14.5	16.1	18.8	38.2	32.9	22.0	14.8	46.6	51.1	52.2
中間投入	57.7	43.4	39.9	66.4	30.0	48.0	46.4	38.9	32.9	38.4	38.8
エネルギー	6.4	3.7	10.3	2.3	0.9	13.9	0.7	0.7	1.5	1.2	2.0
原材料	36.6	19.5	22.1	51.3	6.3	4.7	5.9	2.4	3.5	9.4	10.9
購入サービス	14.7	20.2	7.5	12.8	22.8	29.4	39.8	35.8	27.9	27.8	25.9

出所:BEA "Industry Economic Accounts" December 14, 2010.

　先進国と新興国・発展途上国のGDP規模が接近しているうえに,先進国の経済構造はエネルギー消費が相対的に少ないサービス経済化しているのに対して,新興国・発展途上国,とりわけその中でもGDP規模の大きいBRICsではエネルギー消費量が相対的に大きい鉱工業(製造業),公益事業(電力,ガス事業等)の割合が拡大している(表8)。経済成長率の差だけではなく,こうした産業構造の違いが,一次エネルギー消費量で新興国・発展途上国が先進国を上回るという逆転現象を生み出す一大要因になっているのである。

　統計が整備されているアメリカについては産業別総産出に占める付加価値,中間投入,エネルギー投入の割合が明らかにされている(表9)。アメリカをはじめ先進主要国のGDPに占めるの農林漁業の割合は2009年で1%しかないが(表8),アメリカの農林漁業の総産出に占める付加価値の割合は2003〜2009年平均で42.3%と他の産業部門に比べて小さく,中間投入が57.7%で,そのうち原材料が36.6%と大きく,エネルギーも6.4%と相対的に大きい。電力,ガス事業などの公益事業の付加価値の割合は60.1%と相対的に大きい。この部門では中間投入の中でもエネルギーの割合が10.3%と他の産業部門に比べて大きい。アメリカの製造業は全GDPの13%でしかないが,製造業では付加価値の割合が33.6%と小さく,中間投入が66.4%と大きい。製

表10 一次エネルギー消費のGDP原単位指数（1980年の世界＝100）

	1980	1990	2000	2008
日本	41	33	34	31
EU27	93	58	38	34
アメリカ	86	68	57	31
中国	515	331	167	172
インド	127	144	145	122
ブラジル	51	62	72	67
ロシア	…	…	314	209
OECD諸国	76	57	47	41
非OECD諸国	217	178	137	129
世界	100	75	65	63

注：GDPは2005年を基準とした実質値を使用し，換算為替レートは対ドル市場レートを使用している。
出所：IEA "International Energy Statistics, 2009" より算出した。

造業の中間投入の中でも原材料が51.3％と全産業部門の中で最も大きく，エネルギー投入は2.3％と比較的小さい。

　アメリカの経済は全体的にサービス経済化しているが，情報産業を除けばサービス産業（金融業，専門サービス業，一般政府など）では付加価値の割合が60％台と大きく，その大半が雇用者報酬であり，中間投入が30％台と相対的に小さく，エネルギーの割合も1％前後で他の産業に比べて小さい。

　新興国の産業構造は製造業や電力，ガスなどの公益事業の割合が高まっているが，高度経済成長を続けているBRICsでは製造業の中でもエネルギー多消費型産業（鉄鋼，化学，紙・パ，自動車）の成長が著しいから，相対的にエネルギー多消費型の経済になりつつある。

　先進諸国の一次エネルギー消費量の伸びを抑制してきた一大要因が一次エネルギー消費の効率化，節約であり，その結果一次エネルギー消費のGDP原単位が低下してきた（表10）。第二次石油危機で石油価格が戦後最高水準に高

騰したために（図1），一次エネルギー消費の節約が急速に進み，一次エネルギー消費のGDP原単位が大幅に低下した。1990年代には地球環境保全が重大視され，その最も効率的，経済的な対策としてエネルギー消費節約が再認識され，一次エネルギー消費のGDP原単位がさらに低下した。

　新興国・発展途上国での事情はやや複雑である。中国では一次エネルギー消費のGDP原単位が1980年の515から1990年に331にまで急減している（表10）。これには中国が1978年に経済を対外的に開放してから，社会主義体制時に設立された非効率で赤字経営体質の国有企業が淘汰されてきた影響が大きい。2001年にWTOに加盟し，経済の自由化をさらに推し進めてから製造業や公益事業（電力，ガス産業）が急成長し，一次エネルギー消費のGDP原単位は2000年の167から2008年には172へと増えている。インドやブラジルも1990年代に製造業や公益事業が発展し，一次エネルギーのGDP原単位がわずかに上昇しているが，石油エネルギー価格が高騰した2000年代には若干低下した（表10）。

　2000年代に一次エネルギー消費量では先進国と新興国・発展途上国との間で逆転現象が起きたが，石油消費量ではまだ逆転する事態には至っていない。2000年の世界の石油消費量は7,643万バレル／日であり，OECD諸国の割合が62.3%，非OECD諸国の割合が37.7%であった（表1）。2010年には世界の石油消費量は8,780万バレル／日でOECD諸国は52.5%，非OECD諸国は47.5%であり，この割合の差は縮小しているが，まだ逆転現象は起きていない。中国やインドでは需要が急増している電力，ガスなどの公益事業や製造業では相対的に低価格の石炭を燃料や原料として消費している割合が大きく，ガソリンや軽油の消費が主体である自動車の普及は加速しているが，まだ初期の段階にあるからである。もっとも，石油消費量の伸び率は非OECD諸国の伸び率がOECD諸国の伸び率よりも圧倒的に大きいから，石油消費量でもそう遠くない将来に逆転現象が起きるとIEAは予測している[14]。

　第一次，第二次石油危機までの国際石油エネルギー情勢の変化を分析しようとすれば，先進国とりわけアメリカの経済動向と石油エネルギー情勢およびOPEC諸国の動向を分析することが重要であったが，現在の国際エネルギー情

勢を分析するためには先進国と新興国・発展途上国の経済と石油エネルギー情勢を同時にグローバルな視角から分析する必要があるのである。

4. グローバル経済の下で乱高下した国際石油市況

4.1 アメリカ経済の変貌が国際石油市況に及ぼした影響
4.1.1 軽視されたヘッドライン・インフレーションの先行的上昇

　グローバル経済が深化したということは国際経済が市場経済によって一段と統合化されたことを意味していたから，資源配分も国際的により一層効率化した。1990年代後半のアメリカ経済のニュー・エコノミー化も2000年代の新興国・発展途上国の経済成長率の全般的な上昇もグローバル経済を背景にしてのことであり，こうした先進国や新興国・発展途上国経済の発展がグローバル経済の深化をさらに推し進めた。

　しかしながら，現実にはグローバル経済の順調な深化が長期にわたって持続したわけではなく，変動を伴っていた。そのことは国際石油市況の乱高下を結果することにもなった。国際市況が乱高下した主因は，①大石油エネルギー消費地域である先進国経済の変質，低調化，②新興国・発展途上国経済とりわけ中国，インドにおけるエネルギー消費の急増，③資源供給の制約，非弾力性，にあった。

　先進諸国の中で2000年代以降，経済が総じて低調であったのはEUと日本であった（表4）。EUではドイツ，フランスなどの中心的な国家の景気動向に即して低金利政策が採られ，ポルトガル，スペイン，アイルランドなどの周辺国ではインフレ率が高いために実質金利が低く住宅バブルが発生し，経済が活況を呈したように見えたが，振り返って見れば徒花的であった。また，EUとアメリカの間では高利回り民間証券を求めて相互に投資が活発化し，2000年代後半に過大な証券化ビジネスが生み出される一因となる。

　日本経済も概して低調で（表4），円キャリー・トレードなどによる対米投資がアメリカの資金過剰傾向，長期金利の安定化を後押しすることになり（図2），アメリカ経済のバブル化を結果として資金的に促すことになる。

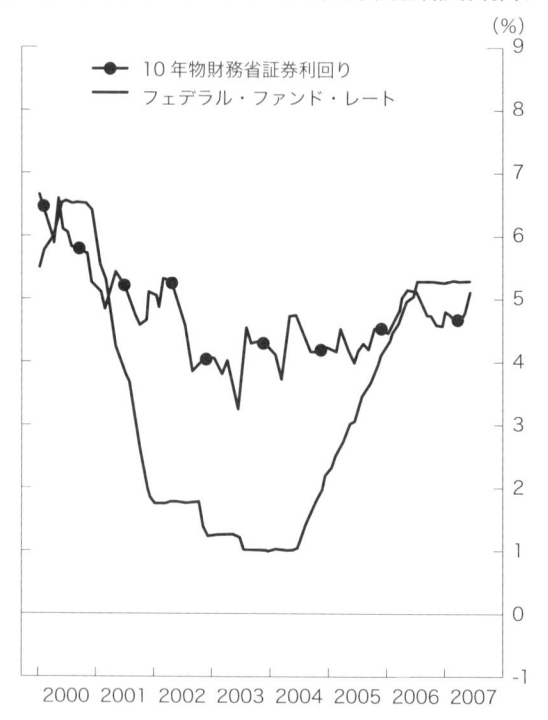

図2　フェデラル・ファンド・レートと10年物米国財務省証券利回り

出所：Board of Governors of the Federal Reserve System
"International Financial Discussion Papers"
No. 1014 Feb. 2011.

　先進諸国の中で1990年代と2000年代以降とで経済が大きく変質したのはアメリカであった。1990年代後半のアメリカ経済はニュー・エコノミーとも呼ばれ活況を呈した[15]。情報技術，材料工学技術，バイオ技術，医療技術などの技術革新をベースとした投資の拡大，規制撤廃効果と経済のグローバル化を契機とする国内外競争の進展，教育と技能の向上などが経済を活況化させた主因となった。1970年代以降，経済低迷の主因と考えられてきた低労働生産性から脱却し，1990年〜2000年には製造業の労働生産性上昇率は4.1％とアメリカとしては高い水準になった（表11）。
　労働生産性が向上し，時間当たりの実質雇用者報酬の伸び率は1973〜90

表11 アメリカの労働生産性伸び率
(%)

	非農業部門	製造業
1964 − 73	2.8	
1973 − 79	1.1	
1979 − 90	1.4	
1987 − 90		1.8
1990 − 2000	2.1	4.1
2000 − 07	2.6	3.9
2007 − 10	2.7	2.5

出所：US Bureau of Labor Statistics "Labor Productivity and Cost" Jan. 2011.

表12 オーバーナイト・フェデラル・ファンド年平均実質レート
(%)

1999	4.97
2000	6.24
01	3.88
02	1.67
03	1.13
04	1.35
05	3.22
06	4.97
07	5.02
08	1.92
09	0.16
10	0.18

出所：Federal Reserve Statistical Release Selected Interest Rates 'Federal Funds Effective Rates' Jan. 2011.

年平均の0.7％から1995〜99年平均では2.0％に高まった。失業率も2％台と完全雇用水準に低下したが，1995〜2000年にコアー・インフレーションの上昇率は2〜3％台にとどまった。しかし，国内原油平均価格は1998年の10.87ドル／バレルから2000年には26.72ドル／バレルに上昇し[16]，ヘッドライン・インフレーションは2000年に前年比3.4％に高まった（表2）。コアー・インフレーションが安定しているのにヘッドライン・インフレーションが先行的に上昇するという現象は，その後，アメリカの物価動向の特徴となる。この上昇を予防的に抑制すべく金融抑制政策が実施されたのを契機にニュー・エコノミーといわれた好況期は終息した。

1980年代〜90年代にかけて金融部門では預金金利規制の撤廃，地理的業務規制の緩和，業務範囲規制の緩和が実施された。規制が緩和，撤廃され1980年代には商業銀行や貯蓄貸付組合がハイリスク・ハイリターンの業務に進出し，1985〜86年に石油価格の崩落とともに産油州でバブル的融資が破

綻したのを契機に，多くの商業銀行，貯蓄貸付組合が倒産する。

1990年代〜2005年代初頭に銀行部門では集中，合併が進展し，上位10行の資産が全体の25%から55%に拡大する。間接金融は競争が激しく低収益であったため，商業銀行は金融持株会社傘下の子会社を通して所有債権の証券化業務や保険業務に進出する。また，投資銀行でも合併が盛んになり，大投資銀行が発展する。かくして，1990年代後半には大商業銀行と大投資銀行とのパラレル・バンキング・システム（the parallel banking system）が形成され，激しい競争が展開された。

ニュー・エコノミーといわれた1990年代後半には情報関連企業株を中心に株式市場ブームが到来し，公開株式取引額は1994年12月の5兆ドルから2000年3月には約18兆ドルに拡大するとともに，ナスダック総合指数は752から5,048に上昇した。この間に，公募，私募債引受業務，M&A仲介業務などで大投資銀行が大商業銀行に対して優位に立つ。CP取引やレポ取引によって短期資金を調達して長期に運用する投資銀行は，商業銀行のように預金業務を行えない代わりに自己資本規制も課されていないから，より大きなレバレッジを利かせた金融取引ができたからである。

2001年に景気が後退するとエンロンやワールド・コムなどの大型倒産が起きたために，深刻な景気後退が到来することが懸念された。しかし，景気後退期間は8ヵ月ほどで景気後退自体もマイルドであり，2001年の実質GDP成長率は1.1%，2002年は1.8%であった。深刻な景気後退が到来しなかった要因は次のような点にあった。①1990年代後半には労働生産性の上昇という実体経済的根拠をもった好況が実現したのであり，表面的な金融バブル景気ではなかった。②IT関連需要は底堅かった。③住宅投資は1975〜2000年の長期間にわたって年率5.2%で成長し，景気が後退した2001年にも前年比0.6%とプラスを維持し，2002年には5.2%に再び拡大した。

しかし，深刻な景気の後退を懸念した連邦準備制度は2001年1月から2003年6月まで13回にわたってフェデラル・ファンド・レートの引き下げを誘導した（表12）。

こうした大幅な金融緩和の背景には，①IT関連産業が低付加価値部門を海

外にアウトソーシングしたり売却するなど，もはや同部門に1990年代後半のような景気を主導する力を期待しえなかったこと，②産出面から見た景気後退はマイルドであったが，失業率は4〜6％と高く，雇用なき景気回復状況にあったこと，③金利に敏感な住宅投資を景気回復の梃子にしようとしたこと，などの判断があったからである。

　2001年の景気後退時にも住宅部門の投資はマイナスにはならず，金利の低下に支えられ，その額は2000年の4,490億ドルから2005年には7,750億ドルまで持続的に拡大した。GDPの支出側に占める住宅投資の割合は2000年の4.5％から2005年には6.1％にまで拡大した。しかし，住宅投資は2005年がピークで2006年以降減少し，2010年には2.3％にまで低下した（表13）。S&Pケース・シラー全米住宅価格指数も2000年を100として2006年第2四半期に189.93でピークを打ち，2009年第1四半期に128.94で底打ちするまで下がり続け，その後低水準ながら緩やかに上昇している。

　1990年代後半の株式ブームで掴んだビジネス・チャンスを失った投資銀行や商業銀行は住宅ローン，消費者ローン，その他各種商業ローンの証券化にビジネス・チャンスを求めた（図3）。短期資金を低金利で調達し，長期金利でローン・ビジネスを展開し，しかもきちんと審査すれば融資すべきではない低所得者にまで安易に融資を拡大し，いわゆる住宅バブル，消費バブル現象を起こした。かくして2002年以降，アメリカの景気は住宅投資と民間消費で支えられるようになったが（表13，図4），2000年代後半に住宅投資は減少し，景気を支える柱は先細っていたのである。

　2003年からはエネルギー価格が年率10％以上で上昇し，それによってヘッドライン・インフレーションが2002年の1.6％から2005年には3.4％にまで高まったにもかかわらず，コアー・インフレーションは1〜2％台の上昇率で安定していた（表2）。1960年代後半からの物価上昇はコアー・インフレーションが上昇し，それに伴ってヘッドライン・インフレーションが上昇していた。しかし，2000年代さらには2011年上期の物価上昇の経路は1960年代後半の物価上昇の経路とは逆であった。

　ヘッドライン・インフレーションは中東などの供給地での政情不安を原因と

表13　アメリカの名目 GDP 支出側，同構成比

(10億ドル，%)

	2000	2005	2006	2007	2008	2009	2010
名目 GDP（10億ドル）	9951.5	12638.4	13398.9	14061.8	14369.1	14119.0	14660.4
個人消費（%）	68.6	69.9	69.6	69.7	70.3	70.8	70.6
総国内民間投資	17.8	17.2	17.4	16.3	14.6	11.3	12.5
非住宅固定投資	12.7	10.7	11.2	11.6	11.6	9.7	9.7
住宅投資	4.5	6.1	5.7	4.5	3.3	2.5	2.3
在庫投資	0.6	0.4	0.5	0.2	-0.3	-0.9	0.5
純輸出	-3.8	-5.7	-5.7	-5.1	-4.9	-2.7	-3.5
政府消費・投資	17.4	18.6	18.7	19.1	20	20.6	20.4

出所：Bureau of Economic Analysis "National Economic Accounts" May 2010 より算出。

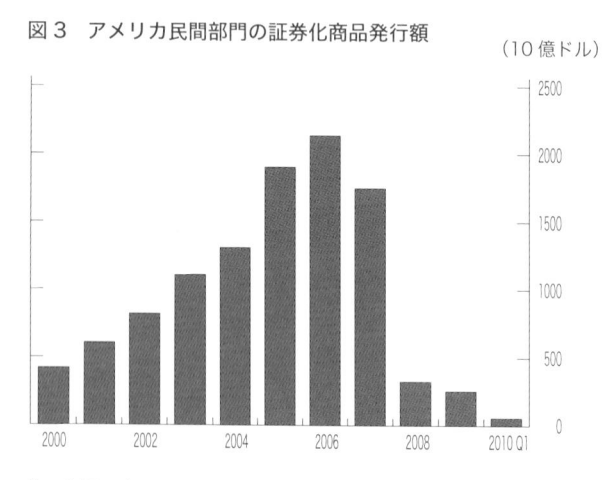

図3　アメリカ民間部門の証券化商品発行額

注：IMF スタッフによる推計。
出所：IMF "Global Financial Stability Report" October 2010.

して石油価格が上昇したり，天候不順によって食物が不作になって生じるのだから，このインフレーションは金融政策ではコントロールし難く，コアー・インフレーションが低位で安定しているのだから金融引き締め措置を急ぐ必要はないという判断を連邦準備制度理事会は採っていた。しかし，ガソリン価格の上昇は運輸部門だけではなく，市民生活を直撃していた。また，IMF などの

図4　アメリカの非持続的経済拡大

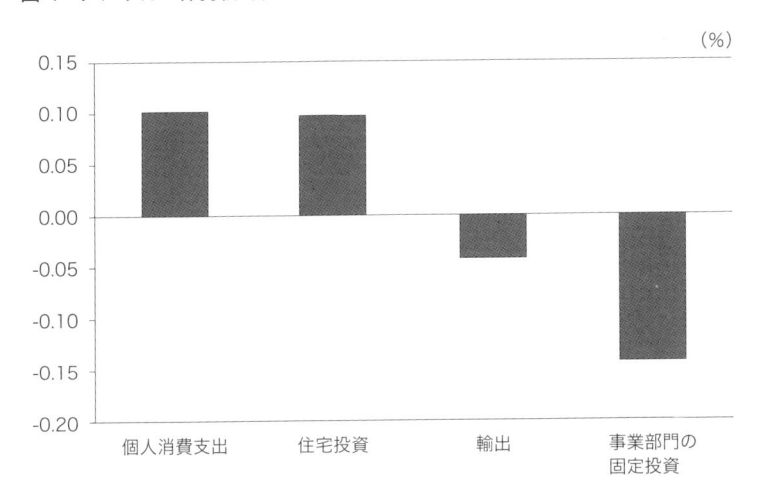

```
(%)
 0.15
 0.10    ■          ■
 0.05    ■          ■
 0.00 ─────────────────────────────
-0.05               ■
-0.10
-0.15                          ■
-0.20
      個人消費支出  住宅投資  輸出  事業部門の
                                    固定投資
```

注：この図は，2001年第1四半期から2005年第4四半期のGDP支出側の各項目の成長寄与度から1953年第2四半期～2001年第1四半期までの同じ項目の成長寄与度を引いた値。
出所：Council of Economic Advisers "Economic Report of the President" 2011.

国際機関は住宅部門の過剰融資を指摘し始めていた。こうした情勢を背景に，連邦準備制度は2004年6月からようやく緩やかな金融引き締め政策に転じた（表12）。

アメリカ全国平均のガソリン価格は2002年には0.95ドル／ガロンと低水準であったが，2006年には2.13ドル／ガロンへと2.2倍も上昇し，住宅価格は2006年第2四半期にピークに達していた。このために，連邦準備制度の金融引き締め政策に関する判断は適切であったか否かとの論争が生じた。この論争で連邦準備制度の幹部は，①ヘッドライン・インフレーションの上昇は金融政策の守備範囲外であり，予防的な金融政策を採っているからコアー・インフレーションは安定している。②金融政策として短期金利の引き上げ誘導措置を講じたが，政策的には直接コントロールしえない長期金利で金融機関が住宅ローンなど各種ローン融資を拡大している。③しかも，短期金利の引き上げ誘導措置を講じた結果，短期金利は上昇したにも関わらず，長期金利は上昇せずに安定している。これは海外からアメリカに長期資金が流入し続けているため

であり，海外諸国の貯蓄超過，グローバル・グラットに原因がある，との見解を示した[17]。

ヘッドライン・インフレーションが上昇してもコアー・インフレーションが安定的であるのは1990年代後半からの特徴であり，金融，実体経済のグローバルな最悪期を脱出していた2011年上期にも見られた現象である。

ヘッドライン・インフレーションが起き易いのは，第一次石油危機から30年以上も経過しているのに，未だに石油や食糧などの一次産品は価格の上昇に対して需給が短期的に非弾力的であるからである。また，好況になってもコアー・インフレーションが比較的安定している要因としては，①情報技術などの普及によって在庫管理が徹底し，景気循環上の在庫循環の波が小さくなったことや，②規制の撤廃や経済構造改革の進展によって国内外市場で競争が進展し，1960年代までに見られたような労使双方の寡占的状況，寡占的価格管理が困難になってきたこと，③石油や食料などを除けば，経済がグローバル化して国際的な規模での資源配分が行われるようになったこと，言い換えれば経済フロンティアが拡大したこと，などの点が考えられる。

住宅価格の高騰やヘッドライン・インフレーションの昂進に連邦準備制度の施策に責任が有ったのか，無かったのかとの論争に言及すれば，まったく責任は無かったとは言い切れまい。図2に示されているような長期金利水準の安定化がグローバル・グラットの影響を受けていたとはいえ，機関投資家などは商業銀行から低利で短期資金を調達して長期で資金を運用していたのであるから，金融政策当局が住宅バブルの発生やヘッドライン・インフレーションの昂進にまったく責任が無かったとは言えまい。

中国などの新興国や産油国あるいは日本などの貯蓄超過国が存在していたから，アメリカのような貯蓄不足国で投資超過現象が発生し，住宅バブルが発生し，ヘッドライン・インフレーションが昂進したのだとグローバル・セイビング・グラット説の提唱者が言いたいのであれば，これはいささか自己弁護的な見解である[17]。

巨額な外貨準備をもつ貯蓄超過国の中国や日本は低利回りであっても安全なアメリカの国債やエイジェンシー債に多くを投資し，アメリカの投資超過を国

際的に支えてきたのは周知のことである。しかし，高格付けでありながら高利回りであった民間証券化証券がアメリカとヨーロッパ諸国で発行されて，それらを大量に購入したのはアメリカの投資家とヨーロッパの投資家であった[18]。したがって，アメリカとヨーロッパの間で高利回り民間証券化証券が相互に売買されていたのである。この相互間の投資は国際収支のネット・ベースでは相殺されてしまう。2000年代末に国際金融危機が発生した原因を国際収支不均衡論でしばしば問題とされるネット・ベースで見た貯蓄超過国だけに求めても不十分なのである。

購入時よりも価格の上昇した住宅を担保にホーム・エクイティー・ローンを組み消費を拡大していた住宅購入者には，2006年第4四半期に住宅価格の上昇がピークを打ち，その後下落し始めたことは痛手であった。また，アメリカの場合，住宅ローンの借り手には最初の3年間は低金利が適用され，その後高金利が適用されるという融資条件も低所得の借り手には大きな負担になった。

住宅価格が低下し始めるとたちまち住宅ローンの返済不履行が表面化し，それは住宅ローンの証券化に関わってきた投資銀行，商業銀行のバランス・シートを悪化させ，2007年から2008年第4四半期にかけて個別金融機関の危機からグローバルな金融制度の危機に拡大する。金融制度の危機によって実体経済に対してクラウディング・アウト（貸し渋り）が起こり，決済などの資金繰りが困難となってグローバルな実体経済危機が2008年第4四半期から2009年第1四半期にかけて進行した。アメリカの実体経済が悪化すると，対米輸出に大きく依存していた日本や東南アジア諸国の経済も急速に悪化していった（表4）。

資産バブルの発生とその破裂という経路をたどったアメリカの実質GDP成長率は2004年には前年比3.6％にまで高まったものの，その後低下し，資産バブルの破裂によって2009年にはマイナス2.6％にまで悪化する（表4参照）。"The Great Recession"（「大リセッション」）に陥ったのである。この間に，住宅価格は金利の上昇とともに2006年第2四半期にピークを打ち，2009年第1四半期まで急落し続けた。石油市況は住宅価格とは異なった動き

を示し，住宅価格が下落し始めた 2006 年第 3 四半期以降も上昇し，2008 年 7 月にピークを打って，その後急落し，2011 年第 1 四半期にまた上昇に転ずる。

4.1.2 アメリカ内外の金融動向に攪乱された国際石油市況

世界の一次エネルギー消費量に占めるアメリカの一次エネルギー消費量の割合は 1980 年の 24.9％ から 2000 年には 22.6％ へ 2.3％ ポイント低下していたが，2008 年にはアメリカの一次エネルギー消費量は世界の 18.6％ にとどまり，2000 年に対して 4.0％ ポイントも低下している（表 7）。アメリカの石油消費量が世界の消費量に占める割合も 1965 年には 37.0％ であったが，2000 年代初頭には 25％ ほどに低下し，2010 年には 21.8％ に低下している（表 1）。世界の石油市場におけるアメリカの影響力も低下してきたのである。

アメリカの石油消費量は不況下の 2001 年に 1,965 万バレル／日，前年比マイナス 0.3％ にとどまったが，景気の回復とともに 2002 年から増大し始めた。2004 年には 2,073 万バレル／日，前年比 3.5％ の比較的高い伸びとなった。しかし，アメリカの石油消費量は 2005 年に 2,080 万バレル／日，前年比 0.3％ の伸びにとどまり，この年をピークに翌年には早くも減少し始め，2009 年には 1,896 万バレル／日にまで減少してゆく（表 1）。2005 年が早くもピークとなったのは，国内原油調達価格が 2001 年の 21.84 ドル／バレルから 2005 年には 50.28 ドル／バレルにまで急騰した価格効果が大きく影響していた。

石油消費の増大が顕著であった中国でも 2004 年が景気のピークとなっており，石油消費量は 677 万バレル／日，前年比 16.7％ もの高い伸びとなっていた（表 1 参照）。ただし，その後も中国の石油消費量の伸びは堅調で 2010 年には 940 万バレル／日に拡大し，2005 ～ 2010 年の年平均伸び率は 6.1％ であった。非 OECD 諸国全体でも石油消費量の伸びは堅調で 2005 年の 3,402 万バレル／日から 2010 年には 4,170 万バレル／日に拡大している。

かくして，国際石油市況は 2000 年代後半には石油消費量が減少したアメリカの動向とは無関係かのごとく，2002 年から 2008 年 7 月まで上昇し続

け，グローバルな金融危機，実体経済危機の深刻化とともにさすがに下落して2009年2月には34ドル／バレルにまで低下した（図1）。しかし，その後再び上昇して2011年3月中旬に北海ブレント原油スポット価格は114ドル／バレルにまで上昇してまた下落するなど，乱高下した。

このような石油市況の乱高下を石油消費量という実体面から説明すれば，2000年代前半の上昇はアメリカの消費量の増大と新興国での消費量の増大が重なった結果である，と判断しうる。しかし，2000年代後半以降は石油消費量という実体面からは非OECD諸国でとりわけ消費量が急増し，輸入量も急増した新興国，その中でも中国の影響力を無視しえなくなっているのである。

アメリカで住宅価格が低下して住宅バブルが破裂し，2007年に欧米金融機関の破綻も表面化してきたのに，国際石油市況は2008年7月まで上昇し続けた。証券化商品に流れていた資金がニューヨーク商品取引所などの先物市場に投機資金として流入し，一次産品とりわけ石油先物価格が上昇した。投機資金が石油先物価格を買い支えたといっても，実体的な買い材料がなくして買いに入るわけではない。2006〜2008年にはOECD諸国の石油消費量の伸びはマイナスになったが，非OECD諸国の伸びは3.3％〜4.5％と高く，世界全体でもプラスの伸びであった（表1）。そこで，証券化証券市場が崩れ，行き場を失った投機資金が2007〜2008年に石油先物市場に流入したのである。

石油先物市場でのボラティリティは石油消費量の変動，つまりファンダメンタルズの変動をはるかに上回っていたが，先物市場はファンダメンタルズとまったく掛け離れた動きをするわけではない。ファンダメンタルズを先読みして変動するから，その読みが後に外れていたことが明らかになれば修正されることになる。したがって，ファンダメンタルズ自体が変動的な時期にボラティリティは拡大する。投機資金は変動幅を求めて売り買いを繰り返し，その結果として市場に均衡点をもたらすことになる。

2008年第4四半期にグローバルな金融危機が深刻化すると世界の投資家は安全資産を求めてアメリカの国債を購入し，リスク回避行動を取った。しかし，2009年下半期に入って先進諸国の景気が底入れすると投資家の行動はリスクを取り，高利回りの投資機会を求め始める。グローバルな金融危機が発生

図 5　先進国と新興国の株式投資リターン

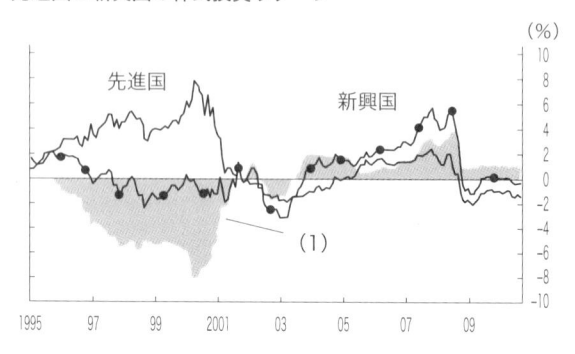

注：(1) 新興国と先進国との株式リターンの割合の差（パーセンテージ・ポイント）。
　　(2) ボラティリティー調整済みのリターン。リターンの 3 ヵ年移動平均のログ値を 3 ヵ年のリターンの標準偏差で割った値。
出所；IMF "Global Financial Stability Report" October 2010.

してアメリカ，ユーロ圏，イギリス，日本は超低金利政策を採った。こうして増強化された投資資金は株式投資リターンが先進国よりも高い新興国市場に向かい始めた（図 5）。この現象はドル・キャリー・トレードなどとも呼ばれた。しかし，グローバルな金融危機後，内需拡大政策が奏功して高経済成長が持続した中国は 2010 年後半に金融引き締め措置を採ったために株価が下落し始めた。変わり身の速い投資家は新興国の株式市場から先進国の株式市場に投資資金を戻すとともに，新興国・発展途上国の需要拡大が見込まれる一次産品の先物市場への投資も増大させた。このために先進国の石油先物市場はまた急騰し始めたのである（図 6）。

2008 年第 4 四半期以降の"the Great Recession"（「大リセッション」）以降，先進国と新興国・発展途上国の経済成長率の違いが一段と明確化し，国際貿易も新興国・発展途上国間の貿易が相対的に活発であったから（表 5 参照），先進国と新興国・発展途上国の景気動向は「ディカップリング」（「分離」）する傾向にあるとの見解が聞かれるようになった。しかし，機関投資家の投資戦略はディカップリングしておらず，むしろ先進国と新興国・発展途上国との間をますますカップリングさせているのである[19]。

この時に投資家が第一に先読みした点は中国やその他新興国での食料，石油

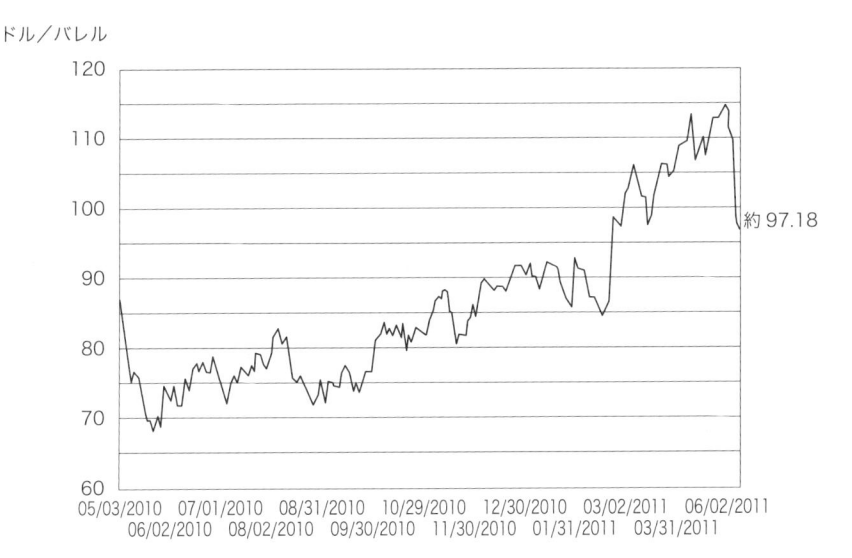

図6 ニューヨーク商品取引所石油先物取引価格（引け値）

ドル／バレル

約97.18

出所："Energy Economics Newsletter"

需要の長期的な増大予測であり，長期的な相場の上昇であった。ニューヨークの商品取引所での取引はアメリカの需給に注目しているだけではなく，グローバル市場でのファンダメンタルズにも注目しているのである。さらに，供給国での政情不安，2010年末から表面化した中東諸国での政情不安なども先物市場のボラティリティを高める取引材料となった。

4.2 長期的に持続する新興国・発展途上国における石油エネルギー消費量の増大

先進国と新興国・発展途上国との一次エネルギー消費量は逆転し，新興国・発展途上国の消費量のほうが大きくなっているし，一次エネルギー消費量の伸び率には大きな違いが出ている（表7）。こうした傾向は長期的に持続すると判断され，国際的な一次産品市況，石油市況は新興国・発展途上国の影響を大きく受けるようになった。

新興国・発展途上国の石油消費の旺盛な伸びがニューヨーク商品取引所など

の石油先物取引で買い材料になっているのは事実であるが，その伸び率が驚くほど高いわけではない。2006～08 年に先進国の石油消費量は減少したが，中国の石油消費量は年率 4.8％で，非 OECD 諸国の石油消費量は年率 4.0％で，世界の石油消費量は年率 0.5％で伸びた（表1）。これらの伸び率に比べて，第一次石油危機前の 1965～73 年にアメリカの石油消費量の年平均伸び率は 5.2％，日本は 15.1％，OECD 諸国は 7.5％，世界合計は 7.6％と高率であった。もっとも，2010 年には中国の石油消費量の伸び率は 11.9％，非 OECD は 5.6％，世界合計は 3.3％と 2006～08 年の伸び率を上回り，石油先物市場での価格上昇をもたらす要因になった（図6）。

　すでに長期的に持続している新興国・発展途上国の石油エネルギー消費量の伸びは，今後もさらに持続するであろうと IEA は予測している。現行のエネルギー政策に何も変更がなければ 2008～2035 年に非 OECD 諸国の一次エネルギー消費量は年率 2.2％で伸び，中国では 2.6％で伸びると予測されている。2009 年 9 月に G20 サミットで約束されたエネルギー節約政策が実行されれば非 OECD 諸国の一次エネルギー消費量の伸び率は 1.9％に，中国の伸び率は 2.1％に抑えられると予測されている。これらの予測値の当否はともかくとして，非 OECD 諸国では今後かなり長期にわたってエネルギー消費量は伸びると予測されているのである。中国やインドなど人口が 13 億人前後もいる国々では現在，国民一人当たりの一次エネルギー消費量はまだ OECD 諸国の 3 分の 1 に過ぎず，まだ消費量が増大する余地は大きいと考えられるからである[20]。

　2009 年時点で中国の産業別 GDP 構成比に占める鉱工業の割合は 42％であり，インドは 20％である（表8）。鉱工業部門では技術的，経済的に多様な一次エネルギーを消費することが現状でも可能である。これら諸国では自動車の利用台数が今後急増するであろうが，現状では自動車の燃料はガソリン，軽油が技術的，経済的に主に使われており，他の燃料で代替するにはまだクリアーしなければならない課題が多い。つまり，自動車用燃料の代替性は現状では低いから，中国やインドで自動車がさらに普及すれば価格の変化に対して石油消費は非弾力的になってゆく傾向を辿るであろう。

新興国・発展途上国におけるエネルギー消費の特徴に加えて，2006〜08年以降に石油価格が上昇した要因としては，新興国・発展途上国経済の歪みも指摘しえよう。新興国・発展途上国のGDP規模は急速に大きくなっているが，それに比べて資本市場規模は著しく小さい。高経済成長を遂げているアジアの新興国・発展途上国全体の資本市場規模は2009年で株式時価発行総額が世界全体の11.5％，債券市場が4.3％，銀行資産が11.9％，債券，株式，銀行資産の合計では世界全体の9.0％であった（表14）。2010年の名目GDPは世界全体の14.7％，購買力平価ベースでは24.1％に達していたのである（表3）。

　アジア新興国・発展途上国の資本市場ではまだ規制も強く，GDPの規模に比べても資本市場は国際的に比較しても小規模であるから，国内金融が緩和したり，外資が流入すると株価は高騰する。2010年に中国で株価が高騰したのはその典型である。インフレーションの昂進を警戒して国内金融が引き締められると株価は下落し，外資も流出する。しかし，石油消費量は伸びているから，先進諸国の石油先物市場ではそれが取引材料となって先物価格は上昇する。グローバル時代の投機資金は世界の資本市場や商品取引市場で価格差を求めて流動的に移動しているのである。

　新興国・発展途上国の石油エネルギー市場の歪みも，価格の高騰を促す要因になっている。中国，インドをはじめG20諸国では化石燃料の消費に対して2009年に3,120億ドルもの補助金が支出されている[21]。石油エネルギー多消費産業を支援する産業政策であると同時に消費者を支援する社会政策としての意味も持っている。1997〜98年に起きた通貨危機で財政が逼迫したインドネシア政府がこれらの補助金を削減すると暴動が起きた。補助金政策を変更するのは現状では政治的にかなりの決断を要する。ただし，化石燃料に支出されている補助金が撤廃されれば消費が抑制され，化石燃料消費の節約や環境保全には効果が大きい。

　一次エネルギー消費のGDP原単位は非OECD諸国でも1980年から2008年にかけて急減しているが，2008年でも先進諸国の水準に比べれば3倍も大きい（表10）。新興国・発展途上国におけるエネルギー消費の節約の余地はまだまだ大きい。消費の節約はエネルギー安全保障を高め環境保全を維持するた

表14 世界の金融市場（単位：10億ドル，％） 2009年

	GDP	外貨準備	株式時価総額	債券 公的	債券 民間	債券 合計	銀行資産	債券，株式銀行資産合計	債券，株式，銀行資産／GDP
世界	57,920	8,539	47,188	36,400	54,920	91,320	103,755	24,264	418.3
構成比	100.0	100.0	100.0	100.0	100.0	100.0	100.0	100.0	100.0
EU	26.5	4.7	21.2	27.9	41.4	35.9	44.8	36.8	580.8
イギリス	3.8	0.1	5.9	3.4	16.3	5.2	10.6	7.7	850.0
ドイツ	5.8	0.1	2.7	5.1	7.1	6.3	5.3	5.2	375.5
フランス	4.6	0.1	4.0	4.8	6.2	5.6	9.7	7.0	642.4
ユーロ地域	21.5	3.3	13.9	23.5	32.6	29.0	32.2	27.4	533.0
アメリカ	24.4	1.4	31.9	26.0	40.4	34.7	12.7	25.1	431.2
日本	8.7	12	7.2	26.5	4.1	13.1	10.6	10.9	523.7
アジアNIES	2.8	12.4	9.1	2.0	1.9	1.9	3.5	4.0	606.3
新興国・発展途上国	31.2	64.6	21.0	13.4	5.0	2.3	18.7	15.2	204.4
アジア	13.7	36.2	11.5	6.7	2.7	4.3	11.9	9.0	274.1
中南米	6.9	6.4	4.7	4.1	1.5	2.6	2.7	3.0	183.7
中東	3.5	10.9	1.6	…	…	…	1.5	1.7	124.8
サブ・サハラ・アフリカ	1.5	1.9	1.2	…	…	…	0.1	0.1	149.0
ヨーロッパ	5.6	9.2	2.1	1.9	…	0.1	2.1	1.7	125.2

注：…は0.1未満。
出所：IMF "Financial Stability Report" April 2011.

めにはどの代替策よりも経済的で効果的なのである。

　中国の国有石油会社は2009年現在で世界31ヵ国の産油国で石油の開発事業を展開し，そのうち20ヵ国で石油利権を取得している。同年に中国が輸入した原油の44％は中東からであるが，アフリカから32％，中南米からも8％輸入している。石油調達先の分散化，エネルギー安全保障の向上を重視し，調達コストの削減という経済性を従とした石油調達方法である。

　また，中国の国有石油会社は国有金融機関から優遇金利で資金を調達し，利権取得のためにこれらの国有金融機関が産油国に援助を供与しているが，その

供与総額は明らかではない。しかし、こうした石油調達方法は石油利権取得の相場を高める結果になっており、長続きするものではなく、中国も利権原油を国際市場において商業ベースで販売する量を増やしている[22]。

今後、長期的に新興国・発展途上国で石油エネルギー消費量が増大してゆくことは確実であるが、国内経済構造や石油エネルギー政策など改善すべき余地は大きい。現在の歪みを持った経済構造や石油エネルギー政策が続けば、それは石油エネルギー消費量を増大させるだけでなく、石油エネルギー市況に乱高下をもたらす要因として定着してしまうことになる。

4.3 一次エネルギー需給の非弾力性
4.3.1 非石油一次エネルギー需給の短期的非弾力性

1980年の世界の一次エネルギー消費量は石油換算で72億トンであり、その内訳は石油が43.0%で最大であり、次いで石炭の24.8%、天然ガスの17.1%などであった。2008年には石油換算で122億トンの一次エネルギーが消費され、石油の割合が33.1%に低下したが依然として最大であり、次いで石炭が27.0%、天然ガスが21.1%、バイオマス・廃棄物(薪を含む)が10.0%、原子力が5.8%、水力が2.2%、その他再生可能エネルギーが0.7%であり、利用形態が分散化してきている(表15)。

現在、一次エネルギーを消費する際の課題として、①供給先の安定性、安全性、②経済性、③地球環境保全への適合性、の3点が指摘されている。しかし、一次エネルギーの消費が分散化されているということは、この三つの課題すべてをクリアーしうる一次エネルギーが存在していないということを意味している。そのような一次エネルギーが存在していれば、石油エネルギー価格が乱高下することは基本的にない。

各一次エネルギーを利用する際の評価は厳密には各国で異なる。日本のように化石燃料の大半を輸入している国もあれば、アメリカのように石油も石炭も天然ガスも一定の産出量のある国もある。例えば、気体の天然ガスは石油に比べて輸送に難点があるから国際市場で一物一価が成り立っているわけではなく、日、米、ヨーロッパでの価格水準を比較すると、アメリカ、欧州、日本の

表15 世界の一次エネルギー消費量

(石油換算100万トン，%)

	1980 消費量	1980 構成比	2000 消費量	2000 構成比	2008 消費量	2008 構成比	1980〜2000 年平均伸び率	2000〜2008 年平均伸び率
石炭	1,792	24.8	2,292	22.9	3,315	27.0	1.2	1.9
石油	3,107	43.0	3,655	36.5	4,059	33.1	0.8	1.3
天然ガス	1,234	17.1	2,085	20.8	2,596	21.1	2.7	2.8
原子力	186	2.6	676	6.8	712	5.8	6.7	5.3
水力	148	2.0	225	2.2	276	2.2	2.1	2.9
バイオマス，廃棄物	749	10.4	1,031	10.3	1,225	10.0	1.6	2.2
その他再生可能エネルギー	12	…	55	0.5	89	0.7	7.9	6.2
合計	7,228	100.0	10,019	100.0	12,272	100.0	2.7	2.6

注：構成比と伸び率は算出した。
出所：IEA "World Energy Outlook" 2010.

順で傾向として高くなっている。天然ガスは，アメリカでは低価格の国産石炭と競合関係にあり，ヨーロッパでは灯油と競合関係にあり，日本ではLNG（液化天然ガス）で輸入され，高価格の高品質輸入原油と競合関係にあり，各市場で価格差が生じている。

　また，各一次エネルギーを利用する際の技術水準が国ごとに相違していれば，熱効率が異なり，評価もまた異なってくる。しかし，技術は国際的に移転するから，この違いは時間とともに平準化してくる。こうした細部での違いはあるが，各一次エネルギーの利用上の基本的なメリット，デメリットは各消費国ごとに決定的に違うわけではない。

　表16は日本で各一次エネルギーを利用した際の評価である。自動車用燃料として石油系燃料に完全に代替しうる燃料は現状では存在していない。それにもかかわらず，石油の国際的な供給には安定性，安全性に懸念があり，相対価格も高い。しかも，その利用には環境保全上にも問題がある。

　日本では発電用燃料として最も多様な燃料が使われているが，石油，石炭，天然ガス，原子力，水力，廃棄物，再生可能エネルギーのいずれにも上記①〜

表16 日本で消費した場合の各一次エネルギー利用上の評価

石油	①中東石油には供給の安全性，安定性に問題がある。 ②輸送用燃料としては価格競争力をもつが，他の利用には価格競争力は低い。 ③地球環境保全にとっては相対的に適合的ではない。 ④輸送用燃料，暖房用燃料，発電用燃料，工業用原料・燃料など。
石炭	①供給は相対的に安全で安定的。 ②新鋭石炭火力の建設コストは相対的に高いが，燃費は相対的に掛からない。 ③地球環境保全には相対的に適合的ではない。 ④発電用燃料，工業ボイラー用燃料。
天然ガス	①供給上の安全性は相対的に高い。 ②利用設備費は規模によって弾力的。燃料費，原料費としては相対的に高い。 ③化石燃料としては相対的にクリーン。 ④発電用燃料，工業ボイラー用燃料，都市ガス用原料。
原子力	①燃料の供給上の安全性，安定性は相対的に大きい。 ②設備建設費，廃棄物処理費などは巨額。 ③運転中に地球温暖化ガスはほとんど出ない。使用済み燃料の処分，事故対応などに問題を残している。 ④発電用。
再生可能エネルギー	①風，太陽光などは供給が自然条件に左右され不安定。 ②現状では在来型一次エネルギーに対する価格競争力はほとんどない。 ③運転中に地球温暖化ガスはほとんど出ない。 ④発電用，輸送用。
バイオマス,廃棄物	①新規バイオマス燃料の国産には燃料不足，廃棄物は都市での排出量に規定される。 ②バイオマス燃料の経済性は低い。廃棄物は供給がある限りは経済性はある。 ③地球環境保全を保って利用するにはそれなりに設備費が掛かる。 ④発電用，給湯用燃料。

出所：筆者の判断による。

③のいずれかについて問題点がある。日本は主として輸入化石燃料に依存せざるをえないから，政策的に発電用燃料の利用には分散化が図られてきたのである。

不況期に消費が低迷し，供給余力が形成されている場合は，不況が底入れして景気が回復し，消費が増大しても供給余力がある範囲で弾力的に供給量を増やすことはできるが，好況が持続し，エネルギー需要が増大して供給余力がなくなれば，現在利用しているすべての一次エネルギーに関しては短期的に供給能力を拡大することは難しい。

非OPEC石油の開発，石炭火力の建設，天然ガスの開発や発電設備の建設，原子力発電所の建設，ダムや水力発電所の建設，資源としての廃棄物の供給など，各一次エネルギーの供給能力の拡大には中，長期のリード・タイムを必要

とする。風力，太陽光発電などは在来型一次エネルギーに対して価格競争力が現状ではない。環境保全の立場からこれらの再生可能エネルギーを活用するには政策的な補助が必要である。

　後述するように，OPEC は供給余力がある場合でも消費の拡大に対応して弾力的に供給を増やすとは限らず，また，豊富な資源があるにもかかわらず，中長期的な供給能力の拡大には消極的である。

　したがって，景気がグローバルに好転し，一次エネルギー消費が増大した場合には，現在でもまだ一次エネルギー消費量の中で最大の割合を占めている石油の価格が先行的にしばしば上昇する。また，内外の金融取引が自由化された現在では石油の先物取引が活発に行われているから，需給上のファンダメンタルズが不安定であるほど景気変動に連動して石油先物取引価格は乱高下する。

4.3.2　OPEC 石油供給の非弾力性

　第一次石油危機以降，世界における石油消費量の増加分の多くをカバーしてきたのは非 OPEC 石油である。世界の石油消費量は 1973 年の 5,598 万バレル／日から 2010 年には 8,780 万バレル／日にまで増大してきたが，この間に OPEC 原油の生産量は 1970 年代，80 年代と 2000 年代ではほぼ同水準であり，実質的にはほとんど増産されてこなかった。1980 年代半ばから 1990 年代にかけての増産は 1980 年代前半の急減産分を埋め合わせただけである（図7参照）。しかし，現在の技術水準，価格水準，資源賦存状況から判断して，今後，世界の石油消費量の増加分を非 OPEC 石油の増産だけでカバーしてゆくことは難しい状況にある[23]。

　環境保全などの外部経済規制や安全保障上の規制を除けばアメリカやイギリスでは市場経済の原理に基づいて石油の開発や生産を自由に行える。その結果，アメリカの原油可採年数は 2009 年で 10 年，イギリスは 7 年になっている。OPEC は決して強固なカルテルではないが，個々の加盟国が自由な開発，生産を認めない結果，2009 年の可採年数は OPEC 全体で 101 年，ベネズエラが 211 年，イラクが 135 年，クウェートが 122 年，アラブ首長国連邦が 119 年など図抜けて高い水準にある（表 17）。

図7 世界とOPECの原油生産量

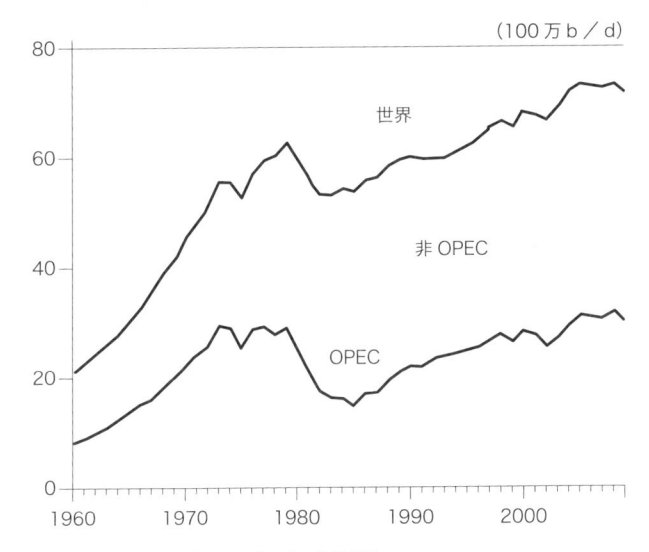

(100万b／d)

出所：IEA "Annual Energy Review" 2009.

　明確に公表されたデータではないが，中東巨大油田の産油コストは数ドル／バレル，初期北海油田での産油コストは7〜15ドル／バレル，非在来型石油のカナダのタールサンドは60ドル／バレル以上と見られている。世界の石油上流部門への参入が完全に自由であれば限界コストの低い油田から開発，生産され，順次に限界コストの高い油田が需要の増大とともに開発，生産されて行くはずである。そして，短期限界コストに対応した供給曲線を辿ってゆけばそれが長期の供給曲線になるはずである。しかし，現状では最も産油コストの低い中東OPEC原油の生産が事実上制限されているのである。

　OPEC諸国は国際石油市況が低水準になったときに，OPEC総会の決議を無視して値引き販売をする。石油収入に依存する自国の財政収支が悪化し，経常収支も悪化したときに交差弾力性の大きい石油を輸出しているから，値引きをして自国だけが輸出量を確保しようとするからである。また，国際石油市況が強含みとなった時には，資源を保存するとの建前からほとんど増産をしない。この結果，国際石油市況は大きく乱高下するのである。もちろん，石油先物取

表17　原油確認埋蔵量，産油量，可採年数

	原油確認埋蔵量(単位：10億b)		産油量(単位1,000b/d)		可採年数(単位：年)	
	2008	2009	2008	2009	2008	2009
アメリカ	21.3	19.1	4,954	5,310	11.8	10.0
イギリス	3.3	3.4	1,352	1,291	6.7	7.2
ノルウェー	7.5	7.5	2,107	1,989	9.7	10.2
ブラジル	12.6	12.8	1,821	1,950	19.1	18.0
メキシコ	12.1	12.1	2.798	2,601	11.8	12.7
カザフスタン	39.8	39.8	1,142	1,256	94.7	86.5
ロシア	79.0	79.4	9,498	9,650	22.7	22.5
中国	15.4	18.0	3,802	3,793	11.1	13.0
イラン	137.6	137.0	4,055	3,567	76.4	105.3
イラク	115.0	115.0	2,280	2,336	135.5	135.2
クウェート	101.5	101.5	2,676	2,261	103.5	122.2
カタール	25.4	25.3	842	733	84.6	97.3
サウジアラビア	264.0	264.5	9,198	8,184	78.5	88.7
アラブ首長国連邦	97.8	97.8	2,572	2,241	104.0	119.2
ベネズエラ	172.3	211.1	2,957	2,878	159.5	210.5
エクアドル	6.5	6.5	501	464	36.1	38.2
リビア	44.2	46.4	1,721	1,473	70.5	85.9
アルジェリア	12.2	12.2	1,356	1,216	24.8	27.7.
アンゴラ	9.5	9.5	1,896	1,738	13.7	15.1
ナイジェリア	37.2	37.2	2,017	1,842	50.2	55.5
OPEC合計	1,023.3	1,064.2	32,075	28,927	87.3	100.7
世界合計	1,294.1	1,337.2	71,901	69,025	49.3	53.0

注：可採年数＝原油確認埋蔵量／産油量。
出所：OPEC "Annual Statistical Bulletin" 2009.

引市場に参加している投機家はこうしたOPECの行動様式を十分にわきまえているから，それを先取りして市況を操るように取引をする。

　宇宙開発，深海開発，地下資源開発の三つを比べると地下資源開発の技術が最も遅れているといわれている。石油確認埋蔵量といってもそれは相対的に確度の高い推計値に過ぎないが，世界の石油確認埋蔵量は中長期的に増加してきている。BP統計によれば1989年末の世界の石油確認埋蔵量は1兆バレルであるが，2008年末の確認埋蔵量は1兆3,330億バレルである。世界の産油量以上に新規発見量のほうが大きかったということである。この間にOPECの石油確認埋蔵量も7,630億バレルから1兆290億バレルに増加している[24]。しかし，OPECは基本的に増産政策は採ってこなかったのである。

　OPECが産油量を増やせないのは非石油部門の経済開発に成功せず，基本的に石油依存の経済構造から脱却できていないからである。地下資源の管理だけではなく，石油産業の操業から石油収入まですべてを国家が独占し，その石油収入を財政によって国防，警察，ポピュリズム的社会保障に集中的に支出し，時の国家体制を維持することが図られてきたのである。石油収入を梃子にした自由な経済発展は阻まれ，結果的に自国の石油収入にしがみつき，自国の石油資源の涸渇を恐れて産油量を増やせないのである。

　こうしたOPEC諸国の産油政策は国家体制が根本的に変わらない限り変化しない。中東では1979年のイラン革命のように時に革命によって政権交代がなされる。しかし，新政権も同様に権力維持のために政治・経済政策を実施してきたから，産油政策は変化しなかったのである。

5．むすび

　いわゆるバブル経済がアメリカやアイルランド，スペイン，ポルトガルなどのヨーロッパ諸国で発生し，金融危機が実体経済危機に発展して2008年第4四半期には"the Great Recession"へと事態は深刻化した。先進諸国は一斉に財政出動と金融の大幅緩和によって不況克服策を採った。

　アメリカのオバマ政権はマクロ経済政策にとどまらず，1990年代後半に

ニュー・エコノミーの核となった情報産業に代わる新たな景気主導的な産業に再生可能エネルギー産業を育て，それを使って電力業などの再活性化を図ろうとするグリーン・ニューディール政策を打ち出した。しかしながら，短期，中期的に再生可能エネルギー産業がアメリカの景気を主導するような産業に発展するのは困難であろう。まだ，在来型エネルギー産業に再生可能エネルギー産業は経済的に太刀打ちできず，自立しえないからである。技術発展の程度がまだ不十分である，と言ってもよい。

　アメリカ経済は2007年第4四半期に不況に入り，2009年第2四半期に不況は底入れして緩やかな回復基調を辿っている。しかし，現政権は2011年上期の現在，財政再建や大幅な金融緩和政策（Q2）の正常化などに苦慮している。マクロ経済政策の再建を急げばせっかく回復したミクロ経済の腰を折ることになりかねないからである。しかし，アメリカにおけるマクロ経済政策の再建の遅れは国際的な資金移動を不安定化し，中国経済のインフレーションの後押しや石油先物市場などでの価格上昇を促す要因になっている。アメリカの政策当局にとってはナショナル・インタレストが第一であり，新興国におけるインフレーションの昂進と国際的なドルの過剰，ドル・キャリー・トレードの進展に対する配慮はほとんど示していない。問題は中国の行き過ぎた景気刺激策や元レートの過小評価にあるとの主張を展開している。

　新興国でもグローバルな経済危機を回避することが最大の関心事となっており，国内経済の歪みを改革する施策は後回しにされている。新興国の政府は高付加価値産業の育成，環境保全，社会保障，雇用の拡大，中長期のエネルギー需給バランスの安定化などの難題を抱えていることをよく認識している。しかし，政策遂行能力の限界から問題を先送りにしている傾向が中国をはじめBRICs諸国では見受けられる。

　とりわけ，WTOの国際貿易交渉（ドーハ・ラウンド）や国連環境会議など大きな国際会議において新興国は未だに発展途上にあるとの立場を強調し，自ら国際的な責任を果たそうとする姿勢を示さず，先進諸国から譲歩を引き出そうとする姿勢を取り続けている。すでに経済規模は十分に大きくなり，BRICs諸国は購買力平価ベースでは世界で上位12ヵ国にすべて入っている。経済成

長力のみならず，地球環境問題など負の外部経済上の問題でもその影響力は強くなっている。こうした新興国の姿勢が続くとすれば，それはグローバル経済の不安定要因となり，結果的に先物取引を通じて国際石油市況を攪乱させる一因にもなるであろう。

OPEC諸国の石油供給のいわば出し惜しみ的政策は，OPEC諸国の政治，経済体制が抜本的に改革されない限り変わらないであろう。このOPEC諸国の石油供給政策は国際石油市況に重大な影響を及ぼしている。2010年末から始まった中東情勢の不安定化は中東の政治にとって新たな転機となるであろうが，その成果が表れるには長い時間を必要とするであろう。

2000年代以降の国際石油市況の乱高下は現代グローバル経済の問題点の噴火現象の一つである，と言ってよいであろう。

【注】
1) BIS "Quarterly Report" September 2004.
2) CIA "World Factbook".
3) "Economic Report of the President" 1965, 1967.
4) "Economic Report of the President" 1975.
5) "Economic Report of the President" 1971.
6) IEA "Petroleum Survey Forums".
7) Jerry Taylr and Peter Van Doren 'Economic Amnesia, the Case against Oil Price Controls and Windfall Profit Taxes' CA10 Institute "Policy Analysis" No. 561, June 11, 2006.
8) IMF "World Economic Outlook" April 1995, April 1999.
   BIS "65th Annual Report" June 1995.
   BIS "Annual Report" 1993.
9) IMF "Working Paper" WP/10/185, 'Output and Unemployment Dynamics during the Great Recession'.
10) 内閣府『国民経済計算年報』2009年確報。
11) IMF "Working Paper" 07/280, 'Changing Nature of North-South Linkages: Stylized Facts and Exportations' December 2007.
12) IMF "World Economic Outlook" October 2007.
13) 国家統計局『中国統計摘要2010』。

14) IEA "World Energy Outlook" 2010.
15) ニュー・エコノミーについては "Economic Report of the President" 2000 によった。
16) IEA "Petroleum Marketing Monthly" April 2011.
17) Bernanke. B.S. 'Monetary Policy and the Housing Bubble' Speech given at the Annual Meeting of American Economic Association, Atlanta, Georgia, January 3, 2010.
18) Board of Governors of the Federal Fund Reserves System Discussion Paper" No. 1014, February 2011.
19) BIS "Quarterly Review" March 2011.
20) IEA "World Energy Outlook" 2010.
21) 新興国・発展途上国のエネルギー補助金について，詳しくは IEA ibid. によった。
22) IEA "Overseas Investment by Chinese National Oil Companies" 2011.
23) IEA "International Energy Outlook" 2010, によれば 2010〜2035 年の世界の石油生産量増分 2,510 万バレル／日のうち非 OPEC には 570 万バレル／日，非在来型石油には 830 万バレル／日，OPEC には 1,120 万バレル／日の増産が見込まれている。
24) "BP Statistical Review of World Energy" June 2010.

■第Ⅱ部■

新興経済・発展途上国経済

第4章
グローバル・インバランスと中国経済
――内需主導型成長への転換――

大橋 英夫

1. はじめに

　先進諸国がリーマン・ショックの後遺症からいまだ抜け出せないなか，新興諸国はダイナミックな成長を続けている。なかでも中国は，改革・開放30年間を通して世界最高の経済成長を持続し，2010年には日本を抜いて世界第2位の経済大国となった。中国経済の台頭は，中国のみならず，世界各国・地域にもさまざまな機会を提供してきた。しかし世界最大の輸出国，外貨保有国となった中国に対しては，グローバル・インバランスの観点から厳しい批判も寄せられている。中国でも，投資効率や資源・環境制約を省みることなく，要素投入，なかでも資本投入の増大に依存した「粗放型成長」の限界が強く認識されている（大橋2005）。また過度な輸出・外資依存に対する批判も少なくない（大橋2006）。そのため現在中国では，「経済発展方式の転換」，すなわち投資・輸出主導型成長から消費・内需主導型成長への転換が強調されている。

　本論では，中国のグローバル・インバランスへの対応と「経済発展方式の転換」を考察する。まずグローバル・インバランス拡大の背景を整理し，次いで中国が採ってきた対応策の有効性を検討する。そして近年における対外貿易構造の変化から，中国の内需主導型成長への可能性を検証してみたい。

2. グローバル・インバランスの拡大

2.1 米国の経常赤字

　1971年に米国は約1世紀ぶりに貿易赤字を記録した。1980年代に入ると，米国の貿易赤字は増加の一途をたどり，1985年に米国は70年以上保持してきた債権国から債務国へと転落した。1990年代初頭は景気後退による輸入の減少により経常赤字は減少したが，その後はいわゆるドット・コム・ブームのなかで米国の経常赤字は拡大を続け，2006年には8000億ドルと未曾有の規模に達した。リーマン・ショックの起きた2008年の米国の対外純債務は14兆ドルを超え，名目GDP比24％に達した。これは1980年代に累積債務危機に瀕したラテンアメリカ諸国に匹敵する水準である。

　もっとも，「双子の赤字」の持続可能性やドル暴落の可能性が指摘されると，米国は効果的に外国資本を取り込んで度重なる「危機」を乗り切った。1980年代にはレーガン政権下の高金利政策が，また1990年代にはニュー・エコノミー下の高い生産性が外国資本を米国に引き付けた。しかし21世紀に入り，ドット・コム・ブームが崩壊すると，欧州資本の米国からの撤退が本格化した。その後は，アジア通貨危機後に資本輸出国に転じたアジア新興国と資源ブームに沸く産油国が対米投資の主役となった。1995～2004年に米国の経常赤字は5560億ドル増加したが，そのうち41.3％はアジア新興国，37.1％は石油輸出国，17.1％は先進国によってファイナンスされたことになる（谷口2007：128）。

　大量の長期資本の流入は，米国金利を低水準にとどめ，不動産投資に火を付けた。しかしそれが米国の過剰消費と貯蓄不足をもたらし，最終的にサブプライム・ローン危機，そして「世紀に一度」の金融危機を招来したことは周知の通りである。

　一方，グローバル・インバランスのもうひとつの焦点は，1980年代から続く日本の巨額の経常黒字である。バブル崩壊後の景気後退期においても，輸出は一定の成長押し上げ効果を発揮しており，日本の経常黒字は必ずしも減少に

図1 日米中の経常収支の推移（対世界GDP比）

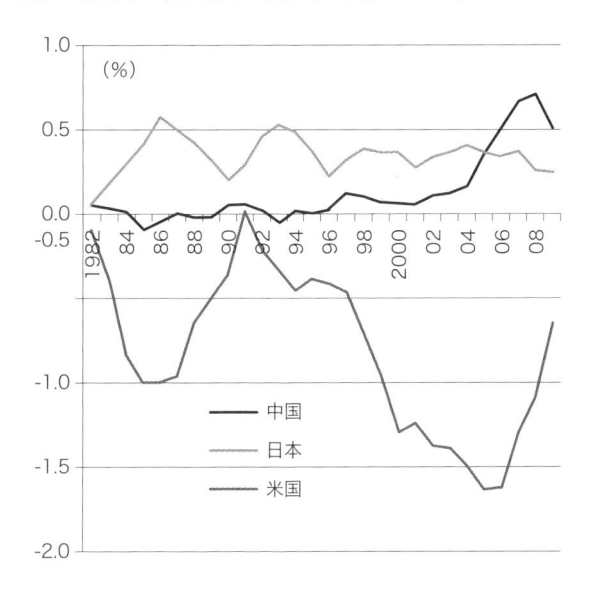

資料：IMF（2010）より作成。

転じたわけではない。しかし2000年代に入ると，中国の経常黒字が急増したために，日本の経常黒字がグローバル・インバランスの矢面に立たされることはなくなった。したがって，今日のグローバル・インバランスの焦点は，米国と中国の経常収支の動向に集約されることとなった（図1）。

2.2 グローバル・インバランスの背景

グローバル・インバランスの原因はどこに求められるのだろうか。ここでは，次のような観点から，グローバル・インバランスに関する議論を整理しておこう。

第1に，米国の過剰支出・貯蓄不足がまずあげられる。ブッシュ政権以来，繰り返された減税と対テロ戦争の戦線拡張に伴う軍事支出の増大は，財政赤字を大幅に拡大した。また不動産ブームのなか，金融工学が家計の将来所得を現在の消費のための原資に当てることを可能にしたために，家計消費は極限

にまで高められた．結果として，2006 年には家計消費支出が可処分所得を上回り，米国の家計部門の貯蓄はマイナスに転じた．温家宝首相にいわせれば，「ある経済が長期にわたり『双子の赤字』と借金に依存して高消費を維持したために深刻なインバランスに陥った」のである（*Financial Times*, February 1, 2009）．

第 2 に，米ドルの過剰発行に対する批判も絶えない．1971 年のニクソン・ショック以後，国際的にコンセンサスが得られた基軸通貨は存在しない．そのなかで米国の通貨当局による米ドル発行権益（seigniorage）の過度な行使は，米ドルに対する信認を大きく失墜させた．2009 年 4 月の G20 ロンドン・サミットに先立ち，中国人民銀行の周小川総裁は，特定国の通貨が準備通貨となっている現状と特定国の利益が優先される可能性との矛盾を指摘し，「主権国家の枠を超えた準備通貨の創出が必要である」として，国際通貨基金（IMF）の特別引出権（SDR）の機能拡充を提起した（『新華網』2009 年 3 月 24 日）．周小川総裁の改革案には，明らかにこのような観点からの対米批判が込められていた．

第 3 に，世界的な過剰貯蓄が指摘される．米国連邦準備制度理事会（FRB）のバーナンキ議長によると，「産油国は巨額の経常黒字を貯め込み，日独は急速な高齢化に備えて貯蓄を増強し，中国を含む新興国は突然の資本流出に備えて外貨準備を積み上げている」（Bernanke 2005）．2009 年 1 月に退任間近のポールソン財務長官も「危機に先立つ数年間，中国や産油国などの高貯蓄が金利の下降圧力となった．これが米国のサブプライム市場を超えた世界規模の信用バブルの原因となり，衝撃的な崩壊につながった」と述懐し，グローバル・インバランスと国際金融危機とを結び付けた（*Financial Times*, January 2, 2009）．このように米国からは，新興国・産油国の過剰貯蓄が，豊富な投資機会を有する米国の金融・資本市場に大量に流入したことが批判のポイントとされている．

第 4 に，また米国では，米国の経常赤字の拡大は中国の開発主義・重商主義的政策の帰結にほかならないとの批判も広くみられる．中国の輸出振興，輸入代替，為替レートの過小評価，金融抑圧，産業政策などが，中国製品の競争

力を人為的に高め，米国製品の中国市場へのアクセスをきわめて困難にしているとして，しばしば米国議会でも槍玉にあげられてきた（USCC 2010）。

このように，グローバル・インバランスの原因をめぐる議論は平行線をたどったままである。経常収支と貯蓄・投資バランスの恒等式に立脚した議論である限り，因果関係を導き出すことは基本的に不可能であるといえよう。

3. グローバル・インバランスに対する中国の対応

3.1 輸出抑制・輸入促進策の展開

中国の巨額の経常黒字と外貨準備は，中国と諸外国との貿易摩擦の象徴となっている。またここから生み出された過剰流動性は，中国の経済運営をさらに困難なものとした。そのため2000年代半ばから，中国は輸出抑制・輸入拡大策を採り始めた（大橋 2011）。

まずは輸出産業のリストラである。なかでも「両高一資」と呼ばれるエネルギー多消費，高汚染，資源性商品・産業が，環境保全の観点からも，生産抑制の対象とされた。この動きは，その後，付加価値が低く，技術水準の低い労働集約型製品，さらには過剰生産能力を抱えた産業や貿易摩擦の「象徴品目」にまで及んだ。

次に，巨額の経常黒字を背景として，輸出抑制的な「水際対策」がとられた[1]。

第1は，輸出生産に関連する増値税（付加価値税）の還付率引き下げである。もともとこの戻し税制度は輸出振興のためのインセンティブとして，1994年に還付率17%として導入された。しかし過大な輸出を調整するために，1999年1月から還付率の引き下げが始まり，2007年7月までに合計15回の引き下げが行われた。なかでも，2006年9月に実施された一部輸出商品に対する還付率の調整は，中国の輸出振興策の転換を象徴する措置となった。その後，2007年7月には，通関品目全体の37%に相当する2831品目（①エネルギー多消費，環境汚染，資源関連553品目の還付取り消し，②貿易摩擦の可能性が高い2268品目の還付率引き下げ，③芸術・装飾品など10品目に

対する還付から輸出税免税への切り替え）を対象として輸出増値税の還付率の調整が実施された。

　第2は，貿易黒字の主因となっている加工貿易の抑制である。これまで中国の対外貿易を牽引してきた加工貿易に対する評価は，年々厳しいものとなっている。たとえば，加工貿易の8割は外資系企業が行っており，これが貿易黒字拡大の主因となっている。また外資系企業が価格移転を通して加工貿易で巨額の富を手にしているのに対して，中国はわずかな加工賃を手にしているにすぎない。しかも加工貿易は総じて低技術・低付加価値であり，ハイテク製品の8割は輸入に依存している（中国人民銀行貨幣政策分析小組 2006：29-30)[2]。そのため2006年11月には804品目の「加工貿易禁止目録」が発表され，2007月8月には輸出制限1853品目からなる「加工貿易制限目録」が実施に移された。

　第3に，希少金属や石炭などの110品目に対して，2006年11月から輸出関税が課されるようになった[3]。現実には，国内需要の急増により輸出余力がなくなった輸出品目がその対象となっているにすぎない。しかし貿易摩擦の「象徴品目」である鉄鋼製品に対して，中国は上述した措置を組み合わせた輸出抑制措置を講じた。まず2007年4月に鉄鋼製品83品目の輸出増値税の還付が撤廃され，翌5月には一部鉄鋼製品に対する輸出許可証制度が導入された。そして翌6月には，エネルギー消費が多い鉄鋼・希少金属などの142品目に対して輸出課税が適用されるようになった。

　同様に，2007年11月に改訂された「外商投資産業指導目録」でも，輸出産業に対する中国の選択的姿勢が明確に認められる。すなわち，沿海地区では省エネ，環境，ハイテク産業や金融，物流，サービス業などの第三次産業へのシフトを進め，上述したようなエネルギー多消費，高汚染を伴う投資，また技術水準の低い産業や不動産分野に対する投資を厳しく制限するとともに，労働集約型産業を中西部に誘導する方針が強調されている。

　このように一連の輸出抑制措置は，中国の経済成長に伴い輸出余力が乏しい品目，国際条約の遵守を目的としたもの，生産過剰品目，あるいは鉄鋼のような貿易摩擦の「象徴品目」が対象とされた。同時に中国は，市場アクセスの改

善や欧米諸国への買付ミッションの派遣を通して，輸入促進に努めている。しかし，これらの「水際対策」は，経済摩擦の緩和に努める中国の姿勢を示しているとはいえ，中長期的には経常黒字の削減にほとんど寄与しえない。輸出抑制や輸入促進は貿易黒字を暫時縮小させるかもしれないが，実質為替レートを減価させ，結果として輸出の促進要因となりうる。貯蓄・投資バランスが安定している限り，政策的に輸出入を調整しても，黒字減らしには寄与しえない。このように，一連の輸出抑制・輸入促進策の効果には大きな疑問符をつけざるをえないのである[4]。

2000年代半ばに実施された一連の「水際対策」は，結局，2008年央からの輸出部門の支援策，さらには同年秋のリーマン・ショックにより暫時棚上げにされた。とはいえ，中国経済が国際金融危機の影響を脱し，景気回復の目処がたつようになった2010年春以後，これらの政策は徐々に「復活」しつつある。

3.2　為替レートの切り上げ

日米経済摩擦が激しさを増した1980年代から，経常収支の是正により直接的な影響を及ぼす施策として，米国は日本に為替調整を繰り返し求めてきた。しかしながら，1971年のニクソン・ショックや1985年のプラザ合意のケースを振り返るまでもなく，為替調整は米国の経常赤字の縮減にほとんど寄与しえなかった。米国の貯蓄・投資バランスが効果的に是正されない限り，経常収支の改善は基本的に不可能である。グリーンスパン前FRB議長が指摘するように，「人民元レートの切り上げが米国の輸入全般に及ぼす影響はきわめて限定的であり，米国の輸入の一部が中国からアジアやラテンアメリカの新興国に代替される」にすぎないからである（Greenspan 2005）。

従来から，中国は資本自由化に対してきわめて慎重な態度をとってきた。国際的な金融取引が実需を大幅に上回る今日の国際経済においては，金融部門が未成熟な発展途上国の資本自由化に伴うリスクはきわめて大きい。1990年代末にアジア通貨危機の影響を最小限に抑制しえたのも，中国が資本取引を制限していたからにほかならない。

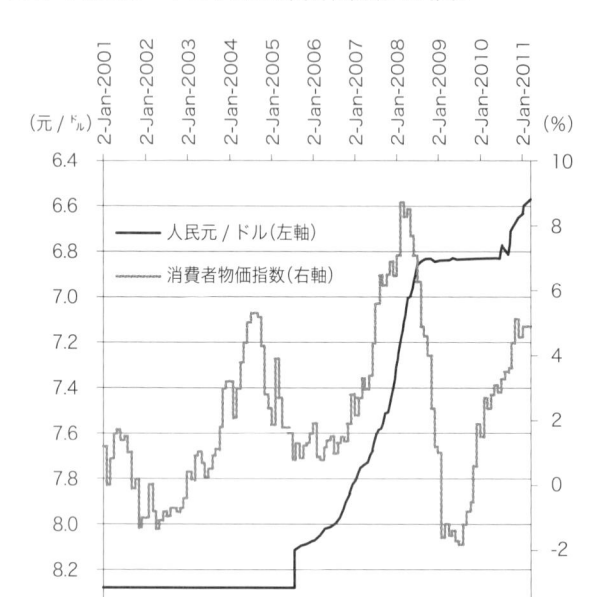

図2 人民元レートと中国の消費者物価指数の推移

資料：IMF (2011), 国家統計局 (2011) より作成。

　ところで，為替相場の安定，自由な資本取引，独立した金融政策は「不整合な三角形」を形成し，鼎立できないことが知られている。これまで中国は，事実上の米ドル・ペッグを維持しながら，資本移動を制限することにより，独立した金融政策を確保してきた。しかし中国がWTOに加盟し，資本移動が活発化するに伴い，独立した金融政策を維持するためには，より柔軟な為替制度への移行が求められている。しかも中国は米ドル・ペッグを選択してきた結果として，その金融政策は米国に同調せざるをえず，この面から中国の金融政策は少なからぬ制約を受けてきた。

　このような背景のもとに，2005年7月，人民元の対米ドル・レートの約2％の切り上げと管理フロート制への移行を柱とした人民元改革が実施された。その後，2008年7月までの2年間に人民元は米ドルに対して約20％上昇した。もっとも，この時期における人民元高の容認は，独立した金融政策，

つまり折からのインフレ抑制を優先する通貨当局の意思を反映したものといえよう。ただ，米ドルが人民元のみならず，他の主要通貨に対しても大幅に下落したために，人民元高傾向はより鮮明となった（図2）。

ところが，中国が人民元高を容認したこの期間に，中国の対米輸出は減少することなく，むしろ大幅な増加をみた。この点に関しては，さまざまな説明が可能であろう。たとえば，対米輸出に従事する中国企業が人民元高の影響を回避するために，あえて利幅を縮小したという見方がある。しかしながら，このような見解を積極的に支持する証拠はおよそ見当たらない。したがって，もっとも妥当な解釈としては，貿易財と非貿易財の生産性（TFP）の違いが，実質実効為替レートで計算されたよりも，国際市場において中国製品の競争力をさらに上昇させたということになろう。Goldstein and Lardy（2009: 23）によると，2005年6月〜2007年8月に人民元レートは米ドルに対して9%切り上げられたが，米国における中国製品の輸入価格は基本的に変化がみられなかったという。人民元高の負の影響を十分に吸収できるほどに，中国の輸出産業の生産性が伸びたということになる。

3.3 東アジアの輸出生産ネットワーク

それでは，中国の輸出産業の生産性を上昇させた要因は何だろうか。多くの先行研究は，その要因として直接投資，技術移転，組織革新などの役割を強調している。ここでは，むしろ中国が東アジアの輸出生産ネットワークに深く関与している事実に着目してみたい。中国がこのネットワークのハブに位置し，「世界の工場」となった事実が，その輸出産業の生産性を飛躍的に高める要因になったといえよう（Ohashi 2006）。

第1に，製品アーキテクチャーの革命的変化が中国の急速な追い上げを可能にした。一般に，中国の輸出産業はモジュラー型製品の輸出生産に特化している。モジュラー型製品は各部品（モジュール）の機能が完結的であり，部品間のインターフェースも単純化されている（Ulrich and Eppinger 2000: 183-184）。またモジュラー型製品は標準化が図られているために，部品・パーツのオープン市場での調達，未熟練労働力による組立が可能である。こうしてIT

製品に代表される中国の輸出産業は，急速な追い上げを実現した。

モジュラー型製品は組立ビジネスへの技術的な参入障壁を大幅に引き下げ，多くの新規参入を可能にした。ただ，激しい競争の結果として，組立工程の収益率は大幅に低下した。そのため多くのモジュラー型製品のメーカーが，収益率の改善を目的として対中投資を本格化した。それまで中国の労働市場は，「無制限の労働供給」(Lewis 1954) に特徴づけられており，また競争の激しい中国では，ほとんど下限価格での部品・パーツの調達が可能であった。そのため EMS (electronics manufacturing service) メーカーも，中国での事業展開を活発化させた。世界最高水準のハイテク部品・パーツを労働集約的に組立・加工し，大量の輸出生産を実現するのが「世界の工場」＝中国のビジネス・モデルとなった。

第2に，一貫製造工程を個別の生産工程に振り分けるフラグメンテーションが一般化した。この種の工程間分業の進展により，東アジアでは直接投資と産業内貿易が急増した (Arndt and Kierzkowski eds. 2001)。従来の一貫製造工程では，技術集約的工程と労働集約的工程，川上工程と川下工程が，同一工場内に立地していた。しかしモジュラー型製品では，インターフェースが標準化されているために，部品・パーツの生産と最終組立ラインを同一工場内に立地させる必然性はまったくない。通信・運輸・流通革命を背景として，費用効率の高い操業を目指す企業は「適材適所」に生産工程の一部を振り分け，生産工程間の分業体制を確立した。こうして東アジアには，多様な生産工程を内包する重層的な輸出生産ネットワークが形成された。そして中国の生産拠点は，このような東アジアの輸出生産ネットワークのハブに位置づけられている。

第3に，産業集積が新たな直接投資を中国に呼び寄せた。産業集積は，まず当該地域の投資環境が優れていること，政府の外資政策に継続性があることを意味する。しがたって産業が一旦集積すると，それがまた新たな投資を呼び込み，新たな投資がさらに重厚な産業集積を形成する。広東省の珠江デルタや上海を中心とする長江デルタは，産業集積の恰好の事例である。これらの地域では，たとえば，パソコンの生産に必要な部品・パーツは，おおよそ1時間

圏内での調達が可能である。しかも市場競争が激しいため，調達価格はほぼ下限に達している。部品・パーツ製造業の集積は最終組立業の投資を呼び寄せ，逆に後者の進出は前者の投資を呼び寄せる。迅速かつ低廉な部品・パーツの調達に加えて，産業集積は技術・情報の共有，取引コストの低減，政治的発言力の強化など，さまざまなメリットがある。したがって，人件費や地価の高騰にもかかわらず，直接投資が相変わらず珠江デルタや長江デルタに集中するのは，まさに産業集積が誘因となっているからであろう。

3.4 貯蓄・投資バランスの変化

「水際対策」に限界がある以上，中国の経常黒字はやはり貯蓄・投資バランスから考察せざるをえない。1990年代半ば以後，中国は貯蓄超過，すなわち大幅な経常黒字を続けている（図3）。たしかに世界経済を振り返ってみると，投資活動が不振に陥ったために，暫時貯蓄超過となった経済は存在した。しかし中国では，2000年代に入り，貯蓄率と投資率の双方が急速な上昇を続けている。2000年代末には，貯蓄率がGDPの過半を占めており，家計消費にも少なからぬ影響を及ぼしていることが推察できる。

中国の急速な貯蓄率の上昇を検証するために，ここでは資金循環表を用いて部門（家計，企業，政府）別の貯蓄率の推移をみてみよう（図4）。1990年代以後，家計部門は高い貯蓄率を維持してきた。しかし21世紀に入ると，家計部門に加えて，企業・政府部門の貯蓄率が上昇に転じた。2000年代の貯蓄率の急増，またそれに伴う投資率の上昇は，主としてこれら企業・政府部門，なかでも企業部門の貯蓄増加を背景としている。

同様の傾向は，OECD（2010）でも指摘されている。20世紀末まで中国の貯蓄・投資率には大きな変化はみられなかった。しかし21世紀に入ると，双方ともに急速な上昇がみられる。なかでも，企業部門がこの変化に対して大きな寄与をなしている。1998〜2002年と2003〜2007年の2つの期間に，中国の貯蓄・投資率はそれぞれ10％と6％程度上昇したが，企業部門はその45％と60％を占めている（表1）。

図3　中国の貯蓄・投資率の推移

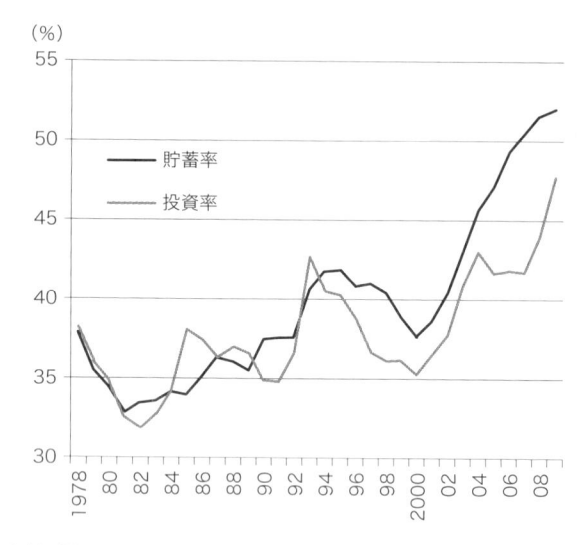

資料：『中国統計年鑑』2010年版より作成。

図4　中国の部門別貯蓄率の推移

注：金融機関は企業に含む。
資料：『中国統計年鑑』各年版より作成。

表1 中国の部門別貯蓄・投資動向（対GDP比・%）

		1993-97	1998-2002	2003-07
貯蓄	家計	19.6	18.6	20.0
	企業	14.1	15.3	19.6
	政府	3.2	3.3	7.4
	合計	36.9	37.2	47.0
投資	家計	7.6	7.7	8.4
	企業	25.5	25.3	29.1
	政府	3.0	3.0	4.8
	合計	36.1	36.0	42.3

注：金融機関は企業に含む。
資料：OECD (2010: 31).

4. 経済発展方式の転換

4.1 東アジアの域内貿易

2008年秋にリーマン・ショックに直面すると，すぐさま中国は4兆元の景気刺激策を打ち出し，早くも2009年にはV字型の景気回復を実現した（大橋 2010）。中国の「経済発展方式」の転換を検証するために，ここでは近年の対外貿易の動きを確認しておこう。

戦後，東アジアは米国向け輸出を梃子に高度成長の軌道に乗った。1980年代までは東アジア新興工業経済群（NIEs）が日本から資本財を導入し，日本から輸入した中間財を組立・加工して，最終財を米国市場に輸出することにより急速な工業化を実現した。しかし1980年代後半から，輸出環境の悪化や要素価格の急騰に直面したNIEsの製造業が相次いで生産拠点を中国に移転し，米国向けの輸出生産を拡大した。さらに1990年代になると，日米の製造業が中国に大規模な生産拠点を設け，製品の逆輸入を本格化した。

こうして中国をハブとする輸出生産ネットワークが，東アジアの域内貿易と国際分業を一変させた。日本を含む東アジア近隣諸国・地域の輸出産業が中国に中間財を輸出し，中国の生産拠点で輸入中間財を組立・加工し，最終財

として米国市場に向けて輸出するという「三角貿易」が確立された（Ohashi 2005）。そのため中国の輸出増加は，近隣諸国・地域からの原料や部品・パーツの輸入を拡大させることになる。その結果，中国は欧米諸国に対して巨額の貿易黒字，近隣諸国・地域に対しては大幅な貿易赤字を抱えることになる。

Mori and Sasaki（2007）の「アジア国際産業連関表」[5]を用いた分析によると，21世紀に入り，アジア太平洋地域では中国の生産誘発国としての役割が拡大している。輸出生産ネットワークからみたアジア太平洋地域の相互依存関係は，中間財の域内貿易の増加によりさらに深化したが，域内中間需要の創出に関して，「世界の工場」＝中国はもっとも重要な役割を果たしている。とはいえ，2000年代半ば時点では，東アジア諸国・地域は依然として域外最終需要，すなわち米国市場への依存度がきわめて高いという。

4.2　中国と近隣諸国の貿易パターンの変化

中国と東アジア近隣諸国・地域との貿易拡大は，東アジアの輸出生産ネットワークを構成する垂直的な産業内貿易の拡大を契機としている。しかしながら，中国の持続的成長と所得上昇の結果として，近年では中国が域内最終需要の源泉となり始めた兆候もみられる。2000年代に入ると，中国の対外貿易でも一般貿易輸入の増加傾向と加工貿易輸入の減少傾向が明確に認められる。

Park and Shin（2010）は，中国の対外貿易にみられるこのような変化を，輸入に占める中間財比率の低下として捉えている。「三角貿易」のもとで，中国は欧米市場のゲートウェイである香港に対しては大幅な貿易黒字を記録しているが，他の東アジア近隣諸国・地域に対しては総じて貿易赤字を計上している。これをより詳細にみると，韓国と台湾が中国の対東アジア貿易赤字の大部分を占めている。そして中国の対韓国・台湾の財別貿易収支をみると，時間の経過に伴い，中国の貿易赤字の内容が大きく変化している。1996年の中国の対韓国・台湾貿易の赤字は部品・パーツが中心であった。しかし2007年には，貿易赤字の中心は最終財に移行している（表2）[6]。ここからPark and Shin（2010）は，東アジアにおいて中国が域内最終需要の源泉になり始めたと解釈している。

表2　中国の対東アジア貿易収支

【対東アジア】　　　　　　　　　　　　　　　　　　　　単位：億ドル

	1996	2007
韓　　国	-47.9	-479.2
台　　湾	-132.9	-775.1
香　　港	259.2	1,714.6
その他	-8.4	-162.5

注：「その他」は，シンガポール，マレーシア，タイ，インドネシア，フィリピン，ベトナム。

【対韓国・台湾（財別）】　　　　　　　　　　　　　　　単位：億ドル

	韓　国		台　湾	
	1996	2007	1996	2007
一次産品	14.4	3.9	0.9	-0.9
建築材料	1.8	10.5	0.0	1.5
部品・パーツ	-46.9	-180.6	-80.0	-300.6
最終財	-17.2	-312.9	-53.8	-475.0

資料：Park and Shin（2010: 175-176）より作成。

　中国の対外貿易におけるこのような変化を確認するために，ここでは経済産業研究所の貿易データベース（RIETI-TID 2009）[7]を用いて，中国の対東アジア貿易の典型として，対韓国，対タイ財別貿易収支の推移をみてみよう（図5）。結果としては，Park and Shin（2010）が示したほど顕著な変化はみられない。これには貿易商品分類の相違，香港やシンガポール経由の中継貿易などが影響しているのかもしれない。しかし中国の対韓国中間財貿易収支が依然として大幅な赤字であるとはいえ，最終財貿易収支も2002年から赤字に転じたこと，また対タイ最終財貿易収支も2004年に赤字に転じ，逆に中間財貿易収支の赤字が縮小傾向にあることは注目に値しよう。

　もっとも，中国の東アジアからの中間財輸入の減少と最終財輸入の増加に関しては，次のような留保条件を同時に想定しておく必要があろう。第1に，欧米諸国の景気が回復してからも，中国がこのような対外貿易のパターンを維持するか否かはいまだ不透明である。当面の利益を確保するために，今後，中

図5　中国の対韓国・タイ財別貿易収支の推移

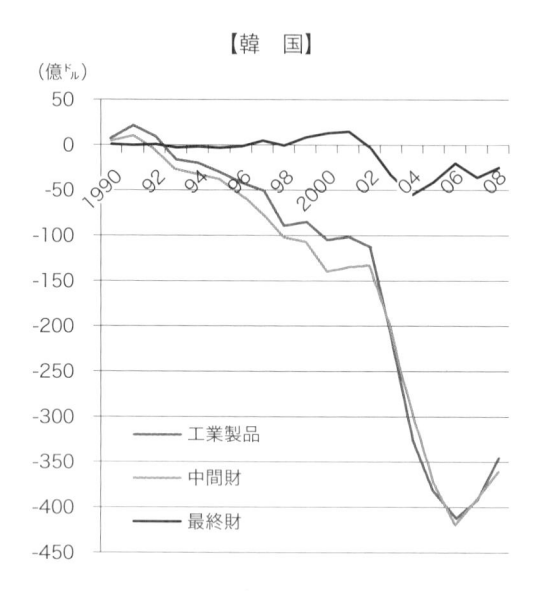

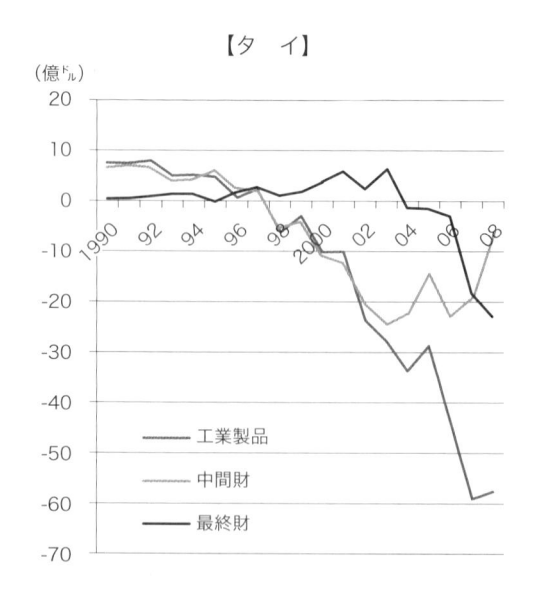

【韓　国】

【タ　イ】

資料：RIETI-TID 2009 より作成。

国の輸出産業が従来からの主要市場に輸出をさらに集中させる可能性は否定できない。第2に，2008年以後の中国の最終財輸入の増加は，やはり4兆元の内需刺激策などの景気対策と無関係ではなかろう。第3に，国際金融危機以前から，中国では中間財の自給率の上昇傾向がみられる。もっともこれは，中国の部品メーカーが急成長したというよりも，中国に生産拠点を移転した外資系部品メーカーの中国での生産が増加したことを意味しているのかもしれない。

このように近年の貿易フローをみる限り，中国経済が内需主導型成長に転換したと判断するのは明らかに時期尚早である。しかし金融危機を契機として，また2010年からは中国ASEAN自由貿易協定（FTA）の実施に伴い，中国の「世界の工場」から「世界の市場」への動きが加速化したことは間違いなかろう。

4.3 中国の内需主導型成長への含意

グローバル・インバランスの是正や内需主導型成長への転換に関していえば，やはり中国の過剰貯蓄の解消が重要な課題となる。貯蓄動向の分析では，人口の年齢構成との関係を示した「ライフサイクル仮説」が知られている。これによると，従属人口比率の上昇は家計貯蓄率の低下を，従属人口比率の低下は家計貯蓄率の上昇を意味する。1人っ子政策の採用以来，中国では若年従属人口はほぼ下限に近づいている。一方，2010年代には急速な高齢化が見込まれている。現在の中国は従属人口比率がもっとも低い時期にあり，慣習的要因も考慮に入れると，当面，中国の貯蓄率が急速に低下するとは考え難い状況にある (Horioka and Wan 2006)。

もちろん，中国の貯蓄動向は次のような要因に影響される。

第1に，改革・開放後の経済格差の拡大を考慮に入れると，今後とも中国は貧困削減のために一定規模の投資，そしてそれに必要な貯蓄を維持していく必要がある。改革・開放当初，中国のジニ係数は0.28であった。しかし2009年には0.47にまで拡大し，いまなお拡大を続けている。世界銀行によると，米国では5％の人口が60％の富を保有しているが，中国では1％の家

庭が全国の41.4％の富を保有しているという（『人民網』2010年6月10日）。経済格差の大きい社会では，貧困地区・階層を支援する投資はやはり不可欠である。とはいえ，内需主導型成長のポイントは，やはり投資ではなく消費である。

　第2に，中国は急速な高齢化に直面しており，経済改革で寸断されたセーフティ・ネットの再構築は不可欠となっている。家計の可処分所得の伸び悩みに加えて，セーフティ・ネットの未整備による予備的貯蓄の拡大は，消費不振と貯蓄率の上昇をもたらしている。また，かつては企業が担っていた住居と教育は，いまでは受益者負担が原則である。しかし，いずれも一般家計にとっては過重な負担であり，予備的貯蓄を促す主因となっている。さらにいえば，中国の分配構造も重大な問題を孕んでいる。高度成長に伴い財政収入が増加しているのに対して，教育や社会保障関連の支出比率はむしろ伸び悩み，低下傾向にある。現状では，中国の再分配は家計部門から政府部門へと，所得移転が逆方向に進行しているといわざるをえない。

　第3に，消費拡大の観点からも，人民元レートの切り上げは重要な政策課題である。

　しかしながら当面の課題は，上述したような企業部門の過剰貯蓄をいかに効率的に再配分し，消費拡大につなげていくかにある。近年，次のような理由から，企業部門，とりわけ大企業の業績はきわめて良好である。

　第1に，中国企業は低い投入コストを享受してきた。エネルギー，電力，用水価格は久しく低価格が維持されてきた。土地の収用価格も市場価格をはるかに下回っており，土地収用の強行や不完全な補償措置が農村での暴動多発の一因となっている。また企業はこれまで環境保全コストにも無関心であり続けられた。

　第2に，中国企業は低い資本コストを享受してきた。金融抑圧の下で，中国の大企業は比較的容易に銀行融資にアクセスできた。また1990年代末に不良債権問題を経験すると，その後，中国の銀行は安全性の高い融資先である大企業を選好する傾向がさらに強まった。なかでも，リーマン・ショック後は8％成長の保持（「保八」）が至上課題とされ，4兆元の内需拡大策など，大企

業・国有企業の支援策が打ち出された。これは中国経済の「国進民退」（国有企業の前進，民営企業の後退）傾向をさらに強めた。一方，資金繰りに悩まされている中小企業の場合，銀行融資へのアクセスは事実上閉ざされており，自己資金に依存するしかない。それゆえ中小企業も過剰貯蓄を内包しており，結果として，大企業・中小企業を問わず，過剰貯蓄が構造化している。同様に，中国のきわめて高い投資率も，この低い資本コストに求めることができよう。

第3に，中国企業は低い労働コストを享受してきた。珠江デルタでの労働力不足（「民工荒」）が問題になったのは2004年である。その後，最低賃金が急速に引き上げられ，2008年には労働者保護を目的とする労働契約法が施行された。それ以後，中国のメディアでも労働争議がたびたび報道されるようになった。換言すると，少なくとも2000年代半ばまで，中国企業は労働分配率を低水準にとどめることが可能であった。GDPに占める雇用者報酬は1997〜2007年に52.8％から39.7％に低下する一方で，同期間に企業の営業余剰は20.4％から31.3％に上昇した[8]。

このように，グローバル・インバランスの是正や内需主導型成長への転換という観点からみても，要素価格の是正，所得分配の調整，企業ガバナンスの強化，一層の金融改革など，中国では引き続き経済改革の深化が必要である。「和諧（調和）社会」の構築，そして持続的かつ持続可能な成長を目指して，中国が取り組むべき課題はいまだ山積状態にある。

5. おわりに

2011年3月に採択された「国民経済社会発展第12次5ヵ年（2011〜2015年）規画綱要」（『新華網』2011年3月16日）は，全文約6万字，全16篇62章からなる。その第1篇として登場するのが，「方式の転換」である。ここでは，第12次5ヵ年規画期は「改革開放を深化し，経済発展方式の転換を加速する時期」と位置づけられている。その「基本的要求」として，「経済構造の戦略的調整を経済発展方式の転換の主要な任務とする」ことが掲げられている。そのため「内需拡大メカニズム」の構築が目標とされ，なかでも「消

費需要の拡大は内需拡大の戦略的重点」とされている。このように第12次5ヵ年規画期における中国経済の課題は,「経済発展方式の転換」による内需拡大,それも消費拡大を中心とした内需拡大が目指されている。

　中国を取り巻く対外貿易の動きをみる限り,すでに中国は「世界の市場」としての第一歩を踏み出したと判断できる。2010年の対中投資でも,すでにサービス投資が製造業投資に匹敵する規模となっている。外資は中国をもはや低コストの輸出・生産拠点とはみなしておらず,その広大かつ重厚な国内市場に対して強い期待を抱いている。第12次5ヵ年規画では,消費を中心に据えた内需拡大策が打ち出されるはずである。しかしそれは単なる消費振興策にとどまらず,貯蓄・投資バランスの改善に直結するような構造改革を伴う政策措置でなければならない。

【注】
1) 2003年以後の輸出入関連政策については,「中国貿易促進網」に「貿易政策」として公表されている (http://www.tdb.org.cn/index.do)。
2) もちろん,このような議論は,加工貿易が中国の製造業全体の発展をもたらしたこと,多くの雇用機会を創出したこと,さらには川上産業の形成を誘発したこと,そして付加価値率も年々上昇しているという事実を無視している (大橋2003：88-90)。
3) 2010年秋に尖閣諸島をめぐって日中間が対立した時に,中国が採ったレアアース輸出抑制措置は,この政策措置の延長線上に位置する。
4) 1980年代のラテンアメリカ諸国でみられたように,マクロ・レベルの貯蓄・投資バランスに影響を及ぼしうるほどの厳格なデフレ政策を実施すれば,対外バランスの是正は可能かもしれない。ただし,それは企業部門の収益や企業・家計部門の貯蓄の大幅な縮減,すなわち,かなり深刻な「痛み」を伴うことになる。
5) 日本貿易振興機構アジア経済研究所は,1970年代から「アジア国際産業連関表」を作成しており,アジア太平洋地域を対象とする経済分析の基本ツールとなっている。
6) 韓国と台湾以外の東アジアに対する中国の貿易赤字は,一次産品によるものが大きい。ただし,CLMV (カンボジア,ラオス,ミャンマー,ベトナム) との貿易では,中国は部品・パーツ貿易で大きな黒字を抱えている。
7) 詳しくは,経済産業研究所のホームページ (http://www.rieti.go.jp/jp/projects/rieti-tid/index.html) を参照。またRIETI-TIDの主要財別分類は,国際連合のBEC (Broad Economic Categories) に準拠している。

8) もっとも，最近の労働力不足を反映して，雇用者報酬の比率は 2009 年に 46.6％に上昇，企業の営業余剰は 24.7％に低下している。

【参考文献】

大橋英夫（2003）『シリーズ現代中国経済 5 経済の国際化』名古屋大学出版会．
＿＿＿＿（2005）『現代中国経済論』岩波書店．
＿＿＿＿（2006）「迫られる外資依存経済からの脱却」日本経済研究センター・清華大学国情研究センター編『中国の経済構造改革』日本経済新聞社．
＿＿＿＿（2010）「対外経済政策の再調整」渡辺利夫・21 世紀政策研究所監修，朱炎編『国際金融危機後の中国経済』勁草書房．
＿＿＿＿（2011）「輸出振興策の調整——加工貿易・輸出増値税還付制度」中兼和津次編『改革開放以後の経済制度・政策の変遷とその評価』早稲田大学現代中国研究所．
谷口満（2007）「グローバル・インバランスと中国」浦野秀次郎・深川由紀子編『東アジア共同体の構築 2：経済共同体への展望』岩波書店．
Arndt, Sven W. and Henryk Kierzkowski eds. (2001), *Fragmentation: New Production Patterns in the World Economy*, Oxford: Oxford University Press.
Bernanke, Ben S. (2005), "The Global Saving Glut and the U.S. Current Account Deficit"（http://www.federalreserve.gov/boarddocs/speeches/2005/200503102/default.htm）, Federal Reserve Board, March 10.
Goldstein, Morris and Nicholas R. Lardy (2009), "China's Exchange Rate Policy: An Overview of Some Key Issues," in Morris Goldstein and Nicholas R. Lardy eds., *Debating China's Exchange Rate Policy*, Washington, D.C.: Peterson Institute of International Economics.
Greenspan, Alan (2005), "Testimony of Chairman Alan Greenspan"（http://www.federalreserve.gov/boarddocs/testimony/2005/20050623/default.htm）, Committee on Finance, U.S. Senate, June 23.
Horioka, Charles Yuji and Junmin Wan (2006), "The Determinants of Household Saving in China: A Dynamic Panel Analysis of Provincial Data," NBER Working Paper, No. 12723.
IMF (2010), *Balance of Payment Statistics*, CD-ROM Edition, International Monetary Fund, July.
IMF (2011), "Exchange Rates Archives"（http://www.imf.org/external/np/fin/ert/GUI/Pages/CountryDataBase.aspx）, March 22.
Lewis, Arthur W. (1954), "Economic Development with Unlimited Supplies of Labor," *The Manchester School of Economic and Social Studies*, vol. 22.
Mori, Tomoko and Hitoshi Sasaki (2007), "Interdependence of Production and Income

in Asia-Pacific Economies: An International Input-Output Approach," *Bank of Japan Working Paper Series*, No. 07-E-26.
OECD (2010), *OECD Economic Surveys: China 2010*, Paris: Organisation for Economic Co-operation and Development.
Ohashi, Hideo (2005), "China's Regional Trade and Investment Profile," in David Shambaugh, ed., *Power Shift: China and Asia's New Dynamics*, Berkeley and Los Angeles, CA: University of California Press.
―――― (2006), "The Response of Japanese Business to the Rise of China: Competitiveness of Manufacturing Industries," in Glenn D. Hook and Harukiyo Hasegawa eds., *Japanese Responses to Globalization*, Basingstoke, Hampshire: Palgrave Macmillan.
Park, Donghyun and Kwanho Shin (2010), "Can Trade with the People's Republic of China Be an Engine of Growth for Developing Asia?" *Asian Development Review*, vol. 27, no. 1.
Ulrich, Karl T. and Steven D. Eppinger (2000), *Product Design and Development*, New York: McGraw-Hill.
USCC (2010), *2010 Report to Congress* (http://www.uscc.gov/annual_report/2010/annual_report_full_10.pdf), Washington, D.C.: U.S.-China Economic and Security Review Commission.
国家統計局（2011）「国家統計数据庫」(http://219.235.129.58/reportQuarterQuery.do)，3月22日。
中国人民銀行貨幣政策分析小組（2006）『貨幣政策執行報告：二〇〇六年第三季度』11月14日。

第 5 章
変容するロシアの穀物生産
——市場経済移行 20 年——

野部 公一

1. はじめに

　2000 年代後半における国際穀物市場での最も重要な変化は，ロシア，ウクライナ，カザフスタンといった旧ソ連諸国からの小麦および小麦粉の輸出急増であった。これら 3 カ国は，2000 年代中盤には EU 27 カ国を凌駕する輸出を行なうようになった。とりわけ，2008/09 年度および 2009/10 年度においては，旧ソ連 3 カ国は，全世界の 4 分の 1 を超える輸出を担うにいたった（表 1）。いまや，この 3 カ国は，「新興小麦輸出国」として世界的にも認知される存在となったのである。

　こうした「新興小麦輸出国」のなかでも，輸出量の大きさおよび将来的な潜在力から，とりわけて大きな注目を浴びているのがロシアである。そもそもロシアは，かつての世界最大の穀物輸出国であった[1]。現在の状況はかつてのその姿を強く想起させている。なお，世界的な穀物輸出国であったロシアは，ソヴィエト体制の下でその立場を大きく変えることになった。とりわけ 1973 年以降をとると，ソ連（≒ロシア）は，穀物の大量かつ恒常的な輸入国として，逆の立場で国際穀物市場に大きな影響を与えることになった[2]。かつての一大輸出国の世界最大の輸入国への転落は，社会主義体制の「非効率性」を端的に示す現象として，否定的な脈絡で語られてきた。

　では，21 世紀におけるロシアの国際穀物市場への輸出国としての復帰は，いかなる評価が与えられるであろうか。それは，市場経済移行がもたらした

表1 世界の小麦・小麦粉輸出の推移

(千トン)

年度*	2006/07	2007/08	2008/09	2009/10	2010/11**	2011/12**
アメリカ	24,873	34,282	27,101	24,175	35,500	29,000
EU（27カ国計）	13,813	12,272	25,351	22,115	22,000	18,000
カナダ	19,278	16,561	18,674	18,992	16,500	18,500
オーストラリア	11,241	7,449	13,450	13,764	16,000	15,000
アルゼンチン	12,231	10,228	8,621	5,172	7,500	7,000
カザフスタン	8,089	8,181	5,701	7,871	5,000	7,500
ロシア	10,790	12,220	18,393	18,556	4,000	10,000
ウクライナ	3,366	1,236	13,037	9,337	3,500	8,500
旧ソ連3カ国計	22,245	21,637	37,131	35,764	12,500	26,000
同上輸出総量に占める比率（％）	19.2	18.6	26.0	26.6	9.9	20.5

注：*7月から翌年6月に終了する1年間．**2010/11年度は推定，2011/12年度は2011年5月時点の予測．
資料：Grain: World Markets and Trade, USDA FAS, May 2011, p. 10.

「成功」，「市場経済の効率性」の証明として考えてよいのであろうか．本稿は，このような問いかけを意識しつつ，20年に達した市場経済移行が，ロシアの穀物生産へ与えた変化・変容を明らかにしようとする試みである．

　本稿の構成は，以下のとおりである．まず，2.では，市場経済移行の下でのロシアの穀物生産の動向を検討する．ここでは，1990年代の生産低落から2000年代の生産回復および輸出拡大にいたる要因を明らかにする．つぎに，3.では，現在のロシアの穀物生産における問題点と課題を考察する．そして，最後に4.では，以上の考察を踏まえつつ，ロシアの輸出国としての国際穀物市場への復帰の意味を明らかにする．

2. 穀物生産の推移

　ロシアの穀物生産は，1990年代に大幅な低落を経験した（表2）．その最大の原因は，市場経済移行と関連した農業政策の大転換であった．ソヴィエト期においては，農業生産者に対しては，首尾一貫した手厚い支援が与えられてい

表 2　穀物生産の長期動向（5 年間平均）

(百万トン)

年	1986-90	1991-95	1996-2000	2001-05	2006-10
生産量	104.3	87.9	65.1	78.8	85.2

資料：Российский статистический ежегодник. 2010, Росстат, М., 2011, С.432; Социально-экономическое положение России в 2010 г., Росстат, М., 2011, С.69.

た。それは，補助金による安価な投入財（機械，肥料，燃料等）の供給，40 ～ 50％の利潤を可能とするような買付価格の設定，欠損が発生した場合の長期かつ低利の融資の実施，さらにその返済が不可能になった場合の帳消し処理等であった。

　以上のような過剰な支援は，市場経済移行にあたって，生産の合理化を妨げる温床として認識された。このため，農業生産者への支援は，一部を除き次々に廃止されていった。同時に，投入財価格および農産物価格は自由化された。この結果，補助金が廃止された投入財価格は，直ちに急騰した。これに対して，農産物の生産者価格は，住民の購買力の低下，加工流通部門の価格支配力の強化によって，上昇を抑制された。こうした変化により，農業の交易条件は著しく悪化した[3]。例えば，1991 年には，0.4 トンの穀物を売却することで1 トンのディーゼル燃料が購入できた。ところが，1996 年になると 1.6 トンの穀物が必要とされるようになった[4]。

　交易条件の悪化は，農業生産者の収益性の悪化をもたらした。このため，肥料・農薬の投入は控えられ，農業機械の更新は滞った。さらに燃料費の節約のため，簡略化された農業技術の適用が一般化した。こうした不健全な状況は，「ロシア農業の状況を映す鏡」といわれる穀物生産に悪影響を与えた。穀物生産は低落するとともに，気象条件に大きく左右される不安定なものとなった。とりわけこの傾向が著しかったのが，1996 ～ 1998 年である。この間，ロシアの穀物生産は 1996 年の 6920 万トン，1997 年の 8850 万トン，1998 年の 4780 万トンと極めて大きな変動を記録している。なお，1998 年は，実に 1951 年以来の低い生産高であった。また，その後の生産回復も緩慢なものであった（表 3）。

表3　穀物生産の変動（1992〜2000年）

(百万トン)

年	1992	1993	1994	1995	1996	1997	1998	1999	2000
生産量	106.9	99.1	81.3	63.4	69.2	88.5	47.8	54.6	65.4

資料：Сельское хозяйство, охота и лесоводство в России, Росстат, М., 2009, С.72.

表4　穀物生産の変動（2001〜2010年）

(百万トン)

年	2001	2002	2003	2004	2005	2006	2007	2008	2009	2010
生産量	85.1	86.5	67.0	77.8	77.8	78.2	81.5	108.2	97.1	61.0

資料：Сельское хозяйство, охота и лесоводство в России, Росстат, М., 2009, С.72; Основные показатели сельского хозяйства в России в 2010 г., Росстат, М., 2011, С.11.

　ロシアの穀物生産は，2000年代に入ると，回復基調で推移した（表4）。その最大の要因は，1990年代にとられた「超自由主義的」な農業政策の転換にあった。市場経済移行直後の農業政策は，ソフホーズ・コルホーズの農業企業への再編成，農民経営の創出といった構造改革にその重点がおかれていた。また，農業政策の根幹には，自由化と競争による弱者の淘汰という発想が存在しており，農業生産者への支持・支援は，ほとんど考慮されていなかった。

　ところが，1998年の通貨・金融危機の発生，その直後のルーブリの大幅な切り下げにより農産物輸入は激減し，国内生産物への代替が進展することになった。通貨・金融危機は，ロシア農業に対して予期せぬ形で保護を与え，その回復を大いに助けることになったのである。結果として，農業への保護・支持の有効性が再認識され，従来の構造改革に偏重した農業政策は転換されることになった。

　2000年2月のガルデーエフ農相の演説は，以上の経緯を次のように表現した。「指摘しなくてはならないのは，農業改革期において，われわれは，まさにわれわれの農業経済自由化の規模において，もっとも市場的な諸国すらも追い抜いていたということである」。彼は，かつての農業政策をこのように批判的に総括し，アメリカ，EUさらには中国の事例を指摘し，農業部門での国家支持および国家規制の必要性，適切な貿易政策による国内生産者の保護の必

要性とその高い効果を繰り返し強調した[5]。

　このような農業政策の転換と呼応して，2000年以降には，収穫期における農業向け短期融資に対する利子補助金制度の導入，食肉に対する輸入クォーターの導入等の国内農業生産者の支持・保護を目的とする政策が採択された。2005年には，農業の発展が最重要課題の一つとされ，優先的国家プロジェクト「農工コンプレックスの発展」が実施された[6]。さらに2006年12月29日には，連邦法「農業の発展について」が発効した。同法は，ロシアにおける農業政策の基本的目的，原則，方向を規定したものであり，その第8条には，中期（5年間）の「農業発展，農産物・原料・食料市場の規制」を図るための国家プログラム作成が定められていた。この条項に基づき，かつ優先的国家プロジェクトを継承する形で，2008～2012年を対象とする国家プログラムが作成・実施されている。

　このように近年のロシアの農業政策は，農業生産者の支持・保護，市場規制を基調としつつ，より整理された体系的なものとなっている。こうした農業政策の転換は，穀物生産回復を大いに助けることになった。

　農業政策の転換に加えて，20年にわたる市場経済移行の間に，地域条件に応じた農業生産の専門化が進展した。とりわけ，穀物生産は，適地適作が徹底し，伝統的な穀倉地帯である南部連邦管区，沿ヴォルガ連邦管区，シベリア連邦管区への集中が進行した。この中でも，穀物生産専門化が著しいのが，南部連邦管区に位置するクラスノダール地方である。近年，クラスノダール地方での穀物生産は，ロシア平均のほぼ2倍の単位面積当たり収穫量をあげ，単独で全ロシアのほぼ1割の穀物生産を担うまでになっている（表5）。

　適地への生産集中という現象を背景として，少数ながら効率的な生産者が出現している。表6は，農業企業を例として，穀物生産においてもっとも効率的とされる上位100の農業企業の農業企業全体に占める比率，主要経営指標をまとめたものである。同表からは，少数の先進的経営が，ロシア全体の穀物生産にも大きな影響を及ぼしていることが確認できる。

　穀物生産の回復により，国内の穀物供給は，次第に国内需要を上回ることになった。そして，2000年代初頭より，恒常的な穀物輸出が開始される。これ

表5　クラスノダール地方のロシアの穀物生産に占める地位

年	1991-95	1996-2000	2001-05	2006	2007	2008
播種面積（千ヘクタール）	1,937.6	1,810.4	2,165.1	1,998.7	2,115.7	2,240.9
全播種に占める%	3.3	3.6	4.8	4.6	4.8	4.8
穀物収穫（百万トン）	6.8	5.5	7.6	8.2	8.1	11.6
全生産に占める%	7.7	8.4	9.6	10.5	9.9	10.8
単収（ヘクタール当たりトン）	3.52	3.12	3.51	4.10	3.83	5.19
ロシア平均に対する指数	224.3	206.4	199.4	226.5	208.2	224.7

資料：Сельское хозяйство России, М., 1995, стр.171, Сельское хозяйство в России 2002, М., 2002, стр.216, Сельское хозяйство, охота и лесоводство в России 2004, М., 2004, стр.260-261, Сельское хозяйство, охота и лесоводство в России 2009, М., 2009, стр.243-244, 282-283.

表6　穀物部門における優良100企業の穀物生産（2005～2007年）

	優良100企業	全農業企業
経営数	100	25,274
播種面積（千ヘクタール）	1,172.5	30,598.8
収穫量（千トン）	4,631.1	55,334.7
ヘクタール当たり収量（トン）	3.95	1.81
売上額（百万ルーブリ）	14,721	125,678
収益額（同上）	5,387	26,200
穀物原価（トンあたりルーブリ）	2,341	2,574
同売却価格（同上）	3,692	3,252
穀物販売量（千トン）	3,987.2	38,648.9
商品化率（%）	86.1	69.8
収益率（%）	62.1	26.3

資料：Алтухов А. И. Новые проблемы развития зерновой отрасли//АПК: Экономика, управление. 2011. №1. С.15.

とともに，民間資本を中心として港湾設備などのインフラ整備も進んだ。ロシアは，「新興小麦輸出国」として，国際穀物市場へと復帰したのである。

3. 穀物輸出の問題点

2001年以降，ロシアは，穀物貿易においてネットでの輸出国となった。穀物輸出の中核を成しているのは小麦であり，メスリン（小麦とライ麦を混合したもの）を加えると，全量の7割程度をコンスタントに占めている（表7）。なお，大麦輸出量は，小麦と比較すると量は少ないが，2000年代後半ではしばしば世界第1位を記録している。

ロシアの穀物生産は，輸出を増やしているが，依然としてソヴィエト末期の水準を回復できていない。すなわち，現在のロシアは，穀物の恒常的輸入を行っていたソヴィエト期よりも少ない生産量で，穀物輸出を行っているということになる。このような逆説的な状況は，ロシア国内での穀物消費量が大幅に減少したことから説明できる。

表8は，ソヴィエト末期からのロシアの穀物バランスの変化を示したものである。同表からは1990年から2000年の間に穀物生産は，1億1670万トンから6550万トンへとほぼ45%の大幅な減少を記録したが，同期間の穀物支出は，1億2770万トンから6400万トンとほぼ半減したことがみてとれる。この結果，穀物生産は大幅に減少したが，国内需要は完全に充足できる状態になったことが確認できる。

2001年以降になると，穀物生産は，前節でも検討したように回復基調で推移するが，国内需要は最大でも7500万トンを超えることなく，6000万トンの後半から7000万トンの前半で推移した。こうして，国内で需要を見いだせなかった穀物が輸出によって処理されるという構造が成立した。2002年以降には，毎年ほぼ1000〜2000万トン程度の穀物が輸出されることになった。

穀物の国内需要の減少の最大の要因は，飼料用需要の減少であった。例えば1990年から2000年の間では，飼料用需要は7490万トンから3240万トンと半減以下となっている。これはこの間の，国内畜産の崩壊と密接に関連している。

ソヴィエト期におけるロシアの畜産は，ほぼ補助金に依存する形で運営され

表7 ロシアの穀物貿易の推移

(千トン)

	年	2000	2001	2002	2003	2004	2005	2006	2007	2008	2009
輸出	穀類	1,352	3,392	13,856	11,472	5,869	12,250	11,153	16,673	13,593	21,805
	うち小麦およびメスリン	594	1,707	10,566	7,787	4,716	10,348	9,724	14,513	11,764	16,827
	うち大麦	627	1,595	3,176	3,207	1,077	1,769	1,287	1,908	1,537	3,491
輸入	穀類	4,667	1,839	1,359	1,627	2,898	1,449	2,313	1,067	959	432
	うち小麦およびメスリン	2,633	916	265	642	1,364	577	1,397	465	179	95

資料：Российский статистический ежегодник. 2003, C.641-643; 2006, C.731; 2009, C.710, 716; 2010, C.730, 736.

表8 ロシアにおける穀物バランスの推移

(百万トン)

年	1990	1995	2000	2001	2002	2003	2004	2005	2006	2007	2008	2009
生産量	116.7	63.4	65.5	85.2	86.6	67.1	78.0	78.1	78.5	81.8	108.2	97.1
生産的支出	91.9	65.1	43.9	48.7	52.8	48.3	47.3	46.9	48.6	46.6	52.0	51.7
うち飼料	74.9	49.5	32.4	36.5	40.7	37.3	36.1	36.1	38.1	36.3	40.7	40.3
うち種子	17.0	15.6	11.5	12.2	12.1	11.0	11.2	10.8	10.5	10.3	11.3	11.4
食用目的加工	30.9	19.4	17.4	19.0	18.3	18.0	17.9	16.9	17.5	17.2	17.9	17.4
工業的加工	2.5	2.1	1.8	2.0	2.4	2.5	2.6	2.4	2.2	2.3	2.1	1.9
損耗	2.4	1.4	0.9	0.9	0.9	1.0	1.0	0.9	1.0	1.0	0.9	1.0
国内支出計	127.7	88.0	64.0	70.6	74.4	69.8	68.8	67.1	69.3	67.1	72.9	72.0

資料：Российский статистический ежегодник. 2010, C.449.

ていた。市場経済への移行とともに，補助金は根絶されたため，国内畜産は，直ちに窮地に追い込まれた。これに加えて，海外からは，貿易の自由化とともに，安価かつ高品質な畜産物が流入した。国内市場は輸入品によって席巻され，国内畜産は，長期間にわたる低迷状態に陥った。表9は，ロシアにおける主要家畜・家禽飼養頭羽数の推移を示したものであるが，2000年までの間に著しい減少が記録されたことがはっきりとみてとれる。

ロシアは，穀物を輸出しつつ，畜産物を輸入するという「独特の」農産物貿易パターンをとることになった。輸入される畜産物は，穀物に換算すると年に

表9 家畜家禽飼養頭羽数の推移

(百万頭羽)

年	1990	1995	2000	2001	2002	2003	2004	2005	2006	2007	2008	2009
牛	57.0	39.7	27.5	27.4	26.8	25.1	23.2	21.6	21.6	21.5	21.0	20.7
うち雌牛	20.5	17.4	12.7	12.3	11.9	11.1	10.2	9.5	9.4	9.3	9.1	9.0
豚	38.3	22.6	15.8	16.2	17.6	16.3	13.7	13.8	16.2	16.3	16.2	17.2
羊・山羊	58.2	28.0	15.0	15.6	16.4	17.3	18.1	18.6	20.2	21.5	21.8	22.0
家禽	660	423	341	347	346	343	342	357	375	389	405	436

資料：Российский статистический ежегодник. 2010, C.441-442.

表10 農産物食料品貿易の推移

(百万ドル)

年	2000	2001	2002	2003	2004	2005	2006	2007	2008	2009
農産物・食料輸出額	1,623	1,887	2,801	3,411	3,292	4,492	5,514	9,090	9,278	9,954
全輸出に対する%	1.6	1.9	2.6	2.5	1.8	1.9	1.8	2.6	2.0	3.3
農産物・食料輸入額	7,384	9,205	10,380	12,043	13,854	17,430	21,640	27,626	35,189	30,096
全輸入に対する%	21.8	22.0	22.5	21.0	18.3	17.7	15.7	13.8	13.2	18.0
農産物・食料品貿易収支	-5,761	-7,318	-7,579	-8,632	-10,562	-12,938	-16,126	-18,536	-25,911	-20,142

資料：Российский статистический ежегодник. 2006, C.728-729; 2009, C.706-707; 2010, C.726-727.

「1400～1700万トン」に相当すると見られている[7]。これは，ロシアの平年での穀物輸出量にほぼ相当する。すなわち，ロシアは，穀物を輸出し，それを飼料として飼育されるのに等しい畜産物を輸入しているという計算になる。穀物に比べて畜産物は高価であるから，貿易収支は大幅な赤字となる。表10は，ロシアの農産物・食料品貿易の推移を示したものであるが，この関係がはっきりと確認できる。現在のロシアは，経済的に不利な形で世界市場に組み込まれているといえる。

このような状況を改善するため，近年，ロシア政府は，国内畜産の振興に力を注いでいる。関税政策をも駆使した総合的な方策により，飼養頭羽数は増加傾向を示し，食肉生産も豚肉・鶏肉を中心としてかなり早いペースで増産され

ている。しかし，飼養頭羽数および畜産物生産量は，ソヴィエト期には遠く及んでいない。飼料用の穀物需要も増加しているが，著しいものではない。

現状では，2004〜2006年の7800万トン台の穀物生産が確保されるのであれば，国内需要は十分に満たすことができる。2001〜2002年のような8500万トン程度の穀物生産が確保された場合には，1000万トン前後の輸出が可能となる。そして，2007〜2009年で達成された年平均9570万トンの穀物生産が確保された場合には，2000万トン前後の輸出が可能となる。もし，それに見合う穀物輸出が行えない場合には，国内に余剰穀物が滞留し，穀物価格は暴落してしまうであろう。この意味では，ロシアは過剰穀物の処理のため，その輸出を強いられているともいえる。

穀物輸出とともに，ロシアの穀物生産において，新たな問題が認識されつつある。

第1に，穀物の輸出競争力を高める観点から，小麦の品質向上が課題として提起されている。現在のロシアの小麦輸出の主力として，その80%程度を占めているのは，ロシアでは「Ⅳ級」「Ⅴ級」に分類されるものである[8]。これらは，基本的に飼料用であり，品質は高いものではない[9]。

小麦の品質が低いという問題は，ロシアの小麦生産全体の問題でもある。その原因としては，市場経済への移行にともなって，施肥量が減少したこと，農業機械の更新が行なえず適期での農作業の遂行が困難になっていることがあげられる。加えて，ロシア国内での穀物の等級による価格差は極めて小さく，品質向上のための有効な経済的刺激となっていない。表11は，小麦の等級による収益率の差異を示したものである。同表からは，食用の「Ⅲ級」小麦と，「Ⅳ級」および飼料用小麦との収益率の差は，2001〜2005年においてほとんど存在しなかったことがみてとれる。状況は2006〜2009年になると変化し，一定の差異があらわれる。しかし，この期間に関しては，今度は「Ⅲ級」と「Ⅰ・Ⅱ級」小麦の収益性が，わずかながら逆転してしまっている。輸出される小麦の品質改善には，上記の問題の解決を必要としており，相応の時間が必要であろう。

第2に，穀物保管能力の改善である。公式データによれば，ロシアでは1

表11 小麦の質による収益性の比較（農業企業のデータによる）

	販売量に占める比率(%)	原価(トン当たりルーブリ)	販売価格(トン当たりルーブリ)	収益(トン当たりルーブリ)	収益率(%)
			2001-05年		
小麦平均	100	1,584	2,062	478	30.2
うちⅠ・Ⅱ級	2.0	1,670	2,488	818	49.0
うちⅢ級	20.8	1,707	2,215	508	29.7
うちⅣ級および飼料	77.2	1,549	2,011	462	29.8
			2006-09年		
小麦平均	100	3,014	3,976	962	31.9
うちⅠ・Ⅱ級	1.9	3,178	4,352*	1,174	36.9
うちⅢ級	18.9	3,177	4,412	1,235	38.9
うちⅣ級および飼料	79.2	2,972	3,863	891	30.0

注：＊原表は「7352」。
資料：Алтухов, Указ. Статья, С.14.

億1820万トンの穀物が保存可能であるという。だが，近年の1億トンを超える穀物生産の下では，能力不足がしばしば感じられるようになっている。しかも，穀物エレベーターの保管能力は3290万トンでしかない。また，その70〜80％までが装備が老朽化しているという。さらに，穀物生産とその保管能力との不均衡が発生している。とりわけて，主要な穀物生産地域である中央連邦管区，沿ヴォルガ連邦管区，南部連邦管区において保管能力の不足が深刻である。これら主要生産地域では，2009年に約1760万トン相当の保管能力が不足したという[10]。

第3に，国家による穀物の介入買付の改善である。介入買付に関しては，従来もその価格水準が不十分であること，その時期が遅れ気味であり，効果に乏しいことが批判されてきた[11]。最近では，2010年の事態をうけて，介入買付を拡大する必要性が提起されている。2010年の歴史的な旱魃によりロシアの穀物生産は，一挙に6100万トンまで減少することになった。前年の繰り越し穀物が十分に存在していることから，当面の穀物不足は回避できる見通しであった。しかし，ロシア政府は，国内価格の高騰防止を最優先し，2010年8

月15日に，年末までの小麦および小麦粉を中心とする穀物輸出を禁止した。2011年1月1日より小麦粉の輸出禁止は解除されたが，穀物の禁輸は2011年7月1日までに延長された[12]。

このような事態の原因として，政府の穀物の介入買付量の不足が指摘されている。現行の買付量は国内販売量の6～8％程度である。この量は，市場に対して十分な影響を与え得えず，年間消費量の40％程度を確保するべきではないかとの提起が行なわれている[13]。この議論の可否はともかく，安定的かつ持続的な穀物輸出を行なうためには，政府の穀物市場への参画の強化が求められているのは間違いない。

4. おわりに

ロシアの穀物生産は，市場経済移行にともなう混乱から回復し，新たな秩序を確立しつつある。この過程で，穀物生産は，相当程度，底上げがされたのは確実である。それは，「少なくとも1000年」は記録されていない異常な旱魃[14]に直面した2010年においても，6100万トンの収穫が確保されたことによって証明されている。これは，穀物生産の優良経営および条件の整った特定地域への集中による成果である。

ロシアの穀物輸出は，一面では生産効率化の成果とも考えられる。だが，他面では，余剰穀物発生による強いられた性格をもつ。同時にロシアは，穀物を輸出して畜産物を輸入するという極めて不利な形で国際分業に組み込まれてしまった。そして，当面の間，ロシアがこの状況から脱出できる可能性は少ない。この意味では，穀物輸出の開始は，手放しの成功ではなく，多くの課題を抱えた限定的な成功に止まっている。

今後のロシアは，国内畜産を振興しつつ（穀物の国内需要を増やしつつ），当面は相当の量の穀物を輸出し続けなくてはならない。この際には，輸出先の確保が常に問題となろう。この点では，2010年の穀物禁輸の実施は，ロシアの穀物輸出国としての未成熟さを国際穀物市場に露呈してしまった。そこで示された「輸出先の事情を考慮せず自国の都合を最優先する」対応は，輸出先の

確保に対する相当な阻害要因となると思われる。

［付記］本稿は，平成23年度専修大学研究助成（個別）「旧ソ連諸国における農業政策の比較研究」の成果の一部である。

【注】

1) ロシアの穀物輸出は，1861年の農奴制の廃止および鉄道網の整備と共に急速に拡大した。1891年以降になると，アメリカの台頭により，ロシアは世界最大の穀物輸出国の地位を譲り渡した。だが，ロシアの穀物輸出量は，第一次世界大戦前まで，間断なく増加を続けていた。例えば，1861～65年の年平均穀物輸出量は約130万トンであったが，1906～10年の年平均輸出量は約1000万トンと実に7.7倍も増加していた（Белозерцев А. Г. Земля и хлеб России (1900-2005гг.) Историко-экономический очерк, М., 2005, С.14-15.）。

2) この間の動向に関しては，さしあたって，野部公一「ロシアの穀物需給動向の分析―長期的傾向からの考察」『平成11年度海外食料農業情報分析検討・CIS地域食料農業情報調査分析検討事業実施報告書』社団法人 国際農業交流・食糧支援基金，2000年，を参照されたい。

3) 詳しくは，野部公一『CIS農業改革研究序説―旧ソ連における体制移行下の農業―』，農文協，2003年，188～192頁を参照されたい。

4) Белозерцев, Указ. соч., С.339.

5) Гордеев, А.В. О состоянии и неотложных мерах по стабилизации и развитию агропромышленного комплекса, Тезисы доклада на Всероссийском совещании работников АПК, 10-11 февраля 2000 г.

6) Милосердов В.В. Приоритетный национальный проект «Развитие АПК»: Проблемы и пути их решения//Экономика сельскохозяйственных и перерабатывающих предприятий. 2006. №2. С.8.

7) Алтухов А.И. Зерновое и продовольственная безопасность России//АПК: Экономика, управление. 2009. №1. С.4.

8) Алтухов А.И. Новые проблемы развития зерновой отрасли//АПК: Экономика, управление. 2011.№1.С.13.

9) «Крестьянские ведомости», 2008 №.44, стр.7. ロシアの基準によると，「IV級」はより上質の小麦を加えて，食用に利用可とされる。「V級」「VI級」は，飼料および加工用とされている。

10) Алтухов, Новые проблемы развития зерновой отрасли, С.16-19.

11) Там же, С.12.

12）Жидков С.А. Российский экспорт зерна требует совершенстования//АПК: Экономика, управление. 2011.№4.С.53.

13）Там же, С.54, Кулик Г.В. Восстановить производство зерна—важнейшая задача//Экономика сельского хозяйства России. 2011.№3.С.42.

14）Российская экономика в 2010 году: тенденции и перспективы, Институт экономической политики им. Гайдара, М., 2011, С.287. なお、ロシア気象庁によれば、2010年と同規模の旱魃は5000年以上なかった可能性もあるという（Там же）。

第6章
東南アジア諸国の国際資本フローと国内金融
―― 東アジア危機と世界金融危機の経験 ――

大倉 正典

1. はじめに

　1980年代以降，国際資本市場への統合を進めてきた東南アジア諸国は，1997-98年東アジア危機から10年を経て，今回は世界金融危機という外的ショックに曝される形で国内金融に大きなストレスを経験した。とりわけ2008年9月のリーマン・ショック後の半年間は，世界的に深刻な金融収縮が発生したため，東南アジアにおいてもその影響が資本の急激な流出，為替レートの大幅な下落，国内金融市場の不安定化，といった事態に展開することが懸念された。今回の危機は米国のサブプライム住宅ローンという決して大きくない市場で起こった混乱が，米国内の資産証券化市場や国際資本市場のネットワークを導管として，世界的な金融危機へと転じたものである。その過程では，資産担保証券に投資していた金融機関が短期資金市場に依存した資金調達を拡大させていたこともあって，マーケット流動性リスクとファンディング流動性リスクが関連しながら増幅していった。1997-98年東アジア危機の教訓から，東南アジア諸国は外貨建て短期債務への依存を大幅に低下させるなど，外的ショックへの脆弱性に対処してきた。しかし，国内資本市場が国際資本市場と密接に連関している同地域にとって，国際的な金融収縮は金融面から国内経済安定を覆しかねない差し迫ったリスクであった。
　実際，リーマン・ショック後に国際資本市場でリスク回避，安全資産への逃避が起こる中，東南アジア諸国が受けたショックを国際資本市場でのリスク指

標である EMBI スプレッドやソブリン CDS スプレッドでみると，東欧や中南米の新興市場と同様に米国債とのスプレッドは著しい拡大を示した。インドネシア，マレーシア，フィリピンの 2008 年 10-12 月の EMBI スプレッドは，7-9 月に比べて 170 〜 270 ベーシスポイント（1.7 〜 2.7％ポイント）の上昇をみている [1),2)]。また，外国為替市場においても，リーマン・ショック後の半年間，東南アジア諸国の通貨はドルに対して減価した。とくに，インドネシアでは通貨の下落圧力が高まった。為替レート変化と外貨準備変化の加重平均で作成した外国為替市場プレッシャー（EMP）指標で測ると，2008 年 10, 11 月のインドネシア・リンギの下落圧力は東アジア危機時のタイ・バーツのそれに匹敵する水準に達した [3)]。

このように国際資本市場ではリスク・プレミアムが上昇し，また外国為替市場では通貨が減価する状況にあったが，国債利回りの推移から判断して，国内金融市場はインドネシアを例外として概ね安定を維持したようにみられる [4)]。今般の世界金融危機で東南アジア諸国が蒙った打撃は，結果としては，先進諸国への輸出の落ち込みによる実体経済の悪化によるところが大きかった。資本の流出や通貨，資産価格の下落によって国内金融システムの安定性が失われるという事態は回避することができたといえる。そして，米国など先進諸国での流動性供給の拡張と金利低下を背景として，2009 年後半になるとアジアや中南米の新興市場へ向けた国際資本フローは再び拡大する状況となり，最近ではむしろ過度な資本流入による国内経済の過熱を懸念する状況に立ち至っている国も存在する。

本稿は，ASEAN 4 カ国（インドネシア，マレーシア，フィリピン，タイ）における国際資本フローについて，それが 1990 年代以降どのように変遷してきたか，1997-98 年危機で観察された資本流入の急激な停止や引き揚げ（sudden stop）は今般の危機でも起こったのか，流入資本は国内の金融資本市場の運行とどのように関連し合ってきたか，といった点について検討する。

2. ASEAN 4 カ国の国際資本フローの変遷

ASEAN 4 カ国は，1980 年代に入ると，外国資本を導入し輸出を促進することで経済発展を加速するという外資主導型の経済開発を進めてきた（寺西他(2008)）。また，1980 年代後半から 1990 年代初めには，証券投資などの資本取引の自由化も進めた（Henry (2007)）。1990 年代に入ると，累積債務問題によって縮小していた先進国から新興市場への資本フローが再び拡大するなか，これら 4 カ国への外国資本の純流入額の GDP に対する比率は，1985-89 年の平均 2.7％から 1990-96 年には平均 7.8％に拡大した[5]。

図 1 は，1990 年代以降の ASEAN 4 カ国の国際資本フローの変遷を外国資本（対外負債）と自国資本（対外資産）を区別して示している。外国資本については，直接投資，証券投資（株式と債券），その他投資（貿易信用，ローン，現預金など）に分けている。図中のプラスは自国への資本の流入超過，マイナスは流出超過を示している。

1990 年代前半，ASEAN 4 カ国は直接投資の流入を大きく上回る銀行ローンや証券投資の流入を経験した。とくにタイでは，1990-96 年を平均して，毎年 GDP の 7.7％に達するその他投資の流入をみた。インドネシアやフィリピンでは 1993 年から証券投資の流入も拡大している。1994，95 年のマレーシアを除き，1996 年までの期間，4 カ国とも経常収支の赤字を上回る資本が流入したことで外貨準備の増加も同時に起こっている。このことは，この時期の外国資本の流入がブームの様相を呈していたことの証左でもある。

4 カ国への国際資本フローは 1997 年になると様変わりし，流入の停止や流入していた資本の引き揚げが顕著となった[6]。直接投資についてはインドネシアを例外として流入が維持されたが[7]，その他投資はマレーシアを除き流出超に転じた。とりわけ 1996 年まで大幅な流入超であったタイでは，1997-99 年の間，GDP 比で 10％を超える純流出が生じた。このように国際資本フローが流入から流出へと急激に逆転したことで，インドネシア，マレーシア，タイでは経常収支の黒字化への調整が一挙に進んだ。1997-98 年危機によって，4

図1 国際資本フローの推移（GDP 比，%）

インドネシア

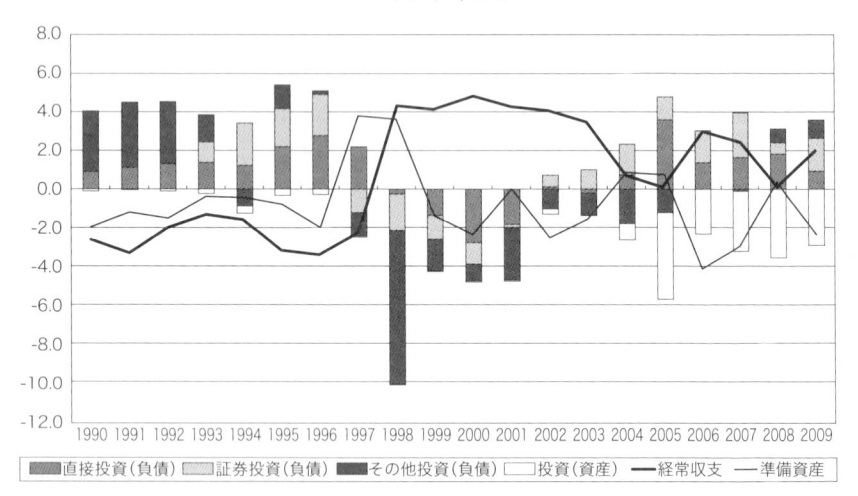

フィリピン

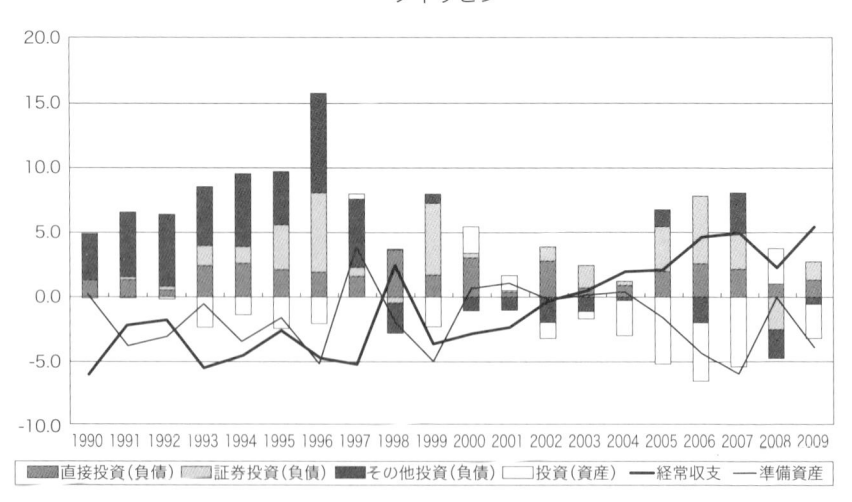

出所：IMF, International Financial Statistics.

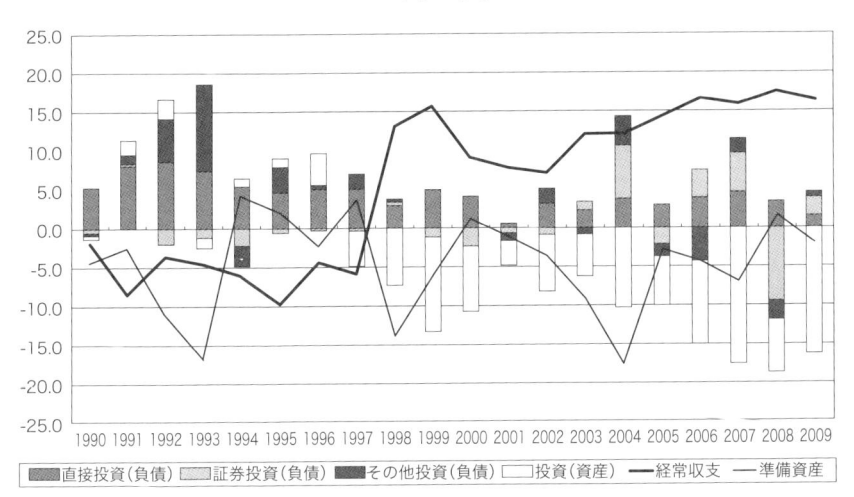

第6章　東南アジア諸国の国際資本フローと国内金融　139

マレーシア

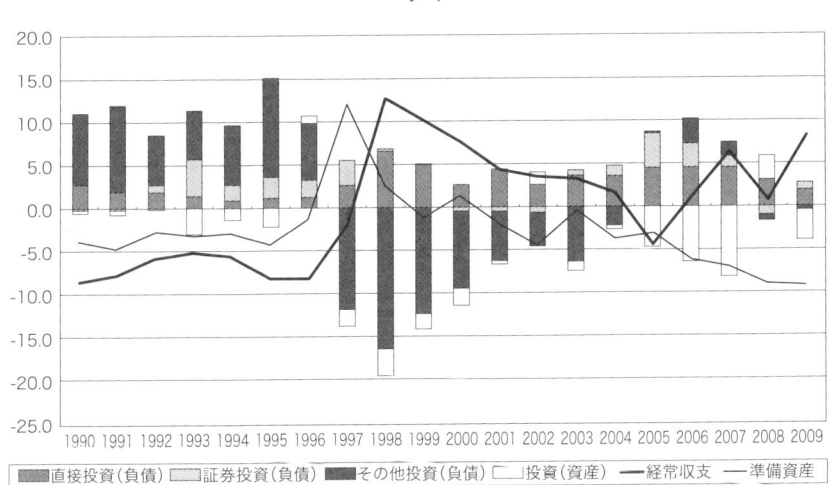

タイ

カ国への外国資本の流入は 2004 年頃まで停滞をみる。注目すべきは，その他投資（外国資本）がネットで流出する状況がインドネシアでは 2006 年まで，フィリピンとタイで 2004 年まで継続したことである。危機で落ち込んだ生産水準は 2002 年頃には危機前の水準を回復するが，その後もクロスボーダーの銀行ローンは新規融資の停止と既存融資の返済が続いたことになる。

　ASEAN 4 カ国への外国資本流入が合計してプラスに転じるのは 2002 年で，この時期から世界金融危機に至るまでの資本流入回復期では，直接投資に加え，証券投資の流入増が中心となっていた。政府や中央銀行の短期証券を投資対象とした短期資金の流入増に対して，タイでは 2006 年に無利子強制預託制度（unremunerated reserve requirement）を導入し，ホットマネーが引き起こす通貨高を抑制しようとした (Thaicharoen and Ananchotikul (2008))。

　2008 年 9 月のリーマン・ショックをきっかけとする世界的な金融収縮は，4 カ国の資本フローにかなり大きな衝撃をもたらした。マレーシア，フィリピン，タイでは外国資本の証券投資が流出超に転じた。とくにマレーシアへの証券投資は，2007 年の GDP 比 5％の流入超から 2008 年には同 9.5％の流出超へと，著しい流入資本の引き揚げが起こった。こうした外国資本の動きとは対照的に，興味深い動きを示したのがフィリピンとタイの自国資本である。両国では，2005-07 年にかけて流出となっていた自国資本が 2008 年には流入超過に転じている。この中心は，それまで外貨建て預金などの形で資金を流出させていた銀行セクターである。民間銀行は中央銀行の為替スワップ取引の相手方となっているため，中央銀行が自国通貨高を抑制するために外国為替市場に介入し，それを不胎化するためにスワップ取引を実施してフォワードのロングポジションを拡大させると，民間銀行はフォワードのショートポジションに見合った外貨建て資産の保有を積み増すこととなった（Ananchotikul and Sitthikul (2009))。1997-98 年危機を境として，各国の経常収支は黒字に転換し，資本流入も回復する中で，為替レートを安定化させるための外国為替市場介入によって外貨準備が積み上がった。2004-07 年にかけて，4 カ国では累計で 1,163 億ドルの外貨準備の増加をみている。こうした外国為替市場介入を不胎化する手段の一つとして，スワップ取引が利用された。ところが，世

表1 ASEAN 4カ国の対外投資（2004～2007年累計額，10億ドル）

	インドネシア	マレーシア	フィリピン	タイ
対外資産合計	-52.8	-116.7	-31.7	-82.1
直接投資	-13.9	-22.4	-4.4	-4.6
証券投資	-7.0	-7.1	-1.8	-11.4
株式	-0.3	-6.0	-0.1	-2.4
デット	-6.7	-1.1	-1.7	-8.9
その他投資	-13.7	-41.6	-14.0	-25.3
銀行	1.1	-20.5	-7.9	-12.6
銀行等を除く	-14.8	-21.1	-6.1	-12.5
準備資産	-18.3	-45.7	-11.5	-40.9

注：マイナスは資本の流出（対外資産の取得）を示している。
　その他投資の「銀行等を除く」は，通貨当局，一般政府，及び銀行を除いたセクター。
出所：IMF, Balance of Payments Statistics.

界金融危機によりドル資金の不足，自国通貨の減価が起こると，中央銀行はスワップ取引を継続しないという形でフォワードのポジションを解消したため，民間銀行は対外資産を取り崩すこととなり，国際収支上では2008年に自国資本のその他投資が流入超過となった[8]。

1990年代以降のASEAN 4カ国の国際資本フローの変遷をまとめると，東アジア危機前との大きな違いとして，危機後ではクロスボーダーの銀行ローンの比重が大きく低下していること，そして自国資本の流出も拡大していること，を指摘できる。後者の点については，通貨当局の外貨準備の蓄積とともに，金融機関による対外資産の保有や，自国資本の海外直接投資の増加も寄与している（表1）。

3．グローバル銀行を通じたASEAN 4カ国への国際資本フロー

銀行を通じた国際資金フローについて，BISの銀行統計を利用してみてみる。図2，3は，ASEAN 4カ国への貸出など銀行債権と4カ国から受け入れている預金など銀行債務について，為替レート変動による評価額の変化を取り除い

た残高の変化額をみている。債権・債務には，クロスボーダー取引とともに現地での外貨建て取引も含まれている。統計が把握しているのはBISへの報告国に所在する銀行の国際債権・債務であるが，これら銀行をここではグローバル銀行と呼ぶこととする[9]。

グローバル銀行の債権は，タイ向けを中心として1994-96年に大幅に増加した後，1997-99年には一転して著しい減少となっている（図2）。4カ国を合計して，1994-96年の貸出増加額1,057億ドルの凡そ76％にあたる813億ドルの資金が1997-99年の間に回収された計算になる。4カ国への銀行債権が増加に転じるのは2004年からであるが，1990年代央にみられたブーム的な状況にはなっていない。世界金融危機の影響から，2008年にはマレーシアで，2009年にはインドネシアで，比較的大きな銀行貸出の引き揚げが観察される。

東アジア危機と今般の危機とで大きく様相が異なるのは，4カ国から受け入れている預金など銀行債務の動きである（図3）。2004年以降，銀行貸出による資金流入はプラスに転じるが，銀行預金を通じた資金流出がそれを上回っていたため，ネットではグローバル銀行へ資金が流出する状況が継続していた。詳しくみると，このように資金を流出させていたのは4カ国の銀行セクターである。しかし，2008年になると，グローバル銀行のマレーシア，タイ，フィリピンに対する債務は減少に転じた。前節でも述べたように，これら3カ国の銀行セクターは，2000年代央にはグローバル銀行への預金という形で外貨建て資産を蓄積していたが，2008年の危機においては預金の引き落としという形で流動性を確保したと考えられる。

同じ統計を利用して，グローバル銀行の世界各国向け債権の変化とASEAN4カ国向けのそれとを比較しておこう（図4）。1990年代になると，1994年のメキシコ危機，1997-98年の東アジア危機・ロシア危機，2002年のアルゼンチン危機と，新興市場では通貨危機や国内金融危機が断続的に発生する状況となっている。ただし，こうした新興市場での危機では，グローバル銀行の国際業務債権はほとんど減少することはなかった。その意味で，新興市場での危機は地域的なものであったといえよう。これに対して，今般の危機では，国際

第6章 東南アジア諸国の国際資本フローと国内金融 143

図2 ASEAN 4カ国に対するグローバル銀行債権の変化（為替レート変化調整済み，10億ドル）

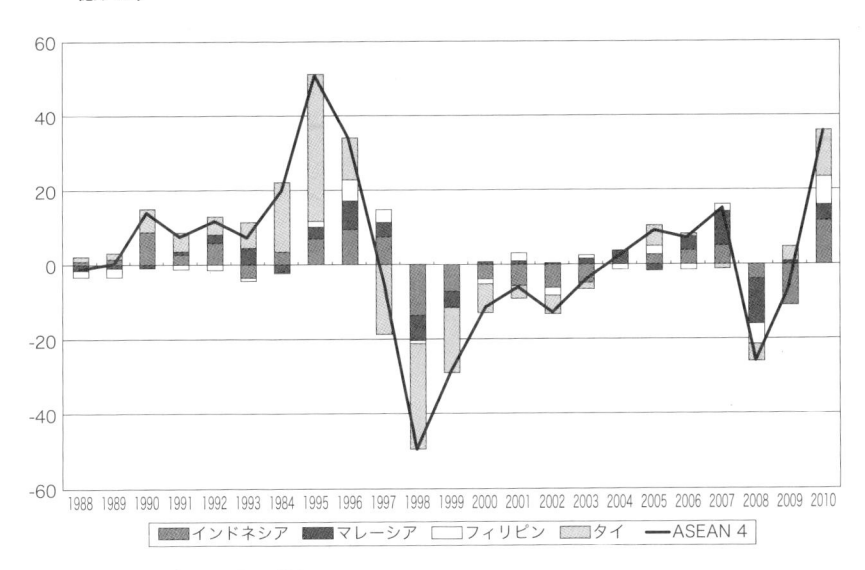

注：プラスが債権（assets）の増加。
出所：BIS, Locational banking statistics.

図3 ASEAN 4カ国に対するグローバル銀行債務の変化（為替レート変化調整済み，10億ドル）

注：プラスが債務（liabilities）の増加。
出所：BIS, Locational banking statistics.

図4 グローバル銀行債権の変化（為替レート変化調整済み，10億ドル）

注：3四半期移動平均値。
出所：BIS, Locational banking statistics.

業務における欧州の銀行のプレゼンスが高まっていたこともあり，グローバル銀行の国際銀行債権は2008年後半から2009年前半にかけて著しい減少を記録した。2008年10月から2009年3月の半年間に，グローバル銀行の国際債権は，銀行向けが15,972億ドル，非銀行向けが11,223億ドルそれぞれ減少した。銀行間市場での流動性が収縮したことで，世界的な銀行信用の縮小が起こったわけである。こうした中，ASEAN 4カ国からの資金引き揚げも起こったが，4カ国がそれを上回る資金の回収を行ったことが，今回の危機におけるグローバル銀行とASEAN 4カ国との資金フローの特徴といえよう。なお，図4から明らかなように，先進国を含めた世界全体への貸出に占める4カ国への貸出は1％前後に過ぎない。このことからも，新興市場の経済規模に対して国際市場からの資金フローが時として過剰となり，新興市場の金融変数をボラタイルにする可能性のあることが推測できる。

4. ASEAN 4 カ国の sudden stop の経験

　1990 年代に新興市場で発生した危機では，外国資本の突然の引き揚げが国内金融危機のきっかけとなった。Calvo は，外生的な金融ショックが引き金となって新興市場への資本流入が突然停止する状況を sudden stop と呼んだ。sudden stop の議論では，通貨危機や国際収支危機の背景として，国際投資家の横並び的行動など新興市場にとって外生的なショックを強調しており，1980 年代の債務危機のような途上国の財政に問題があって危機が起こる場合と区別している。Calvo et al. (2004, 2008) では，外生的なショックが全面的な金融危機へと発展するかどうかは，外貨建て債務への依存が鍵を握るとしている。流入していた資金が引き揚げられ，流動性リスクが問題となるとき，その資金が外貨建てであると中央銀行が最後の貸し手機能を働かせる余地は極めて限られる。こうしたもとで，為替レートが減価すると，バランスシート問題が広範に発生し，国内金融が危機的状況に陥る可能性がある。

　sudden stop に関するこのほかの研究として，Agosin and Huaita (2011) は sudden stop が起こる前段階の資本の奔流入 (capital surges) に着目している。新興市場にとって海外からの資本流入は外生的な色彩を色濃く持っており，それがブームの様相を呈するときその流入量は国内金融市場の規模と比べて著しく大きくなり，マクロ経済バランスを崩す可能性がある[10]。彼らは，sudden stop の種を蒔くのは新興市場の国内要因ではなく，外国資本の奔流入であるとしている。また，Rothenberg and Warnock (2006) では，資本フローを外国資本の流入停止ないし引き揚げと自国資本の急激な流出 (sudden flight) とに区別している[11]。sudden stop を国際資本市場での金利上昇や投資家のリスク選好の変化など外的ショックを起因とした急激な資本の流入停止と考えると，新興市場国内のファンダメンタルズの悪化などによって生じる自国資本の流出とは区別して扱うことが適切と考えられる。

　以下では，こうした議論を考慮しつつ，1990 年代から今般の世界金融危機までを対象として，ASEAN 4 カ国における sudden stop を実証的に検証する。

sudden stop を識別する基準として，Calvo が一連の研究で重視して利用している基準と，Radelet and Sachs (1998)，Rodrik and Velasco (1999)，Guidotti et al. (2004) で用いられた基準，2通りで検討してみる。以下では前者を基準1，後者を基準2とする。

基準1では，対象期間における各国ごとの平均的な資本収支の水準に対して，各時点の収支が2標準偏差を超えて資本の流入が縮小している場合にsudden stop と判定する。sudden stop の期間は，資本収支が平均を1標準偏差下回った時期からそれが解消された時期までとする[12]。

基準2では，資本収支の前年比変化がGDP比で5%を超えてマイナスとなった場合に，sudden stop とする。

Calvo は，sudden stop による資本の流入停止，引き揚げが予想外の事象であることを強調して，統計的に稀な事象である基準1を重視している。基準2のメリットは，資本フローの変化を国内総生産に対する比率で測っていることである。Calvo も強調しているように，新興市場において sudden stop が全面的な金融危機に転じる上で鍵を握っているのが外貨建て債務と実質為替レートの下落である。実質為替レートが大幅に減価するもとでは，自国の生産ないし所得に対する外貨建て債務の負担は上昇することになる。仮に，外貨建て債務残高は実質為替レート下落の前後で一定としても，為替の実質減価によってドル・ベースの国内総生産は縮小し，債務残高の国内総生産に対する比率は上昇することになる。たとえば，1996年から1998年において，インドネシア・ルピアは対ドルで300%超減価したが，GDPデフレータは100%弱の上昇に止まった。これは，ルピア減価前に借り入れたドル資金のGDPに対する比率が，実質減価によって凡そ2倍になったことを意味する。

表2は，基準1に基づいた sudden stop の判定結果である。まず，東アジア危機では，データが利用できなかったマレーシアを除いて，インドネシア，フィリピン，タイや参考として示した韓国で sudden stop が起こったと判断

表2 基準1でsudden stopと判定された期間

インドネシア	1997Q4～1998Q4	
マレーシア		2008Q4～2009Q3
フィリピン	1997Q4～1999Q1	2008Q4～2009Q3
タイ	1997Q1～1998Q3	
韓国	1997Q4～1998Q3	2007Q4～2009Q1

出所：IMF, Balance of Payments Statistics.

される。資本の流入がストップするタイミングは，タイが先行している。通貨危機によって同国がバスケット・ペッグ制を維持できなくなったのは1997年7月であるが，資本の流入停止はそれより早い1997年1-3月から起こっていた。インドネシア，フィリピン，韓国でsudden stopが始まるタイミングは同年10-12月である。このように，タイ以外の国のsudden stopがタイ通貨危機から若干遅れて始まっていること，そしてその時期自体は1997年10-12月と一致していることは，一般に考えられているタイから周辺国への危機の伝染を裏付けるものといえよう。

今般の世界金融危機では，マレーシアとフィリピン，韓国でsudden stopが起こったと判断される。資本の流入がストップした時期は，韓国では2007年10-12月からであるが，マレーシアとフィリピンではリーマン・ショック後の2008年10-12月からである。また，両国で流入停止の状況が解消するのは2009年10-12月であり，ほぼ1年間にわたってsudden stopの状況であったことが分かる。このように，統計的に稀な資本収支の減少という基準で考えると，今般の世界金融危機でもマレーシアとフィリピンでは資本の大幅で突然の流入停止が起こっていたとみなされる。

次に，基準2に従った判断は表3である。基準2では，自国資本も含めた資本収支全体のネット流入の減少をみる場合と，外国資本の証券投資とその他投資について流入の減少をみる場合，二つの場合を検討している。また，下段の括弧内の数値は，sudden stopと判定された年の直前3年間の流入資本の累積額をsudden stopの年のGDPに対する比率でみたものである。

まず，1997-98年については，資本収支全体のネット流入で考えて，

表3 基準2でsudden stopと判定された年

		1994	1996	1997	1998	1999	2000	2005	2008	2009
投資収支	インドネシア			-5.3	-9.5					
				(11.6)	(21.5)					
	マレーシア	-12.8		-7.3	-6.6	-5.1		-10.8	-10.2	
		(33.8)		(18.4)	(26.8)	(11.5)		-(0.9)	-(14.9)	
	フィリピン			-5.8	-9.2					
				(26.4)	(35.4)					
	タイ			-17.0						-5.6
				(35.5)						(6.9)
外国資本	インドネシア									
	マレーシア	-13.8						-13.4	-17.7	
		(12.7)						(10.6)	(2.9)	
	フィリピン			-7.9	-10.5		-6.7		-8.9	
				(26.3)	(34.0)		(10.2)		(9.2)	
	タイ			-15.0	-6.5					
				(34.2)	(28.4)					

注:投資収支,外国資本ともにIMF融資を含まない値。外国資本は直接投資を除く証券投資とその他投資。
　　上段は資本フローの対前年変化額,下段の( )内は直前3年間の資本フローの累積額。どちらの値も当該年のGDPに対する比率。
出所:IMF, International Financial Statistics.

ASEAN 4カ国すべての国でsudden stopが認められる。前年に比べた資本の流入減少,引き揚げは,1997年のタイでGDP比17.0％,1998年のインドネシアで同9.5％など,これら諸国の経済規模に対して相当に大きなものであった。インドネシアについて,1998年の資本純流入の減少額自体は1997年のそれを下回っているものの,ルピアの暴落によってドル建てGDPが1998年に56％縮小したため,GDP比では1997年を大きく上回る資本の流入停止が観察された。GDP比でみた資本流入の減少の程度は,タイでは1997年が,それ以外の3カ国では1998年が,それぞれ大きくなっている。また,1994-96年3年間の資本の純流入額の累積は,1997年GDP比で

タイ 35.5%，フィリピン 26.4%，マレーシア 18.4%，インドネシア 11.6% と，とくにタイやフィリピンでは sudden stop に先行して資本の大幅流入があったことも改めて確認できる。資本フローを外国資本の証券投資とその他投資に限定して sudden stop を判断する場合，インドネシアとマレーシアでは 1997, 98 両年とも sudden stop は認められないことが分かる。資本収支全体の結果とあわせて考えると，インドネシアやマレーシアにおける資本の流入停止，ないし流出は，海外の短期性資金の引き揚げだけではなく，自国資本や直接投資の流出も寄与していたことが分かる。

次に，2008-09 年については，得られた結果は東アジア危機時ほど明確ではない。マレーシア，フィリピン，タイで sudden stop が起こったと判断されるが，フィリピンで資本収支全体を考えた場合や，タイで外国資本に限定した場合には，基準を超える資本の流入停止は観察されない。また，1990 年代とは違って，2000 年代央の資本流入はブームの様相を呈するものではなかった。直前 3 年間の累積流入額の GDP 比が最も高い値となっているのは，フィリピンの外国資本に限定した場合の 9.2% であるが，これは年間に換算すれば GDP 比で 3% 程度のレベルである。

本節をまとめると，東アジア危機時の ASEAN 4 カ国では資本の大幅で突然の流入停止 (sudden stop) と流入停止に先立つ資本の奔流入 (capital surges) がともにはっきりと確認できる。また，タイでの流入停止は他の 3 カ国に先行して起こっていた。今般の世界金融危機では，マレーシアやフィリピンなどで sudden stop が起こったと判断できるが，それに先立って capital surges があったとはデータ上からは判断できない。確かに，2004 年以降ではポートフォリオ投資形態での短期資本の流入が拡大し，為替レートに切り上げ圧力もかかった。これに対して，タイでは 2006 年に無利子強制預託制度 (unremunerated reserve requirement, URR) を導入して，資本流入を抑制しようとした。こうした資本移動規制が意図した効果をどの程度持ったのかという点は検討課題であるが[13]，東アジア危機の経験もあって 2000 年代央の東南アジア諸国では過剰な資本流入は抑制されていたと考えてよいと思われる。

5. 金融リンケージと危機の波及

　新興市場の sudden stop の特徴の一つは，そうした事象がある特定の時期にかたまって，束になって発生していることである。ある国で起こった資本の流入停止や通貨・金融危機が他の国に伝染する傾向を強く持っている。危機が伝染する理由として，一つには貿易面での連関が指摘されてきた（Glick and Rose (1999))。危機に陥った国が自国の重要な輸出先である場合，または自国とその国の輸出品とが第三国市場で競合している場合，危機国の経済の悪化や為替レートの減価は貿易を通じて自国経済を悪化させ，自国への資本の流入停止，引き揚げを引き起こす可能性がある。また，1998年のロシア危機の伝染では，貿易面で連関が強くない中南米諸国に危機が波及したこともあって，金融面での連関が重視されるようになった。ある国が危機に陥ると，それによって損失を蒙った金融機関は危機国以外の国への信用枠も削減したり，貸出を引き揚げたりするかもしれない。そうした場合，危機に陥った国と共通の金融機関から借り入れている国に危機が波及することになる（Kaminsky and Reinhart (2000))。Calvo (1999) は，資本市場参加者の間に情報の非対称性が存在し，投資対象の情報の入手や処理に固定費用を要するもとでは，流動性を確保する必要に迫られた投資家が市場で資産を売却すると，それが他の投資家の横並び的な売りを引き起こすと，説明している。流動性を確保するために，価格が下落してしまった市場ではなく，まだ価格が維持されている市場で資産を売却しようとするならば，ファンダメンタルズには問題のない国の資本市場に危機が伝染することになる。Leijonhufvud (2007) によれば，ほとんどのグローバル金融機関は新興市場を一つのアセット・クラスとして独立的に管理しているため，一つの新興市場で損失が発生すると，更なる損失のリスクを削減するために，このアセット・クラスから全体的に資金を引き揚げる可能性がある[14]。

　2007年以降の世界金融危機は，金融リンケージを通じた危機の伝染の重要性を強く認識させる事象であった。そして，クロスボーダーの金融リンケージ

について，どういった資本取引の形態で各国が相互にどの程度結び付いているのか，実証的な関心が高まっている。今般の危機の波及で特徴的な点は，サブプライム問題にはじまる米国の金融危機が最大の貸し手である東アジア諸国ではなく，欧州の金融機関にまず伝わったことである。この背景には，東アジア諸国の対米債券投資では米国の国債やエイジェンシー債の保有が中心となっていたのに対して，欧州の金融機関は民間の資産担保証券へ傾斜して投資していたことがある[15]。

金融リンケージを通じた危機の国際的波及に関しては，銀行を通じた経路と証券投資を通じた経路とに分けて検討がなされている（たとえば，Milesi-Ferretti et al (2010), Cetorelli and Goldberg (2010))。利用される統計は，前者ではBIS「国際与信取引統計」(Consolidated banking statistics)，後者ではIMF「国際証券投資調査」(Coordinated Portfolio Investment Survey, CPIS)である。危機がグローバル銀行の与信行動に与えた影響は，クロスボーダー取引と現地子会社・支店による現地通貨建取引とに区別して観察することが可能である。Tressel (2010) は，現地での与信はクロスボーダーや銀行間取引に比べて危機の後でも安定的であったと報告している。

これら最近の研究は世界金融危機が新興市場の資本フローに与えた全般的な影響について有益な情報を提供しているが，本稿の対象であるASEAN 4カ国に関する情報は限定的である。以下では，ASEAN 4カ国に絞って，資本の貸し手国別に4カ国への資本フローを観察してみる。

まず，BISの「国際与信取引統計」を利用して，東アジア危機時と世界金融危機時のグローバル銀行による外国債権の変化をみてみる。表4は，1997年6月末時点の欧州，日本，及び米国の銀行の新興市場へのエクスポージャーとプレゼンスをみている。先進国向けを除く債権総額に占めるASEAN 4カ国のシェアは，邦銀で14.4％と高く，とくにタイへのエクスポージャーが7.3％に達している。また，オフショア市場である香港とシンガポールについても，邦銀のエクスポージャーが欧銀や米銀と比べて相対的に高くなっている。欧銀や米銀のポートフォリオの中では，中南米や東欧への債権が相対的に高い割合

表4 欧, 邦, 米銀のエクスポージャーとプレゼンス (1997年6月末, %)

	先進国以外向け債権総額に占める各国・地域のシェア				グローバル銀行債権総額に占める欧, 邦, 米銀のシェア		
	全行	欧銀	邦銀	米銀	欧銀	邦銀	米銀
NIEs 4カ国	28.9	28.4	33.4	22.4	56.9	24.3	9.4
香港	13.7	14.7	16.1	8.9	62.0	24.7	7.9
シンガポール	9.3	9.8	12.0	4.4	60.5	27.1	5.7
韓国	4.4	2.8	4.6	5.3	36.4	22.0	14.6
台湾	1.4	1.2	0.7	3.8	47.7	10.5	31.8
ASEAN 4カ国	7.7	5.0	14.4	10.1	37.0	39.1	15.8
インドネシア	2.5	1.7	4.5	2.2	40.3	38.5	11.0
マレーシア	1.5	1.0	2.2	2.4	40.8	31.5	20.4
フィリピン	0.8	0.6	0.4	2.3	46.6	11.0	35.1
タイ	3.0	1.6	7.3	3.1	30.1	50.5	12.5
東欧6カ国	4.6	6.3	0.6	4.4	79.2	2.6	11.7
中南米8カ国	12.6	12.7	2.8	29.8	58.2	4.6	28.7

注:先進国以外は,オフショアセンターを含む。
  東欧6カ国は,チェコ,ハンガリー,ポーランド,ルーマニア,ロシア,ウクライナ。
  中南米8カ国は,アルゼンチン,ブラジル,チリ,コロンビア,メキシコ,ペルー,ウルグアイ,ベネズエラ。
出所:BIS, Consolidated banking statistics (Foreign claims by nationality of banks, immediate borrower base).

を占めている。次に,ASEAN 4カ国のグローバル銀行からの借入では,邦銀と欧銀のシェアがそれぞれ39.1%, 37.0%と高く,タイでは邦銀のシャアが5割を超えている。フィリピンでは,米銀のプレゼンスが最も高く35%に達している。

では,東アジア危機の前後でグローバル銀行の新興市場への与信はどのように変化したのか。表5は1997年6月を基準とした1998年6月と1999年12月の与信残高をみている。通貨の大幅な下落を余儀なくされた韓国,インドネシア,マレーシア,タイ,またオフショア市場であるシンガポールでは,タイでの通貨危機発生から1年間でグローバル銀行の与信残高は20%前後の減少を記録している。シンガポール,インドネシア,タイではその後も融資の引き揚げが継続して,シンガポールやタイの1999年末の与信残高は危機前

表5　銀行国籍別にみた東アジア危機後の外国債権額

	債権残高（1997年6月末＝100）							
	全行		欧銀		邦銀		米銀	
	1998年6月末	1999年12月末	1998年6月末	1999年12月末	1998年6月末	1999年12月末	1998年6月末	1999年12月末
先進国以外	103.3	98.4	107.6	104.0	84.1	72.1	100.6	101.8
NIEs 4カ国	85.9	70.6	86.2	73.8	79.5	53.5	90.2	88.3
香港	96.6	74.9	96.1	80.5	93.4	62.6	93.9	82.3
シンガポール	73.7	59.5	73.0	57.9	59.4	38.9	88.1	86.8
韓国	75.0	70.1	75.8	77.2	80.4	53.8	85.7	94.5
台湾	96.7	102.6	95.4	114.2	99.6	90.4	90.3	95.1
ASEAN 4カ国	82.0	76.2	85.6	105.1	75.3	49.3	67.2	73.3
インドネシア	83.0	73.7	87.6	97.1	79.8	53.6	63.3	75.4
マレーシア	76.9	99.2	80.2	136.1	72.4	58.0	64.8	96.4
フィリピン	104.9	105.4	122.3	110.2	110.9	136.1	81.5	87.9
タイ	77.6	59.8	72.2	91.5	71.4	39.2	61.5	43.2
東欧6カ国	118.1	105.9	120.4	114.2	96.0	54.0	113.9	58.3
中南米8カ国	123.9	122.4	133.1	134.5	104.5	80.7	111.7	109.5

注：出所は表4と同じ。

の60％弱にまで減少した。これに対して，フィリピンへの与信は1998年央，1999年末ともに危機前の水準を若干ながら上回っている。また，1998年9月に資本取引規制とドル・ペッグ制を導入したマレーシアでは，1999年末の与信残高はほぼ危機前の水準を回復している。さらに，東欧や中南米への与信は1998年6月でも1年前の水準を上回っている。こうした観察結果は1997-98年に東アジアで起こった銀行貸出を中心とするsudden stopが地域的なショックであったことを示唆している[16]。また，貸出の減少について，銀行の国籍にはよらない新興市場ごとの違いは，危機前の資本流入，ダブル・ミスマッチ，国内信用ブームの程度や危機後の政策運営など新興市場各々のファンダメンタルズに少なからず起因していると考えられる。同時に，銀行の国籍によって新興市場への与信の変化に大きな違いがあることも明らかである。1999年末のASEAN 4カ国への与信は，欧銀では危機前を5％上回っている

表6 欧，邦，米銀のエクスポージャーとプレゼンス（2008年6月末，%）

	先進国以外向け債権総額に占める各国・地域のシェア				グローバル銀行債権総額に占める欧，邦，米銀のシェア		
	全行	欧銀	邦銀	米銀	欧銀	邦銀	米銀
NIEs 4カ国	17.0	14.6	22.3	23.2	61.4	11.6	13.0
香港	5.6	5.2	7.4	3.7	66.3	11.8	6.4
シンガポール	4.2	3.5	7.7	5.1	59.9	16.3	11.6
韓国	1.8	1.5	1.7	3.9	60.0	8.3	20.6
台湾	5.4	4.4	5.4	10.5	58.1	8.8	18.4
ASEAN 4カ国	4.0	2.6	6.4	4.8	46.9	14.4	11.6
インドネシア	1.0	0.7	1.6	1.2	50.0	14.0	11.9
マレーシア	1.8	1.2	1.5	2.0	47.4	7.4	11.1
フィリピン	0.4	0.3	0.6	0.8	57.3	12.2	17.0
タイ	0.8	0.4	2.8	0.8	36.3	31.3	9.5
中国・インド	7.6	5.6	7.7	10.8	52.4	9.0	13.5
東欧6カ国	15.8	20.3	3.7	6.2	91.4	2.1	3.7
中南米8カ国	13.6	13.8	3.6	24.6	72.3	2.3	17.2

注：出所は表4と同じ。

が，邦銀は半減となっている。1997年を境とした邦銀の新興市場向け与信の縮小は一時的なものではなく，また，1999年には東アジアに限定したものでもなくなったことがみてとれる。これが日本国内の金融システムの不安定化にどの程度起因しているかは今後の検討課題である。

　1990年代後半と比較して，世界金融危機前の国際銀行市場では欧州の銀行のプレゼンスが著しく高まっていた。2008年6月末時点でASEAN 4カ国への国際与信残高に占める欧銀のシェアは46.9%に達しており，邦銀（14.4%）や米銀（11.6%）を凌駕していた（表6参照）[17]。表7から，2008年9月のリーマン・ショックを契機とした国際金融市場の信用収縮，新興市場からの資金の引き揚げは，欧銀を中心にもたらされたことがみてとれる。2009年3月の欧銀の先進国以外への与信はリーマン・ショック前の2008年6月と比べて2割の減少となっている。このうちASEAN 4カ国向けは26.4%減，とくにマレーシアとフィリピン向けは3割を超える減少となっている。これに対し

第6章　東南アジア諸国の国際資本フローと国内金融　155

表7　銀行国籍別にみた世界金融危機後の外国債権額

	債権残高（2008年6月末＝100）							
	全行		欧銀		邦銀		米銀	
	2009年3月末	2010年12月末	2009年3月末	2010年12月末	2009年3月末	2010年12月末	2009年3月末	2010年12月末
先進国以外	85.1	104.3	80.0	91.3	89.4	122.2	111.5	154.5
NIEs 4カ国	84.6	114.0	81.3	106.4	81.0	113.4	102.1	142.8
香港	97.6	140.2	97.5	135.5	81.8	131.6	129.7	174.9
シンガポール	82.2	109.8	78.2	104.0	81.5	97.0	87.5	140.1
韓国	69.6	125.4	61.9	110.4	72.4	106.1	86.6	168.3
台湾	78.2	86.8	71.5	72.9	81.9	114.1	105.0	123.2
ASEAN 4カ国	84.6	122.6	73.6	103.1	97.4	149.0	101.9	148.6
インドネシア	91.1	139.6	83.5	116.6	95.5	163.0	97.6	179.6
マレーシア	77.2	101.3	64.7	88.4	97.7	103.2	95.3	114.6
フィリピン	80.2	113.5	68.3	95.4	96.8	118.4	98.8	136.4
タイ	95.4	153.5	87.1	129.1	98.4	171.5	128.5	199.5
中国・インド	85.5	144.1	76.3	118.1	86.1	139.2	134.9	184.5
東欧6カ国	80.3	84.4	80.2	83.8	80.1	71.9	78.8	115.3
中南米8カ国	82.6	116.3	80.3	103.6	102.5	254.0	87.2	135.1

注：出所は表4と同じ。

て，邦銀と米銀のASEAN 4カ国向け債権の変化はそれぞれ2.6％減，1.9％増であり，リーマン・ショックの前後でほとんど残高は変化していない。ただし，邦銀ではNIEs 4カ国や東欧向け，米銀では東欧や中南米向けの債権には比較的大きなマイナスの影響がみてとれる。2010年末になると，グローバル銀行によるオフショア，新興市場への与信は，東欧向けを除いて2008年6月の水準を上回るまでに回復している。とくに中国・インド，ASEAN 4カ国，NIEs 4カ国への与信の拡大が顕著となっている。リーマン・ショックから2009年前半にかけての国際銀行市場での信用収縮は，欧州の銀行が中心となって，新興市場各国で共通に生起したグローバルなショックであり，新興市場各国にとっては外生的なショックであったといえる。

　ここで利用した「国際与信取引統計」は，グローバル銀行のクロスボーダー

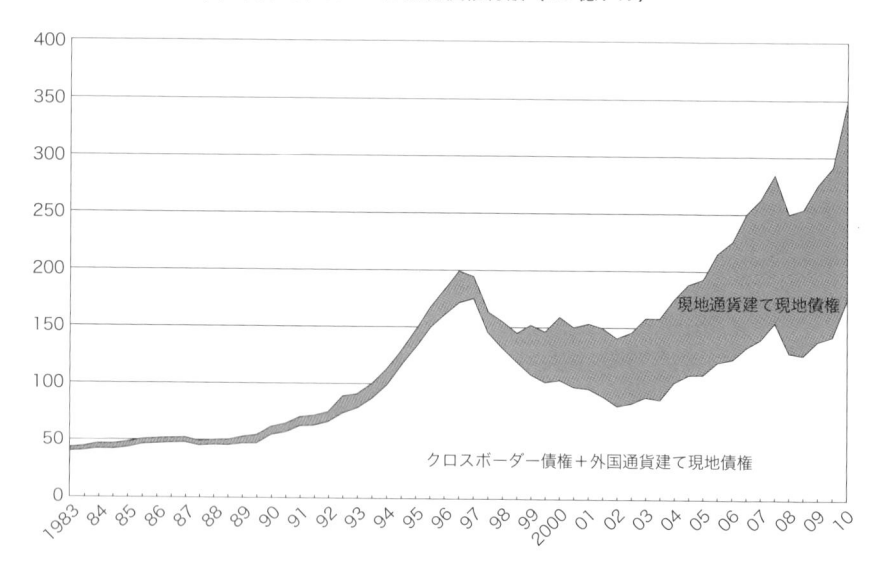

図5 ASEAN 4カ国に対するグローバル銀行債権総額（10億ドル）

現地通貨建て現地債権

クロスボーダー債権＋外国通貨建て現地債権

出所：BIS, Consolidated banking statistics.

取引とともに進出国での現地取引が含まれている。図5にみられるように，ASEAN 4カ国向けの与信は，東アジア危機まではクロスボーダー取引と外貨建て現地取引が中心であったが，2000年代に入ると現地通貨建ての現地取引が中心となって拡大をみせている[18]。そこで，現地取引に絞って，今般の危機の影響をみてみよう。表8はインドネシアとマレーシアの国内貸出の前年比を地場銀行と外国銀行とに区別してみている。インドネシアについては，ルピア建てと外貨建ての区別も分かる。まず，インドネシアのルピア建て貸出では，地場銀行と比較して，外国銀行の貸出増加率が2009年後半から低下していることがみてとれる。金融ショックの影響が明瞭なのは外貨建て貸出であり，これは地場銀行と外国銀行の相違はあまり無く，ともに2009年央から前年比で減少している。マレーシアでは，2008年央以降，地場銀行に比べて外国銀行の貸出の落ち込みが観察できる。以上，通貨建てあるいは親銀行の国籍の違いが貸出に影響を持ったことは間違いないであろう。これがドル流動性の

表8 銀行国籍別にみたリーマン・ショック後の国内ローン残高の変化（前年同期比, %）

	インドネシア				マレーシア	
	ルピア建て		外貨建て		自国	外国
	自国	外国	自国	外国		
2008Q1	29.9	24.8	23.0	34.0	9.5	12.7
2008Q2	35.3	30.2	23.5	36.0	12.9	11.5
2008Q3	37.6	41.3	28.7	38.4	14.9	-0.4
2008Q4	33.5	32.8	11.5	34.2	15.8	5.7
2009Q1	28.6	15.2	13.4	27.1	15.4	-0.6
2009Q2	21.0	10.3	-4.6	-1.0	11.9	-4.1
2009Q3	16.5	4.4	-19.6	-13.4	10.6	-4.8
2009Q4	17.3	5.0	-14.4	-21.3	10.0	0.6

出所：各国中央銀行。

不足を背景として生じたのか，あるいは海外の金融ショックが東南アジアに進出している外国銀行の現地貸出全般に影響を及ぼしたのかについては，更なる検討が必要である。

　次に，IMFのCPISを利用して，ASEAN 4カ国への証券投資が2007年末から2008年末にかけてどのように変化したのか，投資国別にみてみる（表9参照）。株式については，株価の下落が残高に与えた影響も大きいと予想され，株式市場から資金がどの程度実際に引き揚げられたのかは定かでない。ただし，欧州からの投資残高が相対的に大きく減少したことは指摘できる。より注目されるのは，債券投資残高の変化である。ASEAN 4カ国への債券投資では，香港・シンガポールと欧州のシェアが高くなっているが，これら両地域からの投資残高は，日本や米国からの投資に比べて顕著に減少している。とくに香港・シンガポールからインドネシアへの債券投資は，64%の減少をみている。域内のオフショア市場を経由した資金がどのような背景によって大幅な引き揚げとなったのか，興味深い今後の検討課題である。

表9 リーマン・ショックとASEAN 4カ国への証券投資

		2008年末の投資額 (2007年末=100)					投資総額に占める各投資国・地域のシェア (2007年末)				
		欧州	米国	日本	香港・シンガポール	世界計	欧州	米国	日本	香港・シンガポール
株式	ASEAN 4カ国	38.8	42.0	44.1	62.0	50.0	33.3	37.2	2.4	13.1
	インドネシア	36.0	46.5	33.0	54.7	56.9	32.6	38.0	2.0	10.1
	マレーシア	40.2	37.8	45.7	67.2	47.4	29.5	33.1	2.2	20.2
	フィリピン	31.7	43.2	51.9	59.0	39.5	30.7	52.5	1.7	6.3
	タイ	41.9	41.7	47.3	56.9	51.5	39.3	34.9	3.1	10.1
	香港	52.2	51.4	50.9	64.9	49.7	30.3	37.9	5.5	5.1
	シンガポール	45.5	43.2	47.6	57.9	46.0	31.2	43.5	5.1	3.4
	世界計	57.0	52.4	68.8	57.7	57.2	39.6	30.7	3.3	4.0
債券	ASEAN 4カ国	64.7	81.3	104.4	46.3	61.5	29.6	17.3	5.0	35.6
	インドネシア	81.0	126.6	132.2	35.9	71.5	26.6	15.9	3.1	41.2
	マレーシア	60.5	69.8	104.9	45.0	53.9	25.9	15.8	4.3	44.9
	フィリピン	53.4	61.9	84.9	86.2	61.2	42.1	21.3	7.6	8.9
	タイ	133.0	112.4	145.0	70.8	99.8	22.7	20.0	7.7	39.1
	香港	66.4	190.0	142.6	95.7	74.8	25.6	9.1	4.4	18.4
	シンガポール	63.7	70.7	69.0	81.7	60.2	22.9	21.3	11.3	10.5
	世界計	94.0	78.2	101.6	95.6	95.2	44.5	8.8	8.8	2.1

出所:IMF, Coordinated Portfolio Investment Survey (CPIS).

6. 外貨建て借入を利用した国内民間向け信用

　ここまでの検討からも明らかなように，今般の世界金融危機によって東南アジア諸国の金融システムには大きなストレスがかかった。これを切り抜けることができた背景として，一つには，東アジア危機の経験を踏まえ，各国が不良資産の処理を進めるとともに，銀行が新たな不良債権の発生を抑えるために安全性を重視した慎重な貸出姿勢を強めたことがある。図6にみられるように，1997-98年危機によって銀行資産が著しく不良化したインドネシアやタイでは，2000年にかけて不良債権処理が大きく進展した。それでもインドネ

図6 不良債権比率の推移（%）

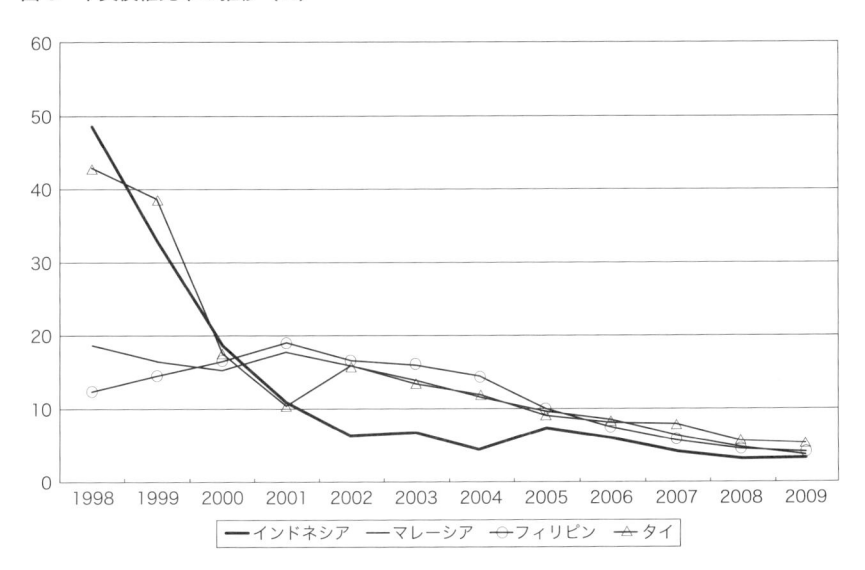

出所：IMF, Global Financial Stability Report.

シアを除いて各国の不良債権比率が10%を下回るのは，2005，06年であり，2000年代前半までは97-98年危機の負の遺産を引き続き背負いながらの銀行経営であった。二つ目として，資本の充足や流動性の維持といった健全性の強化に軸足を置いて政策が運営されたことがある。そして，外国為替市場介入を不胎化するために発行されている中央銀行債は安全性と流動性の両面で銀行にとって恰好の資金運用対象となった（Mohanty and Turner (2010)）。三つ目として，経済成長と高水準の貯蓄率を背景として，銀行が資金調達をリテール預金に依存することができたこと，それによって，国内マネー・マーケットや海外金融市場からの借入への依存を抑制できたことが，流動性リスクへの抵抗力を持たせた。東アジア危機では，内外のオフショア金融市場での外貨建て資金の調達を利用して，国内民間セクターへの過剰な信用の拡張が起こった[19]。こうした資金調達では，何らかのショックによって新規の借入が困難となり，また借り入れていた資金が引き揚げられると，流動性の問題が深刻化した。そして，為替レートの下落がバランスシートの著しい毀損をもたらした。このよ

図7　銀行の資金調達と民間向け貸し出しの推移

インドネシア

フィリピン

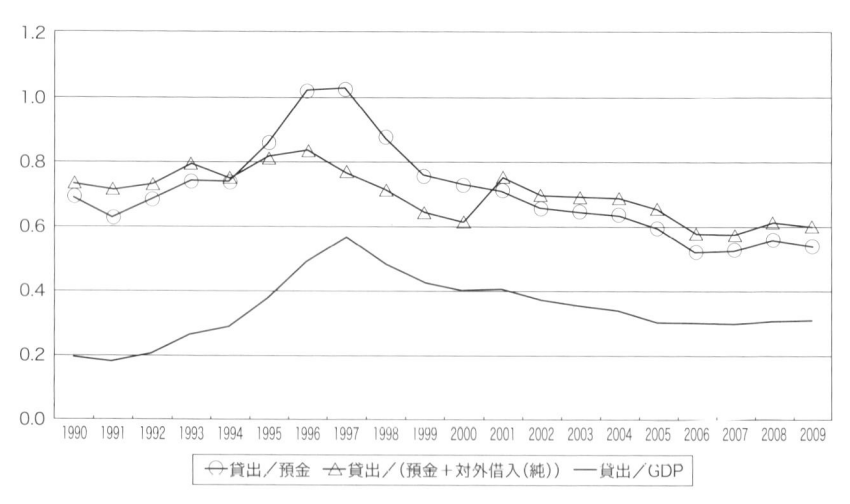

出所：IMF, International Financial Statistics.

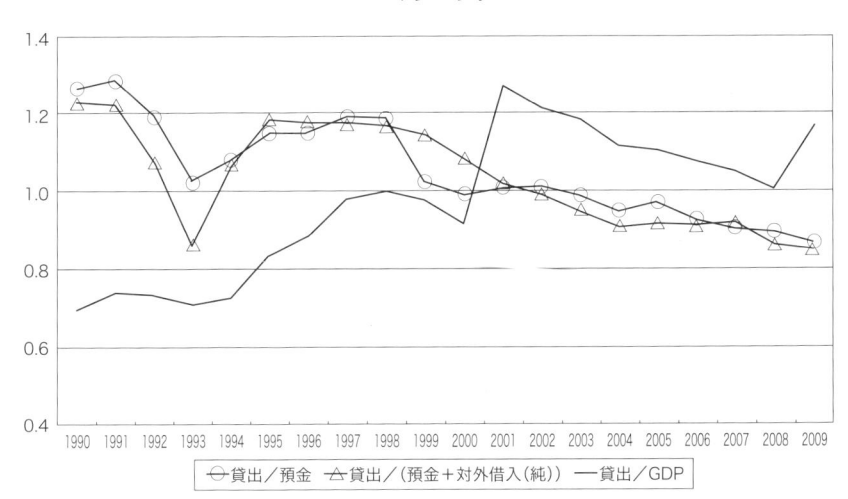

第6章　東南アジア諸国の国際資本フローと国内金融　161

マレーシア

貸出／預金　　貸出／(預金＋対外借入(純))　　貸出／GDP

タイ

貸出／預金　　貸出／(預金＋対外借入(純))　　貸出／GDP

うに外貨建て資金調達は，銀行セクターの脆弱性を著しく高める結果となった。図7は，銀行の民間向け貸出を，総預金，総預金＋対外純借入，GDPという三つの変数に対する比率としてそれぞれみたものである。タイの経験が最も明瞭であるが，1990年代央では資金調達を海外からの借入に大きく依存して民間向け信用が膨らんだ。このため，貸出／(総預金＋対外純借入)比率と預貸比率(＝貸出／総預金)は大きく乖離し，危機前には預貸比率は1を大きく上回る高い水準に達した。また貸出のGDP比も1990年の0.65から1997年の1.21へ，急激に上昇した。同様の状況はインドネシアとフィリピンにおいても観察できる。東アジア危機後，海外からの借入は縮小し，むしろ銀行セクターでは対外資産が対外負債を上回る状況となっている。資金調達をオフショア市場などでの外貨建て借入に依存しなくなったことは，外的ショックに対する銀行の脆弱性を改善することにつながったと考えられる[20]。

ただし，これは銀行セクターの信用仲介機能が2000年代に入って回復し，高まったことを意味しているわけではない。銀行セクターの民間向け信用は東アジア危機によって大きく落ち込んだ後，インドネシア，フィリピン，タイでは低迷した状況が続いている。とくに，インドネシアでの貸出の落ち込みは著しく，民間向け信用のGDP比は，1990年の46％から97年の60％超へと拡大した後，99年には20％に急落し，2009年に至っても25％弱に落ち込んだままとなっている。東アジア危機後の東南アジアでは安全性を重視した銀行経営がなされ，外的ショックへの脆弱性が軽減されていたことは，今般の世界金融危機にあっても安定を維持できた背景の一つと考えられる。しかし，国宗編(2010)に収められた論文の著者達が問題視しているように，銀行が生産部門への信用創造を通じて経済成長に貢献するといった姿とはなっておらず，危機後の各国の経済成長は銀行の資金配分機能の回復が不十分なもとで実現された可能性が高いのである。

7. おわりに

本稿は，ASEAN 4カ国の国際資本フローについて，その変遷を概観すると

ともに，sudden stop の検証や資本の出し手国とのリンケージの実態把握を1997-98 年危機と今般の世界金融危機を比較しながら行った。また，海外借入と国内銀行信用との関連についても考察した。

ここでは，国際資本フローと国内金融との関連について，残された今後の検討課題の幾つかについてまとめておきたい。

まず，1997-98 年の東アジア危機を引き起こした原因について。1990 年代央に資本の奔流入（capital surges）が起こっていたことは，それを sudden stop の最も重要な要因と考える Agosin and Huaita（2011）の分析と整合的である。ただし，1990 年代の ASEAN 4 カ国での capital surges と sudden stop の背景を専ら気まぐれで横並び的な外国投資家の行動に帰することができるのか，それはまた別の問題である。小松（2001, 2010）は，インドネシアについて参考となる分析を提供している。インドネシアでは 1983 年に金利が自由化され，金融仲介の拡大をもたらした。しかし，国営銀行のモラルハザード，新しく設立された民間銀行での関連企業貸出など，社会制度や行動様式の適応の遅れが構造的な問題としてあった。こうしたインドネシアの事情と類似した指摘は，チリの 1982 年の危機についてもなされている。Cowan and De Gregorio（2005）は，1982 年の危機は，財政上の問題ではなく，多くの側面で 1997 年の東アジア金融危機に類似しているとしている。チリでは 1975 年に金利が自由化され，その 5 年後の 1980 年に資本の自由化が実現した。彼らは，1982 年危機の最大の要因は，健全性を欠いた国内銀行セクターが外貨建てで調達した資金を利用して国内民間セクターへ信用を拡大させたこと，にあるとしている。金融の自由化から間もない経済において，海外資金の利用可能性が大きく拡大することの危険性は重要な検討課題である。また，外国資本とは区別して，自国資本の逃避の可能性，その傾向といったことについて分析することも意義があろう。3 節の sudden stop の検証でも，外国資本の流入停止とともに自国資本の流出も軽視できないことが確認された。たとえば，外的ショックによって外国資本の流入停止，引き揚げが起こるとして，それが為替レートの減価予想を引き起こすとすると，自国資本の逃避をともなう通貨危機に発展する可能性が考えられる。

二つ目は、東南アジア諸国の金融リンケージについて。インドネシア、マレーシア、フィリピン、タイの4カ国はシンガポールと香港という域内オフショア市場と従来から密接な金融リンケージを持っていた。東アジア危機を経て、各国は国内債券市場の育成に取り組んできており、これが債券投資を通じた域内の金融リンケージを高める効果を持つことも考えられる。また、たとえばマレーシアの銀行が他の東南アジア諸国に直接投資して進出するといった事例も散見される。4節で述べたように、グローバル銀行の国際業務がクロスボーダー取引から現地化しての取引に移行していることも最近の特徴である。東南アジアにおける金融リンケージの実態を詳しく観察することは、マクロ経済的視点から域内の金融の安定性を考えるときにも重要であろう。

次に、東南アジア各国が積み増してきた外貨準備について。今般の世界金融危機では、顕在化したドルの流動性リスクに対して、米連銀が各国の中央銀行とスワップ協定を結ぶことによって、市場にドルが供給された。しかし、ある新興市場が外的ショックによってドル流動性不足に陥る場合、米国に最後の貸し手機能を期待することができないもとでは、次善の策として外貨準備を蓄積することは合理的と考えられる（Mendoza（2010））。中央銀行が毎月の外貨準備残高を公表するにあたって、外貨準備が何カ月分の輸入を賄えるかという伝統的な基準とともに、1年以内に返済期限を迎える長期債務を加えた短期債務残高をどの程度カバーしているかという基準を注視していることは、外貨準備の保有動機として資本流出にともなう流動性リスクへの備えという観点の重要性を端的に示している[21]。保有する資金の効率性をある程度犠牲にしてでも、政府は経済の安全性を重視した政策を採ってきたとも考えられる。これはリーマン・ショック後の経験を振り返ってみても、各国レベルでは正しい選択であったようにも思われる。しかし、ドル流動性不足に備えて大量の外貨準備を保有することに問題があることも明らかである。一つは、各国の資金配分における効率性である。各国の中央銀行は資産サイドに外貨準備を保有するとともに、負債サイドには中央銀行債（インドネシアやタイなど）や特別準備預金（Special Deposit Accounts、フィリピン）を保有することで、外貨準備の増加を不胎化している。民間銀行のバランスシート上では、家計などから集め

た預金を利用して,こうした中央銀行債やSDAを資産サイドで保有する形となっている。成長が見込まれる新興市場において,金融機関が動員した貯蓄が外貨準備として米国に貸し出されているという姿は,資金配分の効率性という点からは問題視せざるを得ない。また,こうした安全性,安定性を目的として保有されている外貨準備が,米国の金融システムの不安定化を促した可能性があることは皮肉なことである。Obstfeld and Rogoff (2009) は,外貨準備という形で米国の不完全な資本市場に大量の資金が貸し出されたことに,金融危機の原因の一端があった(codeterminantであった)としている。

最後に,銀行の資金配分に関して指摘されている問題点について。企業の資金調達で外部資金の利用が低位であること,銀行の貸出先として消費者向けが拡大している,といった状況はどのように評価すれば良いのであろうか[22]。一つには,情報生産や満期変換など銀行の金融仲介機能の未発達が挙げられよう。しかし同時に,実体経済の構造を反映している側面も少なくないように思われる。言うまでもなく,資金配分と実体経済の構造は相互に関連しあっているため,どちらが主導的な要因であるかを見極めることは容易ではない。ASEAN諸国では,少数の有力なグループ企業と多数の自営業者が一般的で,中堅企業がなかなか発展していない印象である。こうした状況は,銀行信用へのアクセスに制約があるためなのか,あるいは産業構造や競争環境を映したものなのか[23]。また,インドネシアやフィリピンでは,不完全就業の状態にある労働力が多数存在し,労働市場は依然として労働余剰の状況にあると考えられる。このことは,所得分配において企業利潤(資本)へ分配される所得の割合が高いことを示唆し,企業が資金調達において内部留保など自己資金で賄う割合を高く維持できることを含意すると考えられる。一方で,金融仲介が未発達であるために,とりわけ地方において,企業の発展や雇用の創出が遅れている可能性も否定できないであろう。金融仲介と経済発展との関連は引き続き重要な分析課題であるが,労働と資本の移動性が国内地域間と国際間でともに高まっている状況を考慮に入れつつ,考察することが必要と思われる。

補節　BIS銀行統計について

　BISの銀行統計には、「国際資金取引統計（Locational banking statistics）」と「国際与信取引統計（Consolidated banking statistics）」がある。前者は、世界の主要43カ国・地域に所在する銀行の国際業務（クロスボーダー取引（下表の[a]）と外貨建て取引（下表の[b]））の債権・債務を集計している。後者は、世界の主要30カ国・地域に本店を持つ銀行の国際的な与信状況（クロスボーダー取引、外貨建て取引に加えて、進出国での現地通貨建て取引（下表の[c]）を集計している。各銀行の本支店勘定を通じた海外支店や海外現地法人との取引は、銀行を所在地で把握している前者では集計対象であるが、連結ベースで把握している後者では対象に含まれない。

	外貨建て	現地通貨建て
クロスボーダー取引	[a]	[a]
進出国での現地取引	[b]	[c]

　図2～4で利用した「国際資金取引統計」では、為替レート変化の影響を除いた債権、債務残高の変化を把握することができる。表4～7や図5で利用した「国際与信取引統計」では、銀行の多国籍化が進展している中で、進出国での現地通貨建て取引も含めてエクスポージャーを把握できることに意義がある。

　ただし、BISへの報告国は「国際資金取引統計」でも43カ国・地域と必ずしも十分ではない。東アジアでの金融リンケージを検討しようとする場合、オフショア市場である香港とシンガポールはともに報告国・地域であるが、「国際与信取引統計」では韓国やASEAN 4カ国が報告国に入っていないという制約がある。なお、ここでの説明は、日本銀行がホームページ上で提供しているBIS銀行統計に関する解説を参照した[24]。

第6章 東南アジア諸国の国際資本フローと国内金融

【注】
1) インドネシア，マレーシア，フィリピンのEMBIスプレッドの推移は下表の通り。

	インドネシア	マレーシア	フィリピン
2008年　4-6月	381	153	303
7-9月	490	194	324
10-12月	762	370	546
2009年　1-3月	742	344	432
4-6月	433	167	324
7-9月	295	174	265

出所：IMF, Global Financial Stability Report.

2) 各国のソブリンCDSスプレッド（5年物）も下表のように著しい上昇をみた（小数点以下四捨五入）。

	インドネシア	マレーシア	タイ
2008年8月28日, 29日	263	127	135
2008年10月23日, 24日	1,245	467	524
2009年3月30日, 31日	595	245	233

出所：Bloomberg.

3) 頻繁に使用されているEMP指標は，ΔX：為替レートの前月比変化率，ΔR：外貨準備の前月比変化率，σ_X：ΔXの標準偏差，σ_R：ΔRの標準偏差，とすると，次のような式で与えられる。

$$EMP = \Delta X + (\sigma_X / \sigma_R) \Delta R$$

下図は1990年2月～2010年12月をサンプル期間として計測したタイとインドネシアのEMP指標である。

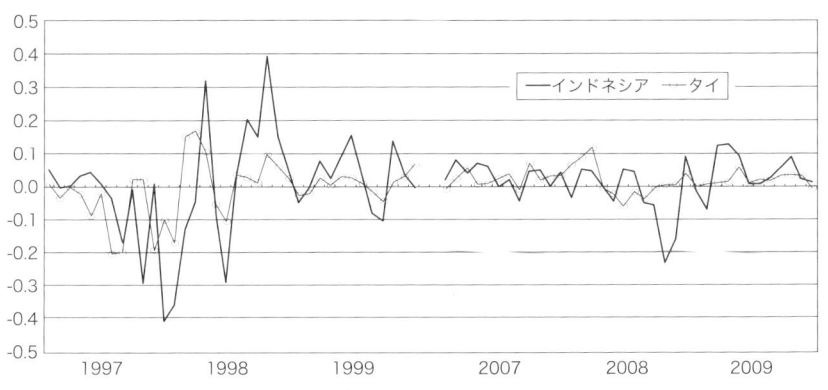

注：プラスは増価圧力，マイナスは減価圧力。
出所：IMF, International Financial Statistics.

4) インドネシアでは，為替レートの下落と資本流出への懸念に対して中央銀行が金利引き上げで対応した（小松（2011））。このため国内長期金利も一時的に大幅な上昇となった。
5) ここでの外国資本の純流入額は，長期債務，株式投資，直接投資の合計。データは，世界銀行 Global Development Finance。
6) 通貨危機によってタイがバスケット・ペッグ制を維持できなくなるのは1997年7月であるが，インドネシアとタイのその他投資（外国資本）は1997年第2四半期には流出超に転じている。
7) インドネシアで1999-2001年に直接投資の流出超過が無視できない規模となっていることについて，小松（2010）は，海外企業の撤退に加えて，出資元からの借入金の返済が発生しているため，としている。
8) Philippine Daily Inquirer によると，2008年に入って，フィリピン中央銀行（BSP）はスワップ・ポジションを解消して，スポット市場でドル売り介入を実施し，ペソを買い支えているとしている。これより2008年年初には130億ドルあったスワップ・ポジションは同年10月末には15.2億ドルに減少したとされる（BSP forex stock fell by $1.2B in October, Philippine Daily Inquirer, 2008年11月29日）。
9) BIS銀行統計については，補節を参照されたい。
10) Agosin and Huaita（2011）は，sudden stop を説明する要因として資本流入ブームの存在を指摘し，通常を有意に上回る資本流入が観察された翌年に sudden stop の発生確率が高まることを実証的に示している。資本流入時の問題や政策対応については，たとえば，IMF（2007b）でも議論されている。
11) Calvo and Talvi（2008）は，1998-99年のチリの経験をロシア危機によって損失を蒙った国際投資家による資金引き揚げと捉えている。しかし，Cowan and De Gregorio（2005）は，大幅な経常収支赤字，交易条件の悪化，当局による通貨の買い支え，といった背景のもとで，自国資本（とりわけ銀行）による外国資産への逃避が資本流出の背景であり，外国資本による突然の流入停止という sudden stop ではなかった，としている。Rothenberg and Warnock（2006）の実証結果でも，この時期のチリの経験を sudden flight と特徴付けている。
12) 多くの新興市場国で月次ベースの資本収支は利用可能でないため，Calvo は貿易収支から外貨準備を控除したものを資本収支の代理変数としている。
13) チリにおける無利子強制預託制度（encaje）の効果について，Cowan and De Gregorio（2005）では，流入資本の構成を長期化する効果は持ったが，資本流入の総量や実質為替レートの割高化には効果はほとんど無かった，としている。
14) Leijonhufvud（2007）はグローバル金融機関が新興市場に対して過大なエクスポージャーを積み上げる背景として，短期で利益を追求する経営者や従業員のインセンティブ，横並び行動（herd behavior），リスク管理の不完全さを挙げている。
15) 国別，証券形態別にみた米国証券投資については，米国財務省のデータ（Foreign

Portfolio Holdings of U.S. Securities) を参照。
16) 1998年12月にはロシア危機が起こって，このショックは中南米にも伝染した。
17) 東欧向け与信では欧銀のシェアが91％に達しており，また中南米向けでもスペインの銀行の進出によって7割を超えていた。
18) グローバル銀行の国際業務がクロスボーダー取引から現地化しての取引に移行していることは ASEAN 4 カ国に限られたことではなく，欧米の銀行に一般的に観察される動きである。この点については，McCauley et al. (2010) を参照されたい。
19) 寺西 (1991) は，1970，80年代の東南アジアの海外金融市場借入の実態と問題について，詳しい説明を与えている。
20) 東アジア危機を境として，東アジアの銀行が海外借入に依存した資金調達構造を修正したのとは対照的に，2000年代に入って東欧諸国では外貨建て借入に依存して銀行貸し出しを膨張させた。これより，2007-08年の東欧諸国では顕著な通貨のミスマッチが観察されている (Goldstein and Xie (2009) 参照)。
21) 短期対外債務の外貨準備に対する比率は，下表にみる通り各国で顕著な低下となっている。

	インドネシア	マレーシア	フィリピン	タイ
1996	175.1	40.8	77.4	126.0
2005	73.9	17.4	39.5	31.5

出所：International Monetary Fund (2007a)。

22) ASEAN 4 カ国の中では金融・資本市場が最も発展していると思われるマレーシアの銀行の財務報告を概観しても，住宅ローンや自動車ローンなどコミュニティ向けビジネスの収益への寄与が高くなっている。
23) 別例として，フィリピンで"最も成功した輸出セクター"とされる海外就労に関わるビジネスには銀行セクターは経営資源を配分しているとの印象を受ける。
24) http://www.boj.or.jp/statistics/bis/ibs/index.htm/

【参考文献】
国宗浩三編 (2010)『国際資金移動と東アジア新興国の経済構造変化』アジア経済研究所　研究双書 No. 591。
小松正昭 (2001)「インドネシアの金融部門の自由化政策と銀行不良債権問題」(国際金融情報センター編『インドネシア政治・社会・経済の現状と見通し』第3章)。
小松正昭 (2010)「アジア金融危機後のインドネシア経済の課題─国際資本移動と銀行部門─」(国宗浩三編『国際資金移動と東アジア新興国の経済構造変化』アジア経済研究所　研究双書 No. 591　第8章)。
小松正昭 (2011)「インドネシアにおける金融政策の課題─サブプライム危機以後の資本流

入と金融政策―」(国宗浩三編『世界的景気後退と開発途上国の政策対応』アジア経済研究所　調査研究報告書)。

寺西重郎 (1991)『工業化と金融システム』(東洋経済新報社)。

寺西重郎・福田慎一・奥田英信・三重野文晴 (2008)『アジアの経済発展と金融システム　東南アジア編』(東洋経済新報社)。

Agosin, Manuel R. and Franklin Huaita (2011) "Capital flows to emerging economies: Minsky in the tropics," Cambridge Journal of Economics 35(4): 663-683.

Ananchotikul, Nasha and Khatharit Sitthikul (2009) "Capital Flows in Thailand: Trends, Determinants, and Implications for Central Bank Policies," Bank of Thailand Discussion paper DP/02/2009.

Calvo, Guillermo A. (1999) "Contagion in Emerging Markets: When Wall Street is a Carrier," mimeograph, University of Maryland.

Calvo, Guillermo A., Alejandro Izquierdo and Luis-Fernando Mejía (2004) "On the Empirics of Sudden Stops: The Relevance of Balance-Sheet Effects," NBER Working Paper 10520, National Bureau of Economic Research.

Calvo, Guillermo A., Alejandro Izquierdo and Luis-Fernando Mejía (2008) "Systemic Sudden Stops: The Relevance of Balance-Sheet Effects and Financial Integration," NBER Working Paper 14026, National Bureau of Economic Research.

Calvo, Guillermo A. and Ernesto Talvi (2008) "Sudden Stop, Financial Factors, and Economic Collapse in Latin America: Learning from Argentina and Chile," Narcis Serra and Joseph E. Stiglitz eds. The Washington Consensus Reconsidered: Towards a New Global Governance, Chapter 8, The Initiative for policy Dialogue, Oxford University Press.

Cetorelli, Nicola and Linda S. Goldberg (2010) "Global Banks and International Shock Transmission: Evidence from the Crisis," NBER Working Paper 15974, National Bureau of Economic Research.

Cowan, Kevin and José De Gregorio (2005) "International Borrowing, Capital Controls and the Exchange Rate: Lessons from Chile," NBER Working Paper 11382, National Bureau of Economic Research.

Glick, Reuven and Andrew Rose (1999) "Contagion and Trade: Why are Currency Crises Regional?" Journal of International Money and Finance 18(4): 603-617.

Goldstein, Morris and Daniel Xie (2009) "The Impact of the Financial Crisis on Emerging Asia," Working Paper Series WP 09-11, Peterson Institute for International Economics.

Guidotti, Pablo E., Federico Sturzenegger, and Agustín Villar (2004) "On the Consequences of Sudden Stops," Economia 4(2): 171-214.

Henry, Peter Blair (2007) "Capital Account Liberalization: Theory, Evidence, and Speculation," Journal of Economic Literature 45: 887-935.

International Monetary Fund (2007a) "Indonesia: Selected Issues," IMF Country Report No. 04/273.

International Monetary Fund (2007b) "Managing Large Capital Inflows," World Economic Outlook, October 2007 Chapter 3.

Kaminsky, Graciela L. and Carmen M. Reinhart (2000) "On Crises, Contagion, and Confusion," Journal of International Economics 51(1): 145-168.

Leijonhufvud, Christina (2007) "Financial Globalisation and Emerging Markets Volatility," The World Economy 30(12): 1817-1842.

McCauley, Robert, Patrick McGuire, and Goetz von Peter (2010) "The Architecture of Global Banking: From International to Multinational?" BIS Quarterly Review, March 2010: 25-37, Bank for International Settlements.

Mendoza, Ronald U. (2010) "Was the Asian Crisis a Wake-up Call? Foreign Reserves as Self-protection," Journal of Asian Economics 21: 1-19.

Milesi-Ferretti, Gian Maria, Francesco Strobbe, and Natalia Tamirisa (2010) "Bilateral Financial Linkages and Global Imbalances: a Vew on The Eve of the Financial Crises," IMF Working Paper WP/10/257, International Monetary Fund.

Mohanty, Madhusudan and Philip Turner (2010) "Banks and Financial Intermediation in Emerging Asia: Reforms and New Risks," BIS Working Papers 313, Bank for International Settlements.

Obstfeld, Maurice and Kenneth Rogoff, Kenneth (2009) "Global Imbalances and the Financial Crisis: Products of Common Causes," CEPR Discussion Paper No. DP7606, Center for Economic Policy Research.

Radelet, Steven and Jeffrey Sachs (1998) "The East Asian Financial Crisis: Diagnosis, Remedies, Prospects," Brookings papers on Economic Activity 28(1): 1-74.

Rodrik, Dani and Andrés Velasco (1999) "Short-term Capital Flows." NBER Working Paper 7364, National Bureau of Economic Research.

Rothenberg Alexander D. and Francis E. Warnock (2006) "Sudden Flight and True Sudden Stops," NBER Working Paper 12726, National Bureau of Economic Research.

Thaicharoen, Yunyong and Nasha Ananchotikul (2008) "Thailand's Experiences with Rising Capital Flows: Recent Challenges and Policy Responses," Financial Globalisation and Emerging Market Capital Flows, BIS Papers No. 44: 427-465, Bank for International Settlements.

Tressel, Thierry (2010) "Financial Contagion through Bank Deleveraging: Stylized Facts and Simulations Applied to the Financial Crisis," IMF Working Paper

WP/10/236, International Monetary Fund.

第7章

東南アジア諸国連合（ASEAN）にみる地域統合と域内格差

飯沼 健子

1. はじめに

　本章のねらいは，地域統合過程で域内格差がどう捉えられてきたのか，どのような概念として形成されてきたのかについて，東南アジア諸国連合 (Association of Southeast Asian Nations，以下 ASEAN) の合意文書や宣言を検討し，ASEAN 地域統合下の格差概念の特徴を明らかにすることである。

　20世紀後半以降の地域統合では，国家の枠組みを超えて貿易自由化や単一市場により複数国家からなる地域が経済成長を目指す試みがなされてきた[1]。一方，経済的な地域統合の過程で域内の格差を縮小させようとする動きも生じる。例えば欧州連合 (European Union，以下 EU) の地域政策では域内格差の是正が中心的課題となっている。アジアで唯一具現化した地域統合である ASEAN でも，1990年代に加盟国数枠を拡大し経済統合を加速する中で，格差関連の合意や宣言が次々と採択され，域内格差の是正を頻繁に唱えるようになった。国家枠組みから地域統合枠組みに変容する過程で出現する新しい空間での格差の捉え方についてその内容が問われる。

　以下では，先ず地域統合過程の格差に関する代表的な理論的試みを概観する。次に ASEAN 地域統合の格差概念を宣言・計画など正式な同意事項から掘り起こし，その格差概念がどのような性質を持つものとして形成されてきたのかを考察する。ASEAN 公式表明については修辞的表現が多いことや方針の曖昧さが再三指摘されており，公式採択文書もこの批判を逃れ難いものがあ

る。しかし会議体として合意に基づいて組織運営を行ってきた ASEAN の特徴が反映されているとも言える公式合意文書から抽出した格差関連事項の傾向を ASEAN 地域統合に引きつけて検討することで，ある程度 ASEAN の格差概念の趨勢と特徴を捉えることが可能である。

なお，「地域」という用語は文脈により意味が異なるため，本章で扱う用語を便宜上定義しておこう。「地域」は複数国家にわたる広範な地域を指すものと，国内の地域を指す場合とがある。本章では両者の区別が必要な場合は，前者は「ASEAN 地域」，後者を「国内地域」と呼ぶことにする。更に「ASEAN 地域内」の限られた範囲でかつ複数国家にわたる場合は，ASEAN の用語に沿い「準地域」(sub-region) とする。また本章の文脈では「域内」は断りのない場合「ASEAN 地域内」を示すものとする。

2．ベラ・バラッサの地域統合理論における格差の問題

地域統合と格差の関係はどのように理解されてきたのであろうか。地域統合の初期の研究者であるベラ・バラッサは，地域統合下の格差の問題を経済統合と厚生の問題として取り上げた[2]。効率と分配の問題を扱った新厚生経済学の視点を見直しながら用いたバラッサは，地域統合下の経済的厚生は4要素に影響を受けるとした。それは，1) 商品の生産量の変化，2) 国内産品と外国産品の差別化程度の変化，3) 所得の国家間再分配，4) 所得の各国内再分配である。これらは二つに区別され，1) と 2) は実質所得といった潜在的厚生（すなわち効率），3) と 4) は所得再分配の厚生的効果（すなわち公平性）にあたるとする。

先ず効率についての議論を見ると，地域統合でも経済成長が厚生をもたらす可能性，すなわち潜在的厚生を提供するとしている。これを生産面から見ると，ある一定の投入の下で財とサービスの生産量が増加すれば潜在的厚生は増加する。または，同じ財とサービスがより少ない投入により生産されれば，これも潜在的厚生は向上すると考えられる。よって効率性が高ければ厚生をもたらす可能性が高いということを意味する[3]。

では格差に直接関わる公平性については，バラッサはどんな考察をしているであろうか。所得分配の変化と厚生的効果を測るには，個人間の比較が必要になるが，新厚生経済学では，個人の満足度を科学的に比較することはできないとして，厚生的効果は測ることができないとされる。代わりに潜在的厚生の変化をもって経済的厚生の変化とされてきた。バラッサは，これについて補償が実際起こらないかもしれないにも拘らず補償の後の仮定的状況については関係ないという論理になることを批判した。しかし国民国家の枠内の実質所得の変化は厚生の変化の近似値となるとも認めている。その理由として補償は国内政治上実行可能であるからだと述べる。地域統合の場合は，失業や企業移転に対して労働者の再雇用措置，企業再建など，なんらかの形において支援政策がとられるため同様に補償は起こりうるとしている[4]。こうしてバラッサは厚生的効果に関与できない理論的短所を指摘しながらも，実質所得の変化から国内の厚生の変化を推定することが妥当な近似値だとせざるを得なかった。

国家においては国内政治が補償確保の舞台となるが，地域統合では何がどんな正当化の下に補償を確保しようという動きが生じるのか，バラッサは明らかにはしていない。バラッサが挙げた4要素のうち，理論上除外された厚生的効果，すなわち公平性に影響を与える3) 所得の国家間再分配，4) 所得の各国内再分配を，実際の地域統合の例で検討する意義はあるだろう。

また，国内地域が国境を越えて繋がり得る点についても注意を向けることができる。バラッサは制度学派のフランソワ・ペルーの論点に異論を呈している。ペルーは統合と低開発地域の開発は両立できないとして，例えば欧州の単一市場はルール地方とその関連産業に便益をもたらすだけだとしている。しかし，バラッサは集積の傾向において域内格差を強調しすぎることに注意を促した。その理由に，二つの利点を地域統合の域内格差に関して挙げている。一点は関税障壁の撤廃が特に国境地域に与える影響と，もう一点は地域間の接触が貧困地域に便益をもたらす，ということである。つまり複数国家の国内地域が接触することが「平均して」（原典強調）経済共同体内の偏りや地域格差の減少に役立つと述べている[5]。統合の効用の有無は別としても国内地域間同士の国境をまたぐ動力も見逃すべきではないだろう。

この他に，バラッサは格差の絶対性と相対性について触れている。地域統合が与え得る影響として，生活水準の実質的な悪化と相対的な悪化があるとする。国際間要素移動の視点からは，労働力と資本が貧困国から富める国に移動すると貧困国の生活水準が絶対的に悪化するとしている。一方相対的には，経済が停滞しているだけの低所得地域は，他の経済成長を遂げている地域との比較では状況が悪化したと解釈され得る。例えばイタリア南部の生活水準はイタリア統一後に特に悪化したわけではないが，南部の相対的な経済停滞が統一によってもたらされた悪影響であるとも理解され得ると指摘する[6]。このように比較対象次第で格差と捉えられる場合もあることについては注意を要するだろう。

　格差についてのバラッサの理論的試行錯誤はいくつかの示唆と課題を与えている。先ず地域統合下の格差については，所得再分配の厚生的効果を割り出すことは不可能という理論的限界があるものの，現実には公平性のための補償は起こりうる。これが所得の国家間再分配と各国内再分配で実際はどう議論されるのかということが第一の視点である。また第二の視点として，それがどんな対象と比較され格差として理解されるのか，それは絶対的な格差か相対的な格差かを判断することも必要である。新しい経済圏が作り出される際，実質的な所得減少が伴わずとも，相対的な格差として理解される可能性は十分考えられる。この二点は格差を判断する際の空間や集団の単位に関わる。空間単位を国家間で区切るか，国内地域で区切るか，また国内の社会層で区切るかなど，格差は比較対象の区切り方と定義の仕方次第で異なるものとなる。

　このように地域統合と格差の関係を考える場合の視点として，公平性の確保の仕方，格差を捉える空間単位・集団単位，格差の絶対性・相対性に注意を向けることができよう。これらをふまえて，近年格差を繰り返し取り上げるようになったASEAN地域統合における域内格差の概念を見てみよう。

3. ASEAN 地域統合の進展と格差概念

3.1 地域統合以前の ASEAN

ASEAN は政治的外交同盟の性格を持つ地域協力機構として始まったため，初期の段階では地域統合は視野になく，ASEAN 地域としての格差概念は不在であった。ASEAN が 1967 年インドネシア，マレーシア，フィリピン，シンガポール，タイの 5 カ国のバンコク宣言により発足した当時は，冷戦の最中でありかつ植民地支配から独立したばかりであった[7]。こうした不安定な政治状況に置かれていたため，東南アジアにとって和平と安定が最重要課題であった[8]。

やがて域内協力の宣言の中に国内格差に関係する要素が盛り込まれた。1975 年インドシナ三国で共産主義勢力が勝利をおさめたことを意識して，1976 年第 1 回 ASEAN 首脳会議では域内協力関係を重視する「東南アジア友好協力条約（Treaty of Amity and Cooperation in Southeast Asia: TAC）」と「ASEAN 協和宣言（ASEAN Concord）」が採択された。これらは独立して間もない新興国家の紛争や冷戦下の内戦要因を解消すること，各国内の発展のための協力が主眼であった。TAC には格差についての問題意識は不在だが，「ASEAN 協和宣言」では各国内の公平性に言及している。全 8 項目ある目標では，平和，安全保障に次いで第 3 の目標で「貧困，飢餓，疾病，非識字は加盟国の主要な関心事であること，社会正義の推進と各国民の生活水準の改善を重視した経済社会の発展のために協力を強化する」としており，国内格差是正につながる意識として読み取れる。また同協和宣言の中には，簡易な形式だが政治，経済，文化・情報，安全保障の分野に渡る ASEAN 協力の計画が含まれていた[10]。厚生に関連した部分は社会面の計画にあり，「公正な報酬を伴う生産的雇用の拡大を通して，低所得層および農村人口の福利厚生に重きを置いた社会開発の分野で協力すること」，また「特に女性と青少年の開発努力への参加を支援すること」を定めた。よって国内格差は，所得格差，農村問題，社会集団間の格差として捉えられており，厚生と公平性は社会面の問題として見

なされていた。東南アジアで人口比率が高い農村人口の重視，そして女性や青少年が開発努力に携わることを促すことは，初期の国家建設に寄与する過程で起きた方針として理解できる。各国が国民国家を形成する上での必要性から各国内の社会集団間格差に目が向けられたと考えられよう。地域統合はここではまだ視野にないことから，各国内の公平性確保に向け協力する理念を示した。またその公平性は経済領域ではなく，社会領域で考えられていた。

　ASEAN が東南アジアの連合として設立されたにも拘らず，タイ以外の東南アジア大陸部の国は参加しておらず，「二つの東南アジア」と呼ばれた。よって非加盟国に対して ASEAN 内の国家間関係を強化する必要があった。1978年にベトナム軍がカンボジアに侵攻したことで，更に ASEAN 内で一層協力を進める方向が模索されたものの，経済協力は極めて限られており，市場を相互に開放するよりもむしろ互いの市場を閉ざしていた。当時は同レベルの労働力と資源を有する ASEAN 諸国が ASEAN 以外の市場に参入して貿易と産業振興を行おうとする競合関係にあった[11]。このように，地域統合に至る前の ASEAN では緊張が続く地域情勢への対応が重要課題であり，「ASEAN 協和宣言」で各国・各社会内の公平性について示された理念を除いては，格差関連問題は取り上げられなかった。

　やがてソ連のペレストロイカを受けてベトナムとラオスで市場経済の導入を決めた 1986 年以降変化が現れた。また 1988 年ベトナム軍がカンボジアから撤退を開始したことを受け，同年タイ初の民選内閣を率いるチャチャイ首相はインドシナを「戦場から市場へ」転換することを唱え，インドシナを含むタイ・バーツ圏の形成を推進するようになる。インドシナ三国からもソ連・東欧など東側圏の経済協力が引き上げ，インドシナ諸国もタイや ASEAN との経済関係構築に向けて動き出した。

3.2　CLMV 援助への動きと ASEAN 拡大

　1990 年代には ASEAN 域内貿易の自由化が始まり，経済的な地域統合の形態を取るようになる。1980-90 年代は世界的に貿易・投資の自由化を加速させる制度がつくられていった[12]。こうした流れの中で ASEAN でも 1990

年代には ASEAN 自由貿易地域（ASEAN Free Trade Area: AFTA）創設に向けて本格的な調整が始まった。1991 年タイのアナン首相の提唱を受けて，ASEAN 外相会議は 15 年以内に AFTA を設立することを提案し，翌 1992 年第 4 回 ASEAN 首脳会議で「経済協力促進の合意枠組み」として正式合意となった。これにより AFTA を中心とする ASEAN 地域統合が幕を開ける。同会議決議とは別途，AFTA の根幹となる域内関税を引き下げる制度として共通効果特恵関税（Common Effective Preferential Tariff: CEPT）協定が結ばれた。ここで示された「経済協力」は貿易自由化のための協力であり，格差概念は全く含まれていなかった。

同時にこの時期は ASEAN 加盟国の拡大期でもあった。カンボジア，ラオス，ミャンマー，ベトナムは，東南アジアの非加盟国として頭文字をとって CLMV と呼ばれていた。先の 1992 年「経済協力促進の合意枠組み」はソ連崩壊から約 1 カ月後であったが，早速対外志向の協力方針を示した。第 4 項では域内準地域が域内だけでなく ASEAN 外地域と経済連携を進めることは ASEAN 全体の経済協力を補完できるとし，CLMV などとの連携を念頭に置いている。同第 5 項は更に，ASEAN 加盟国間経済協力を補完し，急変する域外経済政治状況に対応するために，他国との協力を強化するとしている[13]。CLMV の ASEAN 加盟は同時に AFTA 加盟を意味するものであったが，ASEAN 拡大の準備は迅速に進んだ。複数の地域協定や協力枠組みへの加盟を経て，ベトナムが 1995 年，ラオスとミャンマーが 1997 年，カンボジアが 1999 年にそれぞれ ASEAN に加盟した。この時点で全東南アジア諸国 10 カ国を網羅することとなり，ASEAN10 と称されるようになった[14]。

既にベトナムは ASEAN に加盟し，ラオス・ミャンマー・カンボジアも加盟が確実となってきた 1995 年，第 5 回 ASEAN 首脳会議ではメコン河流域の経済開発への協力を決めた。これは後に「ASEAN メコン河流域協力（ASEAN-Mekong Basin Development Cooperation: AMBDC）」として，原加盟国（本章ではブルネイを含む 6 カ国を指す）と CLMV の援助協力として定着する[15]。この時点から ASEAN は外部資金の援助調達を打診している。ASEAN 原加盟国は拡大とそれにより生じる格差議論の前に，国家・経済制度全てにお

いて異なる CLMV への援助の取り付けに動き出していた。

3.3 アジア通貨危機の格差概念への影響

　格差を明確に意識した動きが始まるのは1990年代後半であった。この時期には自由化の制度作りが加速する一方で，アジア通貨危機が起こり ASEAN 諸国は対応を迫られた。同時期に共同体構想が打ち出され，その中で格差是正が重要課題として取り上げられるようになる。域内格差の概念は2020年 ASEAN 共同体設立のための長期的目標「ASEAN ビジョン 2020」，その第1次中期計画として「ハノイ行動計画」，そして後述する第2次中期計画として「ビエンチャン行動計画」に見ることができる。

　格差の縮小を初めて取り上げた「ASEAN ビジョン 2020」は，1996年第1回 ASEAN 非公式首脳会議で合意がなされ，翌1997年第2回 ASEAN 非公式首脳会議において採択された。それは「東南アジア諸国の協調」「発展のためのパートナーシップ」「慈しむ社会の共同体」「開放的 ASEAN 」の順に4項目から成り立ち，2020年までに達成する統合と地域協力のあり方が示された[16]。「持続的で均衡のとれた成長」と並んで「加盟国・地域の強靱性の向上」もビジョンに含まれており，1997年7月にタイで始まったアジア通貨危機からわずか5ヵ月後であったことを反映して，危機に対する対応を意識したものとなっている[17]。格差に関係する部分は，第1項の諸国間協調に続き，第2・3項に明示されている。第2項「活力ある発展のためのパートナーシップ」では目標として「緊密な経済統合」を掲げており，「より強固な結束と経済統合を目指して，加盟国間格差を縮小し，多国間貿易制度を公正で開放されたものにし，国際的競争力を向上させる」を第一に打ち出している。同じ第2項では，安定性・繁栄・競争力があり同時に「平等な開発，貧困削減と社会経済格差の縮小」を実施できる「ASEAN 経済地域」創設を目指すとしている。加盟国間格差を正式に取り上げた一方で，平等性や貧困への配慮，社会経済格差への着目は必然的に国内格差の問題につながる視点でもある。経済パートナーシップに関わる第2項だけは，これらの目標達成のために行う措置の概要が掲げられており，ASEAN における経済統合の重要性が伺われる。第2項の殆

どは AFTA に関わることであり，貿易・投資・サービスの自由化が主柱であったが，一点だけ格差に触れたものがあり，「不平等・貧困と社会経済格差の問題を取り上げるために ASEAN 基金を活用する」としている[18]。

　第3項の「慈しむ社会の共同体」でも格差を明確に問題としている[19]。そこでは「貧困の撲滅及び生活水準の平均化を図るため，域内各国間の発展レベルの格差を縮小する」としており，貧困と格差を初めて関連付けている。また社会集団間の公平性，社会的弱者への配慮も取り上げられた。「ジェンダー，人種，宗教，言語，社会文化的出自に拘らず，誰もが人間開発の機会を平等に得ることが出来る」ASEAN 社会を目指すとしている。潜在能力の向上をもって厚生とするアマルティア・センの視点を取り入れ，国連開発計画（United Nations Development Programme: UNDP）が 1990 年以来推進してきた人間開発の概念を取り上げた。国際援助協力の傾向に敏感で，また平等性，公平性を重んじようとする姿勢が共同体ビジョンに現れていると言えよう。

　1997 年の非公式首脳会議では「ASEAN ビジョン 2020」を実現するために，1999-2004 年の第1次中期計画として「ハノイ行動計画（Hanoi Plan of Action: HPA）」が設定され，1998 年首脳会議で採択された。HPA では，マクロ経済と金融に関する協力，経済統合をはじめとして強化を目指す分野の 10 項目が挙げられている。格差に関わる分野は第4項目の「社会開発の促進と金融・経済危機の社会的影響への取り組み」で述べられており，「経済金融危機の社会的インパクトの緩和」「ASEAN 農村開発貧困撲滅に関する行動計画及び社会的セーフティ・ネットに関する行動計画の実施」「貧困，社会経済格差の問題を取り上げた活動や社会開発計画の支援のために ASEAN 基金を利用」などが挙がっている。社会的視野や社会開発・セーフティネットを取り上げたことは危機への対応ではあるものの，国内の地域格差や社会層間格差に直結する事項が並んだ。この他，女性，児童，老人，障害者への社会配慮や女性に教育研修機会を与える配慮などが記載され，国内の社会的弱者も意識している。

　このように「ASEAN ビジョン 2020」と「HPA」では，アジア通貨危機が引き起こした経済危機と社会不安への対応を反映し，格差，厚生，公平性に注

意が向けられた。そこでは危機に面したASEAN拡大と経済統合推進の必要性から来る国家間格差に目を向けると同時に，貧困問題，社会層間格差，社会的弱者への配慮といった国内格差も明確に取り上げられた。

3.4　統合イニシアティブ（IAI）による二層格差概念の固定化

　CLMVとASEAN6の二層格差の是正に的が絞られた取り決めは，2000年第4回ASEAN非公式首脳会議で示されたASEAN統合イニシアティブ（Initiative for ASEAN Integration: IAI）である。「ASEAN内のより発展した国が域内の低開発国を支援する」ことで同意しており，これは事実上CLMVへの援助枠組みであった[20]。CLMVへの支援分野としては，ASEANが競争力の強化に必要とみなす人的資源開発，情報通信技術（Information and Communication Technology: ICT），交通運輸基盤整備などインフラストラクチャーの重要性が指摘された。まずは教育，スキル開発，職業訓練など人的資源開発から始め，最初にシンガポールが訓練所の設立，IT指導員訓練，奨学金などを通して，人的資源開発の援助をCLMVに対して行うことになった。

　人的資源開発，ICT，インフラストラクチャーの3分野からなる協力は，2000年の段階では採択文書があるわけではなかった。IAIは2001年の宣言と2002年の実施計画を経て具体化していく。

　まず2001年ASEAN拡大外相会議で採択された「より緊密なASEAN統合のための開発格差是正に関するハノイ宣言」（以下「ハノイ宣言」）はグローバリゼーションの便益が均等に分配されていないことを指摘し，グローバリゼーションの悪影響を軽減させる有効な方針なくしては国家間や地域間の開発格差が更に拡がるとしている。「ASEAN加盟国間の格差とASEANと他地域の格差を減少させる」よう共同で努力することを示した[21]。そのためにIAIの人的資源開発，ICT，インフラストラクチャーを優先させて，新加盟国のCLMVに対して特別な努力を払うとしている。特に開発格差縮小にICTを積極的に活用するとしており，デジタル・ディバイドをASEAN各国内，ASEAN諸国間，そしてASEAN以外の地域との間で解消していく意向を示した。国内格差に触れた部分はICT関連のみであり，農村の所得向上，教育，公衆衛生にも

ICTを導入するとしている。

　ハノイ宣言には地域経済統合についての項目があり，主にCLMVの統合についての方針が挙げられた。まずCLMVがASEAN，AFTA，IAIによる地域経済に統合されるよう取り計らうことを明示している。その中では，ASEAN6が2国間の取り決めによりそれぞれCLMVからの輸入に対して優遇措置を与えるよう促している。またカンボジア，ラオス，ベトナムの世界貿易機関（World Trade Organization: WTO）加盟を支持するよう働きかけた他，CLMVの地理的条件を意識して，陸路運輸を促進するためASEAN貨物輸送合意（ASEAN Agreement on Goods in Transit）についても早期決着の意向を示した。またCLMVがASEAN経済の主流に統合されるよう，メコン河流域開発協力の計画作りも提唱した。こうしてハノイ宣言ではIAIで示されたCLMVとASEAN6の格差縮小を再認し具体的協力分野を提示した。

　翌2002年に策定された「開発格差是正のためのIAI実施計画（2002-2008年）」（通称「IAI実施計画」）では，インフラストラクチャー，ICT，人的資源開発の3分野に地域経済統合が加わり，CLMVへの援助と相互協力計画として51の援助事業が提案された[22]。

　「IAI実施計画」はCLMVへの援助計画ではあるが，現実には援助資金を取り付ける事業提案でもあった。なぜならASEANは人材育成のみに関わり，より資金を要するインフラストラクチャーについてはASEAN以外の援助国や援助機関に託した。「IAI実施計画」で示された事業への資金を募るために，IAI開発協力フォーラム（IAI Development Cooperation Forum）を2002年に開催し，中国，インド，日本，韓国，ニュージーランドといった対話国（Dialogue partners）や，各国の政府開発援助機関や国際援助機関を招いている。

　こうしてIAI以降，毎年格差に関する取り決めが行われた。2000年以降も1997年アジア通貨危機の反省が引き続きなされたが[23]，「ASEANビジョン2020」とHPAで重視された国内格差や社会層間格差はIAIには含まれなかった。一方，CLMV側はASEAN加盟によって開発の道を歩めることを期待した。しかし，折りしも1997年アジア経済危機の影響で，加盟後すぐに経済的

受益効果がうまれたわけではなかったことから，CLMV側には失望感が生じた[24]。元来CLMVがASEAN加盟の意義に懐疑的であったこと，二国間貿易特恵を旧加盟国から新加盟国に対して取り付けやすいこと，また外部からの援助を取り付けやすくなることも勘案されていた[25]。CLMVとASEAN6の格差縮小に特化したIAIは，こうした事情をふまえて打ち出されたと言えよう。

IAIによって敷かれたCLMV・ASEAN6間の二層格差の是正はすなわち「ASEAN内の格差是正への取り組み」として定着していく。その格差概念は国家間格差を大前提としていた。また是正方法は援助協力であり，IAIとそれに続く一連の宣言と実施計画により，ASEANの格差是正手段は援助協力によるという事実上の制度化が進んだ。またASEAN独自の援助は一部であり，ASEANが援助調整を行い，他の国や援助機関から支援を取り付ける構図であった。ASEANはCLMVに対する援助を推進・調整する役割を自ら作り出したと言える。

3.5 共同体構想と格差概念

域内格差縮小のための枠組み作りは共同体構想模索の中で続いた。共同体構想がより具体性を帯びてくるにつれ，格差概念も細分化するようになった。2003年第9回ASEAN首脳会議では「第二ASEAN協和宣言」（または「第二バリ協和宣言」）を採択し，ASEANビジョン2020の共同体構想を更に進めて，ASEAN安全保障共同体（ASEAN Security Community: ASC），ASEAN経済共同体（ASEAN Economic Community: AEC），ASEAN社会文化共同体（ASEAN Socio-Cultural Community: ASCC）の3本柱から成り立たせることになった。宣言では，マレーシアのマハティール首相が提唱した「汝の隣人を繁栄させよ（Prosper Thy Neighbour）」という呼びかけを示しASEAN経済の相互依存性を強調している。10項目ある宣言項目のうち，格差に関連する部分は第3項に「異なる経済レベルを平等な開発の機会に転化していくこと」として記載された[26]。更に宣言後半の共同体の概要の中で具体的にどのような格差を是正しようとしているのかが提示された。

同宣言で打ち出された三共同体のうち格差を取り上げたものはAECと

ASEAN 内格差関連合意略年表
1997年　ASEAN ビジョン 2020
1998年　ハノイ行動計画（HPA）(1999-2004)
2000年　ASEAN 統合イニシアティブ（IAI）
2001年　より緊密な ASEAN 統合のための開発格差是正に関するハノイ宣言
2002年　IAI 実施計画（2002-2008）
2003年　第二 ASEAN 協和宣言（2020年までに ASEAN 共同体設立で合意）
2004年　ビエンチャン行動計画（VAP）(2004-2010)
2007年　ASEAN 共同体創設の加速化に関するセブ宣言（ASEAN 共同体設立を2015年に前倒し），ASEAN 憲章（2008年発効），慈しみ分かち合う共同体に向けてのセブ宣言，「ASEAN 経済共同体（AEC）青写真」
2009年　IAI 戦略枠組み，第二 IAI 実施計画（2009-2015），ASEAN の MDGs 達成合同宣言，「ASEAN 社会文化共同体（ASCC）青写真」

ASCC である。AEC では単一市場，単一生産拠点を築くことが示され，5項目ある AEC の内容のうち4項目は経済統合と経済自由化についてであった。残りの1項目は「ASEAN 統合の利益が共有され，ASEAN 加盟国が一体化して前進するために，技術・開発協力を通し CLMV の経済統合を加速し開発格差に取り組む」として格差問題を挙げた。明らかに AEC は国家間格差すなわち CLMV と ASEAN6 の二層格差概念を引き継いでいる。またこの格差を是正する手段は技術・開発協力であるとした点も変化はない。

ASCC では，1976年 ASEAN 協和宣言の中の社会開発と，1997年金融危機後に現れた「慈しむ社会の共同体」の内容を継承して，「社会開発分野の協力により，不利な立場にある人々や農村人口の生活水準の向上を目指し，女性，青年，地域社会が活発に関わることを推進する」とした。労働分野でも，労働力が経済統合から便益を受けられるよう，基礎教育，高等教育，訓練，科学技術開発，就労機会創出，社会保護を提唱した。他にも公衆衛生，医療，文化の多様性，人口問題，環境問題などが取り上げられた。

こうして「第二 ASEAN 協和宣言」の共同体構想は，AEC で国家間格差を，ASCC で国内格差や社会格差を扱うことを示した。これに対し2007年に採択された AEC の青写真と2009年採択の ASCC の青写真では，格差の内容と位置付けに多少の変更が見られた。AEC の青写真では4要素の一つに「平等な開発」を掲げ，その内容は中小企業（Small and medium-sized enterprises: SME）と IAI となっている。IAI は先述の通り CLMV と ASEAN6 の二層格差

是正に取り組むものでありそれまでの位置づけと同様である。一方 SME はこれ以前「平等な開発」の文脈で取り上げられることはなかった。どんな格差に対するものかは記載されていないものの,「マクロ経済や金融問題に直面してもより耐え得るだけの強靭性を備える」としており,SME への配慮もアジア金融危機からの教訓を汲んでいると言えよう[27]。

　ASCC の青写真は,人間開発,社会福祉・保護,社会正義・権利,環境の持続性,ASEAN アイデンティティの構築,開発格差縮小から成り立つ。最初の3項目も格差に関するテーマである上,開発格差縮小については,「ASEAN6 と CLMV の間の格差,また ASEAN 内の孤立した低開発地帯の格差,特に開発の社会的側面の格差を縮小するために協力する」として,国家間格差,国内格差,社会格差を網羅した[28]。つまり「第二 ASEAN 協和宣言」で AEC の枠内で捉えられていた国家間格差が,青写真の段階では ASCC でもその他の格差とあわせて包括された。ASEAN は 1990 年代から格差問題を取り上げたものの,どのような格差をどう位置づけるかについては,2000 年代中も試行錯誤がなされてきたと言えよう。

　この他 ASCC 青写真は「第二 IAI 実施計画 (2009-2015 年)」を策定し,同計画や CLMV への支援に対して対話国や国際・地域援助機関から資金を取り付けるとした。また ASEAN 加盟国常駐の援助機関らに対して,地域統合の社会インパクトを調査するよう要請し,社会政策に役立てるとした。ASCC 青写真は,ASEAN が域内への援助推進を行う上でも役立っていた。

　2009 年タイのフアヒンで開催された第 14 回 ASEAN 首脳会議で採択された「ASEAN 共同体ロードマップについてのチャアム・フアヒン宣言」では,三種類の共同体の青写真と「第二 IAI 実施計画 (2009-2015 年)」をもって「ASEAN 共同体設立のロードマップ (2009-2015 年)」とすることを決めた。その前文では「ASEAN 統合の便益が完全に得られるように,開発格差を縮小することが ASEAN の重要な役目であることを強調する」としている[29]。こうして開発格差縮小は,AEC の一部に国家間格差として,また ASCC の大半に網羅的な格差概念として掲げられ,CLMV への援助推進計画である「第二 IAI 実施計画」とあわせて ASEAN 共同体設立の重要課題として位置づけられ

ていった。

　さて格差概念の新しい傾向として，2000年代半ばからASEANの採択文書では異なる空間単位の格差や格差指標への関心も一部で見られるようになった。それはまず2004年第10回ASEAN首脳会議で採択された「ビエンチャン行動計画（Vientiane Action Programme: VAP）(2004-2010)」である。「ASEANビジョン2020」の第二次中期計画としてHPAに続くものであるVAPは，ASC, AEC, ASCCの三共同体の他に別途「格差是正の目標と戦略」を掲げた。これまでと同様に，ASEAN共同体創設にあたり国家間格差を縮小することの重要性があらためて強調しているが，もう一方で初めて格差の空間単位と指標について触れた。例えばCLMVと「ASEAN内の準地域」のニーズに応えられるようにIAIを強化することが示された。後の2009年ASCC青写真に「準地域」の具体例が挙げられている。それによると，社会開発問題をIAIと「準地域協力枠組」の事業に統合するとしたのだが，「準地域協力」として多くの新しい空間単位が列挙され，この最後にCLMVも挙がっている[30]。これらの国境を越える準地域には経済成長の上で優位なものもあることから，必ずしも「孤立した低開発地帯の格差」に当たるとは限らない。地域統合で新たな空間単位がASEANの格差と開発の概念に出現するが，成長拠点としての空間単位と格差是正の空間単位の模索過程の跡が見られる。

　この他，格差の指標についてもVAPで初めて触れられた。「開発格差はしばしば一人当たり所得で表される他，人間開発指標や貧困率でも表すことができる」として簡易な記述がなされた[31]。それ以前の格差関連文書ではどの指標をもって格差とするかは触れられてこなかったが，格差是正の具体的内容を整えるにつれ，こうした関心の端緒が表れたことは必然的であろう。

　共同体構想が具体化する段階では，これまでのCLMVとASEAN6の国家間格差に加え，国内格差，社会層間格差が盛り込まれるようになった。国内格差，社会層間格差は当初専らASCCに位置づけられたが，国家間格差はAECの枠内で示された後ASCCの中にも含まれるようになった。また，格差是正の手段としては，IAIと共同体構想を通して援助が格差是正の唯一の方法として固定化された。援助以外の方法には域内共通政策もあり得るだろう。ECお

よび EU は域内格差是正の地域政策を確立してきたが，ASEAN では地域政策は全く取り上げられていない。一方，ASEAN では新たに格差を表す空間単位と指標への関心として，準地域や格差指標に言及がなされた。格差是正の対象としての準地域の選択も指標の全容も不確定ではあるが，格差議論が詳細になるにつれ，空間単位の定義と指標設定の必要性は益々重要視されるだろう。

4. 域内格差の絶対性・相対性について

4.1 格差概念と貧困問題

バラッサが指摘した格差の絶対性と相対性の問題は，ASEAN 地域統合ではどう捉えることができるだろうか。ひとつには絶対的な格差と関連するものに貧困問題がある。貧困の判断自体も絶対的・相対的の議論を免れないが，貧困問題は絶対的格差と関係が深い。なぜなら貧困問題がある場合は大方実質的な格差もあると考えられるからだ。地域統合の中で貧困問題を取り上げることは各国内格差への関心にもつながる。ASEAN は格差と貧困問題を当初意識して結び付けていた訳ではないが，3.3 節で触れた通り，アジア通貨危機を受けて「ASEAN ビジョン 2020」は貧困削減を掲げた。農村開発との関連でも貧困問題が課題として取り上げられるようになり，1998 年，2000，2002，2004，2007 年と農村開発と貧困削減に関する ASEAN 閣僚非公式会議が開催された。「ASEAN が ASEAN を助ける」の精神の下に，「農村開発，貧困削減，開発格差是正」に力を注ぐことを取り決め，加盟国内の施策や事業実施における最優良事例を記録することや，情報交換促進などが話し合われた。ここでいう「開発格差是正」はどの空間単位の格差なのか明確ではないが，「貧困削減」は必然的に国内地域を想定せざるを得ない。

但し CLMV と ASEAN6 の国家間格差への注目と比べると，貧困問題は取り上げられる頻度も公式合意もはるかに少ない。国際的な対話や協力関係を築く過程で，貧困削減の国際的な取り組みに足並みをそろえた面も見られる。例えば ASEAN はアジアと欧州の地域間協力関係の促進と対話の場としてアジア欧州会合（Asia-Europe Meeting: ASEM）の発足を促し，1996 年同会合の発

足以来主要な国家群として活動してきた。2004年のASEM宣言は，国際的な法秩序にコミットする多国間主義として，地球規模の課題に貢献するとしている。同宣言が挙げる地球規模の重要課題に，ミレニアム開発目標（Millennium Development Goals: MDGs）達成の推進，貧困及び飢餓とのたたかいがある。MDGsは2000年の国連ミレニアム・サミットで採択された国連ミレニアム宣言に基いて定められたもので，その後国際協力や援助の規範となった。こうしてMDGsと貧困削減が国際機関の横断的枠組みとなったことや，ASEMを通して欧州やアジア諸国と歩調をあわせる必要があったことが関係しているだろう。

やがてASEAN共同体構想が推進される中で，貧困問題は「慈しみ分かち合う」視野およびASCCと結びついていった。2007年「慈しみ分かち合う共同体に向けてのセブ宣言」では，単一共同体になるため，開発格差の問題に取り組み，諸事業実施と経済統合を加速化する必要性を表明し，ASCCの貧困削減，生活向上などを通してMDGs達成に寄与するとしている。更に児童の権利，女性・青少年の参加，教育などを盛り込んだ[33]。

2009年第14回ASEAN首脳会議では「ASEANのMDGs達成合同宣言」を発表し，その前文では「加盟国の初等教育，ジェンダー平等，感染症の分野でMDGs達成に向けて確実な進展があったが，未だ目標の達成に向けて課題を残す加盟国がある」ことを指摘した。タイのようにMDGsを達成した国がある一方，CLMVの教育・保健分野の課題がMDGs達成を阻んでいることを指している。宣言本文では「ASEANをジェンダー配慮があり，強靭で結束力のある地域組織としていくこと，経済成長と社会開発，環境の持続性の間で均衡を取り，MDGs達成に伴い弊害が生じないようにすること，またアドボカシーと連携，知識，リソース，専門性，地域協力と地域公共財を基盤にMDGs達成のロードマップを作り出す」とし，地域としてMDGsを達成する意欲を示した[34]。

ASEAN憲章は2007年第13回ASEAN首脳会議にて採択され，翌2008年に発効となった。このASEAN初の基本条約に貧困削減と格差是正が同一項目で掲げられている。第1条では15項目に渡るASEANの目的のうち第

6項に「相互援助と協力により,貧困を削減しASEAN内の開発格差を縮小する」としている[35]。また貧困問題に対して農村開発からのアプローチを進めることを示した。各分野の閣僚級協力制度を定める中,貧困分野については「農村開発と貧困撲滅のためのASEAN閣僚(ASEAN Ministers on Rural Development and Poverty Eradication: AMRDPE)」会合がASCCの一制度に組み込まれた。また2009年第14回ASEAN首脳会議で合意された「IAI戦略枠組み」「第二IAI実施計画」では,食糧,農業,林業関連で,CLMVとASEAN6の格差を縮小することと競争力向上について調査を進めることを定めた。

ASEANは,国際的な貧困削減の取り組みへの参加と共同体構想構築の中で,貧困問題を国家間二層格差と国内格差の双方につながる形で提示してきた。貧困問題がASCCに位置づけられたことも,農村問題と関連付けられたこともある程度妥当な形であろう。ただしASEANの貧困問題は格差問題と平行して捉えられているものの,貧困削減が具体的にどんな格差是正につながるのかは明確にされておらず,特に国内格差の是正として施策化は可能であろうが,実施計画などの策定には及んでいない。

4.2 格差の相対性について

ASEAN地域統合の格差は,CLMVとASEAN6の国家間格差に最も焦点があてられてきたが,ASEANとして格差指標とデータ分析を示しているわけではない。一般的に指摘されたASEAN格差の根拠は,一人当たりのGDPを基準にしたり,セクター別に見ても国家間格差を照らし出すものであった[36]。格差の実態を検証することは本稿の目的ではないが,格差の相対性について一考しておきたい。

前節では公平性につながるものとして国家間格差,および社会層格差を含む国内格差の視点を取り上げてきた。一般には国家間格差については一人当りGDPなどマクロ経済指標が,国内格差についてはジニ係数や貧困率など所得分配指標・貧困指標が用いられる。

まず国家間格差から見ると,表1の購買力平価(PPP)ベースの一人当た

表1 一人当たり国内総生産（GDP）（購買力平価PPPによる，米ドル表示）

	1985年	1990年	1995年	2000年	2005年	2010年*
シンガポール	11,205	17,844	26,257	32,251	43,976	57,238
ブルネイ	35,752	36,224	42,143	43,299	47,465	47,200
マレーシア	3,421	4,841	7,521	9,169	11,610	14,603
タイ	1,644	2,903	4,684	4,962	6,838	8,644
インドネシア	1,059	1,539	2,265	2,441	3,207	4,380
フィリピン	1,333	1,752	1,981	2,320	2,935	3,726
ベトナム	491	657	1,009	1,423	2,143	3,123
ラオス	564	685	923	1,180	1,647	2,435
カンボジア	n.a.	562	647	907	1,457	2,086
ミャンマー	242	231	315	459	859	1,246

*2010年は予測値。
出所：International Monetary Fund, World Economic Outlook Database, April 2010 および October 2010 より作成。

表2 国内総生産（GDP）成長率（%）

	1985年	1990年	1995年	2000年	2005年	2009年
シンガポール	-1.4	9.2	8.2	10.1	13.3	-1.3
ブルネイ	-1.5	1.1	4.5	2.8	0.4	n.a
マレーシア	-1.1	9.0	9.8	8.9	5.3	-1.7
タイ	4.6	11.2	9.2	4.8	4.6	-2.2
インドネシア	3.5	9.0	8.4	4.9	5.7	4.5
フィリピン	-7.3	3.0	4.7	6.0	5.0	1.1
ベトナム	3.8	5.1	9.5	6.8	8.4	5.3
ラオス	5.0	6.7	7.0	5.8	7.1	6.4
カンボジア	n.a	n.a	6.4	8.8	13.3	-1.9
ミャンマー	2.9	2.8	6.9	13.7	13.6	n.a

出所：World Bank. Global Economic Monitor, 2011 より作成。

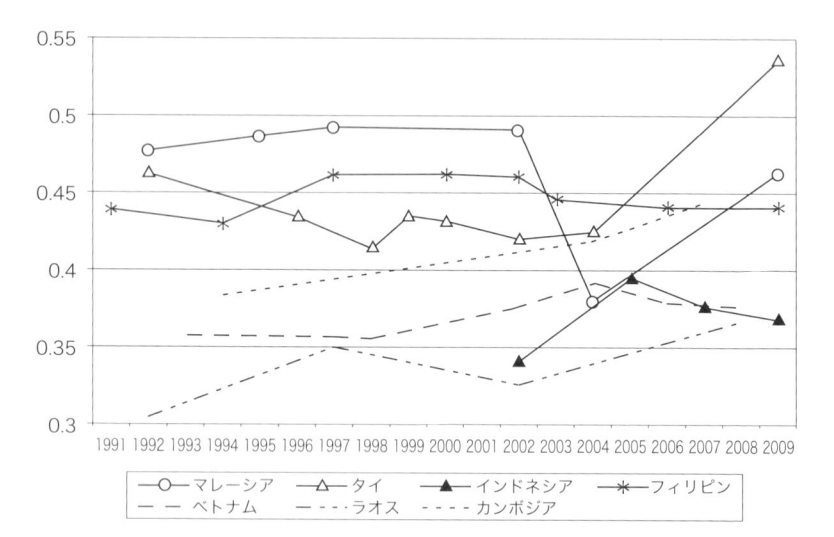

図 1　主要加盟国の年間等価可処分所得のジニ係数推移

出所：World Development Indicators 2004 および 2011 より作成。

り GDP に示される通り，ASEAN 諸国の経済レベルには確かにばらつきがある。1984 年に加盟したブルネイは豊かな石油資源に対して人口は小規模であるため加盟時点から一人当たりの所得は ASEAN 内で最高となった[37]。しかし，この段階ではブルネイと他の加盟国との間の格差は問題にされなかった。1995 年から 2010 年の間にシンガポールの一人当たり GDP が倍増している。この間 2007 年にはシンガポールの一人当たり GDP は，50,129 ドルになり，50,061 ドルのブルネイを超えた。

　GDP 成長率については，CLMV と ASEAN6 の区別は到底できない（表 2）。2008 年世界金融経済危機以降を除くと，シンガポールが 2000 年代に 10% 以上の成長率を見せたものの，これはミャンマーも同様である。発展度の低い経済が開放された場合の成長率が高くなることはよく知られているが，CLMV は 1990 年代半ば以降高い成長率を記録した。ASEAN6 との比較で経済水準の低さが強調されるが，CLMV が高度成長を遂げていることも確かだ。よって CLMV にとっては実質的に経済は活性化しているが，ASEAN6 と比べるこ

とで相対的な格差が注目されてきたと言える。

　ASEANが二層であるということ自体にも疑問が投げかけられてきた。例えば、元ASEAN事務総長のロドルフォ・セヴェリーノはASEANのデータを用い、以下の指摘をしている。実際には、ASEAN6の中の上位国シンガポールとインドネシアの格差の方がASEAN6とCLMVの所得平均格差よりも大きいことや、CLMVではベトナムとその他の国の間の格差も無視できないことである。外国直接投資（FDI）についてはベトナムがフィリピン、ブルネイ、インドネシアそれぞれよりも多くのFDIを受けている点も、ASEAN6とCLMVの分類の曖昧さを示すとしている[38]。

　他研究では、ASEAN加盟国を三または四層に分類する場合も見られる。先ずASEANの中核となる諸国、次に問題を抱えた島嶼国二カ国すなわちインドネシアとフィリピン、そして最後にCLMVである[39]。また、マクロ経済パフォーマンスのクラスター分析からは別の三集団も浮かび上がる。一つはシンガポール、マレーシア、タイ、次にブルネイ、フィリピン、ベトナム、インドネシア、最後に、ラオス、ミャンマー、カンボジアである[40]。1991年から2004年の人間開発指標の順位推移によると、1) シンガポール、ブルネイ、2) マレーシア、タイ、フィリピン、3) インドネシア、ベトナム、4) ミャンマー、ラオス、カンボジアの四集合が浮かび上がる[41]。このように国家間格差を考えるだけでも、複数の格差層が存在しているのであり、ASEAN6対CLMVの二層格差という捉え方は益々再考を迫られる。

　次に各国内の格差を見てみよう。0が完全な平等、1が完全な不平等をあらわす所得分配の指標であるジニ係数の推移では、図1の通り2000年代はじめまでインドシナ三国の方が平等度が高かった。農業人口が多数を占める社会主義圏であったインドシナ三国で所得分配度が高かったことは当然ともいえるが、ASEANの中進国こそ所得分配の課題は大きく、特に2000年代後半タイの不平等増加が著しい。こうした課題はASEANの格差議論では取り上げられていない。

　他の角度から国内格差を示すものとして貧困がある。主要加盟国の国別貧困線以下の人口比率を見ると、タイ13.5%（1998年）、インドネシア16.7%

(2004年），ベトナム28.9%（2002年），カンボジア30.1%（2007年），ラオス33.5%（2003年），ミャンマー32.0%（2005年）となっており，確かにCLMVは比率が高い。貧困層の所得が貧困線の所得をどの程度下回っているかの比率を示す貧困ギャップ比率では，1991-2007年の平均は，マレーシア0.5%，タイ0.5%，フィリピン6.3%に対して，インドネシア5.8%，ベトナム11.9%，ラオス14.4%，カンボジア10.4%と，貧困の深度はインドシナ三国で特に深いことも確かである。一方，国内所得または国内消費全体のうち最も貧しい人口5分の1が占める割合は，1997年から2007年の平均値を見ると，シンガポール5.00%，マレーシア4.92%，タイ5.96%，フィリピン5.62%に対して，インドネシア7.25%，ベトナム7.5%，ラオス8.6%，カンボジア7.1%となっている[42]。むしろ経済状況が悪いとされるこの4カ国の方が貧困層の所得または消費割合が高い。

　以上極めて限られた指標から，格差の有り様を垣間見たが，CLMV対ASEAN6という二層格差概念の絶対性に多くの疑問が提示され得る。国家間格差は比較の仕方により，複数の国家群に分けられ，国内格差も指標により格差の様相は多様である。特にGDP成長率，国内所得分配，貧困層所得割合では，CLMVが上位でASEAN6が下位である。これは経済指標に限っているが，社会指標・環境指標などを含めると，更にインドシナ三国が優位な面がある。CLMV対ASEAN6という国家間二層格差の相対性・絶対性をあらゆる角度から精査する必要があると言える。

5. おわりに

　ASEAN拡大の最中の1997年，共同体構想を練っているところにアジア通貨危機が起きた。危機への対応をすぐに反映して，ASEANは1997年採択の「ASEANビジョン2020」とHPAで国家間格差，国内格差，社会層格差，貧困問題といった包括的な範囲の格差概念を網羅した。2000年以降はIAI，「ハノイ宣言」，「IAI実施計画」により，CLMVとASEAN6の間の格差に特化していき，域内格差問題は事実上CLMVへの援助協力になっていった。2003

第 7 章　東南アジア諸国連合（ASEAN）にみる地域統合と域内格差　195

年「第二 ASEAN 協和宣言」では，ASEAN 共同体の構成要素となる三共同体が示され，中でも AEC では更に開発協力を進めることを示した。2004 年 VAP を機に ASEAN 開発基金を設立したり，「格差是正の目標と戦略」としてより具体的な CLMV 援助計画を作成した。VAP ではごく限られた言及であるが，開発格差の指標と準地域という新たな空間単位について触れている。2009 年には三共同体の青写真と「第二 IAI 実施計画（2009-2015 年）」をもって「ASEAN 共同体設立のロードマップ（2009-2015 年）」とすることを発表すると共に，「開発格差を縮小することが ASEAN の重要な役目」であると表明した。こうした国家間格差の是正は，開発の機会の平等性・公平性という理由付けの下で提唱されてきた。2009 年 ASCC の青写真には 1997 年以来 12 年ぶりに国内地域の格差や社会福祉の格差認識が現れた。これらの国内格差議論は，1997 年はアジア通貨危機への対応として，2009 年は共同体内の社会部門への配慮として提示された。

　ASEAN 拡大後の格差認識の殆どが CLMV と ASEAN6 の格差であったことにより，ASEAN 地域統合である程度の成果が上がった面はある。例えば CLMV に対して域外からより注意が向けられ，特に CLV 三カ国に対しての投資や援助協力が推進されてきた。CLMV が ASEAN に加盟した意義を認識でき，相互信頼関係を築くことは，CLMV にとっても ASEAN6 にとっても重要である。

　また一方で，ASEAN の格差の捉え方は課題も提示している。本章の検討からは四点が明らかになった。まず，CLMV と ASEAN6 の格差に焦点をあてたものの，格差測定の基準が不在であり，実際何をもってどの位の格差があり，どの位格差が改善したと判断する見通しなのか不明である。1997 年に「ASEAN ビジョン 2020」で域内格差の是正が打ち出されてから，長らく格差指標についての議論はなく，漸く 2009 年「IAI 戦略枠組み」「第二 IAI 実施計画」で格差指標設定の必要性が盛り込まれた。またこれは格差の相対性の問題とも関わっており，格差の比較対象と比較方法を検討する余地があろう。今後地域統合とりわけ援助協力を進める上で，域内格差の定義，測定方法，評価方法を断定せざるを得なくなるだろう。

第二に，ASEANの格差の捉え方はあくまで国家間格差であり，国内地域格差および社会層格差の視点が不十分であることが明らかになった。政治統合を視野に含まないASEANでは，設立当初から内政不干渉の原則を維持してきたため，国内不平等に口を挟まないことはある意味で一貫性がある。ところがASCCではASEANが地域統合の格差問題として「準地域」に関心を示した。地域共同体として加盟国内の国境地域の不平等は看過できないことが表れている。但しこれには，国境地域でも今後成長を担うと期待される準地域，低開発の準地域，CLMVの複数国家までが混在していたことから，今後は格差是正対象地と成長拠点地域を「準地域」でも区別していく必要があろう。社会層格差に関連する部分としては，ASCC青写真で示した厚生的配慮がある。また貧困問題，農村開発を取り上げるようになったが，それは国際機関が推進する取り組みに歩調をあわせる形でなされた。ASEANは国際社会で重要な役割を担っていることと，域内に貧困問題が尚残っていることを反映している。しかしこれらの問題は地域統合以前のASEANで既に議題に挙がっていた。地域統合始動後の地域共同体が各国内の絶対的格差にどう関るかという点では，貧困削減への関心は域内格差是正の問題と具体的に結びつかなかった。

　第三に，域内の格差是正の方法は援助協力のみによる点である。ASEANの格差概念は国家間格差が中心となっており，格差是正を国家間援助を通して行うことは当然の結果のように見える。しかし国家間援助では，内政不干渉の原則が足枷となり国内地域格差や社会層格差を直接是正する援助は事実上困難であろう。またASEAN独自の援助資金を捻出するよりも，域外の援助機関から資金を募り，自らはCLMVへの援助推進調整役に回っている。元々CLMVのうちインドシナ三国は冷戦終結後援助受入額を飛躍的に延ばしてきた。そこへ援助協力の組織的体制も組織的経験もないASEANが推進役として参入することの意義は吟味されてしかるべきであろう。またASEANでは援助以外の方法として，域内格差是正の地域政策を設定するといった動きは全く見られない。

　第四に，地域統合で増幅し得る格差への視点が見られないことである。本来であれば，これまで進められてきた貿易自由化や今後進められる経済共同体の単一市場・単一生産拠点確立によって助長される格差への対策をASEANとし

ては捉えていくべきなのであろう。2010年にASEAN6内の関税をほぼ全面的に撤廃したが，これらの国の国内格差はもちろん，国家間格差さえも問題にされてこなかった。労働市場の問題はASEANでは2007年「移民労働者の権利保護促進についての宣言」が採択され，2009年ASCC青写真にもその関心が組み込まれた。現実にはCLMVから多大な労働力移動が従来からあったことを鑑みると遅れをとっているが，労働市場の自由化が模索されるようになれば，ASEAN地域内で格差増幅を防ぐ措置についても議論が必要となろう。

　CLMVとASEAN6の格差議論への特化はこうした地域統合に伴う格差の諸課題を見えにくくさせている。今後の域内格差議論は従来の国家間格差の議論を超えて，地域統合における格差の定義と測定方法，国家間格差の理解の仕方の見直し，国内地域や社会層の格差を捉える方向性を模索するべきであろう。

【注】
1) こうした経済的統合を目的とした地域統合は，1950年代以降世界各地で見られるようになった。欧州では1952年欧州石炭鉄鋼共同体（ECSC），1958年欧州経済共同体（EEC），1967年欧州共同体（European Community: EC）が，中南米では1951年創設の中米機構（ODECA），1960年中米共同市場（CACM），1961年ラテンアメリカ自由貿易連合（LAFTA），1969年アンデス地域統合（ANCOM），1981年LAFTAを改編したラテンアメリカ統合連合（ALADI）がある。この他の地域でも，1973年カリブ共同体（CARICOM），1975年西アフリカ諸国経済共同体（ECOWAS）などが設立された。
　　1990年代には更に経済統合の動きが活発化した。1991年に発足した南米南部共同市場（MERCOSUR）では域内関税を撤廃し対外共通関税を設定した。1993年単一市場を実現し欧州連合（European Union: EU）が誕生し，経済通貨統合の他政治統合にも着手してきた。1994年発足の北米自由貿易協定（NAFTA）は対外共通関税はないが，域内関税の撤廃と投資の自由化を進めている。
2) バラッサは地域統合が五段階を経て形成されると定義したことで，しばしば引用される。これは，1) 域内関税障壁を撤廃した自由貿易圏，2) 域外に対して共通関税を設置し，共通貿易政策がある関税同盟，3) 資本・労働力といった生産要素の移動制限を撤廃した共同市場，4) 経済政策を共同で設定し，通貨統一を伴う経済統合，そして最後に5) 統一された経済政策があり超国家的機関が機能する完全な経済統合もしくは政治統合である。Balassa, 1961: 2.
3) バラッサは地域統合では潜在的厚生と交換が関わってくる点を指摘した。商品移動の制

限は国内商品と外国商品の差別化を招き，関税により消費者はより国内商品を買い，外国商品を買い渋る。域内関税の撤廃は，加盟国の商品間で差別化が除かれ，域外の商品が差別化の対象となる。このようにバラッサは，経済的効率は生産効率と交換効率を意味すること，そのうちいずれか，または双方が改善することで効率性つまり潜在的厚生が向上するとした。*ibid*.: 11.
4) *ibid*.: 12.
5) *ibid*.: 203-205.
6) *ibid*.: 85-86.
7) 東南アジア諸国の正式国名はマレーシアを除いて一般に知られている通称と異なるが，本章では通称で記載する。ミャンマー連邦共和国については，軍事的に政権を掌握した現政権が1989年に英語の国名をミャンマーに変更したことを国際機関，各国が認めたためこの名称が外交では定着したが，研究では現政権を指す以外はビルマの呼称を用いる。本稿ではASEANと関わってきた現政権を指すことと，ASEAN内でミャンマーの呼称が定着していることから，こちらを用いる。
8) 各国政権は特にベトナム戦争と共産主義の拡大を恐れたが，他にもマレーシアとフィリピンのサバ紛争，インドネシアとマレーシアのシンガポールにまつわる問題など紛争が絶えなかった。
9) ASEAN Secretariat, 1976.
10) 経済面の計画としては，危機的状況下で最低限の物資補給を確保することが第一に挙げられており，主要一次産品特に食糧・エネルギーの協力を行うことを確約した。インドシナに戦火を抱えてきた東南アジアの懸念を反映しており，国内格差問題を具体的に示すことはしていない。
11) Steinberg, et al., 1987: 448. ASEANが域外の市場・技術・資本に頼らざるを得ないという意味ではASEAN諸国間の競合関係はその後も続いた。Cai, 2007: 71-72.
12) 二国間の貿易問題を取り扱ってきた関税貿易一般協定（GATT）が，1986年多国間の貿易交渉を行う場としてウルグアイ・ラウンドを開始した。交渉には124カ国が参加し1994年合意に至った。これを受けて1995年にGATTに代わり世界貿易機関（WTO）が発足した。
13) ASEAN Secretariat, 1992a.
14) 東ティモール民主共和国は2002年に独立国となったため，1999年時点のASEANでは全東南アジア諸国が揃った。
15) 1995年バンコク宣言には含まれていないが，ASEAN Secretariat, 1996.に前年の同意事項として記されている。
16) ASEAN Secretariat, 1997.
17)「地域の強靭性」の「地域」が，ASEAN地域，国内地域のどちらを指すか曖昧ではある。

18) ASEAN 基金も同じく 1997 年第 2 回 ASEAN 非公式首脳会議で設立が決まり，ASEAN の意識向上，ASEAN 諸国の人々の交流促進，相互協力，公平な開発，貧困撲滅の開発協力戦略に貢献することを目指す．
19) 原文 'A Community of Caring Societies'. に沿って解釈すると，「複数の慈しむ社会から成り立つ一共同体」を意味する．caring（慈しむ，思いやる，気遣う）は，国家間の合意項目としては曖昧な用語であるが，その後もこの表現は ASEAN で定着した．
20) ASEAN Secretariat, 2000b.
21) ASEAN Secretariat, 2001a. ここでは通常の ASEAN 加盟国間格差の他に，ASEAN と世界の他地域との間の格差に触れていることは興味深い．欧州の地域統合研究の（Mattli, 1999: 66）によると，加盟の動機付けとなるのは，地域統合に参入する国としない国の間に持続的な格差があること，すなわち加盟国は非加盟国よりも好況化することが必要となる．加盟することで他地域に差をつけなければ，加盟する意味はないというのが，欧州の状況においての地域統合拡大の名目の一つだが，ASEAN は逆に先進工業国や経済成長で先行している他地域に追いつくことを便益として掲げている．
22) まずインフラストラクチャーでは，地域内道路・鉄道・水路・空路の交通運輸網の整備，エネルギー開発など，ICT では，業者の参入規制などの制度の他マスタープランの設立など，具体的事業が並んだ．人的資源開発は行政官の訓練，職業訓練の他，経済危機に備えて機能する社会保障や社会的リスクマネージメントを強化する手引書や行政サービスの案内の作成と CLMV のニーズの断定，そして労働問題，移民労働者に関する情報提供やサービスの向上など幅広い分野に渡った．地域経済統合では，CLMV への ASEAN 統合特恵制度，貿易自由化と促進，投資促進などの分野で事業が提案された．
23) 2000 年第 33 回 ASEAN 閣僚会議共同声明では，「複雑で巨大なグローバル化に対応し競争力を増し，慈しむ社会をつくり出すために，より包括的な開発により各国経済の強靭性を向上させる」と表明している．ASEAN Secretariat, 2000a.
24) Teo Chu Cheow, 2003: 135.
25) Severino, 2006: 70.
26) ASEAN Secretariat, 2003.
27) ASEAN Secretariat, 2007c.
28) ASEAN Secretariat, 2009b.
29) ASEAN Secretariat, 2009a. 本来は 2010 年まで有効であった後述の「ビエンチャン行動計画（Vientiane Action Programme: VAP）(2004-2010)」に代わる計画となった．
30) 準地域協力枠組みとして，ブルネイ・インドネシア・マレーシア・フィリピン東 ASEAN 成長地域，大メコン準地域，エーヤワディ・チャオプラヤ・メコン経済協力戦略，インドネシア・マレーシア・タイ成長三角地帯，東西経済回廊のベトナム・ラオス・カンボジア・タイ・ミャンマー国境地域，ASEAN メコン河流域開発協力枠組み，カンボジア・ラオス・ベトナム開発三角地帯，カンボジア・ラオス・タイ・エメラルド三角地帯，

CLMV を示した。同じく 2009 年第 14 回 ASEAN 首脳会議で採択された「ASEAN の MDGs 達成合同宣言」でも、準地域協力枠組みを挙げており、エーヤワディ・チャオプラヤ・メコン経済協力戦略、ブルネイ・インドネシア・マレーシア・フィリピン東 ASEAN 成長地域、インドネシア・マレーシア・タイ成長三角地帯、大メコン準地域と共に「CLMV 準地域協力」として含まれている。

31) ASEAN Secretariat, 2004.
32) ASEAN Secretariat, 1998a.
33) ASEAN Secretariat, 2007a.
34) ASEAN Secretariat, 2009d.
35) ASEAN Secretariat, 2007d. 第 1 項は域内の平和、第 2 項が政治的安定、経済社会文化の協力、第 3 項は非核地帯とすること、大量破壊兵器を持たないこと、第 4 項は世界とも平和な関係を築くこと、第 5 項は単一の市場と生産拠点を創出することである。
36) Alavi and Ramadan (2008)、Truong Giang and Tri Thanh (2007)、Ragayah (2005) を参照のこと。Truong Giang and Tri Thanh は所得格差、インフラストラクチャーの格差、統合の格差、制度の格差の 4 点を指摘している。
37) 一人当たりの GDP を市場為替ベースで見ると、ブルネイはシンガポールに次いで 2 位となるが、一人当たりの GDP を購買力平価 (PPP) ベースを用いるとブルネイが 1 位となる。実際の生活水準を反映するものとしてここでは後者を用いた。
38) Severino, 2007: 6.
39) Boisseau du Rocher, 2009: 23-61.
40) Tham and Kian Teng Kwek, 2007: 78-79.
41) UNDP Regional Centre in Colombo, 2006: 13.
42) 以上貧困指標は Millennium Development Goals Indicators, 2011 より。

【参考文献】
一次資料

ASEAN Secretariat. 1976. '1976 Treaty of Amity and Cooperation in Southeast Asia'. Bali, 24 February. http://www.asean.org/7664.htm

―――. 1992a. '1992 Framework Agreements on Enhancing ASEAN Economic Cooperation'. Singapore, 28 January. http://www.aseansec.org/12374.htm

―――. 1992b. '1992 Agreement on the Common Effective Preferential Tariff (CEPT) Scheme for the ASEAN Free Trade Area'. Singapore, 28 January. http://www.aseansec.org/12375.htm

―――. 1992c. '1992 Singapore Declaration of 1992'. Singapore, 28 January. http://www.asean.org/5120.htm

―――. 1995. '1995 Bangkok Summit Declaration'. Bangkok, 15 December. http://

www.asean.org/5189.htm

―――. 1996. '1996 Joint Communiqué of the 29th ASEAN Ministerial Meeting'. Jakarta, 21 July. http://www.asean.org/1824.htm

―――. 1997. '1997 ASEAN Vision 2020', Kuala Lumpur, 15 December. http://www.asean.org/5228.htm

―――. 1998a. 'Chairman's Statement of the First Informal Meeting of ASEAN Ministers on Rural Development and Poverty Eradication'. Jakarta, Indonesia, 7-8 December.

―――. 1998b. '1998 Hanoi Declaration', Hanoi, Vietnam, 16 December. http://www.asean.org/8752.htm

―――. 1998c. '1998 Hanoi Plan of Action (1999-2004)'. Kuala Lumpur, 15 December. http://www.asean.org/687.htm

―――. 2000a. '2000 Joint Communiqué of the 33rd ASEAN Ministerial Meeting'. Bangkok, 25 July. http://www.asean.org/595.htm

―――. 2000b. '2000 Press Statement by Chairman of the 4th ASEAN Informal Summit'. Singapore, 25 November. http://www.asean.org/5310.htm

―――. 2001a. '2001 Hanoi Declaration on Narrowing Development Gap for Closer ASEAN Integration'. Hanoi, 23 July. http://www.asean.org/934.htm

―――. 2001b. '2001 Joint Communiqué of the 34th ASEAN Ministerial Meeting'. Hanoi, 23-24 July. http://www.asean.org/3716.htm

―――. 2002. '2002 Initiative for ASEAN Integration (IAI) Work Plan (2002-2008)'. Phnom Penh, 4 November. http://www.asean.org/14237.htm

―――. 2003. '2003 Declaration of ASEAN Concord II (Bali Concord II)'. Bali, 7 October. http://www.aseansec.org/15159.htm

―――. 2004. '2004 Vientiane Action Programme 2004-2010'. Vientiane, 29 November. http://www.aseansec.org/VAP-10th%20ASEAN%20Summit.pdf

―――. 2005a. '2005 Agreement on the Establishment of the ASEAN Development Fund'. Vientiane, 26 July. http://www.asean.org/17577.htm

―――. 2005b. '2005 Chairman's Statement of the 11th ASEAN Summit, One Vision, One Identity, One Community'. 12 December, Kuala Lumpur. http://www.aseansec.org/18039.htm

―――. 2007a. '2007 Cebu Declaration on the Acceleration of the Establishment of an ASEAN Community by 2015'. 13 January 2007, Cebu. http://www.aseansec.org/19260.htm

―――. 2007b. '2007 Cebu Declaration towards One Caring and Sharing Community'. 13 January. Cebu. http://www.aseansec.org/19254.htm

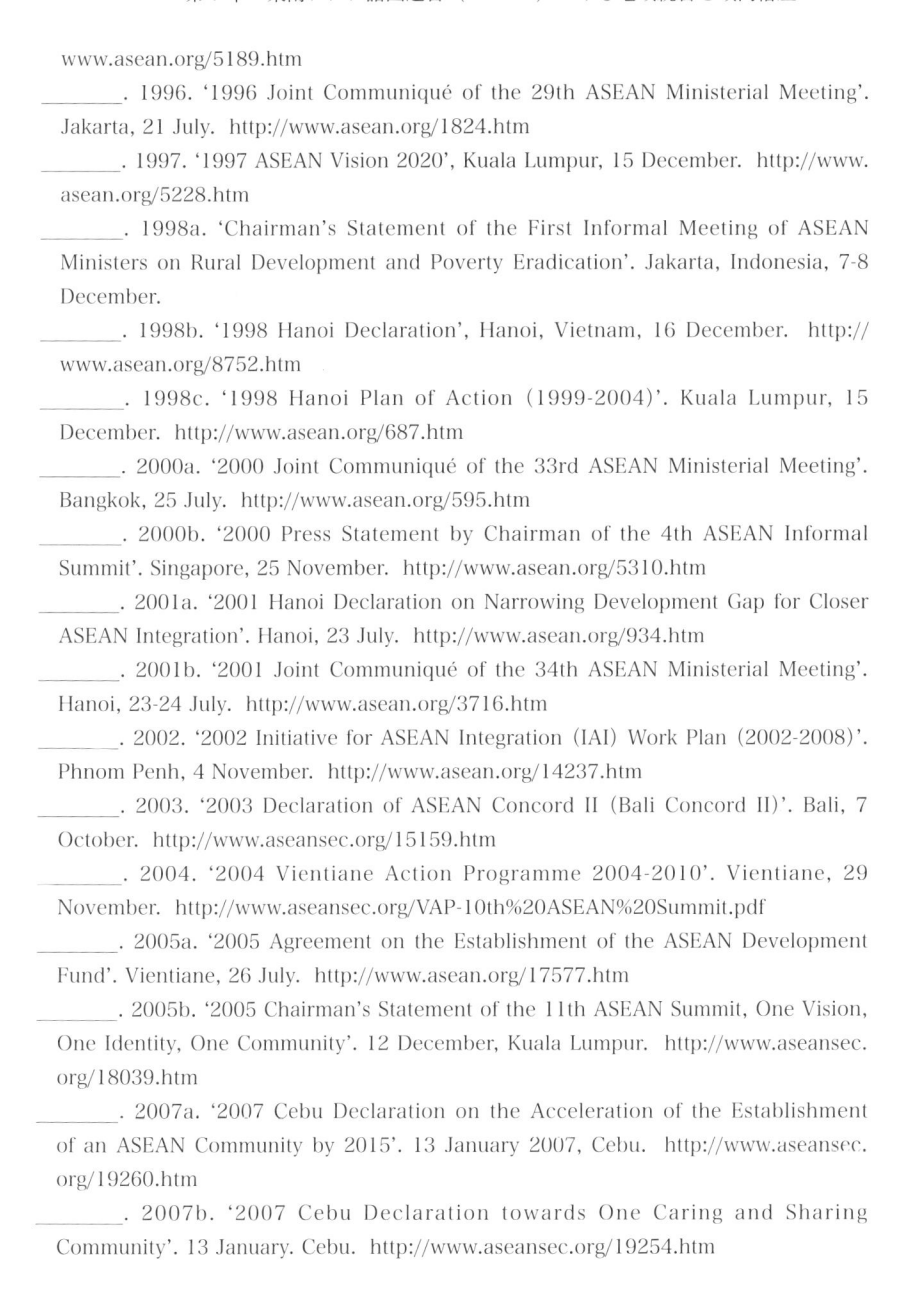

_____. 2007c. '2007 ASEAN Economic Community Blueprint'. 20 November, Singapore. http://www.aseansec.org/21081.htm

_____. 2007d. '2007 Charter of the Association of Southeast Asian Nations'. Singapore, 20 November. (Effective in 2008.) http://www.aseansec.org/21069.pdf

_____. 2009a. '2009 Cha-am Hua Hin Declaration on the Roadmap for an ASEAN Community (2009-2015)'. 1 March, Cha-am Hua Hin. http://www.aseansec.org/22331.htm

_____. 2009b. '2009 Blueprint on the ASEAN Socio-Cultural Community'. 1 March, Cha-am Hua Hin. http://www.aseansec.org/22336.pdf

_____. 2009c. 'Initiative for ASEAN Integration (IAI) Strategic Framework. and IAI Work Plan 2 (2009-2015)'. 1 March, Cha-am Hua Hin. http://www.asean.org/22325.pdf

_____. 2009d. '2009 Joint Declaration on the Attainment of the Millennium Development Goals'. 1 March, Cha-am Hua Hin. http://www.asean.org/22334.htm

二次資料

Alavi, Rokiah and Aisha Al-Alim Ramadan. 2008. 'Narrowing development gaps in ASEAN'. *Journal of Economic Cooperation*, Vol. 29, No. 1, pp. 29-60.

Balassa, Bela. 1961. *The Theory of Economic Integration*. Homewood, Illinois, Richard D. Irwin. (ベラ・バラッサ，中島正信訳『経済統合の理論』ダイヤモンド社，1963年。)

Boisseau du Rocher, Sophie. 2009. *L'Asie du Sud-Est prise au piège*. Paris: Perrin.

Cai, Kevin G. 2007. 'Regional Economic Integration in East Asia'. In Dennis A. Rondinelli and John M. Heffron, eds. *Globalization and Change in Asia*. Boulder: Lynne Rienner Publishers, pp. 65-83.

Mattli, Walter. 1999. *The Logic of Regional Integration: Europe and Beyond*. New York: Cambridge University Press.

Ragayah, Haji Mat Zin. 2005. 'Income Distribution in East Asian Developing Countries: recent trends'. *Asian-Pacific Economic Literature*, Vol. 19, Iss. 2, pp. 36-54.

Severino, Rodolfo C. 2006. *Southeast Asia in Search of an ASEAN Community: Insights from the Former ASEAN Secretary-General*. Singapore, ISEAS.

_____. 2007. "The ASEAN Developmental Divide and the Initiative for ASEAN Integration." *ASEAN Economic Bulletin*, Vol. 24, No. 1, pp. 35-44.

Steinberg, David Joel, et al. 1987. *In Search of Southeast Asia; a Modern History*. Revised Edition. Honolulu: University of Hawaii Press.

Teo Chu Cheow, Eric. « L'ASEAN, entre élargissement et marginalisation ». *Politique étrangère*, no. 1, janvier-mars 2003, pp. 133-148.

Tham, Siew Yean and Kian Teng Kwek. 2007. 'Prosper-Thy-Neighbour: Malaysia's Contributions after the Asian Financial Crisis'. *ASEAN Economic Bulletin*, Vol. 24, No. 1, April, pp. 72-97.

Truong Giang, Bui and Vo Tri Thanh. 2007. "Approach to development gaps in ASEAN: a Vietnamese perspective." *ASEAN Economic Bulletin*. Vol. 24, No. 1, pp. 164-180.

UNDP Regional Centre in Colombo. 2006. *South-East Asia Regional Economic Integration and Cooperation: Deepening and Broadening the Benefits for Human Development*. Colombo: UNDP.

第8章
貧困削減における動機と誘因
―― グアテマラにおける開発協力への予備的考察 ――

狐崎 知己

1. はじめに

　本稿は，地方ガバナンスの能力強化を通した貧困削減政策をテーマとするアクション・リサーチのための予備的考察である。リサーチの対象地域はグアテマラ北西部の3県（キチェ，サンマルコス，ウエウエテナンゴ）であり，36年間に及ぶ内戦の被害が集中し，現在においても先住民族の人口比率と貧困度が最も高い地域である。このリサーチは，比較ジェノサイド研究の一環として，2004年にスタートした。最終目的は，大規模殺戮を経験した途上国社会における復興過程の重層的分析と復興プロセスへの国際協力のあり方をアジア，アフリカ，ラテンアメリカ諸国を対象に比較研究し，実証プロジェクトを通してメゾ・レベルでの政策立案への理論的貢献を行うことにある。2005年から2007年にかけては，専修大学と国際協力機構（JICA）が提携してグアテマラ国別特設研修「公共政策の計画立案の能力向上」が実施された。30名の先住民リーダーらが日本において研修を受け，その中から3名の市長が誕生し，研修成果を公共政策に適用するなど，注目すべき研修成果が出ている（関・狐崎・中村［2009］）。2011年3月にはグアテマラのラファエル・ランディバル大学と共同で上記3県の8市をモデル自治体として選定し，その1300世帯を対象にガバナンス関連の質問項目を含む詳細な家計調査を実施した[1]。今後はこの調査結果をもとに総合貧困指標を作成し，8市における開発計画の策定から執行，モニタリング・評価に至る一連のプロセスに貢献しうる

技術協力プログラムを策定・実施する予定である。

ラテンアメリカ諸国では近年，分権化が進展しているが，必要な行政能力が備わっている自治体は少ない。そのような条件のもとで，基礎自治体や自治体連合が，諸々の利害関係が錯綜する地方政治プロセスや中央政府・ドナーとの交渉を経て，開発計画を策定・実施せざるをえない状況にある。ある国のなかで貧困度が高い地域になるほど，住民の人間開発水準及び自治体の行政能力が低下する傾向にある。分権化時代のラテンアメリカで貧困緩和が援助プロジェクトの終了後にも進展するためには，当事者である貧困層及びプロジェクトの立案・執行に責任を負う自治体が，ミクロ・レベルで検証可能な生計と生活の改善につながる活動を積み重ね，主体性と能力，意欲を高めてゆくことが求められているのである。

本稿では以上のようなアクション・リサーチへの準備として，開発と貧困に関わる最新の研究成果をもとに，ラテンアメリカ地域全体の経済成長と貧困動向の特徴を把握することを目的とする。以下，第2節において21世紀最初の10年間のラテンアメリカ経済の特徴を把握し，持続可能な成長と社会開発の可能性を展望する。第3節ではラテンアメリカにおけるマクロ・レベルでの貧困動向を整理し，コモディティ中心の輸出経済と肥大化した都市部インフォーマル経済が並立する産業構造のために，経済成長の成果配分が総人口の約3割の人々に届いていないことを明らかにする。第4節ではミクロ・レベルでの貧困研究の成果を整理し，条件付き現金給付政策に代表される新たな貧困削減アプローチの特徴と優位性を示す。

2. 21世紀ラテンアメリカ経済の動向

ラテンアメリカ諸国は四半世紀ぶりに持続的な成長軌道をたどっており，表1に示すとおり，サブプライム危機の影響もおおむね軽微なものであった。IMFはラテンアメリカの資源輸出国をマクロ経済の安定性を基準に二つのグループに分類しており，両グループの間でGDP成長率及び消費者物価指数（CPI）のパフォーマンスに相違がみられる[2]。ブラジルやチリに代表される

グループは，反景気循環型の財政・金融政策を志向しており，中央銀行の独立性を保持して，インフレ・ターゲティングの設定と達成に努めている。他方，ベネズエラやアルゼンチンに代表されるコモディティ輸出国グループは，景気循環型の財政・金融政策を志向しており，その結果として volatility が高まり，景気の山と谷が深くなるとともに，財政・金融の規律が緩んでインフレ高進が避けがたくなる。また，両国では中央銀行の独立性が担保されておらず，政治介入が行われているとみられることから，物価統計の信頼度が低い。なお，ベネズエラ・チャベス政権との政治的同盟関係にあるエクアドルとボリビアだが，マクロ経済の安定性の面ではブラジルやチリに近く，とくにエクアドルはドル化政策がこの面では奏功している。

　以上のようなマクロ安定化の持続的な経済成長を可能にした要因の一つとして，市場志向改革の成果を指摘できる。「ワシントン・コンセンサス」と総称される一連の改革は，1980年代の債務危機の勃発から「失われた10年」にかけて導入された。当初は対外債務危機への対応とマクロ経済の安定回復を目的に，セーフティネットもない状態で経済成長を犠牲にした超緊縮政策（ショック療法）が採用されたことから，国民多数の生活が犠牲になり，貧困率が急速に悪化した。この結果，国民の間では構造調整政策に対して世銀やIMFなどからの「押し付け」という批判が強まった。だが，ブレイディ・プランの導入以降，債務負担が軽減されるとともに国際資金が再び流入して経済が回復軌道にのり，貧困層をターゲットにした「社会連帯基金」等のセーフティネットが創設されることで，債務問題や国際金融機関への批判はラテンアメリカ政治のイシューではなくなった。

　市場志向の改革が進展した要因として，ラテンアメリカ諸国の政権担当者が自らこれを支持し，定着させたという点も重要である。1980年から90年代にかけて，相次ぐ国際的な通貨金融危機に見舞われたラテンアメリカ諸国は，マクロ経済の安定性を最優先の政策課題とすべきことを学習せざるをえなかった（図1）。従来，社会民主主義を標榜するラテンアメリカの中道左派政権は放漫財政と汚職の蔓延で繰り返し経済を破綻させてきたが，90年代以降はチリの連立政権（コンセルタシオン）やブラジルのルラ政権に代表されるよ

表1　実質 GDP 成長率

(%)

	1993-2002年平均	2003	2004	2005	2006	2007	2008	2009	2010
FICE 諸国									
ブラジル	2.9	1.1	5.7	3.2	4.0	6.1	5.2	-0.6	7.5
チリ	5.0	4.0	6.0	5.5	4.6	4.6	3.7	-1.7	5.3
コロンビア	2.5	3.0	5.3	4.7	6.9	6.9	3.5	1.5	4.3
ペルー	4.3	4.0	5.0	6.8	8.9	8.9	9.8	0.9	8.8
ウルグアイ	0.7	2.3	4.6	6.8	7.3	7.3	8.6	2.6	8.5
その他資源輸出国									
ベネズエラ	0.0	-7.8	18.3	10.3	9.9	8.2	4.8	-3.3	-1.9
エクアドル	2.2	3.3	8.8	5.7	4.8	2.0	7.2	0.4	3.2
ボリビア	3.5	2.7	4.2	4.4	4.8	4.6	6.1	3.4	4.2
アルゼンチン	0.6	9.0	8.9	9.2	8.5	8.6	6.8	0.8	9.2

注：FICE は Financialy Integrated Commodity Export Countries を意味。
出所：IMF, *Wolrd Economic Outlook*, April 2011, Table A4 より作成。

表2　消費者物価指数

(%)

	1993-2002年平均	2003	2004	2005	2006	2007	2008	2009	2010
FICE 諸国									
ブラジル	103.5	14.8	6.6	6.9	4.2	3.6	5.7	4.9	5
チリ	6.4	2.8	1.1	3.1	3.4	4.4	8.7	1.7	1.5
コロンビア	15.7	7.1	5.9	5	4.3	5.5	7	4.2	2.3
ペルー	11.2	2.3	3.7	1.6	2	1.8	5.8	2.9	1.5
ウルグアイ	21.7	19.4	9.2	4.7	6.4	8.1	7.9	7.1	6.7
その他資源輸出国									
ベネズエラ	39.9	31.1	21.7	16	13.7	18.7	30.4	27.1	28.2
エクアドル	37	7.9	2.7	2.1	3.3	2.3	8.4	5.2	3.6
ボリビア	6	3.3	4.4	5.4	4.3	8.7	14	3.3	2.5
アルゼンチン	4.7	13.4	4.4	9.6	10.9	8.8	8.6	6.3	10.5

出所：IMF, *Wolrd Economic Outlook*, April 2011, Table A7 より作成。

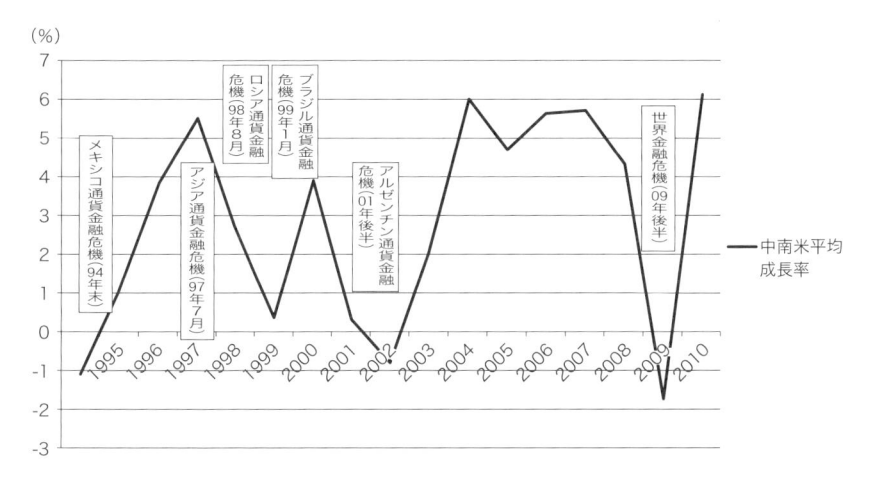

図1 国際通貨金融危機とGDP成長率

(メキシコ通貨金融危機〔94年末〕、アジア通貨金融危機〔97年7月〕、ロシア通貨金融危機〔98年8月〕、ブラジル通貨金融危機〔99年1月〕、アルゼンチン通貨金融危機〔01年後半〕、世界金融危機〔09年後半〕、中南米平均成長率)

出所:筆者作成。

うに，マクロ経済の安定性を維持し，市場メカニズムを活用しながら，後述のように選別的だが効率的で効果的な社会的保護政策を導入し，マクロ経済の安定，持続的な経済成長，継続的な貧困削減において成果をあげている。これらの政策は高い国民の支持を獲得し[3]，政権交代にもかかわらず経済社会政策の継続性が担保され，国際社会からの信頼も高まっている。

ラテンアメリカ経済の好況はコモディティ需要の伸びと価格の上昇に負うところが大きく，アジア経済の動向とグローバルなコモディティ価格の変動に脆弱な構造となっている。2010年には中国向け輸出を中心に，新興国がラテンアメリカの輸出総額の35%を占めるに至った。輸出品目では金属と農産物に対する新興国の旺盛な需要に呼応して，コモディティのシェアが輸出総額の40%（2000年）から52%（2008年）へ拡大している。

コモディティ輸出国の経済成長の見通しについては，懸念すべき材料が多い。いわゆる「資源の呪い」[4]，生態系の劣化と資源の枯渇，社会開発と貧困削減用の資金源の不安定性といった側面にくわえて，国際収支制約下の成長モデル（サールウォール［2003］）を用いると以下の脆弱性が明らかとなる。国際収支が制約されているラテンアメリカ経済は，基本的に，「国際融資条件」

「輸出先市場の需要」「交易条件」ならびに「海外送金と観光収入」からなる4変数に経済成長が左右される。グアテマラをはじめ中米カリブの小国は「海外送金と観光収入」の影響が強い。

$$y = \theta x + (1 - \theta)(fe - px) + (\phi + 1)(px - pm)/\xi \quad ①$$

yは経済成長率，θは外貨流入総額に占める輸出収入比，pxは輸出額の増加率（自国通貨建て），feは純国際資本流入額の変化率（外貨），pmは輸入額の増加率（外貨建て），ξは輸入需要の所得弾力性。

①式は，実質GNP成長率が輸出成長率（x），国際資本の純流入（fe − px），ならびに交易条件（px − pm）によって決定されることを示している。同時に，成長率が輸入需要の所得弾力性ξによって決定されることを示す。2003年以降のラテンアメリカ経済の動向をみると，低金利の国際資金の潤沢な流入，アジア市場における需要拡大，コモディティ価格の高騰がもたらす交易条件の改善が相まって，約4％と推定される潜在成長率を上回るオーバーヒート状態が続いた。

コモディティ価格の上昇に加えて，国際資金が潤沢に流入することで，ラテンアメリカ諸国では二つの「オランダ病」が発生している。一つは歴史的に知られた「オランダ病」であり，コモディティ輸出（金額・数量）の増大に伴い，その他の産業が衰退するという現象である。すでにアルゼンチン，ブラジル，チリ，コロンビアで兆候がでており，GDP全体の成長にもかかわらず，非一次産品の輸出が急減し，製造業部門の産出と雇用が低下しつつある。第二の「オランダ病」とは，潤沢な国際資金流入が為替の過大評価をもたらし，産業競争力を低下させるという現象をさす。米国の金融緩和政策により，直接投資と証券投資の形で中南米に多額の資本が流入し，実質実効為替レートが大幅に上昇している。とりわけブラジルでは通貨レアルが2009年当初以来，ドルに対して1年間で50％も上昇し，中国からの工業製品の輸入洪水と相まって脱工業化のリスクが高まっている。

ブラジルは，ラテンアメリカのみならずアジア諸国も含めて最も積極的に輸出品目の分散・多角化を促進し，金属や大豆などのコモディティ・ブームが引き起こす伝統的な「オランダ病」を緩和してきた（表3）。だが，米国や中国

表3 ハーフィンダール・ハーシュマン輸出集中指数，1980-2002

	1980	1986	1992	1998	2002	2006
中南米	**0.36**	**0.40**	**0.30**	**0.26**	**0.25**	**0.31**
アルゼンチン	0.15	0.17	0.15	0.13	0.14	0.13
ブラジル	0.15	0.12	0.09	0.09	0.09	0.09
ボリビア	0.39	0.52	0.32	0.20	0.25	0.40
チリ	0.41	0.37	0.31	0.28	0.27	0.39
コロンビア	0.58	0.58	0.24	0.25	0.22	0.21
コスタリカ	0.32	0.39	0.30	0.19	0.21	0.23
エクアドル	0.55	0.45	0.47	0.35	0.39	0.53
エルサルバドル	0.38	0.71	0.24	0.24	0.13	0.15
グアテマラ	0.31	0.47	0.22	0.24	0.19	0.17
ホンジュラス	0.37	0.50	0.46	0.44	0.20	0.28
メキシコ	0.48	0.27	0.15	0.11	0.13	0.15
ニカラグア	0.37	0.52	0.29	0.32	0.18	0.29
パナマ	0.26	0.37	0.45	0.30	0.31	0.36
パラグアイ	0.28	0.40	0.36	0.43	0.38	0.32
ペルー	0.26	0.25	0.27	0.22	0.25	0.26
ウルグアイ	0.24	0.20	0.18	0.17	0.19	0.23
ベネズエラ	0.67	0.57	0.56	0.49	0.75	0.90
アジア	**0.22**	**0.17**	**0.13**	**0.14**	**0.14**	**0.17**
中国	0.17	0.08	0.07	0.09	0.10	0.11
香港	0.16	0.16	0.15	0.18	0.12	0.19
台湾	0.12	0.10	0.09	0.14	0.15	0.13
インド	0.11	0.16	0.14	0.14	0.13	0.16
インドネシア	0.53	0.34	0.19	0.16	0.12	0.19
韓国	0.09	0.10	0.11	0.15	0.12	0.16
マレーシア	0.30	0.23	0.16	0.20	0.22	0.19
タイ	0.20	0.14	0.09	0.11	0.13	0.14

出所：Ricardo Ffrench Davis et al., *Economic Growth with Equity*, Palgrave, 2007, p. 209, Table 9.2. 2006年は，UNCTAD, *Handbook of Statistics*, 2007 より作成。

の金融為替政策がもたらす新たな「オランダ病」に対しては、マンデルのトリレンマが足かせとなり、効果的な政策を打ちだせずにいる (Rodrik [2011])。ブラジル政府としては、クレジット・ブームに牽引された急激な内需拡大とインフレ高進を金利の引き上げで抑制すべく、金融政策の自律性を確保している。同時に変動相場制を維持するとなると、資本移動の自由を制限するための有効な手段は限られている。為替の固定化は極めて困難であり、高金利政策はさらなる投資を呼び込む恐れがある。証券投資に対する強制貯蓄や課税強化、不胎化政策などの効果はブラジルの経済規模からみて限定的であり、ブラジルが二つの「オランダ病」を克服するには、中国との二国間交渉や米国の金融政策の動向に依存する部分が大きい。

ラテンアメリカ経済の今後の見通しとしては、先進国における金融緩和からインフレ抑制と金融引き締め政策へのシフト、中国やインドの成長鈍化、コモディティ価格の反落などが予測され、潤沢な外資流入とコモディティ需要に主導された成長パターンにも変化が生じる可能性がある。

3. 経済成長と貧困動向

本項ではまず、ラテンアメリカにおける貧困の成長弾力性を把握し、貧困削減のマクロ的な要因を成長要因と分配要因に分解して、各国の特徴を理解する。

貧困の定義に際して、国連ラテンアメリカ経済委員会(CEPAL)は栄養学を基礎とするマーケット・バスケット・アプローチを用いて、極貧線と貧困線を設定しており、この基準がラテンアメリカ各国で採用されている。極貧層とは、エンゲル係数を100％として所得がマーケット・バスケット価格に届かない水準の家計を意味する。貧困層とは都市部では極貧ラインの2倍、農村部では同1.75倍の所得に満たない家計を示す。

貧困線が決まると、以下の計算式である国の貧困率(Headcount Ratio)を計算できる。

$$HR = \int_0^z f(x)\,dx$$

x: 所得（等価可処分所得），f(x): xの確率密度関数，z: 貧困線

　世帯単位で貧困率を計算するには，等価可処分所得という手法を用いる。成人と子供では必要なカロリーが異なり，また世帯には規模の経済が働くことから，単純に世帯の構成人数を世帯所得で割ることができない。

$$(A+\alpha_1 K_1+\alpha_2 K_2)^\Theta$$

A は成人数，K_1 は5歳以下の子供の数，K_2 は6歳から14歳の子供の数。α は大人と子供のウェイト。Θ は世帯の規模の経済。

　ラテンアメリカの標準世帯を5人（夫婦と5歳以下の子供一人，6歳から14歳の子供が2人）として，$\alpha_1=0.5$，$\alpha_2=0.7$，$\Theta=0.9$ とするならば，標準世帯の等価所得は成人の約3.45人分相当になる。

　ラテンアメリカでは，2002年から2007年にかけて，極貧層と貧困層がともに比率及び絶対数の双方で一貫して減少している（図2，図3）。図4は貧困の成長弾力性をグラフ化したものだが，2002年から2007年にかけて高い所得の伸び率をベースに貧困率が10ポイントも減少し，人数では約5千万人が貧困線を越えることに成功したことが分かる。だが，2008年以降は減少ペースが鈍化し，2009年になると極貧層の人数が300万人も増加しており，サブプライム危機の影響がでていると思われる。

　以上のように，最低限必要な栄養を取得するための所得の不足として貧困を定義し，消費内容ではなく，所得の不足という貨幣量だけに注目するならば，貧困は経済成長と分配の適切な組み合わせで大きく改善することができることが分かる。貧困層の所得を高めるための政策としては，貧困層の資産の量を増やし，資産の収益率を高め，同時に貧困層への資金・資産の移転を拡大することが効果的である。

　経済成長が貧困削減の必要条件であることは，経済悪化の際に貧困率が減少した事例が見当たらないことから経験的に支持されるだろう。経済成長の成果配分の内訳を問わないならば，配分が高所得層だけに行われたとしても，社会的厚生が高まることからパレート改善的である。だが，低所得者・貧困層の所得上昇は高所得者・非貧困層の所得上昇よりも限界効用が高いことから，成長の成果が低所得者に手厚く分配されるタイプの経済成長は，その国の社会的厚生

図2 貧困率と極貧率の推移

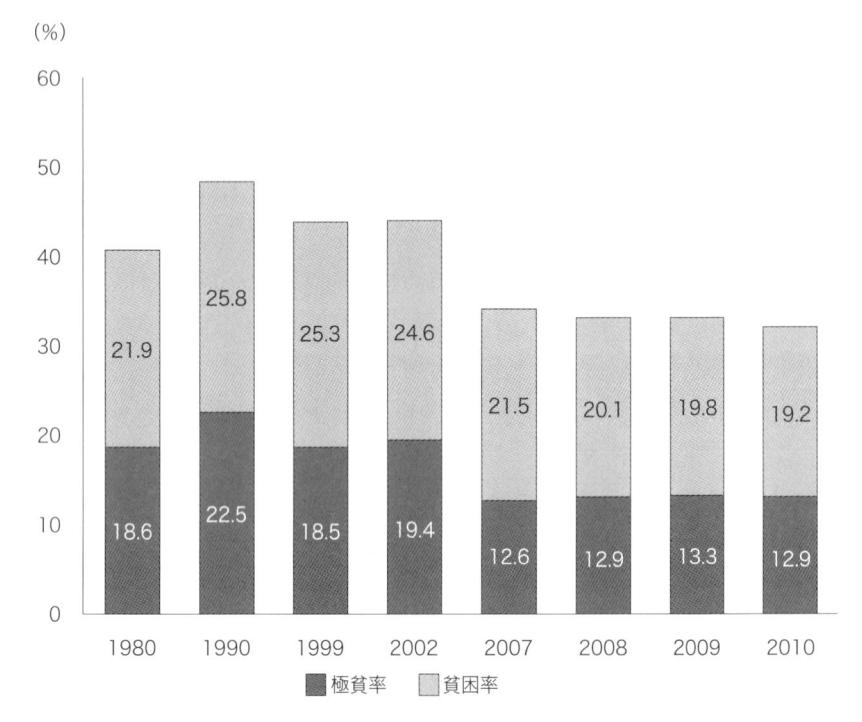

(%)

年	極貧率	貧困率
1980	18.6	21.9
1990	22.5	25.8
1999	18.5	25.3
2002	19.4	24.6
2007	12.6	21.5
2008	12.9	20.1
2009	13.3	19.8
2010	12.9	19.2

出所：CEPAL（2010）より作成。

の引き上げに大きく寄与するといえる（小塩［2010］）。

　貧困減少の成長弾力性が高い経済成長を「貧困に資する成長」（PPG: Pro-poor Growth）という。たとえばコモディティ輸出経済から労働集約型工業製品の輸出へ産業構造がシフトすることで，非熟練労働者の雇用創出を通した貧困削減が促進されると想定されるように，ある一定の特徴を備えた経済成長は貧困削減に効果的である（山形［2008］）。

　PPGを貧困減少率，経済成長効果，分配効果の3変数からなるモデルと捉えるならば，二つのタイプが想定される。第一に，成長と分配の双方の効果により「貧困減少の成長弾力性」が高まるタイプの経済成長，第二に，ローレンツ曲線の形状（ジニ係数）には変化がなく，「成長率そのものの高さ」と「貧

図3 極貧層と貧困層の推移

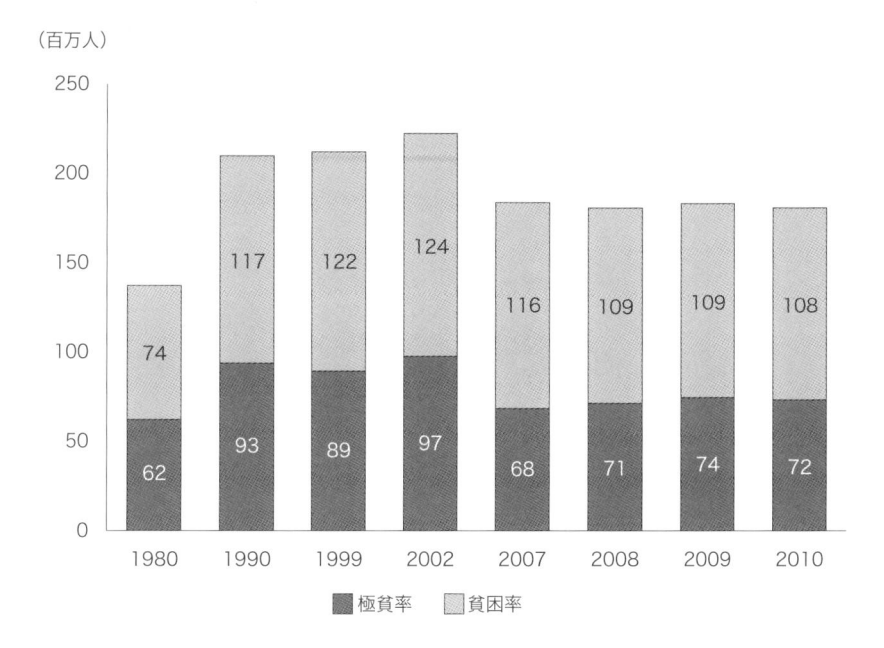

(百万人)

年	極貧率	貧困率
1980	62	74
1990	93	117
1999	89	122
2002	97	124
2007	68	116
2008	71	109
2009	74	109
2010	72	108

出所：CEPAL (2010) より作成。

困の成長弾力性」との積，すなわち主として成長効果によって決まるようなタイプの経済成長である。

具体的にラテンアメリカの所得貧困率の変化を成長効果と分配効果に要素分解し，上記二つのタイプに分類してみる。所得貧困率の決定要因は貧困線，中位所得，所得分配構造からなるが，貧困線が一定だとすると，中位所得と分配の変化が貧困率に影響することになる。

$H(y_t, d_t)$ を t 時点における y (中位所得) と d (分配構造) とする。

$$H(y_2, d_2) - H(y_1, d_1) = \underbrace{[H(y_2, d_1) - H(y_1, d_1)]}_{\text{成長効果}} + \underbrace{[H(y_1, d_2) - H(y_1, d_1)]}_{\text{分配効果}} + R$$

R は残差要因

表4から貧困減少率の高い国々のなかで，アルゼンチン，ペルー，エクアドル，コロンビア，ホンジュラスは成長効果が突出して高く，分配効果が低い

図4 貧困の所得弾力性

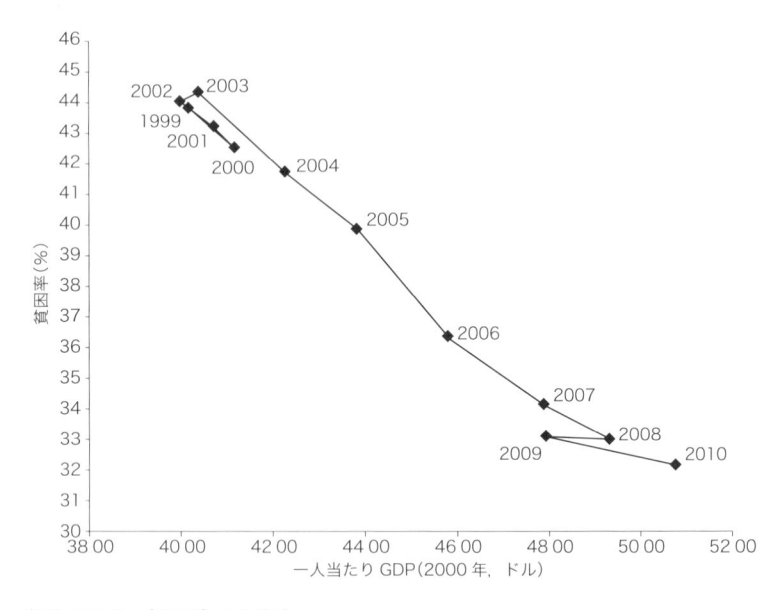

出所：CEPAL (2010) より作成。

ことが分かる。他方，ブラジル，パナマ，チリ，ボリビアは分配効果が50％を超えており，成長と分配の双方の効果が影響している。ベネズエラも成長効果と分配効果が相まって貧困率が大きく減少している。なお，チリとコスタリカ，ウルグアイは当初年（ベースライン）の貧困率が15％ないし20％とその他の国々に比べて20ポイントから40ポイントも低いことに留意する必要がある。また，ドミニカ共和国とグアテマラでは，それぞれ貧困率が6.0ポイント，5.4ポイント減少しているが，分配効果はそれぞれ5.4ポイント，1.7ポイントであり，両国ともに貧困層から非貧困層に対して所得が移転するという，この時期のラテンアメリカでは例外的に逆進的な現象が生じた事例として注目に値する。

表5はグアテマラ統計局と世銀が合同で実施した生活実態調査（ENCOVI）を用いて，2時点間の貧困率の変化を要素分解したものである。全国的には貧困率が5.11ポイント減少し，分配効果が3.53ポイントと大きかった。農村

表4 貧困率変動の要素分解

	計測年		貧困率			効果		寄与率	
	当初年	最終年	当初年	最終年	変化率	成長	分配	成長	分配
アルゼンチン	2002	2009	45.5	11.3	-34.1	-27.3	-6.8	80	20
ベネズエラ	2002	2008	48.6	27.6	-21.0	-11.7	-9.3	56	44
ペルー	2001	2009	54.7	34.8	-19.9	-15.5	-4.4	78	22
ブラジル	2001	2009	37.5	24.9	-12.6	-5.8	-6.8	46	54
パナマ	2002	2009	36.9	26.4	-10.5	-4.9	-5.6	47	53
エクアドル	2002	2009	49.0	40.2	-8.8	-6.1	-2.7	70	30
チリ	2000	2009	20.2	11.5	-8.7	-3.8	-4.9	44	56
コロンビア	2002	2009	54.2	45.7	-8.5	-6.4	-2.1	75	25
ボリビア	2002	2007	62.4	54.0	-8.4	-3.5	-4.9	41	59
ホンジュラス	2002	2007	77.3	68.9	-8.4	-6.0	-2.4	71	29
ニカラグア	2001	2005	69.4	61.9	-7.5	-5.5	-2.0	73	27
ドミニカ共和国	2002	2009	47.1	41.1	-6.0	-11.4	5.4	>100	<0
グアテマラ	2002	2006	60.2	54.8	-5.4	-7.1	1.7	>100	<0
パラグアイ	2001	2009	61.0	56.0	-5.0	-0.9	-4.1	18	82
ウルグアイ	2002	2009	15.4	10.7	-4.7	-3.2	-1.5	69	31
メキシコ	2002	2008	39.4	34.8	-4.6	-4.2	-0.4	90	10
コスタリカ	2002	2009	20.3	18.9	-1.4	-2.2	0.8	>100	<0
エルサルバドル	2001	2009	48.9	47.9	-1.0	2.5	-3.5	<0	>100

出所：CEPAL（2010）より作成。

表5 グアテマラにおける貧困率変動の要素分解

	貧困率		変化の要因			
	2000年	2006年	変化率	成長効果	分配効果	共分散
貧困（全国）	56.13	51.02	-5.11	-1.72	-3.53	0.15
農村貧困	74.5	70.5	-3.99	-4.50	0.07	0.43
都市極貧	2.78	5.32	2.53	1.60	0.47	0.46

出所：ENCOVI 2000及び2006より作成。

貧困率では貧困率が減少しているものの，分配効果は逆進的であった。都市部極貧率においては，成長効果と分配効果ともに逆進的で，経済成長の成果がいかなる形でも配分されず，その結果，極貧率が2.53ポイントも悪化した。すなわち，分配効果は都市部の貧困層に限定されており，農村部の貧困層と都市部の極貧層には共に逆進的であった。

異なる時点間の貧困率の変化や貧困層内部での所得分配の変化を分析する際に，FGT指標が一般に利用される（橘木［2006］）。

$$P^{FGT} = \int_0^z \left(\frac{z-x}{z}\right)^\alpha f(x)\,dx$$

$\alpha > 1$ の時に移転公理を満たす。貧困層の平均所得が一定として，貧困層内の所得分配が不平等化した場合，P^{FGT} が上昇する。パラメータ α は貧困回避度であり，α の値が高くなるにつれて，貧困層内の所得分配の変化に反応する程度がより強まる。$\alpha = 0$ の場合が貧困率であり，$\alpha = 1$ を「貧困ギャップ率」（FGT1）というが，これらは移転公理を満たさない。移転公理とは，「ほかの条件が一定のとき，貧困線以下の貧困層の人から富裕な人への所得移転は貧困度を必ず上昇させる」という公理である。移転公理を満たす指標として，「二重貧困ギャップ率」（FGT2）がある。

表6はENCOVIデータをもとにFGT指標の変化率を計算したものである。ここでもグアテマラにおける所得貧困の特徴として，初期値としての貧困率の高さ，貧困減少の成長弾力性の低さ，極貧層における逆進性の硬直性が表れている。この間のジニ係数の変化は，2000年の47.6から2006年の44.8であり，主として極貧層を除く都市部家計の分配が若干改善されたものとみられる。

図4で示したように，ラテンアメリカは持続的な経済成長とある程度の分配効果にもかかわらず，依然としておよそ3人に1人，約2億人が貧困状態に留まっている。この貧困減少の「下方硬直性」，もしくはラテンアメリカ型PPGの限界は極端な所得格差の存続という歴史的構造にくわえて，コモディティ輸出に比較優位をもつという産業構造に原因があると考えられる。輸出志向の大規模プランテーションや資本集約型の鉱山での生産増加でGDPが増加したところで，非熟練労働者の雇用創出にはつながらず，かえって「オランダ

表6 グアテマラにおけるFGT指標

	貧困層全体			極貧層		
	貧困率	FGT1	FGT2	極貧率	FGT1	FGT2
2006年	51.0	19.5	9.5	15.2	3.4	1.1
2000年から2006年の変化	-5.2	-3.1	-2.2	-0.5	-0.3	-0.2

出所：ENCOVI 2000及び2006より筆者作成。

病」の発生のために労働集約型産業の競争力は低下する。その顕著な結果が，肥大化したインフォーマル部門の存在である。インフォーマル部門の定義としては，生産性や法制面，制度・税制面など様々あるが，ラテンアメリカ全体でインフォーマル部門の特徴を把握するために，従業員5人未満の事業所の被雇用者及び自営業者という基準を用いることにする。

ラテンアメリカ諸国の都市部労働者のなかで，インフォーマル部門とフォーマル部門の非正規労働者の合計値が63.5％に達する。ボリビアやペルーでは80％以上と突出して高い反面，チリでは38％と相対的に低い（表7）。インフォーマル部門の所得動向をみると，被雇用者の所得は貧困線の2倍程度であり，2002年から2009年にかけて，ほとんど上昇していない。すなわち，経済成長の果実のトリックル・ダウンが生じておらず，インフォーマル労働市場がマクロ経済の動向とは切断されていると推定されることから，ラテンアメリカ全体では成長パターンはPPGとは言い難い。インフォーマル部門の自営業の所得でも貧困線のせいぜい3倍程度である。等価可処分所得では，ラテンアメリカで貧困線を越えるためには，標準世帯にとって貧困線の3.45人分の所得が必要とされるが，この水準以上の所得を安定的に得ているのは，中・大企業家や専門職などの例外を除けば，フォーマル部門の労働者ないし小企業家に限られる。フォーマル部門においても，メキシコではフォーマル民間部門の所得は3.0であり，世帯貧困線に届かない。

以上のように，都市部労働者の多数を占めるインフォーマル部門労働者を主たる生計維持者とする家計では，世帯貧困線を突破するには複数の収入源を確保する必要がある。移転収入への依存，一人で複数の仕事を兼業，複数の就業

表7 社会階層別平均所得

国	全平均	大・中企業家[1]	専門職/管理職[2]	小企業家[3]	フォーマル部門労働者 公共部門	フォーマル部門労働者 民間企業[4]	インフォーマル部門従事者 被雇用者[5]	インフォーマル部門従事者 自営[6]	インフォーマル部門従事者 家事手伝い	インフォーマル部門就業者の割合（都市部，2005年）
ボリビア	3.8	13.5	8.8	5.5	5.4	3.9	2.5	2.4	1.9	87.4
ブラジル	5.1	20.0	7.9	9.7	7.9	4.1	2.7	3.3	1.8	58.6
チリ	7.7	40.2	11.9	22.0	9.0	4.6	3.4	6.6	2.7	38.0
メキシコ	4.0	32.5	5.8	22.4	5.2	3.0	1.9	3.4	1.3	65.6
ペルー	3.9	14.7	6.6	6.0	5.0	4.6	2.2	2.2	2.0	83.4

注：数字は各国の当該年における貧困線1人当たり所得に対する倍率を表す。
[1] 従業員5人以上の企業の所有者
[2] 非オーナー経営者，大学に勤める専門職，従業員5人以上の企業に勤める技術者
[3] 従業員5人未満の企業の所有者，自営の専門職・技術者
[4] 従業員5人以上の企業に勤める労働者
[5] 従業員5人未満の企業に勤める労働者
[6] 専門職・技術者を除く
出所：CEPAL (2010) 付表21.1および付表24より作成。

者との同居などの組み合わせを通して実際に生計を維持しているが，複数の就業者をもつことが困難な母子家庭は貧困層に留まる可能性が非常に多い。このような状況の改善には，インフォーマル部門の生産性向上を通した所得の改善，インフォーマル部門労働者の教育・技術・資本の蓄積と起業機会の拡大を通した自営業から小企業家へのシフト，ないしフォーマル部門の拡大による就業機会の拡大などが考えられる。

4. ミクロ経済学と貧困研究

　国際開発協力は貧困削減に有益なのかどうか。J. サックス，P. コリアー，W. イースタリーらの論争に世の注目が集まり，無数の検証が試みられてきた（Cohen [2009]）。その結果は，回帰分析を行う際の変数の選択や検証対象国と時間軸の設定しだいで結論が変わり，「マクロ・レベルでは援助が貧困削減に有益だったという証拠はない」という程度のことが分かったにすぎない。こ

の種のレベルの議論では，せいぜい「援助効果を高めるためにはガバナンスの改善が必要条件となる」といった一般論が提起されるのみで，特定の政策と貧困削減の間の因果関係が立証され，効果的な政策含意を得られることはない。

他方，「グローバル・ジャスティス論」に象徴される議論では，「数十億人の飢え」「貧困が原因で毎日2万5千人の子供が死亡」といった数値を掲げ，先進国や国際機関に道義的責任を問いかけ，早急な援助額の増額を求める主張が後を絶たない [Pogge: 2010]。これらの数値が事実であるとしても，善意と援助額の増加だけでは問題の解決にはつながらない。

グローバリゼーションの進展で途上国から先進国への労働力移動が増加し，その見返りとして途上国への海外送金が増える一方，途上国にはアジア諸国から安価な消費財が洪水のように流れ込んでいる。海外送金で購入した大型テレビやステレオセットが都市の貧困地区の家屋に鎮座し，長期出稼ぎにでた親に代わって子育てをする祖母と孫たちに交じって，仕事にあぶれた近所の大人たちが日がな一日テレビを見るという光景は珍しくない。メキシコやパラグアイの農村においても草ぶき屋根の家屋にパラボラ・アンテナがそびえたち，村人たちは携帯電話を片手に中国製の安物バイクで移動するという光景が珍しくなくなった。

マーケット・バスケット・アプローチでは貧困をカロリー不足から定義するが，途上国においても高カロリーのインスタント食品やファスト・フード，炭酸飲料の消費が急増しており，上下水道の整備や機械化による肉体労働の軽減がもたらす衛生状況の改善やカロリー消費の減少と相まって，貧困層の間で糖尿病や痛風，心臓疾患などの生活習慣病が深刻化している。富裕層ほど栄養価の高い，健康によい食品を購入する傾向がある反面，貧困層ほど味が濃く，簡単に摂取できるが健康には好ましくない食品を摂取するという傾向は世界に共通しているようだ。「飽食」と肥満，生活習慣病がメキシコの貧困層間で「伝染」することを立証したネットワーク研究は，「新たな貧困問題」への新たなアプローチとして注目される（クリスタキス [2010]）。

コリンズらはブラジルやニカラグアを含む途上国18カ国で貧困層の家計調査を丹念に行い，極貧層に分類される世帯であっても，都市であろうが農村で

あろうが，想像以上に消費の選択肢をもっており，アルコール飲料や冠婚葬祭などの支出を削減することができれば，食費や保健衛生への支出を3割も増やせることを解明した（Collins [2009]）。CEPALの調査でも，所得・消費では貧困ではなくても，生活指標では貧困であるという世帯がラテンアメリカ各国で高い比率で存在しており，生計の向上が生活の改善にはつながっていないことが分かっている（柳原 [2011]）。

途上国各地からの報告では，予防可能な病気による死亡や慢性的な栄養不良を軽減するために，ワクチンや経口補水塩，マラリア対策用の蚊帳，微栄養素等が無償で提供されても，実際に必要とする人々には届きにくく，たとえ届いたとしても，効果的に持続的な形で利用されてはいないという例が少なくない（Karlan [2011]）。たとえば，5歳未満の幼児の慢性的な栄養失調の要因として，離乳食の不適切な与え方と下痢などの消化器系の病気が重要であることが分かっている。その改善には，食糧事情や衛生状況の改善という外部要因と合わせて，家庭の食習慣と乳幼児のケアの仕方の改善という行動変化，つまり当事者の内面からの変化が欠かせない（和田 [2010]）。

援助を必要としていると想定される人々が，目の前にある有効な援助物資を活用せず，貧困脱出のための「正しい選択肢」をとらないならば，その理由を調べ，具体的な文脈に即した解決策を試行すべきであろう。近年，ミクロ経済学や行動経済学の知見を活用した貧困・開発研究が注目すべき成果を挙げている（Banerjee [2011]）。我が国においても主にアジア諸国での調査結果にもとづき，パネルデータを用いた貧困の動学的研究成果が次々に発表されている（黒崎 [2009], 大塚 [2007], Hayami [2000]）。また，人類学者や社会学者による質的調査と家計調査を併せて，しっかりとした証拠（hard evidence）にもとづく貧困分析とアクション・リサーチ，政策提言が数多く発表されている（Lawson [2010]; Holland [2005]）。

従来の貧困研究と開発協力では，図5に示すように，貧困層の能力向上と機会の拡大に焦点が当てられてきた。これらが必要な活動であることは言うまでもないが，能力と機会が改善したとしても，人々は必ずしも合理的な存在ではなく，生活の改善のために適切な選択を継続的に行うとは限らないのであ

図5　動機と誘因

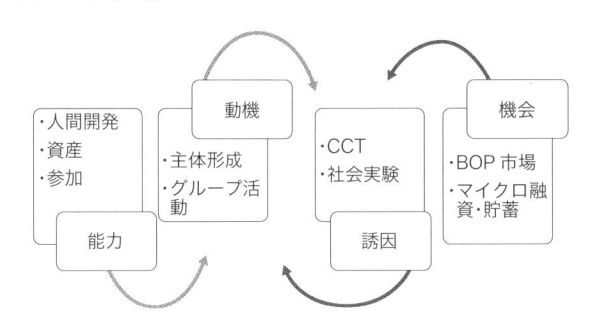

る。MITのPoveryLabの研究者グループは，ランダム比較実験（RCT）を開発プロジェクトの実証研究に適用し，貧困改善に役立つ具体的なインセンティブの設計について，以下のような知見を得た（Banerjee［2011］）。

①貧困層は必ずしも合理的な存在ではなく（限定的合理性），正確な情報に欠け，真実でないことを信じがちである。

②「正しい情報」を届けようという啓蒙活動は効果的とは限らず，単純かつ魅力的で信頼度の高いプロジェクトの設計が重要である。

③貧困層はあまりに多様な生活面での責任を負っており，むやみに選択肢を広げようと援助するのではなく，逆にデフォルトとナッジで生活上の選択を楽にすべきである（リバータリアン・パターナリズム）。

④貧困層には様々な市場へのアクセスが欠けており，不利な価格の支払いを強いられている。援助物資の無料配布に対する一部の研究者からの批判や不信感は適切ではない。

⑤貧困国は「不幸な歴史の足かせ」や「貧困の罠」に縛られてはいない。貧困層自身の気づきと期待の自己実現を実証しうる小さな事例で積み重ねることで，「静かなる革命」を引き起こすことができる。

　ラテンアメリカ諸国は1990年代の後半から条件付き現金給付（CCT: Conditional Cash Transfer）という政策を導入し，ランダム化実験（RCT）を用いてその成果を実証してきた（高橋［2011］）。CCTとは以下の目的を達成するために，ミーンズテストや家計調査等の複数の基準を組み合わせて選別

された貧困家計に対し，直接的に現金を移転する政策である。支給額は児童労働の機会費用を参考に決定される。

①貧困家計への所得補塡による現在の生活状況の改善
②貧困の世代間移転（貧困の悪循環）の切断

Well beingやwell doingの衡平という視点にたつならば，無条件で現金を給付することが正しい。貧困層にとって自由に使える現金が追加されることで，非貧困層の厚生に接近することができるからである。だが，無条件給付が①と②の目的の達成に役立つとは限らないことから，現金給付の条件として子供の就学や定期健診と栄養指導などを母親に義務付けるのである。対象となる子供の年齢層は，国によって異なるが，就学前教育から高校卒業までが最大範囲である。貧困世帯の子供たちに早期教育（Headstart）の機会が保障されるならば，認知能力の格差がもたらす教育の期待収益率の平準化にも役立つ。

CCTの仕組みでは，現金は母親に渡され，その使途は問わない。だが，実際には子供の就学年数が伸びることで，制服や学用品など諸々の経費がかかり，栄養指導を通して食料支出の内訳にも変化が生じると考えられるので，リバタリアン・パターナリズムを意図した給付といえよう。

メキシコでは1997年のCCT政策「プログレソ」の開始時からモニタリング評価の手法としてRCTを導入し，研究者の間でも注目を集めている。RCTの設計に際して，まず，メキシコ国内の約500の貧困地域を客観的指標を用いて選択し，全数的な家計調査を行い，受給資格のある貧困家庭が同定された。そのなかからランダムに約3分の2の地域を選出して「治験群」とし，残りの3分の1を「対照群」に設定し，CCTが開始された。その結果，CCTと以下の成果の間に因果関係が存在することが証明された[5]。

①女性の中学就学率の改善
②一部の受益家計の消費が安定化
③子供の教育が経済ショックによって左右されにくい状況の創出

グアテマラでもCCTが導入されており，ラテンアメリカ諸国のなかで最も貧困削減に成功しており，費用効果も高い（表8）。従来，ラテンアメリカの社会保障政策はフォーマル部門の非貧困層に偏っており，社会扶助はユニバー

表8 5歳未満幼児への現金給付による貧困削減効果（2008年前後）

	対象世帯 (総世帯比)	一人当たり平均移転額 (月額, 2000年ドル)	移転前貧困 世帯率	移転後貧困 世帯率	削減率
アルゼンチン	12.5	44.3	14.7	12.2	-2.5
ブラジル	13.1	21.3	19.9	16.9	-3.0
ウルグアイ	8.9	35.7	8.5	6.5	-2.0
チリ	10.7	19.1	11.3	9.1	-2.1
コスタリカ	12.2	20.0	14.8	12.4	-2.5
メキシコ	21.1	34.7	27.9	22.8	-5.1
コロンビア	21.6	17.6	35.4	30.3	-5.0
ベネズエラ	19.9	46.0	23.6	19.1	-4.5
エクアドル	22.0	10.4	36.5	31.5	-5.0
ボリビア	22.9	14.7	47.2	41.8	-5.5
グアテマラ	37.3	18.3	46.7	39.3	-7.4
ホンジュラス	35.6	16.6	63.1	57.8	-5.3
パラグアイ	28.2	17.2	50.2	44.6	-5.6

出所：CEPAL (2010) Cuadro VI.2 より作成。

サリズムの名の下のばらまき，もしくは都市部の非貧困層を優遇する内容であった。これがCCTのターゲティングとRCTによる客観的なモニタリング評価で，初めて貧困層に効率的に届く形に改善したのである。CCTを通してすべての子供たちが貧困線を突破する総費用もグアテマラではGDPの6%程度であることが分かっており（図6），同国の徴税率の低さ（GDPの10%程度）からみて，この程度の増税は非現実的な数値とはいえない。だが，グアテマラはブラジルとならんでジニ係数が高いうえに，社会的流動性が低く，チリやアルゼンチンのように不平等だが社会的流動性が高く，勤勉であることが報われる社会ではない。努力次第で社会階層が上昇するには，機会の公平改善に関わる様々な壁が存在している（Ferreira [2008]）。

5. おわりに

21世紀に入ってラテンアメリカでは，マクロ経済の安定のもとで経済成

図6　5歳未満幼児に貧困線相当の資金を移転するコスト（対GDP比）

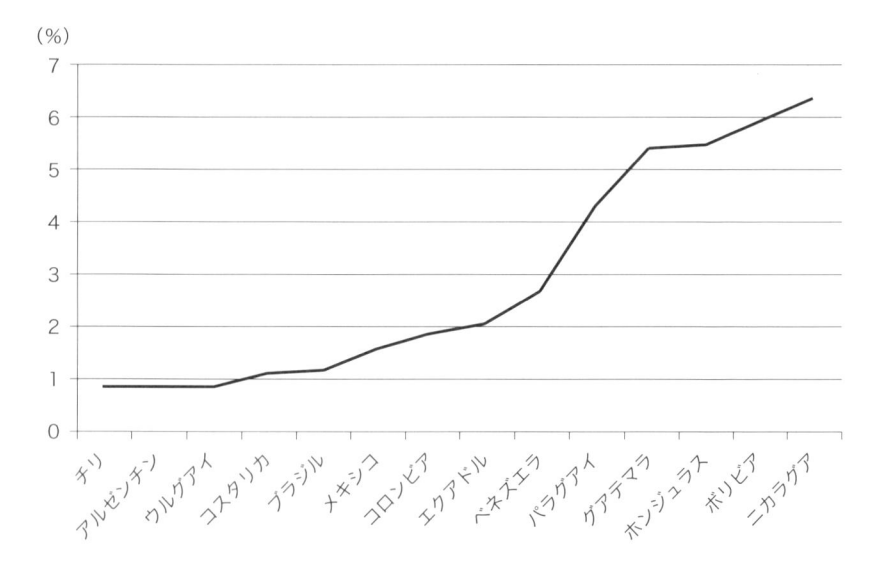

注：単身世帯には貧困線の1.5倍相当の資金移転を想定。
出所：CEPAL［2010］より作成。

長が持続し，貧困率が着実に低下してきた。だが，コモディティ経済とインフォーマル部門が並立する産業構造のために，貧困に資する成長（PPG）に移行できず，地域人口の3分の1に相当する2億人もの人々が貧困状態にとどまっている。コモディティ輸出に依存した経済構造は脆弱であり，経済成長の悪化によって貧困が増加する可能性も十分に残されている。他方，ミクロ・レベルでは貧困層の生活に直接影響を与えることを狙ったアプローチが奏功し，条件付き現金給付（CCT）に代表される新たな社会的保護政策がラテンアメリカ各国で拡大している。今後は，不平等社会における社会的流動性を高めるための能力と機会の拡大と同時に，貧困世帯が自らの選択を通して利用可能な資源を生計向上と生活改善に活用するための動機づけとインセンティブの設計が課題として残されている。貧困削減には特効薬がなく，様々なアプローチの優位性を検証可能な手法で示し，それぞれの優位性を組み合わせて相乗効果を引き出す試みが求められている。JICAでは戦後日本の生活改善政策にもとづ

く参加型農村開発研修を中南米諸国で続けており，既に200名に達する研修生が誕生している。筆者はこの研修生たちとともにCCTと日本の生活改善アプローチを組み合わせて，グアテマラを事例に地方自治体のガバナンス改善を通した貧困削減政策に資するアクション・リサーチを準備している。本稿ではそのための予備的考察を行った。

【注】
1) 従来，グアテマラでは世銀が設計した生活実態調査（ENCOVI）が貧困分析のベースであったが，信頼度は県レベルにとどまっていた。これに対して，今回の調査は，初めて自治体レベルで信頼度の高い貧困指標の作成を目指すものである。調査に際しては，8市の全面的な協力を得て，ENCOVIの質問項目を網羅する手間のかかる調査を実施した。
2) IMF, *World Economic Outlook*, April 2011 では，ラテンアメリカ諸国を4グループに分類している。①インフレ・ターゲットを導入した資源輸出国，②インフレ・ターゲットを導入していない資源輸出国，③資源輸入国，④観光と海外送金に依存したカリブ海諸国。
3) 政権終了時の支持率は，チリのバチェレ政権及びブラジルのルラ政権のいずれも80％を超える記録的な高率であった。
4) 民主体制が定着していない諸国において，資源輸出額/GDPの比率が高まるほど，マクロ経済の不安定性，「オランダ病」と製造業の衰退，資源レントをめぐる汚職や紛争の激化，制度劣化など政治的経済的に様々な悪影響が発生するという議論。
5) 評価は外部機関に委ねられており，すべての評価結果が担当官庁である社会開発省（SEDESOL）のホームページで公表されている。

【参考文献】
小塩隆士（2010）『再分配の厚生分析』日本評論社。
大塚啓二郎・櫻井武司編著（2007）『貧困と経済発展』東洋経済新報社。
黒崎卓（2009）『貧困と脆弱性の経済分析』勁草書房。
A. P. サールウォール（清水隆雄訳）（2003）『経済成長の本質』学文社。
関雄二・狐崎知己・中村雄祐編著（2009）『グアテマラ内戦後 人間の安全保障への挑戦』明石書店。
髙橋百合子（2011）「社会保障と社会扶助」西島章次・小池洋一編著『現代ラテンアメリカ経済論』ミネルヴァ書房。
橘木俊詔・浦川邦夫（2006）『日本の貧困研究』東京大学出版会。
ニコラス・クリスタキス，J. H. ファウラー（鬼澤忍訳）（2010）『つながり』講談社。

山形辰史編（2008）『貧困削減戦略再考―生計向上アプローチの可能性』岩波書店。
柳原透（2011）「中南米諸国における生活安全保障の状況と課題」『海外事情』第59巻5号。
和田信明・中田豊一（2010）『途上国の人々との話し方』みずのわ出版。
Banerjee, Abhijit V. and E. Duflo (2011), *Poor Economics: A Radical Rethinking of the Way to Fight Global Poverty*, NY., PublicAffairs.
CEPAL (2010), *Panorama Social de América Latina*.
Cohen, Jessica and W. Easterly, eds., (2009), *What Works in Development?*, Washington, Brookings Institute.
Collins, Daryl et al., (2009), *Portfolios of the Poor: How the World's Poor Live on $2 a Day*, Princeton, Princeton University Press.
Encuesta Nacional de Condiciones de Vida (2000), Guatemala.
Encuesta Nacional de Condiciones de Vida (2006), Guatemala.
Ferreira, Francisco H. G. (2008), *The Measurement of Inequality of Opportunity: Theory and an application to Latin America*, Washington, World Bank.
Hayami, Y. and M. Kikuchi (2000), *A Rice Village Saga*, London, Barnes & Noble.
Holland, Jeremy and J. Campbell eds., (2005), *Methods in Development Research*, Rugby, Intermediate Technology Publications.
Karlan, Dean and J. Appel (2011), *More Than Good Intentions*, NY., Dutton.
Lawson, David, D. Hulme, I. Matin and K. Moore (2010), *What Works for the Poorest?*, Rugby, Practical Action Publishing.
Pogge, Thomas (2010), *Politics as Usual: What Lies Behind the Pro-Poor Rhetoric*, Cambridge, Polity Press.
Rodrik, Dani (2011), *The Globalization Paradox*, NY., W. W. Norton.

第9章
アンゴラにみる紛争後復興支援の課題と教訓

稲田 十一

1. はじめに

　アンゴラは，長い内戦を経たのち 2002 年に停戦合意に関する覚書が署名され，独立以来 27 年にわたる内戦が事実上終結し，現在は国家再建のプロセスが進行している。また，最近は原油収入の拡大により，高い経済成長率を維持しマクロ経済も良好であるものの，依然として内戦時のインフラ破壊や残存地雷による被害等の影響が，今後の経済成長や貧困削減の障壁となっている。

　本論は，その 2002 年以降のアンゴラの紛争後復興過程を検討・分析するものであるが，筆者が 2008 年から 2010 年にかけて合計 4 度にわたって実施した現地調査の際に得られた情報にもとづく部分も少なくない[1]。アンゴラは様々な意味で，紛争後の社会が共通に抱える課題を典型的に有しており，紛争後復興支援に関してアンゴラの事例から得られる教訓も少なくない。従って，本論はアンゴラの事例を取り上げるが，紛争後復興支援に共通の課題や教訓について，他のいくつかの紛争後復興支援の事例と，可能な限り横断的な比較の観点を取り入れながら検討・分析することにしたい。

2. アンゴラ内戦と戦後復興プロセス

2.1　アンゴラの内戦の経緯

　まず，アンゴラの内政の歴史的経緯について整理しておくことにしよう。

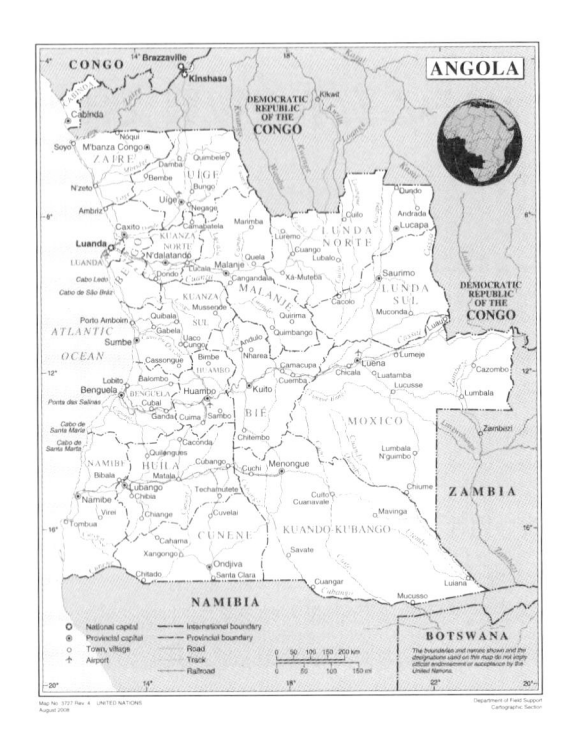

アンゴラ（全図）

　第二次世界大戦が終結し，脱植民地化時代に入るとアフリカ諸国のヨーロッパ諸国からの独立の波がアンゴラにも押し寄せた。アンゴラの宗主国であるポルトガルの当時のアントニオ・サラザール政権は，植民地支配に対する国際社会の非難を避けるため，アンゴラは形式上本国ポルトガルと同等の立場であるとし，投資やポルトガル人の入植を奨励した。
　しかし，こうした形式上の地位と事実上の植民地政策の矛盾は隠せるものではなく，アンゴラでは1961年に，アンゴラ解放人民運動（MPLA: Movimento Popular de Libertação de Angola）が首都ルアンダの刑務所を襲撃し，アンゴラ独立に向けた戦いが始まった。1960年代を通じてMPLAによる支配地域の拡大は続いたが，独立派とポルトガル軍との戦闘が継続する中で，1974年にポルトガル本国でいわゆる「カーネーション革命」がおこ

り，ポルトガル政府はすべての植民地を放棄することになり，それを受けて，MPLAは1975年にアンゴラ人民共和国の独立を宣言した。

　しかし，その直後から，アンゴラは内戦に突入していく。その背景としては，いくつかの要因が考えられる。まず第一に，この独立がポルトガル本国の政変によって突然にもたらされたものであり，独立の受け皿となる体制が準備されていたわけではなかったことである。また，アンゴラは資源に恵まれた豊かな土地であり，南アフリカや米国・フランス・ソ連など，この国への影響力をめぐって外国からの様々な介入がなされたことであろう[2]。

　独立運動を戦ってきたMPLAに主導権を握られるのを嫌ったアンゴラ国民解放戦線（FNLA: Frente Nacional de Libertação de Angola）及びアンゴラ全面独立民族同盟（UNITA: União Nacional para Total Independência de Angola）連合が，ウアンボでアンゴラ人民民主共和国の独立を宣言し，独立直後から，キューバ（派兵による直接介入）とソ連が支援するMPLAと，南アフリカ共和国（直接介入）とアメリカ合衆国が支援するUNITA，ザイールとフランスが支援するFNLA連合の間で内戦状態に陥った。キューバ軍の支援を受けたMPLAは首都ルアンダの防衛に成功し政権を掌握したが，1975年の時点で50万人を数えたポルトガル系アンゴラ人の入植者の大規模な引き揚げや，戦争によるインフラ・農地の荒廃によってアンゴラの経済は大混乱に陥った。

　1979年9月，MPLAの初代ネト議長が死去し，第2代大統領にジョゼ・エドゥアルド・ドス・サントスが就任し，ソ連やキューバなど社会主義陣営との結びつきを強め，MPLAによる社会主義建設のために一党制を敷いた。しかし，この間もUNITA/FNLAとの内戦が続き，多くの人命が失われ，経済は疲弊した。アンゴラ内戦は，政府・反政府勢力がそれぞれ米ソの後援と，それぞれの勢力の代理人であった南アフリカ共和国とキューバの直接介入を受けていたことから，東西冷戦の代理戦争といわれている。

　FNLAは1980年代には弱体化し，南アフリカとキューバも，当時南アフリカ領だったナミビアの独立とキューバ軍のアンゴラ撤退を交換条件に撤退した。外国軍の撤退後，冷戦終結の国際情勢に呼応してMPLA政権は1990年

に社会主義路線を放棄し，翌年には複数政党制の導入を決めた。ポルトガル政府の仲介で1991年5月，MPLAとUNITAがリスボンで和平協定に調印したが，1992年の大統領選および議会選をめぐる対立から再び内戦に突入した。国連の仲介で1994年11月に再度和平が成立したが，1998年に武装解除に抵抗したUNITAの再蜂起により内戦が再燃した。ジョナス・サヴィンビ議長が率いるUNITAは，内陸で産出するダイヤモンドを資金源にアンゴラ政府軍と戦闘を続けたが，2002年2月にサヴィンビ議長は戦死し，4月に休戦協定が結ばれ，27年間の内戦に終止符が打たれた。

2.2 内戦が長く続いた要因

アフリカには，内戦を経た国々が多いが，アンゴラにおいてかくも長期間にわたり内戦が続いたのはなぜであろうか。東西冷戦下の代理戦争の様相を呈していたとはいえ，内戦が長期間にわたったのは，政府側，反政府側の双方が，内戦を継続するだけの潤沢な資金源を有していたことが大きい。MPLAは，海側地域を確保し，沿海の海底油田から産出する石油収入を独占することができた。他方，UNITA側は内陸を拠点にしたが，内陸ではダイヤモンドが産出し，このダイヤモンドの密輸・販売によって，戦闘を継続する資金を得続けることができた[3]。UNITAの勢力が急激に低下していくのは2000年以降であるが，この時期が，ダイヤモンドの不正取引の取り締まりを強化する国際的取り決めである，いわゆる「キンバリー・プロセス」が作られ密輸が規制されていった時期と重なることに注意する必要があろう。

また，アンゴラの内戦に深く関わってきた地域大国である南アフリカが，そのアパルトヘイトからの決別と民主化によって，アンゴラ内戦への関与を控えるようになったことも大きい。UNITAのダイヤモンド取引と事実上深く関わってきた南アフリカの関与の減少は，UNITAの資金源を狭めるという意味でも影響は大きかったといえる。

イギリスのアフリカ経済専門家であり，世銀エコノミストでもあったポール・コリアが，その著書『最底辺の10億人』の中でも紹介しているように，開発途上地域における紛争の要因として最も説明力の大きいものは，①低所

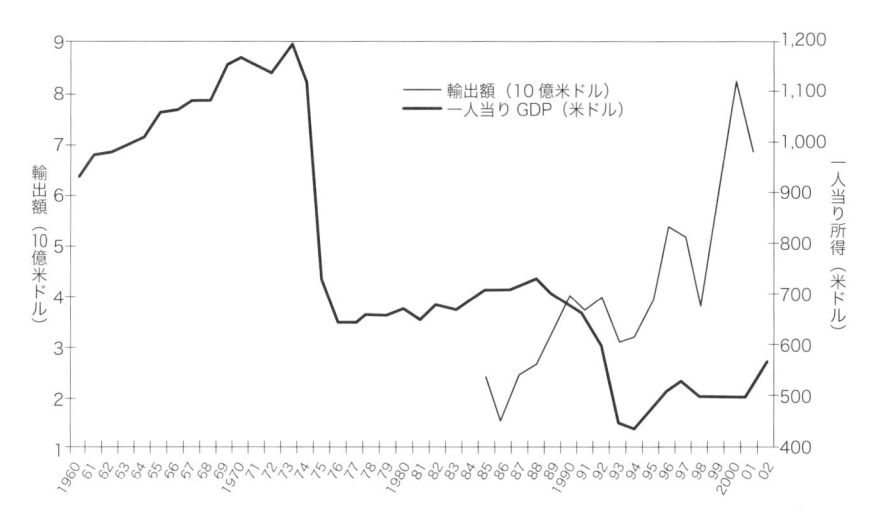

図1　アンゴラの一人あたりGDPの長期的な推移

出所：William Easterly, *The Whiteman's Burden*, Oxford University Press, 2006, p. 288.

得，②低成長，に加え，③資源のあること，の三つの要因であると考えられている[4]。アンゴラは，まさに豊富な資源のゆえに，多くの国の介入を招き，また対立する勢力のいずれもが豊富な資金を背景に長期にわたり内戦を戦うことができたのである。

2.3　アンゴラの経済破綻と復興プロセス

世銀出身の有名なエコノミストであるウィリアム・イースタリーは，その著『傲慢な援助』でアンゴラを取り上げている[5]。図1は，その著書の中で取り上げられている，アンゴラの一人あたりGDPの長期的な推移を示した図である。

1975年の独立後，上記のように長い内戦が始まり，そのなかで所得水準が急激に低下した。皮肉なことに，独立以前のポルトガル植民地下では，ポルトガルからの投資や植民の拡大等により，着実な経済発展を遂げていた。当時，すでに全土に道路網が張りめぐらされ，伝統的な港町であるベンゲラからアンゴラ中部のウアンボ（当時はニュー・リスボンと呼ばれた）を抜け，更に奥地

に向けベンゲラ鉄道が整備されていた。また，主要都市を結ぶ無線電信網も整備されており，ポルトガル人入植者により農地で様々な農産物も生産され，特にコーヒーは最大の輸出製品となっていた。こうしたインフラや農業生産の基盤は，内戦によって破壊されてしまうのである。

　1994年のルサカ合意により選挙が実施され，ようやく平和が訪れたかに見えた。選挙そのものは平穏に行われ，MPLAが多数を占めたが，選挙で敗れたUNITAがその選挙結果を認めず，内戦に再び突入してからは，経済が更に混乱し国民生活が一段と困窮したことが，このグラフからも見て取れる。内戦が，経済にとっていかに破壊的な影響を与えるかを示す，きわめて明瞭なグラフであるということができる。

　しかし，ようやく長年の内戦がおわり，アンゴラは復興の時代に入った。2002年4月に停戦合意に至る覚書が署名され，独立以来27年にわたる内戦が事実上終結し，現在は国家再建のプロセスが進行している。2008年9月に再び総選挙が実施され，引き続きドス・サントスが大統領にとどまり，MPLAが与党として政治の主導権を握る体制の下で，経済復興と開発に向けて取り組んでいる。

　とはいえ，内戦の後遺症ともいえる国内避難民等の生活状況の回復や大量の残存地雷の処理といった課題も残っており，人口の急激な都市流入（特に首都ルアンダへの集中）による都市問題の深刻化やきわめて大きな貧富の格差が見られるなど，様々な問題を抱えている。

　次に，2002年以降，現在に至る，アンゴラ経済社会の状況とそれが抱える課題について見ていくことにしよう。

3. 急速な経済復興といびつな経済

3.1　石油に依存する近年の高成長

　2002年以降，今日に至るアンゴラのマクロ経済状況は，良好であるといえる。経済状況の安定性は，インフレ率やGDP等の統計にも表れており，国内総生産（GDP）成長率は，2004年に11.3％，2005年に20.6％，2006年

図2 アンゴラの近年のGDPと成長率の推移

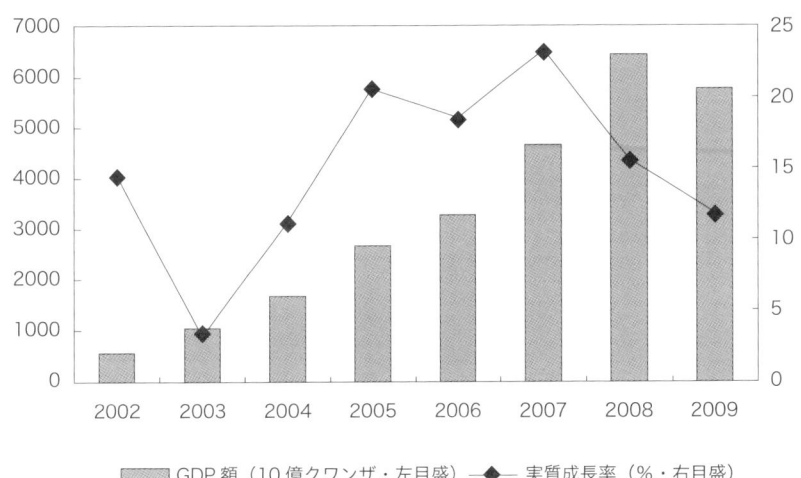

出所：世銀資料

に18.6%，2007年には23.3%に達する一方で（図2），インフレ率は2007-2008年を通して12-13%の水準で推移している（図3）。経済全体の成長に伴って，一人あたりGDPも急速に拡大しており，2008年にはドルベースで3000ドルを超える水準に達したとされる。

こうしたアンゴラの安定した急速な経済復興を支えているのは，アンゴラ沖に存在する海底油田である。実際，アンゴラ経済は石油輸出に依存しており，輸出の90%以上，GDPの大半が石油部門である。

もっとも，産業やGDPが過度に石油に依存する体質から脱却するために，非石油部門の拡大を目指してはいる。非石油部門も成長はしており，統計からは経済成長が単に石油分野だけでなく，非石油分野でも進んでいることが示されており，2007年の石油部門の成長率が20.4%であるのに対し，非石油部門の成長率は25.7%（建設37.0%，製造32.6%，農業27.4%）となっている（世銀統計）[6]。持続的開発のためには，非石油部門の開発が重要であり，実際，この分野の近年の成長率は高いが，依然として石油に依存する体質から抜けだ

図3　インフレ率の推移（%）

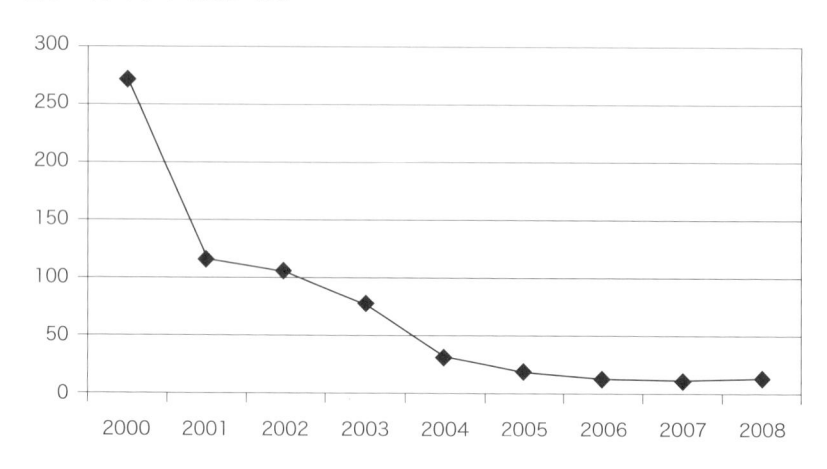

図4　輸出額の推移
（百万ドル）

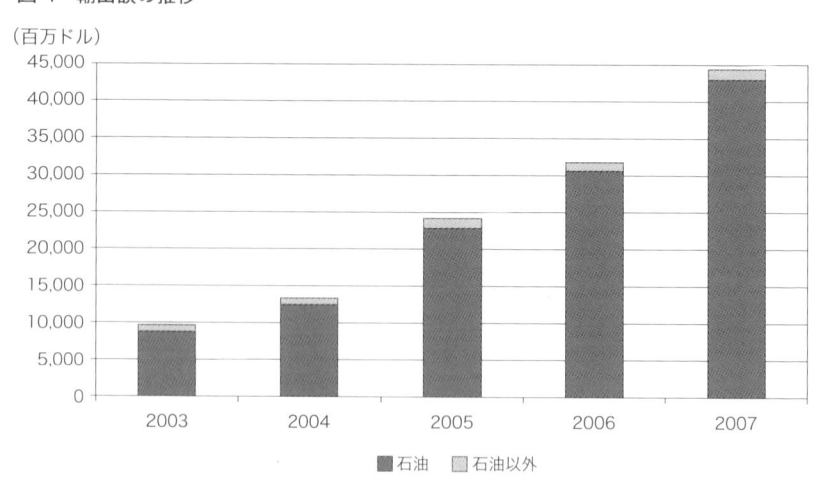

石油　　石油以外

出所：いずれも世銀資料

せているとはいえない状況である（図4）。

　ダイヤモンドは輸出額の1割にも満たないが，埋蔵量は南アフリカ以上といわれており，その潜在力は高い。アンゴラのダイヤモンド産業は国営会社によって運営されており，世界最大のダイヤモンド取引会社であるデビアスとの

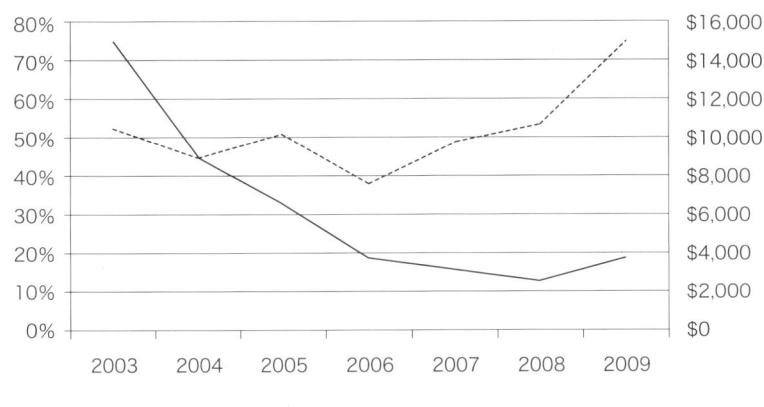

図5　アンゴラの対外債務残高と対外債務/GDP比の推移

出所：世銀資料

関係はよくなかったが，近年は対立関係にあるわけではなく，一定の協調関係にあるといわれている。

3.2　安定した債務と国際収支の状況

アンゴラの対外債務残高は，2007年で97億米ドルであり，GDPの20%以下（2007年16%）にまで低下している（図5）。この数字は中所得国としては中長期的にみて持続可能なレベルであると考えられており，アンゴラの債務持続性については，IMFも中長期的に特に問題はないとしている。

その理由は，内戦が長く続いたことによって国際金融界から多額の借入れをするということがなかったために，もともと債務残高がそれほど巨額ではなかったこと，特に近年の石油価格の高騰によって，国際収支及び財政収支が改善し，過去2〜3年財政収支が黒字であること，などによる。

アンゴラ政府の外貨準備は米ドルが中心である。以前はすべて米ドルであったが，2007年頃からユーロでの外貨準備の拡大にも着手し，2008年時点で，ユーロと米ドルの比率は3対7である。

近年のアンゴラの対外債務は，主に中国に対するものである。これは，後述

するように，近年中国から多額の借款を受けるようになっているためであるが，中国からの借款は米ドルベースであり，人民元の借入れはない。中国からの債務が多いのは，2002年の紛争終結後にその復興のためにすぐに資金が必要な状況で，国際社会で資金供与してくれるのが中国だけであったためである。中国以外には，ドイツおよびポルトガルとの間で既にクレジットラインについて合意済みであり，スペインとの間でも交渉中であり，後述するように日本も円借款の供与を準備している。

アンゴラの輸出と財政収入の大半が石油に依存していることから，中長期的な債務状況は，石油価格動向に左右されるところも大きい。そもそも，2000年代後半のアフリカ全体の平均経済成長率は約5%とかなり高く，この高い経済成長を押し上げている最大の要因は，近年の石油及び資源価格の上昇・高騰であり，様々な天然資源を有するアフリカ諸国は，全体として急速な経済成長を遂げてきている。アンゴラは，そうした「元気なアフリカ」の典型例ということもできる。

為替レートについては，基本的に変動為替制度を採っているとされるが，為替の安定とインフレ予防に配慮した事実上の管理為替政策を採用しているとみてよい。為替相場の変動はアンゴラ経済に深刻な影響を及ぼす可能性があり，その結果として政治的影響が生じる可能性があるため，為替相場の変動については中央銀行として特に警戒している。

なお，2008年後半のリーマン・ショック以降の世界経済の低迷の結果，それまで高止まりをしていた石油価格が下落傾向に転じ，それとともにアンゴラの通貨（クワンザ）の価値も下落傾向にあり，2008年半ばには1ドル＝約75クワンザであったものが，2010年半ばには1ドル＝約90クワンザまで下落している。もっとも，一時，下落傾向に転じた石油価格は，2010年から再び上昇傾向にあり，こうした石油価格の上昇は，いうまでもなく，アンゴラ経済には朗報である。

3.3 「資源の呪い（resource curse）」といびつな経済社会構造

アンゴラの物価はきわめて高く，首都ルアンダの物価は，ロシアのモスクワ

と並んで世界一の高さであるということが指摘されている。実際，アンゴラを訪れるとなると，ごく普通の三つ星程度のホテルの一泊の宿泊料金は300ドルを超え，簡単な外食でも50ドル程度かかるのが普通であり，国際的な物価水準のおよそ3倍程度の感覚である。

このようなアンゴラ国内の高い物価水準は，単に供給が少なく需要が多いといった需給関係だけで説明できるものではなく，基本的には石油輸出依存によるアンゴラ通貨（クワンザ）高によるものである。これは，経済学的にいうと，いわゆる「資源の呪い（resource curse）」である。あるいは，かつてオランダが北海ガス油田の発見によって，結果的に資源以外の貿易部門の国際競争力が低下した時代の状況から「ダッチ・ディジーズ（Dutch Disease）」という言い方もされる。つまり，アンゴラは石油大国でありその最大輸出品目が石油であるがために，交易条件が価格の高い国際的需要の大きい石油にあわせられ，アンゴラの通貨クワンザの為替レートがきわめて高く設定されているのである。

アンゴラ国内に住む人々にとっては，通貨高の恩恵を受け外国製品を安く輸入できるが，外国人がアンゴラで生活をしようと思うと，モノがみな高くなるということを意味する。それは一見通貨高の恩恵にあずかって良いことのように思われるが，こうした交易条件の固定化は，アンゴラで石油や天然資源以外の産業が，国際的には全く価格競争力を持たず，農業を含めた産業が育ちにくいことを意味する。アンゴラの現在の為替レートでは，石油をはじめとする資源以外の輸出はきわめて困難である。

実際，アンゴラで個人的に体験したことであるが，アンゴラ国内で，輸入されたポテトチップは日本円に換算して国際価格と同様の一袋150円程度であるが，アンゴラ国内で生産されたポテトチップは一袋500円程度になってしまっている。これでは本来生産できる多くの商品は，価格競争ができず産業として育たず競争力を持たない。現状でこうした高い国内生産品が依然として流通しているのは，特に内陸で安い外国製品が流通ルート上の制約で入手できないからであり，今後交通網が整備され，海外からの輸入物資を内陸まで安い流通コストで運ぶことが可能になると，かろうじて存在していた国内産業も価格

競争の面から淘汰される可能性がある。
　もっとも，クワンザ高には，輸入品を安く購入できるメリットがあり，インフラをはじめとする経済復興には膨大な資機材が必要であり，そうした資機材を相対的に安く輸入するためには有益である。アンゴラ政府は，こうした観点から，意図的にクワンザを高めに誘導している面がある[7]。
　このようなアンゴラ経済が国際的におかれている状況や交易条件は，いわゆる「資源の呪い」の典型であり，他のアフリカ諸国でもこうした状況におかれている国々は少なくない。もしアンゴラ政府当局による為替介入やある種の為替操作が可能であるとしたら，将来的に復興が進んで資機材を安く大量に輸入する必要性が減ってきた場合に，長期的には為替レートが見直される必要（およびその可能性）もなしとはしない。
　このように，アンゴラは石油をはじめダイヤモンドなど資源輸出に依存する経済構造から脱却できていないが，そのことと相まって，アンゴラ経済の構造的な課題は，こうした資源に関連する政策形成やビジネスにアクセスできる一部の政府指導層や高級官僚・特権層に富が集中し，多くの国民は依然として貧しい状態におかれていることである。アンゴラのジニ係数は0.63とされ，この数値は世界で最も高いレベルであり，貧富の格差はきわめて大きい。だからといって民衆の不満が爆発し政治的な暴動やクーデターのリスクがあるかといえば，MPLAの支配体制が強固であり軍や警察など実力組織を固めているため，そうした政治的リスクは限りなく小さい。しかし，こうした貧富の格差は，アンゴラ社会が抱える大きな不安定要因であることは否めない。
　例えば，政府上層部のみに権限と決定権が集中され，それにともない政策に関わる情報も少数の上層部のみが知りうる立場にある。これが汚職を生む素地ともなり，一部の政治家・高級官僚やその派閥が利権を独占し，高い所得を得ているのが現状である。
　また，地方で雇用の機会が得られず，貧しい状況におかれている人々が，雇用やチャンスを求めて首都ルアンダに大量に移り住んできている。植民地時代には人口60万人を想定してつくられていたといわれる首都ルアンダ及びその近郊に，2010年時点で（総人口約1700〜1800万人のうち）約600万人以

上が集中しているとされる。首都ルアンダの都市再開発は急速に進められてはいるが、都市基盤整備がこうした集中・急増する人口に到底追いつかず、交通渋滞、住宅不足、スラム街の拡大、物価の高騰など、都市化にともなう問題が深刻化している。

3.4 国民としてのアイデンティティ形成

一方、他の多くのアフリカ諸国で紛争要因として典型的な部族・民族対立は、アンゴラにおいては必ずしも顕在化していない。もちろん、アンゴラも、他のアフリカ諸国と同様、数多くの民族・部族から構成されている。アンゴラの民族は、オヴィンブンド人（Ovimbundu）37%、キンブンド人（Kimbundu）25%、コンゴ人13%などバントゥー系黒人諸民族が大半であるとされ、白人と黒人の混血（いわゆるムラート）が2%を占め、1%ほどポルトガル系を中心とするヨーロッパ系市民も存在し、その他が22%であるとされる[8]。しかし、他国ほど、部族間の対抗意識が強いわけでも対立関係にあるわけでもない。また今日、政府の高級官僚として活躍しているポルトガル系の人々も少なくない。その理由としては、以下のようないくつかの要因・背景が考えられる。

まず、ポルトガルの植民地統治が1975年まで数百年にわたって比較的長く続いた関係で、アンゴラとしての一体性が比較的長期間保たれ、また、周辺諸国がフランスやイギリス植民地であったことから、そうした周辺諸国と異なる、ポルトガル植民地としての（ポルトガル語やカトリックの普及といった）独特の特徴をもつ国としての一体的アイデンティティの熟成がある程度はなされた。

また、アフリカの多くの地域では国境はきわめて人為的であることが多く、国境をまたいで同じ部族が住んでおり、その意味ではアンゴラも例外ではない。しかし、ポルトガルの統治下でポルトガル語はある程度は公用語として使われ、フランス語や英語を使う周辺諸国とポルトガル語を使うアンゴラとは、言語の点で明確に分けられ、そのことは部族としてのアイデンティティが相対的に弱まりアンゴラ人としてのアイデンティティの形成が相対的には進むこ

とにつながったともいえよう。例えば，国境をまたいで両側に住む同じ部族でも，アンゴラ側ではポルトガル語が普及しコンゴ側ではフランス語が普及し，時とともに異なる「国民」としてのアイデンティティが強まっていくといった現象である。2001年の推計によれば，15歳以上の国民のポルトガル語での識字率は67.4%（男性：82.9% 女性：54.2%）であり，この数値はかなり高いといえる[9]。

　また，27年にも及ぶ内戦において，主として海側を支配したMPLAと内陸を支配したUNITAとの対立は，部族的な対立では必ずしもなかった。もちろんMPLAにキンブンド人が多く，UNITAにオヴィンブンド人が多いとはいえるが[10]，いずれの組織も民族・部族は雑多であり，内戦は部族対立ではなく，資源や利権・権力をめぐる組織間の対立であった。アンゴラ内戦は，特にMPLAが社会主義を理念として掲げソ連やキューバが本格的な支援をしたことと相まって，東西冷戦下でのイデオロギー的な対立の様相を色濃く呈することになり，こうしたイデオロギー的な紛争の要素が相対的に強いことは，他のアフリカの紛争が，イデオロギーを看板に掲げながらも実質的には民族・部族にもとづくパトロン・クライアント関係を基盤とする紛争である場合が多いのとは，かなり性格を異にする[11]。長年に及ぶ内戦は，むしろ部族間のエスニシティにもとづく帰属意識を弱めたと解釈することができると推測される。

　また，長年のMPLAの統治を通じて，政府支配層の間に社会主義的イデオロギーが比較的浸透しており，それは功罪両面の影響をもつものの，その肯定的な側面のひとつとして，社会主義的イデオロギーのもとでは部族・民族を分け隔てなく扱うことがあげられる（また，ある意味では男女の分け隔ても比較的少ない）。その意味では，アンゴラは，アフリカの社会の中では，相対的に近代的思想が普及している国である。また，ポルトガル統治下でカトリックが普及したことも，そうした近代的な思想の普及に少なからず影響を与えたのかもしれない。

4. 政府の不透明性・汚職とガバナンス

4.1 開発計画とその透明性

アンゴラにおける開発計画づくりは計画省が担っており，財務省は予算を担当している。また，財務省はマクロ経済分野の枠組みをみており，外国からの借款の受け入れ窓口は財務省となる。中国の借款の受け入れについても，財務省内に専門の部局がある。

中国のアンゴラへの支援に関しては，財務省を通じた融資にはある程度の透明性があるが，国家復興院（GRN: Gabinete de Reconstrução Nacional）を通じた支援は全く不透明である。中国のアンゴラ政府への支援は，GRN のコペリパ（Kopelipa）将軍との間で，密室で最終決定がなされているといわれ，その決定過程は外部からは全くうかがいしれない。

また，中国輸出入銀行によるアンゴラ政府に対する優遇借款は，その返済をアンゴラが産出する石油を中国に輸出する代金で返済することになっているとされている。

世銀によれば，国際復興開発銀行（IBRD）の融資上の規制条項（regulation close）では，「石油をクレジットの対価としてはいけない」という条項があり，世界中で適用されている原則である。もっとも過去の融資については適用外であるが，今後は適用されることになる。そのため，アンゴラ側も融資資金の返済方式を見直す可能性もあるかもしれないというのが世銀の見解である。しかしながら，現時点では，中国はこうした国際的ルールには全く拘束される様子はなく，引き続き石油とある種のバーター取引となるような形で，経済復興・開発のための多額の融資を供与している。

なお，アンゴラでは 2002 年 8 月に貧困削減戦略報告書（PRSP）の暫定版に相当するものが世界銀行に提出されたが，今日にいたるまで包括的な PRSP といったものは作成されてはおらず，主要ドナーが PRSP にもとづいてそれぞれの支援を策定していくという，他の多くの途上国で採用されるようになってきたドナー協調のシステムは，アンゴラにおいては成立していない[12]。2002

年に PRSP の暫定版といったものが作成され世銀に提出されたのは，当時はアンゴラ政府が，その復興資金の調達のために世銀をはじめとする国際援助コミュニティに対し弱い立場にあったためであり，その後こうした国際援助コミュニティと一線を画する中国の支援が本格化するにつれ，世銀をはじめ欧米を中心とするドナーのルールに縛られる必要がなくなり，そうした国際的に透明性の高い形での開発計画づくりのプロセスを放棄したものと考えられている。

それに代わり，2009～2013 年のセクター毎の 5 カ年計画が，策定され，閣議の承認を得ている。しかし，こうした開発計画は，政府及び関連省庁の上層部のみで共有され，国民に対してあるいは対外的にその詳細が公表されておらず，開発計画や予算配分に関する透明性はきわめて低い。

4.2　ガバナンス上の課題と能力強化の必要

「ガバナンス」という言葉で何を意味するかについては，今日ではある程度の国際的合意があるが，開発の専門用語ではあるので，以下で簡単に説明しておくことにしよう。

「ガバナンス」とは，一般的には，「社会や組織が意思決定する過程」を指し，「この過程がよってたつところのシステムや枠組み，例えば，合意形成，権力や資源の分配，意思決定の仕方，説明責任のとり方などを決める，公式・非公式の制度やルール」を指す[13]。開発分野に限っていえば，世銀は，ガバナンスの要素として，行政や公的部門管理に関わる狭義の概念として使い，説明責任，透明性，予測可能な法的枠組み，公的部門の効率性や情報公開，といった点をあげている[14]。

アンゴラにとって，またアンゴラに支援をするドナーにとって，こうした面でのガバナンス能力は大きな課題である。特に汚職・腐敗については，国際 NGO（Transparency International）の報告書の評価では，アンゴラは世界最悪の部類にはいるとされている（2010 年の評価で世界の 178 カ国中 168 位）。

また，予算の執行能力も懸念材料である。その際，中央政府と地方政府の二

つのレベルを考える必要がある。このうち特に懸念されるのは地方政府である。また，中央政府の予算執行や調達に関する透明性・説明責任も十分だとはいえない。そもそも説明責任というものがどういうものなのかということがこの国では十分に理解されていない，との指摘もある。予算にしても，近年，予算計画は公開されるようになったが，予算執行の結果については公表されていない。予算執行について，計画，執行，モニタリング・評価という三段階を考えたときに，社会主義的な国家建設の経験があることから，現時点でも計画はさして問題ないが，執行およびモニタリング・評価には問題がある。予算を割り当ててもそれを執行できないという問題が生じているうえ，モニタリング・評価の能力が無いため，透明性を確保できないという問題がある。

ただし，アンゴラ政府の中では，財務省は透明性の拡大（例えば財政収支・海外からのクレジット等についての公表）など，いろいろな努力は行われており，とりわけ世銀はこうした財務省を中心とする公共財政管理能力の強化のための技術支援に力を入れている。中央政府レベルにしても，地方政府レベルにしても，キャパシティ不足はどの分野でも見られる問題であるため，いかなるプロジェクトにしても必ずキャパシティ・ビルディングのコンポーネントを入れることが肝要であるとの見解が，アンゴラ政府の能力強化に注力している国連開発計画（UNDP）から出されてもいる。アンゴラにおける現地調査に際して，アンゴラの各省庁のトップ・レベルの担当者はそれなりに優秀である印象を受けたが，行政組織としてはどの省庁も機能していないとされ，能力強化支援は重要である。

4.3 アンゴラの国としての脆弱性・リスク評価

近年，世界各国の「脆弱度」を様々な角度からレーティングする指標がいくつか登場している。こうした質的な面についてのレーティングは，正確さに欠けたり，恣意的な面もないとはいえないものもあるが，国の安定性や脆弱性を多面的に評価した，ある意味での「カントリー・リスク」評価であるので，以下で参考までにチェックしておくことにしよう。

例えばForeign Policy誌が作成した「破綻国家指標（Failed States Index）」

表1 アンゴラの「破綻国家指標（Failed States Index）」

総合点（合計）	人口動態圧力	難民・国内避難民	集団の不満	人的逃避	不均等発展	経済	国家の非正統化	公的サービス	人権	治安機構	党派的エリート	外的介入
84.9（2007）	8.5	7.5	5.9	5.0	8.7	4.2	8.6	7.7	7.5	6.2	7.5	7.6
84.6（2011）	8.6	6.6	6.2	5.9	8.8	4.5	8.5	8.2	7.5	6.2	7.0	6.7

出所：Foreign Policy 誌が作成した The Failed States Index（2007, 2011）より作成。

によれば，アンゴラの指標は次の表1のようなものである[15]。この指標は各項目についての10段階評価である（数値が高いほど悪い）。きわめて悪い数値は，不均等発展，人口動態圧力，国家の非正統化，次いで公的サービス，人権，党派的エリートであり，経済や人的逃避，集団の不満は，他の指標と比較して比較的よい評価を得ている。

また，2008年に米国のブルッキングス研究所が，途上国の「国の弱さ指標（State Weakness Index）」というものを発表した[16]。これは，「国の弱さ」を経済，政治，治安，社会厚生の4項目（また各項目について更に5項目毎に細分化されているので合計20項目）をもとに，0から10の間でレーティングするもので，上記の Foreign Policy 誌の指標とは逆に，0に近いほど評価が低くより脆弱であることを意味する。また，世界銀行の「国別政策・制度評

表2 ブルッキングス研究所の「国の弱さ」を測る20指標（アンゴラの数値）

経済 5.42	政治 2.67	治安 5.32	社会厚生 1.45
一人当たり GNI（1.73）	政府の効率性（2.89）	紛争の強度（5.09）	子供の死亡率（0.80）
GDP 成長率（7.23）	法の支配（3.36）	政治的安定性と暴力（5.59）	初等教育の完了率（n.a.）
所得の不平等（n.a.）	国民の声と透明性（2.94）	クーデターの発生（10.00）	栄養不足（5.52）
インフレ率（4.71）	腐敗の管理（2.06）	人権侵害の度合い（3.52）	改善された水にアクセスできる人口比率（2.97）
規制の質（3.65）	自由度（2.50）	紛争の影響を受ける領土（6.49）	平均余命（1.47）

出所：Susan E. Rice & Stewart Patrick, *Index of State Weakness in the Developing Countries*, Brookings Institution, 2008.（ウェブで入手可能）より作成。

価指標（CPIA）」[17]と重なる指標も少なくないが，世界銀行の指標よりもより政治・紛争関連指標を取り上げているのが特徴といえる。

　アンゴラに関する評価の20項目は，表2のようなものであり，評価が低いのは特に社会厚生と政治である。とりわけ課題とされているのは，「子供の死亡率」「平均余命」「改善された水へのアクセス」といった社会厚生の著しい遅れと，「腐敗の管理」「政府の効率性」「国民の声と透明性」といったガバナンスの低さである。その一方，政治的には比較的安定と見なされている（「クーデターの発生」「政治的安定性と暴力」「紛争の影響を受ける領土」等）。特に「クーデターの発生」は10点満点とされており，これはクーデターの可能性がゼロということであり，政権の安定を示すと同時に，その反面，きわめて独裁的な側面を示しているともいえる。

5. アンゴラと国際社会――急増する中国の支援

5.1　圧倒的な中国の支援

　近年のアンゴラに対する最大支援国は中国である。アンゴラは2002年の和平合意以降，復興が急速に進んでいるが，中国のアンゴラ支援はこの2002年から本格化し，近年では2008年には約25億ドル，2009年に約20億ドルが供与され，2010年までの中国の借款を含めた全体の支援額は，総額約140億ドルに達したといわれている。その資金の条件は中国輸出入銀行融資が大半だと思われるが，中国はOCED/DACに加盟しておらず，援助統計等について公表していないため，正確なところはわからない。こうした多額の借款の返済の多くは，アンゴラで産出する石油を中国に輸出する代金によって返済する契約になっているとされる[18]。また，経済支援のうち大半を輸出入銀行の借款（その資機材調達及び建設工事は中国タイド）が占め，それと併せて（無償を含む）政府援助が供与される方式は「アンゴラ・モデル」あるいは「アンゴラ方式」と呼ばれ，他の国でも同様な支援パッケージがみられる。この支援方式に「アンゴラ」の名が付けられるのは，それがもっとも大規模な形で典型的に行われてきたからである。

表3 中国建設銀行・中国輸出入銀行による2002年の支援案件

案件	総額（米ドル）
ルアンダ鉄道444キロの復旧事業（フェーズI）	90百万ドル
ルアンダ電力ネットワーク復旧拡張事業（フェーズI）	15百万ドル
ルバンゴ電力ネットワーク復旧事業	15百万ドル
ナミベートンボワ電力ネットワーク復旧事業	25百万ドル
電気通信関連事業	不明

出所：CSIS報告書, p.6. を和訳。アンゴラ財務省、エネルギー・水省（2007）によるとされている。

表4 中国輸出入銀行による支援案件のセクター別金額（米ドル）

セクター	フェーズI 契約数	フェーズI 総額（千ドル）	フェーズII 契約数	フェーズII 総額（千ドル）	追加 総額（千ドル）
保健	9	206,100	1	43,806	159,413
教育	8	217,159	3	229,642	145,649
教育・保健					1,660
エネルギー・水	8	243,845	3	144,903	76,450
農業	3	149,753	1	54,007	
漁業			3	266,848	40,000
交通	1	13,840			
社会通信	1	66,905	4	276,307	56,337
公共事業	1	211,684	2	89,490	65,550
計	31	1,109,287	17	1,105,002	545,059

出所：CSIS報告書, p.7-8 より編集して筆者作成。アンゴラ財務省（2007）によるとされている。

中国とアンゴラとの間の経済関係の急速な拡大については、米国のシンクタンクであるCSIS（戦略国際問題研究所）が2008年3月にレポートを出しており、そこで、中国建設銀行と中国輸出入銀行による2002年のアンゴラへの具体的な融資案件が、表3のようにまとめられている[19]。また、中国輸出入銀行によるセクター毎の支援金額が、表4のようにまとめられている。これによれば、中国輸出入銀行による支援額は、合計25億6千万ドルにも達し、インフラ分野だけでなく、教育・保健医療分野に対する支援金額も大きいが、

表5　中国国際投資公司（CIF: China International Fund）の合意案件

ルアンダーロビト間の高速道路（497.5キロ）の復旧
マランジェーサウリモ間，サウリモールエナ間，サウリモードゥンド間の高速道路（合計1107キロ）の復旧
ルアンダ鉄道の復旧フェーズⅡ
ベンゲラ鉄道（1547.2キロ）およびモサメデス鉄道（1003.1キロ）の復旧
ルアンダ市の排水改善事業
アンゴラの18地方の24の市における215,500の住居の建設
新ルアンダ国際空港の建設（Bon Jesus）
ルアンダ新都市プロジェクトの調査

出所：同上，CSIS報告書。

　これは主として全国の学校・病院などの建設・整備にあてられているとされている。

　また，中国による借款は，機材・機器が中国タイドとなっている。2004年に供与された中国借款（約20億ドル）は，機材や労務の調達はタイドであるが，使途はアンゴラ政府との協議により，鉄道・道路などのインフラのリハビリ，通信設備（光ファイバー）の敷設などに使われていった。鉄道・道路・電力の整備などは膨大なニーズがあり，中国からの借款だけでは足りず，ブラジル・ポルトガルなどからの支援もある。中国は多くの分野で多額の支援を行なっており，工事が早く，また資機材の金額や建設費も相対的には安いので，即効的な復興を進める上で評価されている面もある。また，「安かろう悪かろう」という批判もあるが，質も必ずしも悪くないという見解もある。

　鉄道・道路といった分野で多くの中国人がアンゴラにきており，アンゴラに滞在している中国人の人数については明確な統計はないが，推計では，大きな推計値としては40万人，少ない推計値でも5万人ともいわれる。工事建設の労務者としてきている中国人が多いことから，その時点で実施されているインフラ事業の数にもよる。こうした建設工事の労務者まで連れてくる形の支援方式に関しては，地元の雇用拡大につながらないとか，技術移転がなされないという批判が強いが，その一方で，現地の技術能力や人材不足を考えると，復興事業を短期間に進める上では効率的な支援方式であるというのも一面の真理ではある。

　なお，香港をベースとする中国国際投資公司（CIF: China International

Fund) が, 2005年に29億ドルのアンゴラへの復興資金を供与することが合意された。その具体的な案件は, 表5のようなものであり, これは, GRN (国家復興院) に対して供与されるものである。GRN はアンゴラ大統領直属の組織で, その意思決定メカニズムや活動の実態は不透明であり, 大統領の軍事アドバイザーであるコペリパ将軍が実権を握っているとされる。

5.2 他の主要ドナー

中国以外の主要ドナーとしては, 二国間ドナーでは, 米国が大きく, とりわけ和平合意が成立した2002年以降は, 毎年1億ドル前後の支援をアンゴラに供与している。米国に次ぐ二国間ドナーである日本の毎年の支援金額がおよそ2500万ドル前後であることを考えれば, その金額は小さくない (図6)。日本と並んで, オランダ, ノルウェーといった国々も, 毎年2000万ドル程度の支援を供与している。2004年には, ポルトガルが7億1500万ドルという多額の支援を行った。

国際機関, 地域機構に関しては, EU (欧州連合) の欧州委員会の支援が最も大きく, 毎年6000万～7000万ドル程度の支援を供与している。それに次ぐのは, 近年ではIDA (世界銀行) である。国連関係機関では, WFPやUNHCRが中心であり, UNDPやUNICEFといった国連開発機関の支援は金額的にはそれほど大きいとはいえない。

石油収入の拡大によって, 国連機関, とりわけ人道支援機関の支援金額は以前よりはむしろ低下している。主要ドナーは, 米はマイクロ・クレジット, 英はガバナンス, EU は教育・保健, といった分野を重視している。

世銀グループの支援額は比較的少ない。和平合意が成立した2002年以降の支援額は, IDAが毎年1000万～3000万ドル程度であるが, アンゴラの債務状況の改善とともにIBRDが支援を開始し, その支援総額は2億ドル程度に達する (ODAではない)。

世銀支援の重点案件は, これまでは, ①元兵士の社会統合, ②緊急復興案件, ③経済改革への技術支援, ④保健分野, 等であり, 近年は, 水や農業への支援も拡大しつつある。農業分野の支援はウアンボ等三つの地域で検討されて

図6 アンゴラに対する日本の二国間 ODA 実績の推移（支出純額ベース，単位：百万ドル）

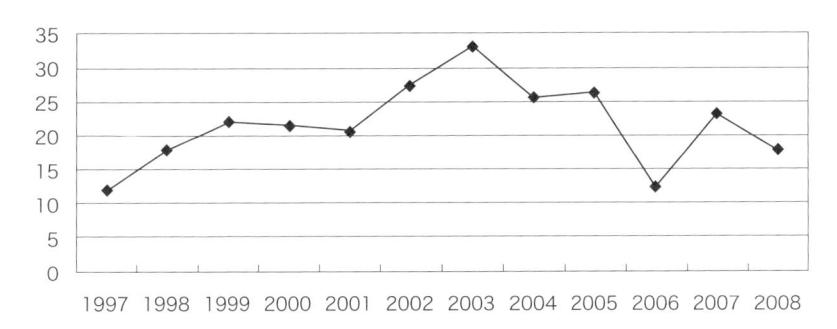

出所：外務省ホームページ『ODA データブック』より作成。

おり，すでに三つの地域でパイロット的に，①小規模生産者へのマイクロ・クレジット，②市場志向の交易の促進のための能力強化（農業省や地方政府），などを実施している。また，世銀は能力強化（キャパシティ・ビルディング）に比較優位があると認識しており，特に経済運営や PMF（公共財政管理）能力強化にも力を入れている。

世銀は一人あたり GDP にもとづいて IDA 融資の借入資格を決めており，アンゴラの場合，過去3年間に一人あたり所得が急拡大したために，IDA を卒業し IBRD に移行しつつある（すなわち，無償援助や無利子融資の支援はなくなり，IBRD の融資条件で支援が供与されることになる）。

また，アンゴラで活動している国連関係機関としては，UNDP のほか，UNICEF，FAO，UNESCO，UNHCR 等がある。UNDP を含めて国連関係機関は UNDAF（国連開発支援枠組み）に沿って援助をしているが，以前のUNDAF は 2002～2007 年の計画で，現時点では，アンゴラの 2009～2013年の新計画に対応した新しい UNDAF を策定しており，前者の5年間と後者の5年間では重点内容が多少変わっている。これまでの UNDAF は地雷とガバナンスが二本柱だったが，新しい UNDAF では，貧困削減という柱が大きく立てられ，その中で細分化して個別の分野がおかれている。その中には環境分野もはいり，教育・保健，民間セクター開発等も貧困削減の中に含まれている。

日本はこれまで技術協力および無償資金協力を行ってきているが，その金額は，無償資金協力が毎年20億円前後，技術協力が毎年2～3億円程度の金額である。分野としては保健，教育，地雷除去などの分野が中心であるが，近年，港湾整備に関する無償資金協力や開発調査が実施されている。円借款はこれまで供与されたことがなく，2010年に，電力や港湾整備などの分野で円借款事業形成のための調査が実施された。また，アンゴラにはこれまでJICA事務所がなく，南アフリカのJICA事務所が管轄していたが，2009年に，現地JICA事務所が設立された。

　日本は支援国としてポテンシャルがあり，アンゴラ側の期待も小さくない。中国だけに支援を依存するのではなく多面化したいという思惑もあるようである。ただ，アンゴラ側は，開発復興を早く進めること，早く実施することに重点をおいており，この点にはやはり十分な配慮・考慮が必要であろう[20]。

5.3　中国の支援に対する評価

　アンゴラへの中国による膨大な額にのぼる支援に対する評価は様々である。以下でいくつかの論点を整理しておくことにしよう。

(A) 国益重視で国際的協調軽視への批判

　援助の目的の観点からは，資源獲得という要素が色濃く見える。さらに必ずしも貧困層を対象に支援をしているわけではなく，国際的な開発目標であるミレニアム開発目標（MDGs）やOECD（経済協力開発機構）の開発援助委員会（DAC）諸国の方針を共有しているわけでもない。

　アンゴラは国際社会からその腐敗や汚職などの問題を指摘されているが，中国はそうした問題に口をはさむことなく多額の支援を供与しており，国際社会はそうした中国の支援のあり方を批判している[21]。すなわち，相手国政府・支配層との間で不透明な形で支援事業が決定され，それが腐敗を温存ないし助長する側面があることは否めず，これは中国がとっている「内政への不介入」方針の負の側面である。他方で，こうした支援方針は，相手国政府の基盤強化にもつながり，こうした支援を通じた政治的効果の別の側面として，中国との

外交関係の強化にもつながっていることも事実として否定できないことであろう。

(B) 開発効果に対する肯定的評価

　その一方で，受け手国からみた援助と開発の実像を見れば，アンゴラのインフラ建設や物資の流入を促進し，人々の生活改善に直結し，しかも足の早い目に見える成果をあげているとの評価もある。中国の近年の援助や経済協力は，「フルセット型支援」方式をとり，中国タイドで中国企業が受請い，工事建設のため中国人労働者が送られることから，現地の雇用につながっていないという批判もある。その一方で，中・長期的にはいずれにせよそれは中国との貿易取引の拡大や中国企業の投資拡大につながっているものであり，製造業や雇用の創出という点で，長い目で見れば肯定的な効果をもたらしているとみる見方もある[22]。

(C) 民衆レベルでの対中意識は両面あり

　中国の支援が拡大している多くの国で，中国との経済関係強化が強化される中で，その過剰なプレゼンスへの警戒感が徐々に強まっているということも指摘されている。すなわち，資源開発や中国への輸出の拡大，中国の物資や労働者の流入を通じた中国との経済関係強化が目に見えて進展している一方で，民衆レベルでの対中意識はアンビバレントな面も有り，中国との関係強化は過剰なプレゼンスへの警戒感にもつながっている。

　こうした状況は，まさにアンゴラにおいても指摘されていることである。また，こうした状況は，1970年代の日本と東南アジアの関係にもある意味で似ている面もある。

6. まとめ——アンゴラの復興プロセスから得られる教訓

　アンゴラの内戦と内戦終結後の復興プロセスおよび国際社会の支援の特徴を検討・分析し，それを他の事例と比較すると，アンゴラの事例の特徴的な点

（他の事例と異なる点）と共通点に関し，以下のようないくつかの結論を導き出すことができよう。

(1) まず，ポルトガル植民地としての時期が比較的長く，それは内戦の要因・経緯や，その後の国民国家意識の形成に，特徴的な影響を与えている。つまり，1975年までポルトガル海外州として存在したことは，アンゴラの国家としてのある種の一体性を高めた面があり，長い内戦下でも，多くの海外勢力が介入したにもかかわらず，MPLAとUNITAという二大アンゴラ勢力は継続的に存在し続けた。結果的にMPLAが勝利したが，ある意味でのアンゴラ人の「オーナーシップ」は今日に至るまで強く保持されている。

(2) MPLA主導の現政権は，政治的な権力を独占し，その意味ではきわめて政治的に安定している。その反面として，政策の透明性に欠け，政府上層部とその関係者が権限・利権・情報を独占し，一部の裕福な層と多くの貧しい人々の間の貧富の格差は，きわめて大きい。ただ，MPLAのもつある種の社会主義的なイデオロギーのゆえに，地方農村の開発や貧困層の生活改善に関しては，比較的力を入れており，その意味では，現体制に対する不満はある程度懐柔されている。他のいくつかの途上国のように，人々の不満を強権によって抑圧しているといった独裁体制とは異なる。

(3) また，部族・民族間の対立があまりみられないのもアンゴラの特徴である。政府上層部を中核とする，いわゆる「パトロン・クライアント関係」はみられるが，それは他の多くのアフリカ諸国にみられるような部族・民族を基盤としたものでは必ずしもなく，アンゴラの国家としての一体的な国民意識が比較的強く形成されている。

　それがなぜ可能となっているかは，本論では仮説的に，比較的長いポルトガル植民地としての経験，アンゴラの共通語としてのポルトガル語の普及，部族・民族対立ではない形の内戦の継続，支配政党であるMPLAの社会主義的なイデオロギー，などを要因としてあげ簡単に説明したが，紛争後社会におけ

る国家形成に関する有益な教訓を導くために，より詳細な検討を行うに値するテーマだと思われる。

【注】

1) 2008年10〜11月，2009年2〜3月，2009年5月，2010年8〜9月，の4回にわたりJICA（国際協力機構）からの委託による現地調査を実施した。
2) アンゴラ内戦の経緯については次の文献が詳しい。青木一能『アンゴラ内戦と国際政治の力学』芦書房，2001年。
3) こうした背景と経緯については，次を参照。ロバート・ゲスト『アフリカ──苦悩する大陸』東洋経済新報社，2008年，第2章「ダイヤを掘る，墓穴を掘る」58-65頁。
4) ポール・コリア（中谷和男訳）『最底辺の10億人』日経BP社，2008年。
5) Easterly, William, *The White Man's Burden: Why the West's Efforts to Aid the Rest Have Done So Much Ill and So little Good*, The Penguin Press, 2006.（ウィリアム・イースタリー著，小浜裕久・織井啓介・富田陽子訳『傲慢な援助』東洋経済新報社，2009年）
6) アンゴラでの統計の整備は遅れており，政府による人口センサスがあるわけでもない。計画省傘下の国家統計局（National Statistics Institute: NSI）が経済統計を収集・整理・管理しているが，NSIはとても弱い機関である。現在，世銀やUNDPがアンゴラ政府の家計サーベイを支援しつつある。輸出入統計などは中央銀行が有しており，これをもとに世銀統計が作成されている。
7) アンゴラ中央銀行へのヒアリング。
8) CIA World Factbookによる。
9) CIA World Factbookによる。一方，寺尾智史「南部アフリカ・アンゴラにおける多言語政策試行」によれば，1990年時点でのポルトガル語話者は，国民の約20％と推計している。2010年時点で，アンゴラの人口は約1800万人程度まで増大しており，首都ルアンダに600万人くらいが集中している現状の中で，これら首都に住んでいるアンゴラ人は少なくともポルトガル語を解することから，20％という推計は過少であり，CIA推計の方が現実に近いと判断される。
10) キンブンド人は比較的小柄であり，オヴィンブンド人はがっしりとした大柄の人が多く，そのため後者は奴隷としてアメリカ大陸に数多く連れ去られたといわれている。
11) アフリカの紛争要因として，民族・部族にもとづくパトロン・クライント関係を分析している文献として，例えば次を参照。武内進一編『戦争と平和の間：紛争勃発後のアフリカと国際社会』アジア経済研究所，2008年。
12) PRSP（暫定版）の中身は例えば次の資料で把握できる。The World Bank, *Interim*

Strategy Note for the Republic of Angola, The World Bank, January 2005. ただし，このレポートではインフラ分野がほとんど言及されていない。

13) 下村恭民編『アジアのガバナンス』有斐閣，2006年，第1章，5頁。
14) World Bank, *Governance and Development*, The World Bank, 1992.
15) Foreign Policy, *The Failed States Index*. (http://www.foreignpolicy.com)
16) Susan E. Rice & Stewart Patrick, *Index of State Weakness in the Developing Countries*, Brookings Institution, 2008.
17) 世銀のCPIA (Country Policy and Institutional Assessment) とは，国際開発協会 (IDA) の融資や支援を決定する際の主要参考指標で，その国の制度や政策の善し悪しの度合いを指標で表すものである。評定値は，①経済運営（マクロ経済運営，財政政策，債務政策），②構造政策（貿易，金融，ビジネス規制環境），③社会参入度（ジェンダー平等，公共資源の公正な配分，人的資源開発，社会的保護と労働権，持続可能な環境政策），④公共セクター管理（財産権およびルールにもとづくガバナンス確保，予算及び財政運営の質，歳入動員の効率性，行政機構の質，公共セクターにおける透明性・アカウンタビリティ・汚職）の4つのクラスターの各項目の平均値で評価されている。
18) Alex Vines, Lillian Wong, Markus Weimer and Indira Campos, *Thirst for African Oil: Asian National Oil Companies in Nigeria and Angola*, A Chatham House Report, 2009.
19) CSIS, *Angola and China: A Pragmatic Partnership*, Center for Strategic and International Studies (Washington D.C.), March 2008. なお，この報告書は現地での詳細なヒアリング等にもとづくもので確度の高い情報としているが，在アンゴラ中国大使館はこの報告書に対して何のコメントもしなかったと記載されている。
20) アンゴラ側からは「足の早いものをくれ」との要望が強いが，長い目でみて効果のあるもの，「日本らしさ」がでるものを重視すべきであろう，との意見も現地大使館にはある。（在アンゴラ日本大使館へのヒアリング，2009年2月）
21) 例えば，次の文献。セルジュ・ミッシェル，ミッシェル・ブーレ『アフリカを食い荒らす中国』河出書房新社，2009年。
22) Deborah Brautingam, *The Dragon's Gift: The Real Story of China in Africa*, Oxford University Press, 2009. ダンビサ・モヨ（小浜裕久監訳）『援助じゃアフリカは発展しない』東洋経済新報社，2010年，第7章 (Dambisa Moyo, *Dead Aid: Why Aid is Not Working and How There is Another Way for Africa*, Penguin Books, 2009.) 等。

■第Ⅲ部■

先進国経済

第10章
アメリカの自動車産業救済策と新生GMの歩み

鈴木 直次

1. はじめに

　2008年以降，アメリカ経済は深刻な金融・経済危機に直面し，ブッシュおよびオバマ両政権は多面的な救済・復興策の実施を余儀なくされた。ブッシュ政権において，その主たる対象となったのは言うまでもなく金融機関であったが，実体経済の悪化が顕著となった08年末には，自動車産業なかでも米系ビッグスリー（最近では「デトロイトスリー」と呼ばれる）のGMとクライスラーがこれに加わった。金融業と自動車産業は，当時の世界的経済危機により最も大きな打撃を受けた2大産業であり，それゆえアメリカのみならず多くの国々でも不況対策の焦点となったのである。

　GMとクライスラーの救済は翌年発足したオバマ政権下ではより体系的に展開され，連邦破産法第11章の適用申請とGMについては「国有化」，クライスラーについては伊フィアットとの提携により，それぞれごく短期間のうちに新会社へと再編された。その後の両社の歩みは大方の予測を裏切って順調であり，ともに黒字経営に転換し，政府債務も期限前に完済された。GMは10年秋に新規株式公開を実現して「ガバメント・モータース」から一部脱出し，クライスラーもまた11年半ばには米加政府が保有する株式を買い戻した。

　本稿の主たる課題は，深刻な経済危機下で展開された米連邦政府の自動車産業救済策の内容と効果を，中心的なプログラムである「自動車産業融資計画」とその主たる受け手となったGMとの関連に即して検討することにある。米

連邦政府が個別産業、とくに製造業企業の救済に乗り出すのはきわめてまれな事柄であり、ロッキードやクライスラーなどごく少数の前例を数えるにすぎない。他方、金融機関の救済にはより積極的であり、リーマン・ショック後にも大々的に展開された。これらの前例に比べ、今回の自動車産業救済策はいかなる特質を持っていたのであろうか。また、その枠組みのもとでGMはどのようなリストラ策を展開し、新会社の発足にまでこぎつけたのであろうか。世界の自動車産業に君臨したGMが破産法の適用を申請したことは、多くの人々にとって驚きの的となったが、回復不能とみなされた同社が、少なくとも現在までという留保つきだが、順調な再建をとげていることもさらに大きな驚きであった。なぜ成熟産業の代表的企業であるGMがこのようなバイタリティを発揮できたのだろうか。以上の点を念頭に、連邦救済策が米系自動車企業の再建に果たした役割を考えたい。

2.「デトロイトスリー」の経営破綻と公的金融支援

2.1　GM、クライスラーの経営破綻と「自動車産業融資計画」の発足

本節では、ブッシュおよびオバマ両政権における支援の内容とそのもとで進められたGMのリストラ過程を概観する。まず、ブッシュ政権による救済決定までの事実経過を整理しておこう。

デトロイトスリーの経営は2008年夏には著しく悪化した。2000年代半ばに始まったガソリン価格の高騰、07年夏以降に表面化した住宅不況とサブプライムローンの焦げ付き問題は、当時の自動車ブームの牽引車であり、デトロイトスリーの最大の収益源であった大型の多目的スポーツ車（SUV）やピックアップ・トラックの売り上げを大きく減退させ、小型のSUV（CUV）ならびに乗用車など燃費効率の良い車への需要シフトを引き起こした[1]。かくてGMは05年から、フォード、クライスラーも06年から最終赤字に転落した。なかでもGMは21世紀に入って一時巻き返しに成功したものの長続きせず、長年の課題であった高コスト構造が解決されなかったのに加え、工場閉鎖や人員削減、デルファイへの支援、資産売却など大規模リストラに伴う特別費用計

上などの負担にも直面した。さらに07年以降には有力な利益源であった関連金融会社のGMAC (General Motors Acceptance Corp) が住宅金融で巨額の損失を出した。こうしてGM, フォードは08年第2四半期に未曽有の赤字決算に陥ったが, サブプライムローン問題の表面化により金融市場は逼迫し, 小型車への転換に必要な資金ばかりか, 業績悪化に伴う運転資本の調達も困難となった。そこでデトロイトスリーは, この年の夏頃から, 金融支援を求めて連邦政府および議会に働きかけを始めたのであった。

彼らの当面の目標は, 前年12月に成立した「エネルギー自給・安全保障法」(Energy Independence and Security Act of 2007：EISA) が認めた250億ドルの低利融資を速やかに実行させることにあった。この法律の目的は, 主として, クリーンで再生可能なバイオ燃料の増産と利用の促進ならびに2020年までに自動車の燃費基準の40％もの大幅な引き上げによって, アメリカの石油依存度を低めるところにあった。その一方, 同法にはこの厳しい燃費基準を達成するための支援策が用意され, とくに第136節「先進技術車製造インセンティブ計画」では, 低燃費の次世代先進技術車および部品用生産設備の新設, 改修等のために, 自動車および部品会社に対し2008〜12会計年度の間に250億ドルまでの低利融資を行う権限をエネルギー省に与えた。しかし, 特定年度における具体的な支出額を許可していなかったため, 融資は実行されなかったのである[2]。

省エネ車の開発促進という大義と9月中旬のリーマン・ショックによる経済情勢の悪化に促され, 議会も速やかな法案の成立に尽力した結果, 9月24, 26日には上下両院において超党派で支出許可法案が成立した。ブッシュ大統領も直ちに署名し, 09年度分として75億ドル余の支出が許可された。しかし, 結論を先取りして言えば, この低利融資はGMとクライスラーの破綻防止にはまったく貢献しなかった。融資の使途が次世代車の生産設備への投資に限定されていたうえ, 最初の融資が行われたのは09年6月とはるか後に遅れたためである。しかも同法には融資申請者は借入期間中の存続可能性, すなわち追加的な政府融資に頼らず生き残れることを証明しなければならないという規定があり, 両社はこれを満たせないと判断され, 融資を認められなかった。

このような EISA の限界に加え，リーマン・ショック以降の信用逼迫による自動車ローンの貸し渋りと実体経済の不振により経営難がいっそう深刻化した GM は，10月半ばに，月初めに成立した「緊急経済安定化法」(Emergency Economic Stabilization Act of 2008：EESA) の「不良債権救済計画」(Troubled Asset Relief Program：TARP) の資金枠を用いた100億ドルの低利融資を財務省に要請した。これに対してポールソン財務長官は TARP の目的は金融システムの崩壊を防ぐことにあり，事業会社を救済する余裕はないとして要請を拒否した[3]。これ以後舞台は，11月初旬の選挙で自動車産業支援に積極的な民主党が優位をおさめた議会へと移った。

議会における支援策制定をめぐる主要なプレーヤーは以下の4者であった。まず，デトロイトスリーと労働組合（UAW）首脳は資金源を問わず支援を要請し，これを受けた民主党指導部も積極的に応じたが，資金源については TARP 資金の流用に求めた。一方，当初は救済に難色を示していたブッシュ政権も，経営破綻の影響の大きさへの懸念が高まるにつれ，方針を徐々に転換した。米経済に占める自動車産業の存在感はかつてほど圧倒的なものではなくなっていたが，それでもデトロイトスリーの1社以上が破綻すると国内における自動車生産はほぼ停止し，財務省の見込みでも初年度110万人，より大きな影響をみる他の研究機関は250万から330万人の雇用と GDP の1.1〜3.3％が失われ，税収減と支出増により政府のコストは500億ドル以上に及ぶという調査結果を発表して，大きな注目を集めた[4]。さらに3社の巨額の負債や GM 関連のクレジット・デフォルト・スワップ（CDS）発行量などから，彼らが債務不履行に陥れば金融危機の再燃も危惧された。かくて08年秋にホワイトハウスは，デトロイトスリーに向こう数カ月間をしのぐつなぎ融資を与え，自らの政権下での経営破綻を防ぐ一方，長期・抜本的な対策は次期政権にゆだねるとの方針をほぼ確立し，資金源としては EISA 融資の弾力的な利用に着目した[5]。最後に，共和党議員の多数派は自動車産業救済が有権者に不人気であったうえ，政府が個別企業の救済に乗り出すことへの疑義から，救済に反対する姿勢を崩さなかった。

こうした対立の構図のもと，11〜12月に議会では救済法案が審議された。

まず第1ラウンドの11月中旬に，民主党指導部はTARPを資金源とする緊急融資法案を上下両院に提出した。しかし共和党議員を中心に，モラルハザードへの懸念や社用ジェット機の利用，経営トップの高い報酬等への反発が重なったため，議会は各社からの詳細な再建計画の提出を待って審議を再開する方針へと転換した。この結果，デトロイトスリーはリストラ計画の策定ないし前倒しを強制され，12月初頭に第1次再建案を公表する。GMの再建プランにはブランドと生産車種，工場やディーラー規模の縮小と並んで，賃金や退職者に対する医療給付および年金（レガシーコスト）の引き下げなど必要な対策は網羅されていたが，その実施時期や規模は微温的なものにとどまった。なおフォードは，06年に巨額の資金を調達済みであったことを理由に，直ちには金融支援を求めない方針を明らかにした。

　第1次再建計画の提出を受けて始まった第2ラウンドの議会審議では，民主党指導部は救済法案の通過を優先して政府に妥協し，資金源をEISAへと転換した。かくて下院では，EISAの支出枠を使って140億ドルをGM，クライスラーに融資する「自動車産業融資および事業再編法案」(H.R.7321)が可決された。しかし有権者の根強い反対を考慮して，この法律には大統領が指名する監督官に対し09年3月末までに両社は新たなリストラ計画を提出すること，もしそれが不十分と判断された場合には，監督官は政府融資を返済させ，連邦破産法11章の適用申請を含む再建計画を独自に提出できる権限を与えられた。ところが共和党と勢力が拮抗していた上院では，政府の説得や妥協案の作成にもかかわらず救済案は成立しなかった。この間，譲歩を続けてきたUAWが賃金や付加給付を速やかに日系の現地工場並みに引き下げるとの妥協案を拒否したことが直接の原因とされた。その背景には，両社のリストラ案が不十分で再建につながらず，政府支援ばかり増えるのではないかという議員たちの経営者への不信感，経済全体における自動車産業とUAWの発言力の凋落，日独など外国企業の現地生産の着実な拡大という産業構造および政治的地殻変動という事実があった[6]。

　しかし，資金計画などの準備が不十分なGMとクライスラーが経営破綻に陥れば，両社は清算されるほかなく，その結果，当時の不況がさらに深刻化す

ることは疑いなかった。市場原理の信奉者であり，消費者に受け入れられる車を作れないデトロイトスリーを軽蔑さえしていたといわれるブッシュ大統領にとっては不本意であったろうが[7]，議会が新たな立法を行わなかった以上，救済の道は緊急経済安定化法の活用以外に残されていなかった。こうして，ブッシュ政権は12月19日にTARPの資金枠を用いた「自動車産業融資計画」(Automotive Industry Financing Program：AIFP) を策定し，GMに134億ドル，クライスラーに40億ドルのつなぎ融資を与えることを決定した。

　このつなぎ融資には，役員報酬の制限や新規配当の中止などTARPの資金枠を利用した融資一般に付けられた項目に加え，下院を通過した救済法案よりも厳しい付帯条件が加えられていた。すなわち両社は09年2月17日までに「大統領の任命者」(President's Designee) に対し，長期の存続を可能にするリストラプランを提出するのに加え，「追加的な目標」として，発行済み無担保債務の3分の2を株式への転換によって削減すること，09年12月31日までに労働者の賃金・付加給付およびワークルールを日系企業の現地工場と競争的な水準へ引き下げること，10年初頭から退職者向け医療給付を肩代わりするUAW管理の任意従業員福利厚生基金 (Volunteer Employees Beneficiary Association: VEBA) に対するGMの拠出金の半分を株式によって支払うなどに最善の努力を払うことを求められた。大統領が任命した監督官は，提出されたリストラ計画の現実性を精査し，長期の存続にとって必要な手段がとられているか否かを09年3月31日までに判断，これが満たされない場合には融資の速やかな返済を要求することができた[8]。このように連邦政府は，かつてのロッキードやクライスラーに対する支援の10倍という巨額の資金をTARPの資金枠を用いてGMとクライスラーに投じた（第1表）。しかし，救済に対する議会や有権者の反対，さらには政府自身の慎重な姿勢から，融資にあたっては下院を通過した法案以上に厳しいリストラ策が義務づけられたのであった。

　このつなぎ融資に加え，財務省は08年末から09年1月にGMAC，クライスラー・ファイナンスという関連金融会社へも緊急融資を行った。メーカーを救済するには，消費者やディーラーの信用力を強化することが不可欠と考えられたためであった。さらにGMACに対しては，連邦準備理事会がこれまた緊

第1表 過去の主要な政府救済策（金融機関を除く）

年	会社	初期段階救済措置	納税者総負担および純負担額
1970	ペンセントラル	ペンセントラル破綻により、同社発行のCPに対する不安が増大したことから、FRBは破綻連鎖を阻止する目的で各銀行を保護。	当初FRBは6億7630万ドルの融資保証を確約。コンレールへの整理統合と運営費用によって、1987年の31億ドルでの売却と5億7900万ドルの配当獲得に至るまでに274億ドルの税金が費やされた。国民の純負担額は244億ドル。
1971	ロッキード	緊急融資保証法（Emergency Loan Guarantee Act）から14億ドルを拠出。	1977年までにロッキードはすべての融資を返済。納税者には1億1220万ドルの利益。
1975	ニューヨーク市	ニューヨーク市一時財政資金調達法（New York City Seasonal Financing Act）から同市に対し23億ドルを融資。	ニューヨーク市は1986年まで融資保証を継続利用。全額返済済み。納税者は利息益を享受。
1980	クライスラー	クライスラー融資保証法（Chrysler Loan Guarantee Act）によりストック・ワラントと引き換えに15億ドルを融資。	融資返済とクライスラー株の上昇により納税者に6億6000万ドルの利益。
2001	航空業界	航空運輸安全制度安定化法（Air Transportation Safety and Stabilization Act）により、9月11日の同時多発テロによる営業停止被害から同業界を救済するため50億ドルを拠出し、見返りとしてストック・ワラントを取得。加えて100億ドルの融資保証を実行。	株式の上昇益により2億ドルを超える純利益を確保。融資保証では2320万ドルの損失を被る。

* すべての数字は2008年現在のドル価格相当額。
資料：Lord Abbett, *Economic Insight*, 2008年10月10日（http://www.mizuho-am.co.jp/static/reportColum/009001_2008101501.pdf）2011.4.16 アクセス

急で銀行持株会社への転換を承認し（08年12月24日）、TARPの「資本注入計画」（CPP）の対象となる資格を与えた。事実、米財務省は自動車産業救済の一環としてのちにGMACに50億ドルの資本を注入した。興味深いのは、金融会社に対する支援はCPPではなくAIFPから支出されたこと、しかもそれには本体に対するほどの厳しいリストラが条件づけられなかった点である。

2.2 「自動車産業融資計画」の展開と連邦破産法第11章の適用申請

「自動車産業融資計画」（AIFP）を通じた金融支援とその条件としてのリストラの義務付けという前政権の政策枠組みは、そのままオバマ政権に受け継が

第2表　TARPプログラムの概要（2011.9.30 現在）　　　　　　　　（10億ドル：%）

プログラム名	債務額	(同比率)	支出額	返済額	償却・損失	残債
銀行支援プログラム						
資本注入プログラム（CPP）	204.90	43.6	204.90	184.94	2.67	17.30
集中投資プログラム（TIP）	40.00	8.5	40.00	40.00		
資産保証プログラム（AGP）	5.00	1.1	—	—		
地域開発資本イニシャティブ（CDCI）	0.57	0.1	0.57			0.57
小計	250.46	53.3	245.10	224.58	2.67	17.87
信用市場プログラム						
官民共同投資プログラム（PPIP）	21.86	4.6	17.57	1.30	—	16.29
ターム物資産担保証券貸出制度（TALF）	4.30	0.9	0.10			0.10
SBA 7(a) 証券購入（SBA）	0.37	0.1	0.37	0.24		0.13
小計	26.52	5.6	18.05	1.53		16.51
その他プログラム						
American International Group（AIG）	67.84	14.4	67.84	15.03	1.92	50.88
自動車産業支援プログラム（AIFP）	79.69	17.0	79.69	35.16	7.37	37.17
GM	51.03	10.9	51.03	23.18	4.44	23.42
クライスラー	12.37	2.6	12.37	9.44	2.93	—
Ally・GMAC	16.29	3.5	16.29	2.54		13.75
小計	147.53	31.4	147.53	50.19	9.28	88.05
財務省住宅プログラム	45.60	9.7	2.48	—		
合計	470.12	100.0	413.15	276.30	11.95	122.43

資料：US Department of Treasury, *TARP Monthly 105(a) Report*, September 2011
　　（http://www.treasury.gov/initiatives/financial-stability/briefing-room/reports/105/
　　Documents105/September%202011%20105(a)%20Report.pdf）2011.10.24 アクセス

れた。新政権は支援の継続を梃子に，GMとクライスラーの抜本的なリストラを強力に推進した。

　AIFPの資金源となった「不良債権救済計画」（TARP）は，金融市場安定化のため財務長官に金融機関の不良資産を購入する権限を与えるものだった。したがって，これを一般の事業会社の救済へと用いるには法律の拡大解釈が必要であった。ブッシュおよびオバマ両政権は，自動車産業の崩壊が金融市場に対するシステミックリスクの原因となり，経済全体に深刻な悪影響を及ぼす

こと，また，自動車会社は系列金融会社その他の事業を通じて消費者やディーラーに信用を与える機関と密接な相互関連を持っていることから，自動車産業が無秩序な清算に陥れば金融市場の安定，経済全体と雇用にとって深刻な悪影響が及ぶという理由をあげ，その救済は「緊急経済安定化法」(EESA) の目的に合致すると主張した[9]。

TARP は全体で4つのカテゴリー，12～13のプログラムから成り，11年9月末までに約4100億ドルが支出された（第2表）。中心となったのは「銀行支援プログラム」であり，その支出額の大半は金融機関の優先株や普通株のワラントを取得する「資本注入プログラム」(CPP) に充てられた。不良資産買取り価格の決定が困難であったため，まず大手金融機関の優先株を取得するという方針がとられた結果である。また，シティグループ，バンクオブアメリカ救済のための「集中投資プログラム」もこのカテゴリーに含まれた。このほか「信用市場プログラム」，「財務省住宅プログラム」，「その他プログラム」があり，AIG の救済と AIFP は「その他プログラム」に含まれた。AIFP への支出額は全体の20%弱の800億ドルに達し，AIG への支出額を100億ドル上回った[10]。

AIFP の支出内訳は，企業別では GM が最大，次いで GM の金融子会社であった Ally・GMAC，クライスラー（クライスラー・ファイナンスを含む）の順であった。また，この中には後述するサプライヤー（35億ドル）および新車保証計画（6億ドル）への支援も含まれた。支出額全体の30%，250億ドル余はブッシュ政権下で承認された。以下 GM を中心に，オバマ政権下での公的融資と救済政策の展開を跡付けよう。

新政権はまず09年2月に，ガイトナー財務長官とサマーズ国家経済会議議長を共同議長とする閣僚レベルの「自動車産業に関する大統領作業部会」(Presidential Task Force on the Auto Industry) を発足させ，その傘下に，サブキャビネットレベルの「経済学の素養を持った」メンバーによるアドバイザリーグループおよび調査と政策の立案に当たる財務省の自動車チームを組織した。この最後のグループがスティーブン・ラトナー (Steven Rattner，プライベートエクイティ会社 Quadrangle Group の共同設立者) およびロン・ブ

ルーム（Ron Bloom，投資銀行のラザードフレールの元副社長，USW 会長のアドバイザー）の両氏を中心とする調査・立案の実働部隊であった。

　この自動車チームの精力的な作業を踏まえ，政府は 3 月 30 日に GM，クライスラーが 2 月に提出した再建計画は両社の長期的な存続の可能性を保証せず，追加融資を正当化するには不十分であるという結論を下した。GM の場合，前年に発表された再建案に比べれば，工場や生産の縮小規模は大きくなったが，なお不徹底と評価された。しかし政府はただちに両社に対する融資を引き揚げ，清算に向かわせるのではなく，GM に対しては 60 日間の運転資金を供与する代わりに，ワゴナー会長の辞任とより攻撃的な再建計画およびこれを実現する確かな戦略を作成するよう要求した。他方，クライスラーに対してはより厳しく，単独での生き残りは困難と判断したが，フィアットとの提携合意（09 年 1 月）を評価し，30 日以内に手続きを完了するよう命じた[11]。そしてこれに成功すれば，政府は最大 60 億ドルの資金を提供する用意があることを明らかにした。

　このように政府は最終的な決着を引き延ばしながら，その間にブッシュ政権よりも厳しいリストラを両社に強制し，ステークホルダーのさらなる犠牲を求めた。GM の経営陣に対してはワゴナー氏の退任を命じ，無担保社債の保有者には債権の株式化の割合を 3 分の 2 から 90% へと引き上げた[12]。UAW に対しても賃金・付加給付の削減と「任意従業員福利厚生基金」(VEBA) 拠出金の負担軽減，レイオフ時の所得保証であるジョブバンク制度の廃止などを認める労働協約の改定が求められた。その一方で，これらの交渉の不成立を見越したかのように，3 月末の声明で政府は初めて破産法の適用申請の可能性とその手法を具体的に示唆した。しかも，両社が適用を申請した場合に予想される混乱を最小限に抑えるべく，AIFP の資金枠を用いて 2 つのプログラムを新設した。第 1 は，破産申請による顧客離れを防ぐため，この期間に GM とクライスラーの新車を購入した人々に対する保証計画 (Warranty Commitment Program)，第 2 に，GM，クライスラーと取引ある主要部品会社の売掛金の回収・流動化を支援する計画 (Auto Supplier Support Program) を作り，それぞれ資金を援助した。チャプター・イレブンの適用はほぼ既定路線となって

いたのである。

　その後，事態は政府の読み通りに推移した。政府の圧力を受け，GM は 4 月下旬に財務省の自動車チームと共同で第 3 次のより徹底したリストラ計画を発表し，5 月末までの債務削減に合意を得るべく，UAW および債権者と交渉を進めた。UAW 指導部は VEBA への GM の拠出金 200 億ドルの半分を株式とワラント，社債で受け取ることを承諾したうえ，ボーナスや生計費調整の中止，ジョブバンク制度の廃止，低賃金の新規労働者の採用拡大など人件費の抑制措置にも合意した。5 月 29 日には組合員投票により，これらを含む協約改定が承認された。これに対して債権者は，株式への転換条件が組合や政府に比べ著しく不公平であると提案を拒否した。かくて 5 月末までの合意は不可能となり，破産法第 11 章の適用申請が確定した。しかし，破産処理手続きの完了までに要する通常 2 年以上という期間を短縮し，速やかな再建をはかるため政府と GM は連邦破産法第 363 条の利用を企図し，その合意を取り付けるべく社債保有者の取り分を増やす（普通株 15％ に相当するワラントを加える）譲歩案を示した。第 363 条は，裁判所における「告知・聴聞」を経れば，再建計画の策定前でも資産の売却を可能にするものだが，GM はこれを用いて再建計画の提出と債権者たちの投票，その後の裁判所の認可に要する時間と手続きを大幅に削減し，収益性のある優良資産を受け継ぐ新会社を速やかに発足させようとしたのである[13]。

　このように GM は，最後まで難航した債権者をはじめ，主要な利害関係者から事前に再建計画に合意を取り付けたうえで破産申請を行なう「事前交渉型 (pre-negotiated)」あるいは「事前準備型 (pre-arranged)」と呼ばれる再生手続きをとった[14]。申請後は通常のチャプター・イレブンと同様の処理手続きを踏むが，大方の合意を得ているため再建のスピードは格段に早まるものとみなされた。事実，同じ手法をとったクライスラーも 40 日程度で再建計画の完了が見込まれた。こうして GM は米財務省ならびにこれと歩調を合わせて緊急融資を提供したカナダおよびオンタリオ州政府と合意の上，6 月 1 日に連邦破産裁判所に破産法第 11 章の適用を申請した。3 月末時点で GM の総資産は 823 億ドル（負債総額は 1728 億ドル）と，破産法の適用を申請した米製

造業企業では過去最大，金融業を含む米企業全体でも史上4番目の規模であった。

3. 新生GMの発足と再建過程

3.1 新生GMの発足

　GMから提出された破産法第363条の適用申請は破産裁判所で速やかに承認され，クライスラーよりさらに短い40日間で新生GMが発足する。かつてない短期間で新企業が出発できたのは，すでにふれたように，債権者の過半から資産譲渡申請について支持を得ていたのに加え，DIP（Debtor in Possession：破産申請中の企業に対する運転資本の貸し付け）ファイナンスを提供した米連邦政府が消費者のGM離れを恐れて7月10日までに申請を承認するよう裁判所に求めたこと，そして，連邦政府が支援を撤回すればGMは清算されるほかないと判断した裁判所が一部の債権者や交通事故の被害者，アスベスト被害を訴えるグループなどからの異議を却下し，迅速に審理を進めたことに起因した。こうして7月10日に裁判所は，General Motors Corporation（旧GM）の事実上すべての資産と一部の債務を新たに設立されたVehicle Acquisition Holdings LLCまたはNGMCO.INC（新GM）に譲渡することを正式に承認し，後者はGeneral Motors Companyへと改称された。他方，優良資産を分離された旧GMは「自動車清算会社」（Motor Liquidation LLC）として破産法手続きを継続，事業の清算や資産売却を進めた[15]。

　新生GMは，ブッシュ・オバマ両政権のもとで進められてきたリストラ策の集大成であった（第3表）。まず第1に，経営陣および取締役会メンバーが一新された。破産法申請直後の6月9日に政府の強い誘いに応え，通信大手AT&T社の元会長兼CEOであった大物経営者，エドワード・ウィッテーカー氏（Edward Whitacre Jr.）が会長に就任し，取締役会メンバーも半数が交代，最終的には13人のメンバーのうち10人を米財務省が選任した。この新たな経営陣と取締役会の下，事業面では4ブランド制が敷かれ，生産車種

第 3 表　新旧 GM の対照

	旧 GM	新 GM
会社名	General Motors Corporation	General Motors Company
CEO	Rick Wagoner（2009.3 退任）	Fritz Henderson
会長	Kent Kresa（暫定）	Edward Whitacre
株式所有	公開会社（普通株 6 億 1050 万株発行）	非公開（連邦政府 60%、カナダ政府・オンタリオ州政府 12.5%、UAW/VEBA17.5%、現株主・債権者 10%）
売上高	1490 億ドル（2008）	976 億ドル（2010 推定）
米国マーケットシェア	22.30%	19.5%（2009）以後、18.4〜18.9%
統合債務	544 億ドル（プラス VEBA200 億ドル）	173 億ドル
国内ブランド数	8	シボレー、キャデラック、ビュイック、GMC の 4
米国車種（ネームプレート）数	48	34
国内ディーラー数	6,099	3,600
北米工場数	47（組立工場 15）	34（組立工場 11）
国内総従業員数	8.1 万人（2008）	6.35 万人
国内サラリー従業員数	2.7 万人	2.35 万人
国内工場労働者数	5.4 万人	4 万人
UAW 組合員時間当たり報酬	58 ドル	55 ドル（2009.5 の譲歩以降）
米国レーバーコスト	76 億ドル（2008）	50 億ドル（2010）
北米構造的コスト	308 億ドル（2008）	232 億ドル（2010）
退職者医療保険債務	200 億ドル（UAW/VEBA）140 億ドル（内部 VEBA：UAW/VEBA）	100 億ドル（UAW/VEBA）、5 億 8500 万ドル（年間：25 億ドルの社債）
製品開発・技術投資	54 億ドル（2009）	53〜67 億ドル（2010-2014）

注：新 GM は明記していない限り、会社設立時。
資料：*Automotive News*, June 29, 2009. より作成。

も大幅に削減された。また，国内の多くの工場が閉鎖され，サラリー，アワリーの従業員も削減されると同時に，賃金・付加給付水準の見直しや現役労働者のほぼ半分のコストの新規従業員の採用，退職者医療費給付の VEBA による肩代わりにより人件費，債務の大幅な削減が図られた。このようなコスト削減と老朽工場の閉鎖などによる生産性の向上とも合わせ，損益分岐点（調整済

みの EBIT ベース）を現在の米市場全体の年間販売台数1600万台から1000万台に引き下げることが目標とされた。さらに，肥大化したディーラー（特に都市部）を整理し，効率的な販売ネットワークを構築する一方，製品開発費は増額し，燃費効率の良い最先端の設計と技術を持った新車を開発して，現在の70％程度の600万台の販売を目指す。その一方，UAW の要請に応え，現在遊休中の工場を用いて新小型車の生産を開始し，国内販売に占める米生産車の割合を現在の66％から70％に引き上げることも約束された。

第2に，新会社の資本構成も大きく変化した。301億ドルの DIP ファイナンスを含め総額約500億ドルを支援した米連邦政府の債務は約70億ドルのみ新生 GM が，約10億ドルは旧 GM が継承し返済義務を負うが，残りの400億ドル以上は新生 GM の普通株（3億413万株），優先株（8390万株，21億ドル）とそれぞれ交換された。この結果，米連邦政府は GM の普通株約60％を所有する最大株主となったが，政府はできるだけ速やかに持ち株を処分すること，日々の経営には干渉せず，取締役会の選任や合併，株式発行など「コアガバナンス」問題にのみ議決権を行使することなどの持ち株管理方針を発表した。ついで，総額約86億ドル（緊急融資分を含む。108億カナダドル）を融資したカナダ政府とオンタリオ州政府は13億ドルを新生 GM の債務とするが，残りは普通株（5480万株）および優先株（1620万株，4億ドル）と交換した。また，272億ドルの無担保債権者は普通株および15％の普通株を獲得する権利を持つワラントを受け取り，UAW・VEBA は200億ドルの拠出義務（債務）と交換に，普通株（8750万株），同じく2.5％の普通株を取得できるワラント，優先株（2億6000万株，65億ドル）と25億ドルのノートを獲得した。

第3に，このような債務の株式化や年金・退職プランの一部削減，新会社発足に伴う資産価値の再評価などによって，新生 GM の総資産は400億ドルほど増加した。その一方，総債務は旧 GM に比べ800億ドル以上削減され，7月10日の負債総額は約1200億ドルへ縮小された[16]。このようにスリム化された生産および財務構造を基礎に，GM の新経営陣は2010年には税引き前で収支を均衡させ，11年には少額ながら黒字決算へと転換すること，政府

融資の返済を速やかに開始し，2015年の期限より前に完済すること，そして2010年には上場を再開するとの目標を発表した。

3.2 新生 GM の再建過程
3.2.1 業績改善と政府債務返済・新規株式公開

　新生 GM が発足した後，09年一杯は赤字決算が続いた。会計方法の変更により，破産申請前後の数値は直接には比較できないが，それでも09年後半には収入と営業利益が改善されたことは疑いない。破産法の適用が申請されれば販売高は50～60％は減少するだろうという大方の予想に反して，GM は09年全体で前年比30％減程度の売上げを確保し，米販売台数首位の座を守った。10年に入るとシェアは低下したものの販売台数は反転増加し，利益額も現在（2011年第3四半期）まで7四半期連続で黒字決算を続けている。10年通年では04年以来久しぶりに，しかも99年以来最大という47億ドル余の純利益（普通株主帰属純利益）が計上された。GM を破綻に追い詰めた北米事業（GMNA）の収支がめざましく改善し，最大の稼ぎ手となったことが主たる原因であった。中国やブラジルなど成長の著しい新興国市場での販売増もめざましく，これらを含み新たに組織された GMIO (GM International Operation) と GMSA (GM South America) の収益も黒字であり，それは再建過程を支えると同時に，GM の将来を楽観視させる一因となった（第4～5表）。

　順調な業績の回復を反映して，米加政府への債務が期限前に完済された。すでにふれたように，GM は両国政府から約560億ドルの公的支援を受けたが，そのうち債務として新会社に継承された約80億ドルの返済期限は2015年7月と定められていた。しかし好調な業績をアピールする目的もあり，GM は09年12月から米政府に10億ドル，カナダ政府等に約2億ドルの返済を始め，期限を5年前倒しして10年6月までに完済すると発表した。実際，翌10年4月には前者に40億ドル，後者に2億ドルの最後の支払いを行い，この予定を2カ月以上早めて債務を完済した。

　ついで，10年11月には破産法の適用申請時からの目標となっていた再上場，新規株式公開 (Initial Public Offering) が当初の10年中という予定通り

第4表　GMの業績

(百万ドル)

	前身会社		継承会社	
	2008（年）	09.1.1～7.9	09.7.10～12.31	2010
総収入	148,979	47,115	57,474	135,592
営業収益	-21,230	-16,095	-4,928	5,084
税引き前利益	-29,471	107,776	-5,283	5,737
純利益	-31,051	109,003	-3,786	6,503
普通株主帰属純利益	-30,943	109,118	-4,428	4,668
（同1株あたり・ドル）	-53.47	178.55	-3.58	3.11
地域別収益（EBIT）*				
GMNA	-12,203	-11,092	-4,820	5,748
GME	-2,625	-2,815	-814	-1,764
GMIO	-555	-486	789	2,262
GMSA	1,076	-454	417	818
EBIT　総額	-14,307	-14,847	-4,428	7,064

* EBIT: earnings before interest and tax（自動車事業）
資料：GM, *Form-10K*, 2010, p. 69

に実現された。計画が発表された秋頃まではIPOに対する市場の反応には積極・消極の両論があり，政府もGMも売出し価格や調達金額で慎重な姿勢をとっていた。しかし，予想外の高収益と当初発表された売出し価格（26ドル程度）が割安と評価されたこと，また，GMが今後20年間にわたり最大450億ドルの税優遇を受けると報道されたこととも重なって，機関投資家を中心に引き合いが予想をはるかに上回り，応募倍率は約7倍にも達した。このため，売出し価格も株式数も急遽引き上げられた。

11月18日にニューヨークとトロントの証券市場において実施されたIPOは米加政府，UAW・VEBAなど既存株主の一部による普通株の売却とGMによるシリーズB転換優先株（Mandatory convertible junior preferred stock）の発行から構成された。普通株の売出し数は計画より3割多い4億7800万株，1株あたり売出し価格も33ドルに引き上げられ，合計157億7000万ドルが調達された。加えて，GMは優先株を8700万株（43億5000万ド

第 5 表　GM の車種別・地域別販売台数・シェア

(千台：%)

	2008	2009*	2010	2008	2009	2010
	販売台数（千台）			シェア（％）		
米国全体の販売台数						
乗用車	6,756	5,370	5,648	…	…	…
小型トラック	6,746	5,236	6,130	…	…	…
合計	13,503	10,607	11,778	…	…	…
米国における GM の販売台数・シェア						
乗用車	1,257	874	807	18.6	16.3	14.3
トラック**	1,723	1,210	1,408	25.5	23.1	23.0
計	2,981	2,084	2,215	22.1	19.7	18.8
GM の地域別販売台数・シェア						
GMNA	3,565	2,484	2,625	21.5	18.9	18.2
GMIO	2,043	1,668	1,662	9.3	8.9	8.8
GME	1,832	2,453	3,077	7.4	8.7	8.8
GMSA	920	872	1,026	20.7	20.0	19.9
世界　合計	8,359	7,477	8,390	12.3	11.6	11.4

*旧 GM との合計　**中大型トラックを含む
資料：GM, *Form-10K*, 2010, pp. 4～5, 84

ル）発行し，前者と合わせ 201 億ドルを調達した。さらに，IPO のアンダーライターには 30 日以内に追加発行（Overallotment）のオプションが与えられていたが，11 月 26 日にこの枠がすべて行使され，普通株 7170 万株（23 億 6610 万ドル），優先株 1300 万株（6 億 5000 万ドル）が追加売出しされた。2 回の発行による合計の資金調達額は手数料込で 231 億ドルに達し，米史上最大規模の IPO となった。米政府は IPO を通じて合計約 4 億 1200 万株の保有株式を売却し，ネットで 135 億ドルを調達，持株比率は 33.3％ へと低下した（現在の持株は 5 億株）。カナダ政府も 3500 万株を売却し 11 億 5000 万ドル（持株比率は 11.7％ から 8.3％ へ），UAW・VEBA は約 1 億株で 33 億 5000 万ドル余（同 17.5％ から 10.7％ へ）をそれぞれ調達した。また，GM は優先株発行による手取り代金で財務省が保有する同社の優先株 21 億ドルを

償却し，手元現金と合わせ，年金基金に4億ドルを積み立てた[17]。こうしてGMは念願の「ガバメント・モータース」からの部分的な脱却を達成し，財務基盤の強化にも成功したのであった。

最後に，好調な業績を背景に，GMはEV（電気自動車）など先進技術車を含む新車開発と生産体制の強化を図って，大規模な設備投資の再開に踏み切った。09年7月の新企業の発足から10年末までに，合計36億ドルを24の米加工場に投資し，11,300人以上の雇用を創出ないし維持する計画が発表され，ほぼ実行に移された。10年末には，再建の切り札として永らく期待されたシボレー・ボルトが発売され，11年度の「北米カー・オブザイヤー」を受賞した。GMは今後10年間に製品の10%を電気化する計画を掲げ，ようやく先進技術車競争に参戦する体制を整えた。11年5月にはさらに，今後数年間に国内8州17カ所以上の施設の改修と拡張に20億ドルを投じ，4,000人以上の雇用を創出ないし維持する計画を発表したが，これによってUAWは現在レイオフされている工場労働者の完全な職場復帰が実現するものと期待している[18]。

3.2.2 業績改善の根拠

業績好転の主たる根拠は北米事業（GMNA）の黒字化にあり，これを可能にしたのはアメリカ自動車市場の回復とGM自身のリストラに求められた。まず第1に，09年夏の連邦政府による低燃費車への買い替え助成制度（"Cash for Clunkers"プログラム）[19]と景気の緩やかな回復に支えられ，米自動車販売台数（中大型トラックを除く）は09年の1040万台を底に10年には1160万台まで増加した。とくに重要なのは石油価格の低下と低位安定により，高利益をあげうるSUV，ピックアップ・トラックなど小型トラックの販売が再び増加し，07年以来久しぶりに乗用車の販売台数を上回ったことであった（前掲，第5表）。人気の高いCUV市場に投入されたGMの新車が好評を博し，同セグメントにおいて最大のシェアを獲得したことが大きかった。乗用車の販売も大幅に増加した。この結果，GMの弱点であった値引きなど販売奨励費がCUVを中心に削減できたことも収益回復に大きく貢献した。

第2に，新会社発足時に掲げたコスト削減目標のうち，強い反発に直面したディーラーの整理などを除いて，多くが達成された。なかでも従業員の削減，低賃金の新規雇用労働者の採用増加，VEBAへの医療給付のシフトなどによって，工場労働者の時間当たりコストが65ドルから58ドルに低下し，年金についても一部は削減された。一部の工場では，職務区分の単純化による組立ラインの生産性上昇も報じられ，時間給労働者の人件費は05年の160億ドルから10年には50億ドルへと大幅に引き下げられた。生産能力の削減と販売回復により稼働率が09年の43%から10年には平均74%へと回復したこともきわめて大きなコスト削減効果を発揮した。これらの合理化とコスト削減に加え，販売単価の上昇により損益分岐点は低下し，2010年には全米の売上高が1100万台以下，米市場でのシェア19%以下（209万台）でも黒字を出せた[20]。換言すればGMは，アメリカの自動車市場が景気循環の底で呻吟している時ですら，黒字を出せる体質への転換に成功したのである。

BRICSを中心とする新興国市場において好調な販売実績をおさめ，09年後半以降，利益を確保し続けたことも回復を支える一因となった。GMの世界販売台数に占める米欧以外の地域のシェア（GMIOとGMSAの合計）は08年の30%程度から10年には50%近くにも上昇した。とくに，中国，ブラジルなど自動車市場が急成長している国々において高い販売シェアを維持し，中国における販売台数は米国を上回った。これらの地域では競争が激化し，利益は伸び悩む傾向にあるが，今後とも高い成長が見込める地域での優位はGMの将来を楽観視させる一因となっている。

3.2.3 経営陣と経営組織の刷新

以上の大胆なリストラを推進したのは新たに組織された経営陣であった。GMの再建のためには，外部の人材を積極的に登用し，顧客と製品を重視した新たな企業文化を定着させることが何よりも重要だというのが政府の考えであったが，新たな経営陣の前例にとらわれない積極経営こそがGM再建に大きく貢献したのである。

破産申請直後に会長の座に着いたエドワード・ウィッテーカー氏は，同年

12月にはGMの生え抜きだったヘンダーソンCEOの辞任（事実上の解任）を受けてCEOを兼任し，名実ともに新GMの舵取り役となった。自動車産業外部からの経営トップが誕生したのは，GMの100年余の歴史の中できわめてまれな事柄であった。ウィッテーカー氏と政府の合意により，経営陣と経営組織の刷新が長期にわたって続けられた。社内ナンバー・ツーの地位にあった最高財務責任者（CFO）のレイ・ヤング氏は09年12月に事実上更迭され，マイクロソフトの前CFOであったクリス・リデル氏が副会長兼CFOとして迎え入れられたのを筆頭に，就任からほぼ1年間に上級幹部のほぼすべてが入れ替わったと言われたほどだった。

新たな経営陣のもと，日々の意思決定の迅速化を目的に，前任者の時代に着手された組織の統合と平準化，スリム化がさらに促進された。新会社の発足時には，経営組織階層を単純化し，従来の2つの大規模な上席リーダーシップフォーラム（Automotive Strategy BoardとAutomotive Product Board）をひとつの，より小規模な幹部会議に代替するとともに，米国内で管理職クラス社員の35％，ホワイトカラーの20〜25％を削減する方針が発表された。さらに，北米や世界の4地域に置いていた地域社長（責任者制度）と地域戦略ボードからなる地域別の事業構造を廃止し，GM International Operationに集約することも明らかにされた[21]。とくにウィッテーカー氏はマーケットシェア獲得を最大の目標に掲げ，新車開発スピードの向上と市場ニーズに即応した新製品の開発体制作りに全力をあげた。さらに，販売面ではディーラー網の刷新と同時に，ネット競売大手のイーベイと提携してカリフォルニア州で自動車のネット販売に取り組むことも目指された。また，取締役会の経営に対するチェック機能を強化するため，そのメンバーも一新された。

しかも経営陣の異動はその後も続いた。IPOに目途のついた10年8月，企業体質刷新に辣腕をふるったウィッテーカーCEOが退任を発表し，同じく通信業界出身で投資会社の経営経験もあるダニエル・アカーソン取締役が後任の座に就いた（年末には会長職も引き継ぐ）[22]。氏も前任者の路線を踏襲し，新たなポストの設置と人員の交代を通じて経営陣の刷新を精力的に推進した。さらにIPOに大きく貢献し，次期CEOと目されていたリデルCFOが辞任した

のをはじめ，新設の全社的ポスト（たとえばグローバル最高マーケティング責任者など）には外部の人材が積極的に採用された。その一方，最高技術責任者やグローバル製品開発責任者などの事業分野には生え抜きの社員を登用する人事政策がとられた。女性の経営幹部への昇進も目立った[23]。これらのめまぐるしい経営陣の交代を通じて，あたかもGMの企業文化の「永久革命」が図られているかのようである。

4．むすびにかえて——「自動車産業融資計画」の評価

　このように新生GMは順調な再建軌道をたどった。他方，業績改善のスピードがやや劣っていたクライスラーも，10年第1四半期には自動車事業で黒字を計上し，11年第1四半期には新会社の発足後初めて四半期ベースで最終黒字に転換，GM同様，返済期限より6年早く，11年5月には米加政府への債務を完済した[24]。これによって提携相手のフィアットはクライスラー株の過半所有が可能となり，事実，6月には米加政府との保有株購入交渉が合意に達し，クライスラーに対する持ち分は54％近くに上昇，フィアットによる経営の統合化も始まった。最後に，GMとクライスラーの再建に果たした「自動車産業融資計画」（AIFP）の役割をあらためて要約し，本稿のむすびに代えたい。

　まず第1に，AIFPを通じた巨額の金融支援がGMとクライスラーの清算を防いだことは疑いなかった。08年12月の時点では民間からの資金供給の可能性はきわめて小さかったから，政府支援がなければ両社が清算されたことはほぼ確実であった。これによって最低でも100万人程度の雇用が失われるとの予測が支配的だったから，AIFPは米国全体の経済危機のさらなる深化を防ぐうえで少なからぬ貢献をした。AIFPの一部として実施された金融会社，サプライヤーへの支援もまた，両社のみならず，アメリカ自動車産業全体の生産力基盤を維持するうえで重要な役割を果たした[25]。

　第2に，清算を防止しただけでなく，AIFPを通じてオバマ政権はGMとクライスラーのリストラを強力に推進し，速やかに破産処理手続きを完了させ，両社をより競争的で生き残りの可能性が高い会社へと再編することに成功し

た。この点で政府は大恐慌以来見られない程度で民間企業の経営に介入し，産業を作りかえる決定を下したとまで評された[26]。ほぼ同時期の銀行救済策と比べても，AIFP は攻撃的であった。すなわち，政府は自動車産業に対しては支援条件として，まずビジネスプランを精査し，ついですべてのステークホルダーの犠牲，すなわち債権者や労働組合には会社に対する取り分の一部放棄，トップマネジメントには辞職という厳しい要求を突きつけ，最終的には上場停止により旧来の株主を一掃した。これに対して銀行支援の際には，AIG など一部を除けば，これほど大規模なリストラは要求されなかった[27]。その後も財務省は GM および GMAC・Ally では最大株主として（AIG でも同様だが），経営陣の選任をはじめ，公式・非公式に企業経営に影響力を行使し続けた。

　このように AIFP は GM・クライスラーの清算を防ぎ再建に成功したと言えるが，反面，それにはいくつかの潜在的なコストが伴った。まず，投下された公的資金がどこまで回収できるかという問題がある。現状の回収率は銀行支援プログラムが 90％近いのに対し AIFP では 44％にとどまる。AIG ほどではないが，他の TARP プログラムに比べ残債が多いことは明らかであり（第 1 表），この点からは AIFP の功績は減殺される。その原因の一端は，巨額の救済融資の多くが処分に時間のかかる普通株に転換されたことにある。他方，金融機関の債務は，政府の承認を得れば借り手がいつでも償還する権利を持つ優先株，劣後社債に転換された。それでも時間の経過とともに，AIFP の損失推定額が減少していることにも注意しておこう。09 年末から 10 年初頭に財務省は 800 億ドルの融資・投資に対し 300 億ドル，議会予算局は 400〜470 億ドルの損失を予測していたが，GM の業績と株式市況の改善を反映して，10 年夏には 150〜170 億ドルまで低下した[28]。今後は GM 株価の推移が損失額を決めることになる。

　AIFP のより大きな潜在的コストとして指摘されるのは，政府の産業への強力な介入が競争条件をゆがめ，民間企業のモラルハザードを引き起こす恐れがあるという点である。GM，クライスラーは政府支援のもとで過剰な債務を削減し，コスト負担を軽減できたが，フォードや他の外国系企業がこれにより競争上の不利益をこうむったことは疑いない。もっともこの 2 年間に限れば，

救済対象とならなかったことから却って消費者のフォードへの支持が高まり，販売や収益などの改善が後押しされたことも疑いないところではあった。モラルハザードについていえば，次の深刻な経済危機の時に，国内の他産業の企業から救済要請が出される先例となった可能性は否定できない。しかし今回のAIFPの厳しい運用を見ると，それは経営者が歓迎する魅力的な救済策かどうかやや疑わしい。

　最後にAIFPは本来ならば淘汰されるべき企業を救済し，自動車産業の過剰設備を温存する一方，より強い競争力をもった外国系企業の成長を抑制したという批判もありうる。しかしこの点の結論は，結局は救済対象となった会社が今後どこまで業績を改善し，競争力を向上できるかに帰着する。とりわけ焦点はGMとクライスラーが政府の燃費・排ガス規制に対応できる燃費効率のよい新型の小型乗用車，EV（電気自動車）ないしハイブリッド車を製造し，十分な利益を上げられるかという問題であろう。以上のように，AIFPは短期的に見ればGMとクライスラーの救済に成功し，アメリカの自動車産業の生産基盤の安定化に貢献した。しかし，長期・潜在的な影響までを含めた総合的な評価のためには，なおしばらくの時間を必要とするであろう。

【注】
1）当時の自動車市場ならびにGM経営の概要については，鈴木直次「GMの経営破綻と政府救済（1）〜（2）」参照。『専修経済学論集』第105, 108号所収, 2010, 11年。なお，本稿では論じられなかったAIFPの他のプログラムやオバマ政権の景気回復策，グリーン・ニューディールなどに含まれた自動車産業支援策については別稿を準備している。
2）EISAの概要については，所轄官庁である米エネルギー省の専門サイト（http://www.Afdc.energy.gov/afdc/laws/eisa）を参照。「先進技術車製造インセンティブ計画」についても，同省内にサイトが設けられている（http://www.atvmloan.energy.gov/）。また，法律の条文は，http://frwebgate.access.gpo.gov/cgi-bin/getdoc.cgi?dbname=110_cong_public_laws&docid=f:publ140.110 で得られる。2009.10.30 アクセス。
3）ヘンリー・ポールソン／有賀裕子訳『ポールソン回顧録』459〜60頁, 日本経済新聞出版社, 2010年；Steven Rattner, *Overhall*, pp. 18-22, 2010, Houghton Mifflin Harcourt. ラトナー氏はのちにふれる財務省の自動車チームの責任者であり，同書はその活動の内情

を記したものとして興味深い。

4) 財務省の推計はつなぎ融資決定時に発表された Fact Sheet: Financing Assistance to Facilitate the Restructuring of Auto Manufacturers to Attain Financial Viability (http://georgewbush-whitehouse.archives.gov/news/release/2008/12/20081219-6.html) による。20010.5.6 アクセス。より大きな評価は, Center for Automotive Research, *CAR Research Memorandum: The Impact on the U.S. Economy of a Major Contraction of the Detroit Three Automakers*, November 4, 2008. http://www.cargroup.org/documents/Detroit_Three_Contraction_Impact.pdf. (2011.1.26 アクセス)

5) 当時のブッシュ大統領は, オバマ次期大統領との 08 年 11 月上旬の初めての会見で, 自動車産業は破綻させないと約束した, と回顧録の中で述べている。ジョージ・W・ブッシュ／伏見威蕃訳『決断のとき』(下), 357 頁, 日本経済新聞出版社, 2011 年。

6) GM の第 1 次再建策は, GM, *Restructuring Plan for Long-Term Viability* p. 18. http://www.freep.com/assets/PDF/1202gmplan.pdf. (2011.5.6 アクセス)「自動車産業融資および事業再編法」(H.R.7321) の内容については, http://thomas.loc.gov/cgi-bin/bdquery/z?d110:HR07321:@@@D&summ2=1& および http://banking.senate.gov/public/index.cfm?FuseAction=Newsroom.PressReleases&ContentRecord_id=DA5A6D19-B885-4F20-A8A9-AF534458EE75

7) ポールソン, 534 頁。『決断のとき』(下) で前大統領は, 自らの「最後の経済政策が自動車メーカーの救済」だというのは「不愉快きわまり」なかったと述べたという。359 頁。

8) Statement by the President on the Administration's plan to assist the Automakers (2008.12.19) および米財務省による *Indicative Summary of Terms for Secured Term Loan Facility, December 19, 2008*. (http://www.businessweek.com/pdfs/2008/1219_GM_terms.pdf) 2011.5.6 アクセス

9) Department of Treasury, *TARP-Two Year Retrospective*, October 2010 (http://www.treasury.gov/press-center/news/Documents/TARP%20Two%20Year%20Retrospective_10%2005%2010_transmittal%20letter.pdf) 2011.4.16 アクセス。

10) Department of Treasury, *Monthly105(a)Report*, March 2011. (http://www.treasury.gov/initiatives/financial-stability/briefing-room/reports/105/Pages/default.aspx) 2011.4.16 アクセス。

11) *Obama Administration New Path to Viability for GM & Chrysler* および *Detailed Findings on GM and Chrysler Plan*. (http://www.whitehouse.gov/assets/documents/Fact_Sheet_GM_Chrysler FIN.pdf) 2009.9.1 アクセス なお, カナダ政府も 3 月 30 日に GM に 30 億カナダドル, クライスラーに 10 億カナダドルのつなぎ融資を実施すると発表, その見返りに経営再建策の提出などのいくつかの条件を課した。

12) 財務省のチームによって事実上更迭された GM の元 CFO レイ・ヤング氏へのインタビューによる。『ダイヤモンド・オンライン』2009.6.17

13) Congressional Oversight Panel, *September Oversight Report*, September 9, 2009, p. 46. (http://cop.senate.gov/documents/cop-090909-report.pdf) 2011.3.20 アクセス

14) 363条に基づく資産売却は事業を短期で再建する有効な手段とみなされ，90年代半ば以降の大型破綻の解決に多数利用されるようになった。以上の叙述については，福岡真之介『アメリカ連邦倒産法概説』商事法務，2008年，90〜91頁。井出ゆり「米国連邦倒産法チャプター11手続の下での『363条セール』と近時の論点―GM，クライスラー，リーマン・ブラザース等の大型倒産事件における事業譲渡に関する事例紹介」『NBL』No. 911 (2009.8.15)。事業再生迅速化研究会第1PT「事業再生迅速化研究会報告1 事業再生迅速化への示唆―クライスラー，GM案件を素材として」『NBL』No. 921 (2010.1.15)。田作朋雄（プライスウォーターハウスクーパース）「アメリカ連邦倒産法概観―チャプター・イレブンを中心に」http://www.pricewaterhousecoopers.co.jp/pdf/research/br_0904_01.pdf 「とも弁護士の備忘録：マスコミの米国連邦破産法に対する誤解」http://aristo1954.cocolog-nifty.com/blog/2009/05/post-2ef6.html 西村あさひ法律事務所『事業再生ニューズレター』2009年3月を参照。いずれも，2010.5.20アクセス。

15) 新会社 General Motors Company は，2009年に米財務省によりデラウェア州の有限責任会社 Vehicle Acquisition Holding LLC として設立され，後にデラウェア法人，NGMCO, Inc に転換された。他方，旧GMはMotor Liquidation Company (MLC) へと名称を変更し，残された資産と債務（閉鎖された16の工場と用地，製造物責任・アスベスト被害救済など不法行為に対する債務クレーム，新会社が継続しなかったサプライヤーとの契約など）を清算することを唯一の目的とすることになった。

16) GM, *Form-10K*, 2009（第3四半期），2010.4.7

17) *GM News*, 2010.11.17, 11.26, Congressional Oversight Panel, *January Oversight Report*, January 13, 2011, 32-33., *Automotive News*, 2010.11.18〜19, *New York Times*, 2011.11,19 など。各紙からの引用はオンライン版によっている。

18) *GM News*, 2011.5.10, *Automotive News*, 2011.5.10

19) 正式には，U.S. Consumer Assistance to Recycle and Save (Cars) Act of 2009 による。燃費効率の悪い車を下取りに出し低燃費の車を購入する場合，1台当たり最高4500ドルまで現金を払い戻す計画であったが，きわめて好評なため追加を含む30億ドルが3カ月で使い尽くされた。これにより68万台あまりの販売が促進されたと運輸省は評価した。

20) これと並行してGMは子会社の売却を図った。「オペル」「サターン」「ハマー」は一時，売却合意を発表したが，うち「オペル」は売却を撤回，「サターン」や「ハマー」は破談により廃止に追い込まれたほか，「サーブ」も紆余曲折の末，オランダの高級車メーカーに売却され，トヨタとの合弁のNUMMIは廃止された。以上の迷走がヘンダーソンCEO更迭の一因になったともいわれる。

21) *GM News*. 2009.7.10 による。
22) アカーソン氏の知名度は GM 内でも必ずしも高くなかったが，複数の米通信会社の CEO を勤め，実績を上げたあと，大手投資会社カーライル・グループでマネージング・ディレクターとして企業買収を指揮するなどそうそうたる経営実績を誇った。
23) *New York Times*, Jan. 20, Mar. 10 Congressional Oversight Panel, *January Oversight Report*, 2011, pp. 8, 17〜19., 2011.
24) クライスラー社の 11 年第 1 四半期の収益は http://www.chryslergroupllc.com/en-us/investor/PressReleases/financial/ChryslerDocuments/Q1_2011_PressRelease.pdf による。このほか，11 年 5 月 24 日付の *Detroit News*, *Automotive News*, *New York Times* 各紙には政府債務完済についての記事がある。
25) 米国の自動車部品産業では 09 年には大手だけで 54 社が破綻したが，政府支援が実施された同年 9 月以降には申請数は大幅に低下したという。
26) *New York Times*, March 30, 2009.
27) Congressional Oversight Panel, *January Oversight Report*, 2011, pp. 8, 17〜19.
28) Department of Treasury, Office of Financial Stability, *Troubled Asset Relief Program -Two Year Retrospective*, October 2010, p. 44. なお，CAR は GM，クライスラーが破綻すれば，失業保険支出や税収減によって政府は 290 億ドルの負担を要されたのだから，債務残高（この調査が発表された時点では 660 億ドル）からこの分を差し引いた金額（380 億ドル）が回収されればよいとしている。

第11章
アメリカの対外援助及び環境政策とキリスト教原理主義

堀江　洋文

1. はじめに

　外務省の政府開発援助（ODA）白書によると，OECDの開発援助委員会（DAC）加盟主要国の政府開発援助実績を支出純額ベースで見た場合，2005年に日本は131億4700万ドルに達した後大きく下落し，今では独英仏の水準を下回る。一方同じ頃のアメリカのODA実績を見ると，1999年頃には日本の半額ほどであった政府開発援助実績が，2001年の同時多発テロ以降急激に援助額が上昇し，2005年には逆に日本の2倍ほどの額に達している。その後はアメリカのODA実績も下がりつつある。本稿では，9・11以後のブッシュ政権下のこのような政府開発援助額の急騰には，政策決定段階においてどのような動きがあったのかを考察する。このような援助額急騰の背景としては，1980年代のレーガン政権時に急速に力をつけ，2001年に始まるブッシュ政権では政府の中核にまで影響を及ぼす存在となったキリスト教右翼の動きがあった。さらに彼らは，アメリカの対外援助のみならず，その原理主義的キリスト教思想を背景に合衆国政府の環境経済政策をも左右するグループになりつつある。2期8年に及ぶブッシュ政権が終わり，よりリベラルな政策遂行が予想されたオバマ政権下で，キリスト教右翼がどのような方向性を示すのかに関心は移った。まずは8年間のブッシュ政権下での彼らの動向に着目したい。

　キリスト教右翼の形成は，20世紀初めにドイツ流聖書批評学の影響や啓蒙思想に基づく合理主義及び進化論の伸張に危機を抱いたキリスト教原理主義

者（Fundamentalist, 当初根本主義者と訳され，1980年代以降は原理主義者の名が定着）が，原典回帰を標榜して聖書の霊感説，復活，再臨等主要教義の遵守を主張し始めたことに端を発する。その後ファンダメンタリスト・モダニスト論争と言われる「進化論論争」を経て，キリスト教根本主義者は分離的性格と政治的保守主義への接近を強めるが，70年代に台頭するやや穏健な福音派グループを別にすれば，根本主義者のアメリカ社会での影響力は微々たるものであった。19世紀末からのリベラル派を中心としたソーシャル・ゴスペル運動の社会福祉活動に嫌悪感を抱いていた彼らに，20世紀半ばになって政治や社会運動への積極的関与を促したのは，全米福音派連盟（National Association of Evangelicals, NAE）の創設にも大きく寄与したカール・ヘンリー（Carl Henry）であった。しかし，50年代の公民権運動への限定的関与や70年代の福音主義左派の動きを除いては，福音派グループにも目立った政治・社会活動は見られなかった[1]。このような傾向に大きな変化が表れたのはレーガン政権時代である。レーガン政権の右傾化に呼応したキリスト教原理主義運動は，キリスト教右翼（あるいは宗教右翼）のレッテルを貼られるようになる。反共団体としてのキリスト教右翼は，レーガン軍拡競争を支持し，サプライ・サイド経済学を提唱し，レーガノミックスに大きな影響を及ぼしたヘリテージ財団等保守系シンクタンクと協調していく。そして，ジェリー・ファルウェルのモラル・マジョリティーやパット・ロバートソンのフリーダム・カウンシル等キリスト教右翼団体は，中米等でのレーガン政権の反共活動を支持していく[2]。このような反共保守の原理主義的動きに対して，70年代後半から福音派左派を中心に貧困対策やエコロジーに関する問題提起から，アメリカ大手企業の中南米における経済権益獲得の動きを批判する流れも見られるようになる[3]。しかしこのような動きは，レーガン政権誕生以降のアメリカ社会の保守化傾向とキリスト教右翼の興隆を前にかき消されてしまった感がある[4]。

　キリスト教右翼は，政治，外交，司法等アメリカ社会の各方面でその影響力を確立しつつあるが，経済活動の分野においても勢力拡大の兆候は見られる[5]。これから言及する援助問題や環境問題の他にも，例えば再生医療に必要なヒト胚性幹細胞研究に対するブッシュ政権の否定的見解は，これからの成長

産業といわれるバイオや製薬関連の分野でのアメリカの競争力を削ぐのではないかとの懸念が研究者等から出されていた。幹細胞市場は，市場の6割をアメリカが占め，市場規模は2014年までには883億米ドルにも達するといわれている[6]。キリスト教右派は，破壊されることとなるヒト胚の製造等を伴う幹細胞研究によって人間の生命の根幹に立ち入ることは，神の領域を侵食することに等しいとして，ブッシュ政権にその分野での研究停止を強く求めてきた。2000年大統領選挙戦での彼らの支援が勝利に大きく寄与したこともあり，ブッシュ大統領は2001年に幹細胞研究に対する連邦政府からの財政支援に制限を設けている。大統領選期間中から「科学を正当な地位に復権させ，技術を活用して医療の質の向上とコストの低減を目指す」と遊説してきたオバマ政権下で，前政権の8年に及ぶ幹細胞研究に対する連邦政府支出の制限は撤廃されたが，宗教的原則が経済活動や国の研究指針に大きく影響を及ぼした一事例として注目される。その他，国防費支出は別として社会保障費等政府による多額の財政支出に反対してきたキリスト教右翼の考え方は，一貫して大きな政府に反対し，その意味では共和党の経済政策の綱領と一致する場合が多かった。

2. 米国国際開発庁の対外援助公的資金と信仰依拠団体

キリスト教右翼が国際社会の表舞台に出てくるのは冷戦後である。レーガン政権の時代に，アメリカ国内においてその勢力を誇示し始めた彼らであったが，その活動と関心は，中絶，安楽死，幹細胞研究，同性婚，大きな政府等の問題への反対運動に見られるように，アメリカの国内問題に限定されがちであった。しかし，ソ連崩壊とIT関連産業を中心としたアメリカ経済の復活によって国際社会でのアメリカ一極化が進むと，アメリカ政府に対する発言力を強めた宗教右翼は，国内にのみ向けられていた関心を徐々に海外の諸問題に対しても示し始める。彼らの国内問題での関心事である中絶反対，家族の価値尊重，モラリティーといった価値観が，徐々に国際舞台でも主張されることとなる。これは即ち，アメリカ国内において見られたキリスト教右翼と世俗リベラリズムとの戦いが，国際舞台でも展開されることを意味する。

前者はその保守的主張の実現のために，例えば1994年9月にカイロで開催されリプロダクティヴ・ヘルス（生殖系健康，reproductive health）が議論された国連国際人口開発会議（UN International Conference on Population and Development）において，イスラム教保守派との連携をも模索したのである[7]。このようにキリスト教右翼には，国内問題では考えられないイスラム保守勢力との連携を，海外での世俗リベラリズムとの戦いにおいて模索する柔軟性がある。さらに，キリスト教右翼の価値観の表出の場のもう一つの舞台となったのが，米国国際開発庁（U.S. Agency for International Development, USAID）を介する対外援助問題であった。キリスト教右翼は，これまで既存の世俗援助団体が得ていた国際開発庁の公的資金を獲得するようになるが，開発援助や人道援助の舞台でこれら世俗的活動と宣教活動の区別を曖昧にしてきたと伝えられる。元々キリスト教右翼は合衆国憲法修正第1条の規定する政教分離の原則（国教樹立禁止条項establishment clauseと宗教の自由な活動条項free exercise clause）に反対を唱え，政治と宗教，国家と教会の垣根を取り払った神政政治的統治形態を理想とするが，ブッシュ政権の肩入れにより実現したこれら団体による国際開発庁の海外援助資金獲得は，アメリカがこれまで守ってきた政教分離の壁の瓦解にいたる危険性があることが指摘されている[8]。

　キリスト教右翼は，家族の価値尊重とモラリティーの観点からの海外援助を標榜するが故に，後述するように特にアフリカの援助受け入れ国におけるエイズ撲滅支援の障害になりつつある。またジェンダー論の立場から見ると，先進国，発展途上国を問わず，女性の権利拡大を目指す運動についても，キリスト教右翼が大きな障壁となって立ちはだかる。政権発足当初の2001年1月29日にブッシュ大統領は，大統領令（executive order）13198と13199を発布し，ホワイトハウス内に「信仰依拠及びコミュニティーによるイニシアティヴ局」（The White House Office of Faith-Based and Community Initiatives）を設立すると同時に，社会政策推進に関与する司法省，労働省，教育省，保健社会福祉省，住宅都市開発省の5つの省に同じような部局の設置を命じている[9]。このような機関を設置することによって，ブッシュ政権は信仰依拠団体

(faith-based organizations, FBO)，即ち貧困対策等の福祉・社会政策に関与する宗教団体が，アメリカ連邦政府の持つ資金にアクセスし易いような環境を整備しようとしたのである。政権発足直後の最初の大統領令が信仰依拠イニシアティヴであった事実は，この懸案に関する大統領個人の思い入れの深さが滲み出ている。これは，ブッシュ大統領が大統領選挙キャンペーン期間中に主張してきた「思いやりある保守主義」(compassionate conservatism) という一種の選挙公約に対する答えであったとも言えよう。本来「思いやり」という言葉はアメリカ政治史ではリベラル派の綱領を意識させ，キリスト教右翼グループは大統領選を通じてブッシュの社会政策に若干の不安を覚えていた。自由や自助を基礎にしたアメリカ的伝統の中で，社会保障はアメリカ社会では相容れない概念とされてきたが，ルーズヴェルト政権下のニューディール政策の一環として成立した1935年の社会保障法は，アメリカに連邦レベルでの福祉国家を誕生させたと言われる。60年代後半のジョンソン大統領による「偉大な社会」のスローガンの下での貧困との戦いも，民主党大統領による福祉政策の拡大と見なされ，この点に関しては共和党の綱領と一致するキリスト教右翼の反発を買った。20世紀に入ってからの財政支出を前提にした政府の福祉・社会政策への関与は，昔はキリスト教団体が担ってきた役割の多くを世俗の政府機関が制度として請け負った歴史とも言える。その意味では，ブッシュ政権の信仰依拠イニシアティヴの試みは，世俗化の流れに終止符を打ち宗教団体に役割の一端を担わせる動きとも理解できる。

さて，その後2002年12月12日発布の大統領令13280によって，信仰依拠イニシアティヴは農務省と国際開発庁にも拡大され，後者にも信仰依拠イニシアティヴ局 (The Center for Faith-Based and Community Initiatives, CFBCI) が設立される[10]。国際開発庁へのこの局の設置によって，外国への開発・人道援助活動そのものが，キリスト教右翼の価値観推進の場と化したとの印象を与えつつあった。信仰依拠イニシアティヴが社会正義促進のための潜在性を持っているとの考え方は，ブッシュのような偏狭な文化論とは距離を置くが，ルー・デイリー (Lew Daly) 等によっても支持されている。デイリーは，そのような考え方の起源をヨーロッパのキリスト教民主主義における多元

的世界観の伝統の中に位置付け，国家と聖俗の各種社会制度は主権を分かち合うべきであるとの立場から，宗教，政府，社会保障が緊密に関連を持つことを提案する[11]。デイリーの提言は，経済（援助）活動における非政府組織の力の強化というこれまで保守主義が標榜してきた方向性と一致するが，ブッシュ政権の信仰依拠団体は非政府組織の中でも特にキリスト教右翼の関与を強化する点において，政教分離の合衆国憲法の原則に反するとの批判を免れない。8割のアメリカ人が自分をキリスト教徒と見なしているが，人種的のみならず宗教的にもアメリカ社会は多元的社会の方向に進んでいることは間違いない。信仰依拠イニシアティヴの問題は，それが一つの信仰（キリスト教）に依拠する傾向があり，しかもキリスト教右翼指導者の事例に見られるように極めて政治的であることが指摘されよう。政教分離原則が曖昧にされている一例としてボストン・グローブ紙の記事が挙げているのは，パキスタンのある病院における現状である。放射線機器等の医療機器には From the American People と書かれた米国国際開発庁のステッカーが貼られているが，その病院の待合室ではキリスト教伝道の色彩が強い映画が上映されていたとのことである[12]。しかし，連邦政府の資金を受領して援助を行ったこのキリスト教団体に，法律違反行為があったかどうかとなると判断は難しい。援助に携わる信仰依拠団体は，その施設内に宗教的シンボルを維持しても良いとされているし，人員の雇用に関しても宗教的見地を考慮して採用を行うことが許されている。もちろん公的資金が入った場合に，祈りや礼拝といった本質的な宗教的活動はできないし，団体が行う援助サービスや利益の受領者を宗教的根拠から差別することはできない[13]。パキスタンの病院の事例では，映画の上映が祈りや礼拝と同レベルの宗教的行為なのか，それとも掲げることが許されている宗教的イコンやシンボルのレベルなのかという問題である。

　このようにブッシュ政権下で，国際開発庁の公的資金が宗教団体，特にキリスト教団体との委託契約によって対外援助資金として使われる現状が注目を集めたが，実は宗教団体が政府との委託契約を結び政府資金を得る状況は，1996年にチャリタブル・チョイス（charitable choice, 慈善選択条項）と呼ばれる条項を含む福祉改革法「個人責任・就業機会調整法」（Personal

Responsibility and Work Opportunity Reconciliation Act) が議会を通過したことによって作り出されたと言えよう。政教分離の原則はあるというものの，宗教団体への福祉事業等の委託契約を規定したこの法により，26万あるともいわれる宗教団体は直接に公的資金の獲得に動くことができるようになり，貧困対策等の社会福祉事業等においてより大きな役割を演じることが可能となる。これまでのように世俗の様相を呈した「慈善子会社」を設置する必要はなく，直接公的資金を請願することができるようになったのである。このような信仰依拠アプローチは，最初は州レベルで実現する。ブッシュがテキサス州知事であった頃，彼は宗教団体が公的資金を使った麻薬患者治療，デイケア，信仰依拠プリズン・ミニストリーに参加できるように法を制定している[14]。そして1994年中間選挙において，共和党が地すべり的勝利を収め上下両院で過半数を占めたことが，このような規定の連邦議会での法制化につながった。共和党はニュート・ギングリッチのリーダーシップで共和党政策綱領「アメリカとの契約」(Contract with America) を選挙公約として発表し中間選挙を戦うが，選挙での圧勝後は「個人責任・就労機会調整法」を法制化して1935年の連邦社会福祉法を改正している。チャリタブル・チョイスはこの法の一部分を形成する[15]。

　この規定発足当初，チャリタブル・チョイスの適用範囲は国内，特に保健社会福祉省管轄下の交付金事業であり，それは補助金総額に上限を設けた連邦政府から州への一括補助事業 (block grant programs) であった。例えば，「貧困家庭一時扶助」(Temporary Assistance to Needy Families) プログラムの下での保健社会福祉省資金の獲得に，チャリタブル・チョイスは適用されたのである[16]。保健社会福祉省はチャリタブル・チョイスの4原則を次のように規定している。まず，信仰依拠団体はその他のサービス提供団体と全く同じ条件で，公的資金の要請ができることが定められている。宗教団体であるという理由で，あるいはあまりに宗教的な団体であるとか，「間違った」宗教であるからといって資金獲得から排除されたりすることもない。これにより信仰依拠団体にとっては，政府資金の受領に関して「差別」や不必要な障害がなくなったことになる[17]。次に，信仰依拠団体が公的資金の委託契約申請に当たって，

団体の宗教的性格を維持することは許されることとなる。たとえ連邦政府あるいは州政府であれ、信仰依拠団体に対して内部組織の形態を変更するように要求することや、宗教画や聖書、あるいはその他宗教的シンボルを除去するように求めることはできない。即ち、チャリタブル・チョイスの目的は、信仰依拠団体がその宗教的性格を変えることなく、その他の世俗団体と同じ立場で連邦予算にアクセスできる土壌を作ることにあった。第3に、宗教団体側も支援の受領者を宗教的立場や信条等でもって差別することはできないし、援助受領者がプログラムの宗教的性格に反発する場合は、世俗の代替案が提供されなければならないとされている。最後に政教分離の原則が明示されており、公的資金は公共社会事業のために使われるものであって、礼拝や改宗等の本来宗教的活動に転用されてはならないとしている[18]。チャリタブル・チョイスに対する批判は各界からなされているが、それが特定の宗教の助成につながる公的資金の使用という憲法違反の可能性が懸念される内容の他に、宗教に対する政府の中立性を毀損する心配があること、さらにはチャリタブル・チョイスが宗教的自由や市民的権利に対する攻撃であることを、「アメリカ市民的自由連合」(American Civil Liberties Union, ACLU) や「政教分離を支持する米国人連合」(Americans United for Separation of Church and State) 等は挙げている。また宗教団体にとっても政府との直接的公的資金の委託契約は、教会を政府に依存させ教会の世俗化につながると指摘する意見もある[19]。チャリタブル・チョイス条項は、2001年に下院を通過したコミュニティー・ソリューションズ法 (Community Solutions Act) でさらなる批判を浴びる。それは同法が、政府契約を受注した団体に雇用等においてその宗教的立場を基礎にした差別的慣行を許している点、援助受領者に世俗の代替プログラムへのアクセスを保障していない点等が問題点として挙げられている[20]。同法は、個人の慈善行為を課題満載の連邦政府の福祉プログラムに変遷させようとする試みであるとの批判もある。このようにチャリタブル・チョイスは、アメリカ国内の社会福祉事業への宗教団体の公的資金獲得を容易にしたが、この条項が国際開発庁資金の委託契約への信仰依拠団体の参入に道を開いたこと、そしてその問題点に話を戻したい。

1991年のソ連の崩壊は，自由や市場経済といったアメリカ的価値の勝利を意味したと広く受けとめられているが，キリスト教右翼の間には，このような自由がアメリカ国内においては，リベラル派や伝統的な道徳的価値を否定する世俗勢力によって脅かされているとの懸念があった。そこで彼らは，レーガン時代に享受した影響力を回復しようと政治過程に関与し始める。最初は国内問題に限定されていた彼らの関心は，クリントン大統領の時代になると，スーダンにおけるイスラム教徒によるキリスト教徒の人権侵害問題に向けられていく。ブッシュは当初，スーダンに対する人権外交には消極的であり，その背景には当地における石油採掘権の獲得への関心があったとされている。人権よりは石油の考えを変更するようにブッシュに迫ったのは，政権の次席補佐官でブッシュの参謀として活躍したカール・ローヴである。しかし，2001年9月の同時多発テロによって，ブッシュ政権の対スーダン現実外交政策は変更されることはなく，スーダンはアルカイダ情報の提供国として，ブッシュの「対テロ戦争」においてはアメリカの同盟国となる。石油権益や「対テロ戦争」での協力の必要性から，ブッシュ政権はスーダン内戦における宗教的側面を軽視しようとするが，当然キリスト教右翼の反発を買うことになる。一般の印象と違いブッシュ大統領自身は，文明間の断層線（fault line）の存在は認識していたかもしれないが，サミュエル・ハンティントン流の「文明の衝突」論とは一線を画し，イスラム圏での「良いイスラム」と「悪いイスラム」の存在を認める二元的理解に立っていた。キリスト教右翼にとって，アメリカの国家安全保障上の利害とキリスト教右翼団体が主張するキリスト教的価値の間でバランスを維持しようとする，ブッシュやライス国務長官の政策は不満の対象であった。

　国益優先の立場からキリスト教右翼の「文明の衝突」論的対外政策を拒否したブッシュ政権も，対外援助の分野では，CFBCIの設立に見られるようにキリスト教団体に大きく肩入れをしている。これまで政府系あるいは民間団体が担ってきた社会・福祉関連事業の多くを，ブッシュ政権は公的資金投入を通じてキリスト教諸団体へ委託するようになる。その際CFBCIは国際開発庁と宗教団体の橋渡し役を演じ，後者に公的資金制度の内容をいろいろと提供して

いる。このような大統領のイニシアティヴは，政教分離を定めた憲法修正第1条違反であるが，ブッシュ政権側は，政府資金を使ったキリスト教団体が行う社会・福祉サービス活動と彼らの宗教活動の間には明確な分離が見られるとしている。国際開発庁は，2009年度財政報告によると，約110億ドルを支出する巨大組織である[21]。その対外援助活動の中にはかなりの数のイスラム圏発展途上国が入っているが，信仰依拠イニシアティヴと言ってもイスラム団体が公的資金を獲得することは極めて難しい状況と言われている。更に，「アメリカ家族計画連盟」(Planned Parenthood Federation of America, PPFA) のような世俗団体の中にも，国際開発庁資金から遠ざけられている事例がいくつかある。アメリカ家族計画連盟は，妊娠中絶論争において「胎児の生命」より「母体の選択権」を優先し，プロチョイス法制実現のためのロビー活動を行っている。その他にも家族計画連盟は，包括的性教育の推進や廉価な健康保険制度の設立等，ブッシュ政権の社会政策と相容れない方針を維持している。家族計画連盟がアメリカ国内での中絶手術提供団体となっていることや，家族計画連盟の海外での関連団体が，性感染症等のセクシャル・ヘルスに関する情報提供を行ったり性教育を推進したりする場合に，家族計画やリプロダクティヴ・ヘルスについての助言やガイダンスの一部として中絶の選択肢を与えていることが，ブッシュ政権の方針と相容れず，家族計画連盟が国際開発庁の資金提供を受けにくい状況を作り出していた。戦後欧州や日本への食料・衣料援助等で始まった国際協力NGO団体のCAREも，宗教や政治に対して中立の立場を堅持していることもあってか，2001年からの数年間で国際開発庁からの資金援助を大幅に減らされている[22]。

　テロとの戦争への国際的支援を求めて，ブッシュ政権はこの時期対外援助額を増やしているのだが，多くのイスラム教徒がこの「対テロ戦争」はイスラム教に対する攻撃と見なしていることを考えると，キリスト教団体へ流れる国際支援資金が増大している事実は，イスラム教徒の根強い疑念を増幅するだけであった。特にイスラム圏への援助に関しては，資金の出所は国際開発庁の連邦資金であっても，援助施設内にキリスト教のシンボルやパンフレットが置かれているだけでは，援助の目的が純粋な援助ではなくイスラム教徒の改宗にある

のではとの疑惑を持たれてしまう危険がある。イスラム圏への援助に信仰依拠イニシアティヴを使うのであれば，イスラム教団体の方がより効果的結果をもたらすことは言うまでもない。しかし，例えば2001年から2005年までの5年間でキリスト教援助団体が委託契約等によって受け取った連邦政府の援助資金は，インドネシア，パキスタン，アフガニスタンの3カ国分だけで5300万ドルに達する。しかしこの間イスラム教援助団体に供与された援助資金は約400万ドルでしかない[23]。信仰依拠イニシアティヴは，オバマ政権においても継続維持されている政策であることを思えば，政教分離原則逸脱の疑惑は別として，少なくとも援助効率を上げる点に関しては，一定の評価を得ている制度かもしれない[24]。しかし，信仰依拠団体の選択を間違えれば逆効果にもなる。特にイスラム圏において，イスラム教信仰依拠団体が国際開発庁からの公的資金を得て活動をしていない現実を見れば，この地域の連邦資金援助に関しては，少なくとも世俗援助団体と委託契約すべきであろう。

　ところで，2001年から2005年の5年間に総額17億2100万ドルの国際開発庁資金が信仰依拠イニシアティヴとの契約に出資されているが，その中で最大の資金受領団体はワールド・ヴィジョンであった[25]。ワールド・ヴィジョンは貧困撲滅等を目指す国際支援NGOであるが，特に貧困国の子供に対する支援に関しては，国際的評価も高く援助実績もある。慈善団体のお目付けサイトであるCharity Navigatorにおいても，最も言及されている慈善団体のトップに挙げられている。わが国においても，ワールド・ヴィジョン・ジャパンは，途上国の地域貧困対策プログラムであるチャイルド・スポンサー運動等でも一般に知られている。この団体の2006年の連結財務諸表を見ると，収入の27％が米国国際開発庁や英国国際開発省（Department for International Development, DFID）のような政府及び国際援助団体からの資金提供になっている。収入の約40％が個人や民間からの寄付等で賄われていることを考えると，ワールド・ヴィジョンが大きく米国国際開発庁の資金に依拠しているわけではない。米国国際開発庁の資金を得るその他の信仰依拠イニシアティヴの団体には，飢餓対策機構（Food for the Hungry）やサマリタンズ・パース（Samaritan's Purse）の名が挙がるが，マスコミ等で問題にされるのは，援助

における教会と国家の境界線が曖昧であるという点である。特にサマリタンズ・パースは，2001年にニューヨーク・タイムズ紙でその点を批判されて以来，疑惑がたびたび浮上している。この団体はフランクリン・グラハムが会長を務めるが，2006年10月8日付のボストン・グローブ紙で，対外援助と宗教・礼拝行為の混同が指摘された。フランクリン・グラハムは著名な大衆伝道者ビリー・グラハムの息子であるが，イスラム教を邪悪な宗教と公言して批判を浴びたこともある。アンゴラのルバンゴに500万ドルで建設されたメディカル・センターは，政府支援がなくても団体独自の資金だけで建設可能であったであろうが，実際には米国国際開発庁の支援を受けている。サマリタンズ・パースの収入全体に占める政府支援の割合はたった4%と言われるが，この団体の海外支援活動が教会と国家の分離を規定した憲法修正第1条に違反するとの指摘は，マスコミのみならず修正第1条の監視団体たる「教会国家分離米国人連合」(Americans United for Separation of Church and State) 等によってもなされてきた。

「教会国家分離米国人連合」の見解では，信仰依拠イニシアティヴは，「税金で支援を受けた宗教」(taxpayer-supported religion) を婉曲的に表現したものである。アメリカ行政監査院 (United States Government Accountability Office, GAO) の調査でも，行政監査院が調査に入った26の信仰依拠団体のうち半数以上の団体が，援助受領者 (client) に対して強制ではない任意の礼拝行為を行っていると認めている。これらの団体の活動予算に占める連邦政府資金の割合に関しては，その割合が50%を超える団体が多く，100%と答えた団体も26のうち6団体あった[26]。行政監査院は，本来信仰依拠団体等の助成金受領団体を監視する立場にある政府機関にも調査に入っている。その調査結果によると，ほとんどの政府機関が信仰依拠団体に対して，連邦政府資金を本質的に宗教活動には使用できないという情報は提供しているものの，実情を調査し監視する体制は不十分であると認めている。即ち，連邦資金の宗教活動への流用に関して，監視のためのガイドラインを備えている政府機関は少ないとの調査結果が出されている[27]。国内における監視体制がこのような状況であることを考えると，より情報の入りにくい海外が対象地域である国際開発

庁から信仰依拠団体に提供される海外援助金の行方と宗教活動との関連の把握は，さらに困難な状況にあることは間違いない。このような監査に関するもう一つの大きな問題点は，信仰依拠団体が公的資金をどのように使用しているか監視や規制を行うこと自体が，憲法修正第1条の「宗教上の行為を自由に行うことを禁止する法律を制定してはならない」とするいわゆる「宗教の自由な活動条項」違反ではないかとの疑問が付きまとうことである。宗教団体にとっても，日本の国税庁に当たる内国歳入庁（Internal Revenue Service, IRS）の役人に宗教団体の帳簿をくまなく調べられることにでもなれば，政教分離の観点からして決して望ましい情景ではないはずである[28]。

海外援助における信仰依拠団体の関与が世俗グループから問題視されるのは，チャリタブル・チョイスの適用やブッシュ政権の誕生以来大幅に伸びた政府資金の金額の問題だけではなく，信仰依拠団体と世俗団体の援助課題に関する考え方が大きく違うからでもある。例えば，先述したように，海外でのエイズ撲滅支援活動においても信仰依拠団体は，これまで長年国際開発庁との関係でこの問題に取り組んできた世俗団体に取って代わって活動の中核を担うようになっている。元々ブッシュ政権もキリスト教右翼も，エイズ患者やエイズ問題そのものを不道徳に対する神罰であると決め付けて，まともに捉えてこなかった歴史がある。アメリカの対外援助を担うグループは，政治的には進歩的な世俗団体の場合が多く，このような世俗団体は援助の効率的供与に主たる関心があり，そのためエイズ問題の場合もそうであるが，患者の苦痛の除去や病気の蔓延を防止することに援助の主眼を置いていた。さらに女性が自分自身の体に責任を持ち，産むか産まないかの選択肢も女性にあることをこれら世俗援助団体の多くは当然のこととしてきた。中絶の非合法化を訴え，同性愛や男女平等憲法修正条項（Equal Rights Amendment, ERA）等に反対するモラル・マジョリティー的発想を持つキリスト教右翼団体は，彼らの立場とは相容れないこのようなリベラルな考え方に反発し，対外援助の分野においても，アメリカ国内でのモラル・マジョリティー的倫理規範を適用しようと試みるのである。キリスト教右翼がエイズ問題にも関与し始めた背景には，キューバ経済制裁法たるヘルムズ・バートン法の法案提出者で，国連不信の言動でも知られる

ジェシー・ヘルムズ上院議員の力があったといわれている。共和党保守派の国連不信は，その後2005年に休会任命（recess appointment）で国連大使となったジョン・ボルトンに受け継がれる。そしてブッシュ政権下では，「大統領エイズ救済緊急計画」(Presidential Emergency Plan for Aids Relief) が信仰依拠団体への最大の公的資金供与先の一つとなる。エイズ対策に関しては，費用対効果が高く且つ迅速な保健医療サービスの充実を各国の世俗援助団体は目標としてきたが，アメリカのキリスト教右翼団体による米国国際開発庁資金の使用では，エイズ防止のためのコンドーム配布反対や自制・禁欲の奨励等彼らの考える狭義の道徳論の影響を大きく受けるようになる[29]。元々ヘルムズをはじめ共和党保守派の中には，対外援助問題に関しては孤立主義への流れが存在する。これまでの海外援助体制が腐敗の温床になっており，リベラル派の官僚によって好き勝手に運用されてきたとの印象を，これら保守派は持ち続けている。ヘルムズ等は国際開発庁を廃止して，信仰依拠団体による公的援助資金の割り振りを考えるべきであるとの考えを持つ[30]。

　国連においても，モラル・マジョリティー的発想を掲げたキリスト教右翼の関与は，ますます積極性を増している。これまでキリスト教右翼はリベラル的政策指向が強い国連から距離を置くことを主張してきたが，90年代半ばから積極的に国連の活動に関与し始めるようになり，特にブッシュ政権になってその傾向は顕著である。国連での発言権を得るためキリスト教右翼団体は，国連内の各種会議で代表やオブザーバーとなるべく政府に働きかけを行っている。レーガン政権時にホワイトハウスへのアクセスを獲得したキリスト教右翼は，クリントン政権期の8年間は例外としても，常に行政府への影響力を及ぼしやすい立場を確保してきた。特にブッシュ政権においてその状況は加速したと言えよう。国連での発言力確保においても，特にジョン・ボルトン米国国連大使の時代に，その影響力は頂点に達したと考えられる。キリスト教右翼が国連に関与するきっかけとなったのは，1979年12月の「国連女子差別撤廃条約」(United Nations Convention on the Elimination of all Forms of Discrimination against Women, CEDAW) の締結である。キリスト教右翼がこの条約に反対する理由は，彼らがこの条約を国際版男女同権憲法修正

案（Equal Rights Amendment, ERA）と見なし，伝統的家族像の崩壊につながると考えるからである[31]。ブッシュ政権になってから，国連関連会議の代表職へのキリスト教右派人物の任命が多くなるが，彼らの関与はこれまでこれらの会議が行ってきたジェンダーや中絶等に関する議論を振り出しに戻す可能性もあり，関係者の怒りを買う場合も多々あった。ブッシュ政権期に，これまで国際開発庁の専権であった人道援助に政府の他の機関が関わるようになり，信仰依拠団体がそれらの多くの公的資金を獲得するようになった。信仰依拠団体が特に海外での人道援助に関わること自体に問題はないが，果たしてそのような団体が世俗団体以上にサービス提供能力に長けているのか吟味する必要がある。同じことが国際機関への任命人事に関しても言え，女子差別撤廃等の対外援助に大きく関連する案件の会議に信仰依拠団体の人物が国を代表することが，果たしてアメリカの国益に最適であるのか詳細に吟味する必要がある。

3. ブッシュ政権の環境政策とキリスト教右翼団体

ブッシュ政権は発足後，CFBCIの設立と相前後して，アメリカ経済と雇用に悪影響を及ぼす京都議定書を批准しないと宣言する。温室効果ガスの削減数値目標を設置した京都議定書の批准拒否は，地球温暖化に対応しようとする世界の環境重視の動きに逆行し，またこれまでのクリントン政権下で進められてきた環境政策の実績を骨抜きにするものであると批判された。ブッシュ大統領，チェイニー副大統領ともに石油関連業界との関係があり，そのような関係が批准拒否の背景にあると噂されたが，電力供給における石炭依存度の高さに見られるようなアメリカのエネルギー効率の低さから考えると，温室効果ガス削減数値目標の設定が，他の先進国経済以上にアメリカ経済に不利に働くことは予想されていた。以後ブッシュ政権下では気候変動・地球温暖化問題は，アメリカのエネルギー政策とやや切り離された形で議論されていくことになる。ブッシュ政権発足直前に起きたカリフォルニア州でのエネルギー危機は，電力自由化を悪用し，粉飾決済等の不正会計に手を染めた大手エネルギー会社エンロンの犯罪行為によってもたらされたものであるが，このエネルギー危機問題

は，ブッシュがエネルギー政策を環境問題から切り離す口実を与えたと言えよう。ブッシュ政権はこれまでの規制を見直し，エネルギー供給拡大の方向に舵を取ることになる。さらに環境をめぐる訴訟対策に企業は時間と経費を費やすことになり，そのことが企業活動の障害になるとの考えが支配的となる。そのためブッシュ政権下では，環境規制をなるべくかけない方向で，企業利益優先の政策決定がなされていく。企業からの圧力とともに，特殊な世界情勢理解を持つキリスト教右翼の存在も無視できない。

ブッシュ政権を支持するキリスト教右翼の環境問題に関する考え方には，次の2つの思想の影響が大きい。1つは終末論であり，キリスト教右翼の多くの信徒や教会が正統的終末論解釈であると認めるディスペンセーショナル前千年王国説（dispensational premillennialism）は，環境問題を含めた現在の社会政策への彼らの取り組みの姿勢に大きく影響を及ぼしている。この説の解釈に沿ってヨハネの黙示録等の解釈が行われ，至福千年王国期の前に大患難時代が訪れること，それに先立ってキリストが秘密裏にこの世に到来し，教会や救いに与った者達（即ちキリスト教原理主義者）をこの世から天に運び去るいわゆる「携挙」（rapture）が，キリスト教右翼や一部福音派によって信奉されている。聖書にはこのような聖徒のみが終末に「雲の中に一挙に引き上げられる」（テサロニケ人への手紙　第1）との預言があり，そしてこの説に従えば，キリストの再臨はこの直後に起こることとなる。このような終末論に立つキリスト教右翼にとっては，日々の生活の中で「携挙」に対する準備が主たる関心事となり，環境問題を含め現実の政治問題や社会問題に対する関心は希薄となる。即ち，終末時の救いと比べれば社会政策は二義的意味しか持たないのである[32]。地球温暖化によって引き起こされる天災は，大患難時代の特徴的出来事であり，彼らにとっては終末とキリストの再臨の兆候を示すものとして，むしろ歓迎すべき現象であるとも言える。しかし，このような終末論を背景にした環境問題に対する無関心さは，キリスト教右翼が政治的に目覚めるレーガン政権の時代以降徐々に影を潜めるようになる。ディスペンセーショナリストの終末論の特徴としてその後も維持されるのは，これも彼らの終末論に起因するが，国連等の国際機関に対する拭いがたい不信感である。環境問

題に関する国際機関批判については、キリスト教右翼が常々国連の下部機関である「気候変動に関する政府間パネル」(UN Intergovernmental Panel on Climate Change, IPCC) によって提出された第4次評価報告書を批判していることを挙げることができよう。自然要因の他に人類の活動によって地球温暖化が進行していること、温暖化の被害を減ずるためには大胆な対応策が必要であるとの報告書の結論を、キリスト教右翼は根拠に乏しいと退ける。彼らは地球温暖化の原因を、企業活動も含めた人類活動の影響によるものである (anthropogenic) との見解に反対であり、この点においてブッシュ政権の環境政策もキリスト教右翼と同じ立場にあった。昨今IPCC報告に対する批判は各方面から聞かれ、IPCCの運営に対する改善要求やIPCCの主張を裏付ける科学的根拠に関してもより信頼性を高める努力を行うよう勧告がなされている。しかし、キリスト教右翼のIPCC報告書批判は、下に示すように全く別次元のものである。

　地球温暖化の議論に関してキリスト教右翼の考えとして登場するのが、ドミニオン神学 (Dominion Theology) である。この名称はやや揶揄された呼び名であるが、同じ考えはキリスト教再建主義 (Reconstructionism) としても知られる。ドミニオン神学は、旧約聖書の創世記1章26-28節を、神が人類に対してすべての被造物の支配を与えられたと解釈し、単なる管理人の域を超えて政治・経済システムの支配者として真のキリスト教信仰に立つ者がその支配の責任を負うべきであると理解する。「地球は、神が神の僕たる人々にこれを征服し利益となすように下賜されたものである」との考え方は、レーガン政権やブッシュ政権内部からも聞こえてくる開発優先の考え方である[33]。キリスト教右翼は、神が人類を祝福し、彼らに「地を従えよ」と命じられたことを文字通りに理解し、開発派と環境派のせめぎあいの中でも常に開発優先の立場を鮮明にしてきた。合衆国憲法修正第1条に反しても神政政治の体制を理想とするドミニオン神学は、アメリカ政府のイスラエル政策に多大な影響力を持つキリスト教シオニズムほどの政治的影響力はない。しかし、「モラル・マジョリティー」を創設したジェリー・ファルウェルや「キリスト教連合」のパット・ロバートソン、さらには「イスラエルのためのキリスト教徒連合」

(Christians United for Israel)を設立したジョン・ハギー等の有力なイスラエル支援リーダーやグループを持つキリスト教シオニズムと比べて、ドミニオン神学も小振りではあるが環境政策等アメリカの政治・外交にある程度の影響を及ぼしている。

　IPCCの第4次評価報告書は、地球温暖化と気候変動に関する最も信頼のおける報告と言われているが、地球温暖化が人類活動による二酸化炭素排出の結果であることを否定し、温暖化に占める人為的要因説を評価しないキリスト教右翼のような懐疑主義者によって、IPCC報告に対する反論が近年繰り返されている。ディスペンセーショナリズムもドミニオン神学も、地球はその誕生以来1万年も経っていないとする創造科学（特にYoung Earth Creationism）を信奉し、更にまた地球温暖化に占める人為的要因を否定する立場に立っている。そしてこのようなキリスト教右翼の環境問題に対する理解と企業利益優先の考え方、更には共和党の伝統である財政保守主義が重なり合って、共和党保守の環境政策の方向性が決定付けられてきた。しかしブッシュ政権も末期となる2006年頃からは、福音派等の保守的キリスト教徒の間においても環境問題への関心が高まり、地球温暖化についても何らかの対策が必要であるとの見解が政権内で出始める。そのきっかけとなったのは、メディアで繰り返し報道された氷河や氷山が溶け出した映像であり、ニューオーリンズを襲ったハリケーン・カトリーナの猛威であった。元々キリスト教と環境との関係についての議論は、1967年にリン・ホワイト・ジュニアがサイエンス誌に掲載した論文「今日の生態学的危機の歴史的根源」によって本格化したと言える。彼はキリスト教に根付く人間と自然の二元論が、環境破壊の一因であると批判する。魂や理性を持たない人間以外の被造物は人間に劣る存在であるとして、自然は人間に仕える以外に存在理由がないとの人間中心的な考え方（anthropocentrism）である[34]。

　その後福音派の中でも左派グループは、1970年代から環境問題への関心を示してきたが、2006年以降は、キリスト教右翼の認識にも徐々に変化が見られるようになったといえよう。その典型的事例が、キリスト教右翼団体キリスト教連合の会長職へ招聘されたことのあるジョー・ハンター（Joel

Carl Hunter) の環境問題への関与である。ハンターは，キリスト教連合の保守的で狭量な政策ベースを拡大し環境や貧困をその政策に含む道を模索するが，そのような動きに対する疑念が団体内部で持ち上がると，事実上会長としての活動を始める前に辞任する。ハンターは，地球温暖化を認め二酸化炭素排出規制を伴う「福音派気候イニシアティヴ」(Evangelical Climate Initiative, ECI) に賛同している。このイニシアティヴによって2006年2月に，Climate Change: An Evangelical Call to Action と題される文書が出される。この文書の中では，キリスト教保守派の環境問題対応策として急浮上してきた creation care の考えが提示され，聖書に基づいた環境保護の原則 (environmental stewardship) が提唱されている[35]。その具体的内容は人類活動による気候変動を認めるものであり，気候変動の結果は貧困層を最も直撃すること，キリスト教の道徳的確信が気候変動問題への対応を求めていること，更にそのような行動の緊急性にも言及している。二酸化炭素排出削減に向けて連邦法制定を求めるが，企業寄りのキリスト教保守団体を反映してか，費用効率が高く市場メカニズムに基づいた運動を標榜している。元々福音派には，ロナルド・サイダーの福音主義環境ネットワーク (Evangelical Environmental Network) のような環境グループが存在したが，21世紀に入って福音主義環境ロビイストとして活躍したのは，福音派の環境政策の必要性を認識していたリチャード・ザイジック (Richard Cizik) であった。彼は，全米の福音派を束ねる全米福音派連盟の副会長として，「福音派気候イニシアティヴ」に主導的に関与する。ザイジックは，IPCCの共同議長を務めたオックスフォード大学のジョン・ホートンから第4次評価報告書にある気候変動の深刻さを科学的に説得されたといわれる[36]。しかしこのような環境に対する関心の高まりの動きに対し，Focus on the Family の創設者でありブッシュ政権下で最も影響力のあるキリスト教右翼と言われたジェームズ・ドブソン等の保守派は，地球温暖化は福音派の間ではコンセンサスを得ている問題ではないとして，この問題に関して全米福音派連盟がその立場を鮮明にすることに異議を唱える。保守派によれば，地球温暖化対応策は結局エネルギー・コストの上昇を招き，その結果貧困層に大きな負担をかけることになるとして，「福音

派気候イニシアティヴ」の見解を逆手にとった主張を行っている[37]。

実は 2004 年秋に全米福音派連盟は，For the Health of the Nation: An Evangelical Call to Civic Responsibility と題する社会正義の精神（例えば貧困問題や人権等）と福音派の社会的関与についての声明文を発表している。その前文で，全米有権者の4分の1にも及ぶ福音派キリスト教徒の信徒数や，キリスト教徒の社会的責任と政治参加を提起したカール・ヘンリーの功績に言及した後，声明文はキリスト教徒の社会参加の基盤が，創世記1章27-8節にあるように地球を管理する責任を人類が神から託されている事実にあることを明記している。そのことは神の被造物である地球を守るために労することを意味し，被造物の支配者としてではなく，それを守る管理人（Steward）としての役割が求められている。即ちこの声明は，地球破壊や枯渇ではなく保護や再生を目指した持続的発展性（sustainability）を指向し，また福音派信者に対して，宣教による信者の獲得だけでなく環境への配慮を通じても，キリスト教の愛の精神を示すように提唱している[38]。「福音派気候イニシアティヴ」は，この福音派の政策声明を基礎に生まれたのである。

ロバートソンやドブソン等のキリスト教右翼の長老たちがザイジック等の「福音派気候イニシアティヴ」における動きを批判するのは，全米福音派連盟が地球温暖化問題へ関心を集中させることによって，本来保守派の中心的運動であるべき中絶，同性婚，モラリティー等への対応がおろそかになることを恐れるからである。一方ザイジックは環境問題への福音派の参加が消極的であったとし，その主な原因を，環境保護に向けたリーダーシップの欠如，地球温暖化への政策対応として「大きな政府」による解決に消極的であったこと，前千年王国説に立つ終末論を信奉することで終末における環境の悪化を終末の兆候としてむしろ歓迎する雰囲気があったこと等を挙げている。一方，アメリカ政治に影響を及ぼすキリスト教右翼の結束を乱したという理由でのザイジック批判もある。「福音派気候イニシアティヴ」の文書 Climate Change に対してキリスト教右翼は反論を行っている。地球温暖化の二酸化炭素排出主因説については，彼らは人為的原因よりは自然的原因説を主張し，気候変動が貧困層をより苦しめるとの理解については，エネルギー使用の削減が経済成長を鈍化さ

せ，その結果生産性の下落とコストの上昇を招き貧困層の生活水準を直撃するとしている。即ちキリスト教右翼によると，貧困層や発展途上国のためには，二酸化炭素を削減するより経済成長による富の増大を求めた方が望ましいのである。しかし，彼らが純粋に弱者救済の見地から，環境主義に対抗して経済成長政策を主張しているとは考えにくい。持続可能な資源管理を標榜する環境主義に対峙して資源開発やエネルギー消費を是とするキリスト教右翼は，プロ・ビジネスのブッシュ政権の経済産業政策，北極圏の自然保護区での石油掘削是認の動きにも賛同する[39]。

その後2006年の中間選挙で民主党が勝利し上下両院の過半数を取るに至ったことや，2007年ノーベル平和賞がアル・ゴアとIPCCに授与され彼らの主張に対する国際的認知が進んだこと，さらにはアル・ゴア主演の『不都合な真実』が第79回アカデミー賞の長編ドキュメンタリー映画賞及びアカデミー歌曲賞を受賞したことなどが，ブッシュ大統領から気候変動に関して名目的ながら譲歩を引き出すことに成功した理由と言えよう。しかしその後，『不都合な真実』については細かな科学データに事実誤認があるとされ，さらには地球温暖化自体の科学データに懐疑論が出たりする中で，現在キリスト教右翼に環境主義はもちろんのことcreation careの考えについても同調を求めることは非常に難しい。オバマ政権になって，環境・エネルギー政策第1弾として大統領はグリーン・ニューディール政策を提唱し，温室効果ガス最大排出国である米国においてグリーン雇用創出構想が打ち出される。そして2009年になると，共和党非主流派内の地球温暖化人為的要因説に対する反対運動の主役は，キリスト教右翼から，急速に注目を浴びるようになった茶会運動（tea party movement）に移った印象もある。中絶や同性婚のような，今日の不況下で平均的アメリカ市民がアメリカ社会の主要課題と考えないテーマに精力を傾けるキリスト教右翼に対し，経済やエネルギー，医療保険法改正反対等身近なテーマを掲げる茶会運動の躍動によっては，キリスト教右翼の活動の軸が微妙に変化する可能性もある。但し今後の展望としては，茶会運動のポピュリズム的性格が，アメリカ政治におけるその影響力を一時的なものに終わらせる可能性も高い。

【注】
1) Carl F. H. Henry, *The Uneasy Conscience of Modern Fundamentalism* (Grand Rapids, 1947); Peter Goodwin Heltzel, *Jesus and Justice: Evangelicals, Race, and American Politics* (New Haven & London, 2009).
2) キリスト教右翼はシカゴ学派やオーストリア学派に代表されるリバタリアニズムの影響を大きく受けたと考えられるが、ファルウェルも著書の中でしばしばミルトン・フリードマンから引用している。Jerry Falwell, *Listen America!* (New York, 1980), pp. 69-81.
3) アメリカのキリスト教社会における富への執着を批判し、対外的には中南米等の貧困問題に背を向けアメリカの経済権益の増幅を目指すアメリカ企業の姿を糾弾したロナルド・サイダー等は、福音派左翼の代表と言えよう。Ronald J. Sider, *Rich Christians in an Age of Hunger: A Biblical Study* (Downers Grove, 1977)
4) 1980年大統領選挙で現職大統領ジミー・カーターを破ってレーガン勝利を実現させたのは、皮肉にもその4年前には南部バプテストのカーターを大統領に推した福音派とファンダメンタリスト達であった。実はキリスト教右翼グループの活動は、カーター政権時から徐々に活発化していたのである。Randall Balmer, *God in the White House: A History* (New York, 2008), p. 80.
5) キリスト教右翼の政治、外交、司法分野での活動については、拙稿「キリスト教原理主義とアメリカ政治」『専修大学社会科学研究所月報』No. 569, 2010年を参照されたい。
6) 'Global Stem Cell and Advanced Technologies', デラウエア州に本拠を置くMarkets and Markets社による2009年11月のマーケット・リサーチ・レポート。
7) キリスト教右翼の国連活動家は、このカイロ会議と1995年に北京郊外で開催された国連女性会議において、保守的キリスト教徒が初めて本格的に国際政治参加を果たしたとしている。Doris Buss & Didi Herman, *Globalizing Family Values: The Christian Right in International Politics* (Minneapolis & London, 2003), pp. xv, 44.
8) 修正第I条では、連邦議会は、国教を樹立し、あるいは信教上の自由な行為を禁止する法律の制定、または言論あるいは出版の自由を制限してはならないとある。現在国際開発庁の資金運用は、かなりの柔軟性を持っていると考えられる。2010年度支出を見ると、その援助対象先で最も援助金額が大きいのが大地震に見舞われたハイチであり、援助額も前年度に比べ突出した伸びを見せている。http://www.usaid.gov/policy/budget/money
9) ブッシュ政権時の大統領令は、次のサイトを参照した。http://www.archives.gov/federal-register/executive-orders/wbush.html 大統領令13198によると、ホワイトハウスの信仰依拠イニシアティヴ局（CFBCI）が、政策立案とともに連邦政府全体の信仰依拠イニシアティヴを調整および統括する役割を演じることになっている。
10) その後2004年6月1日には、大統領令13342によって信仰依拠イニシアティヴ局が商務省、退役軍人省、中小企業局にも設置されている。
11) Lew Daly, *God's Economy: Faith-Based Initiatives and the Caring State* (Chicago,

2009); Daly, *God and the Welfare State* (Boston, 2006). 福音派左派の立場から信仰依拠イニシアティヴを論じた労作に，Heidi Rolland Unruh & Ronald J. Sider, *Saving Souls, Serving Society: Understanding the Faith Factor in Church-based Social Ministry* (Oxford, 2005) がある。

12) Ellen Goodman, 'Faith-based politics is reason to worry', *Boston Globe* Oct. 20, 2006.

13) 'Faith-Based and Community Initiative: Improvements in Monitoring Grantees and Measuring Performance Could Enhance Accountability', Report to Congressional Requesters by the United States Government Accountability Office. (アメリカ行政監査院報告) http://www.gao.gov/new.items/d06616.pdf

14) Adam Cohen, Sally B. Donnelly, et al., 'Feeding the Flock', *TIME*, Aug. 25, 1997.

15) R.A. Cnaan & S.C. Boddie, 'Charitable Choice and Faith-Based Welfare: A Call for Social Work', *Social Work*, vol. 47, no. 3, pp. 224-35; 坂田周一「コミュニティの福祉効果：アメリカ合衆国の公的扶助改革との関連で」『立教大学コミュニティ福祉学部紀要』第1号，1999年；木下武徳『アメリカ福祉の民間化』日本経済評論社，2007年。

16) 「貧困家庭一時扶助」は，1935年の社会保障法の公的扶助制度であり，その年以来適用されてきた「要扶養児童家族扶助」(Aid to Families with Dependent Children) 等を廃止して定められた。扶助受給者の就業を促し，その数を大幅削減する目的を持った制度改革で，貧困も含め自己責任重視への政策転換と言ってよい。

17) 政府の助成金や契約をめぐって，宗教団体にとって大きく不利な状況や「差別」があったかどうかについては，否定的な意見も存在する。Mark Chaves, 'Debunking Charitable Choice', *Stanford Social Innovation Review*, summer 2003.

18) 保健社会福祉省サイト http://www.hhs.gov/fbci/choice.html

19) Vee Burke, 'Comparison of Proposed Charitable Choice Act of 2001 with Current Charitable Choice Law', CRS (Congressional Research Service) Report for Congress, June 22, 2001.

20) このような批判の急先鋒の一つになったのが，ユダヤ系NGO団体である名誉毀損防止同盟 (Anti-Defamation League) である。

21) http://www.usaid.gov/policy/afr09/USAIDFY2009AFpdf

22) Lee Marsden, *For God's Sake: The Christian Right and US Foreign Policy* (London & New York, 2008), pp. 124-5.

23) Susan Milligan, 'Together, but worlds apart: Christian aid groups raise suspicion in strongholds of Islam', *Boston Globe* Oct. 10, 2006.

24) オバマ大統領は就任直後に，ブッシュ政権の遺産である信仰依拠イニシアティヴを廃止するのではないかとの一般の予想に反して，このプログラムを刷新する方向であることを言明する。大統領はこれまでのホワイトハウス内のFBCIオフィスに代えて，新しい

大統領諮問委員会（Presidential Advisory Council on Faith-Based and Neighborhood Partnership）の設置を決める。この機関の目的は、宗教団体を取り込みつつも、政教分離の原則を曖昧にすることなくコミュニティーの福祉活動の統括を行うことにあり、ある宗教団体を他の宗教団体より優遇することや、或いは宗教団体を世俗援助団体より優遇することのないように注意を払うと明言していることから、前政権の反省を踏まえての創設と考えられる。Amy Sullivan, 'Obama Tries to Renew Faith in a Faith-Based Office', *TIME*, Feb. 5, 2009.

25) Marsden 前掲書、pp. 129-30.
26) 上記アメリカ行政監査院報告 pp. 62-4.
27) アメリカ行政監査院報告 p. 29.
28) Simon Steel, 'Charitable Choice: A Needed Boost to "Armies of Compassion" or an Establishment of Religion?', *FindLaw Legal News and Commentary*, July 19, 2001.
29) Marsden 前掲書、pp. 131-6.
30) 新田紀子「思いやりのある保守主義—その政治的・政策的意味」『G.W. ブッシュ政権とアメリカの保守勢力』久保文明編、日本国際問題研究所、2003 年、86-87 頁。
31) Marsden 前掲書、p. 141.
32) 拙稿「アメリカにおけるキリスト教原理主義の諸相」『専修大学人文科学研究所月報』第 200 号、2002 年、53-6 頁。
33) 岡澤和好「ブッシュ政権の環境政策について」2004 年 10 月 http://park.geocities.jp/superstitious725/america/Bush_policy p. 23. アメリカ政府で環境行政に関与するのは、環境保護庁（EPA）と内務省であるが、レーガン時代には後者の長官に環境団体から批判を受けたジェームス・ワットが就任し、ブッシュ政権期の 2001 年にはワットの下で働いたゲール・ノートンがその職に就いたことも、共和党政権、キリスト教右翼、企業利益の合体を印象付ける。ノートンは自由市場や個人の財産権を重視し、現代の環境法制ではなく不法行為法（tort）に基づく環境維持を主張する free-market environmentalist に属する。ノートンは内務長官辞職後にロイヤル・ダッチ・シェルに加わっているが、在任中にこの石油会社に対する利益供与があったかどうかを見極めるために、当時司法省による調査が進められた。
34) Lynn White Jr., 'The Historical Roots of Our Ecologic Crisis', *Science*, vol. 155, March 10, 1967; リン・ホワイト『機械と神：生態学的危機の歴史的根源』みすず書房
35) Marsden 前掲書、pp. 151-5; Brian McCammack, 'Hot Damned America: Evangelicalism and the Climate Change Policy Debate', *American Quarterly*, vol. 59, no. 3, Sept. 2007, pp. 645-68.
36) Peter Goodwin Heltzel, *Jesus and Justice: Evangelicals, Race, and American Politics* (New Haven & London, 2009), pp. 153-5.

37) Laurie Goodstein, 'Evangelical Leaders Join Global Warming Initiative', NY times. com, Feb. 8, 2006.
38) http://www.amchurch.co.uk/documents/FortheHealthoftheNation.pdf
39) Marsden 前掲書, pp. 160-9.

第12章
統一後20年のドイツ

加藤 浩平

1. はじめに

　ドイツ統一後20年を経過して，統一ドイツ経済の現状はどのように評価されるだろうか。とりわけ旧東ドイツ地域（以下東とする）は，旧西ドイツ地域（以下西とする）と比較して，どのような経済状況にあるのだろうか。
　ドイツ統一（1990年10月3日）は，ドイツ国民に多くの期待を抱かせた。それは，通貨改革を契機とした戦後西ドイツの「奇跡の経済復興」が東で再現されることを期待させたし，政治指導者が「2～3年すれば」「花咲く国土」が実現するといったばら色の夢を振りまいたからでもあった。そのため西の人々は増税[1]を受け入れ，東に多額の財政資金が投入されることに協力した。しかし，その後の経過は期待はずれであった。東では失業が急増し，西の援助への依存から抜け出せないでいる。主だった経済学者は「統一は失敗だった」とまで言い切った[2]。しかし，統一ショック直後の1992年以降，2008年現在までの工業生産の伸びを見る限り，東の経済は着実に復興しているように見える。この間の製造業[3]での生産額は，実質で4倍の伸びであった（同時期の西の伸びは20％に過ぎない）[4]。生産性も急上昇した。生活水準は著しく向上し，社会資本が整備され，修繕された都市の街並みを見る限り，西と大差ないと感じている国民は多い。しかし，統一の成果を評価する場合，常に指摘されるのは，こうした発展にもかかわらず，東の生産性が西のレベルにキャッチアップできないという事実である。東の経済全体での就業者一人当たりの

GDPは西のレベルの77.9％（2008年）に止まっている[5]。コップに水が4分の3満たされたと見るべきか，4分の1はまだ空のままであると見るべきか，ドイツ統一の評価をめぐって賛否が分かれている。

当初，西の国民は，東の復興（Aufbau Ost）[6] を支持していた。しかし，統一後10年も経ったころから，西の国民はいつまでも東の復興を援助し続けることに疑問を抱き始める。そもそも国の財政赤字を増やしてまで，地域格差をなくし，生活水準を平準化することが果たして必要であるのかという感情的な議論さえ起こった[7]。表面的には東西間で著しい格差が認められなくなった現在，ドイツ統一問題に対する一般国民の関心は急速に失せてしまったのが実情であろう[8]。

しかし，東が依然として劣位にあるとすれば，それは東の体制転換に伴う過渡期の困難が依然解消されていないのか，それとも，東に固有の構造問題に原因があるのか。為政者や研究者の間では依然として論争，研究が続いている[9]。本稿では，統一後20年を経た東の経済の現況，この間の経緯を中心に検討するが，東の復興のための経済政策や，それをめぐる国内の論争，ドイツ経済全体との関連にも言及する。格差が残るとすればそれは何に起因するのであろうか。

2. 統一ショックと統一ブーム

1990年7月1日の「経済・通貨・社会同盟」の形成により，事実上の経済統合が開始されると，東の工業はほぼ生産停止に追い込まれた。対外競争力がなかったことが究極の原因であるが，早急な統一政策が失敗であったことがしばしば指摘されてきた[10]。

まず，通貨改革が実質的に東の旧通貨の切り上げに等しい措置（フローは1対1，ストックは1対2）であったため，輸出産業の競争力が失われた。当時，適切な交換レートを推定するため東西間の生産性比較が盛んに試みられたが，取引関係がほぼ断絶していた中で，生産性の比較は無意味であったというべきだろう。次に，信託公社（トロイハント）により旧国営企業（コンビナートと

呼ばれた巨大な複合企業体）を早急に民営化する必要から（任務終了は1994年），その分割（不採算部門の切り離し）と売却価格の値引きが行われた。旧国営企業売却の最終決算は旧債務を含め2640億マルクの赤字となった。旧国営企業従業員400万人のうち，250万人が失職したといわれる[11]。失業の増大は「統一の失敗」を象徴するものであるが，その原因は，トロイハント傘下の企業が西との賃金格差をなくすため，急激に賃金を引き上げたためであったとされる[12]。 1990年1月から翌年10月の間に工業の賃金レベルは西との比較で31％から49％に引き上げられた[13]。失業と賃金上昇が同時に起こるという奇妙な現象が生じたのである。以上の見方は，経済合理性の観点から統一政策を批判するものであるが，体制転換と国家統一を同時に達成しなければならなかったドイツ統一の事情を考慮すれば，統一事業には，経済合理性だけでなく，さまざまな政治的思惑が介入せざるをえなかったのは当然であろう。実際とられた政策には，結果はともあれ，それ以外の選択肢はなかったというのが実情だろう。東の労働者が西への移動の自由を得ている以上，ドイツの統一は東欧諸国のように漸次的な改革の手法をとる余裕はなかったのである。

　東の経済復興を先導したのは，連邦政府・州・市町村による復興プログラムであった。その方針は，まず公共投資によって社会資本を整備し，投資の収益率を高め（社会資本の生産力効果），次に民間投資を誘発して自立的な発展につなげようとするものであった。1990年5月18日に連邦政府は「ドイツ統一基金」を設立し，当面の復興資金を宛がった[14]。（東の5州とベルリンが既存の財政調整メカニズムに組み込まれるのは1995年以降である。）1991年3月8日には「東部復興の共同事業」プログラムが作成され，道路，通信網，学校，病院，介護施設，住宅，工業団地，公害浄化施設などを開発，建設することが推進された。短期間に巨額の公共資金が投下されたため，無益な建築のための浪費も少なくなかった。特に経済発展への波及効果が期待される道路，鉄道など交通網の整備が重要視された[15]。今日東西間の広域道路網（アウトバーン），長距離鉄道網が整備され，東から西への移動に支障はなくなったが，地方道路などの整備の必要性が依然として指摘されている[16]。

　民間投資を誘発するために以下の4つの投資援助政策が用意された。まず，

連邦政府による「投資交付金」(Investitionszulage) である。期間限定の「投資交付金法」により，東での製造業一般，ないし生産関連サービスへの投資家に対し，初回投資分に限定して投資額の8〜12％分の免税措置を申請する権利が与えられた。「投資交付金」は，製造業へ投資を誘導する意図があるとはいえ，補助の対象がかなり広範囲であるため，効果が拡散され，補助金の浪費につながる点がしばしば批判されてきた。しかし東の自治体の強い要請を受け，「投資交付金法」は期限切れのたびに更新され（直近の更新は2007年），現在も存続している。補助率も12.5％〜15％（中小企業では25％）に引き上げられた。次に，「地域振興法」に基づいて，東での設備投資と営業用建物に対し，購入年次のコストの50％分に適用される特別償却制度があった。個人の住宅投資に対しては，5年間，50％の特別償却が認められた。この制度を利用して過剰なまでの設備投資を行ったのが建設業である。建設業は一過性の異常ブームを引き起こし，1995年以後不動産バブルが急速にはじけて，衰退し，ドイツ経済全体を混乱させるが，その責任の一端はこの特別償却制度にあった。さらに，従来からの地域振興政策である連邦と州の共同事業からの補助金，そしてEUの地域開発基金からの補助金があった。これらは「投資助成金」(Investitionszuschüss) と呼ばれ，構造不況地域を支援する政策である。この補助金は「投資交付金」と掛け持ちで受け取り可能とされ，補助率は上限35％であった。「投資助成金」は，その採択の決定に州の権限が及んだため，地方政府の産業政策展開の手段とされた。その他，新規開業の場合，「復興金融機関」(Kreditanstalt für Wiederbau) からの長期，低利での信用が提供された。この資金提供にも，州の金融機関が仲介し，地方政府の意向が反映された。

　こうした手厚い投資援助が積極的に利用されたため，東での投資が大幅に上昇したことは間違いない。しかし同時にこの政策の評価には批判的な意見もある。投資に補助金を出すことにより資本コストが低下し，相対的に労働コストが上がったので，労働節約的な生産方法が採用され，失業が増えたという批判である[17]。確かに当初より，投資援助政策の有効性については論争があった[18]。投資を援助するのではなく，賃金に補助金を出すことによって，労働

コストと生産性との乖離を補填し，失業を防ぐべきだとする議論は今でも有力である。他方，投資の増大にもかかわらず，東の経済の弱点として，しばしば資本装備率の低さが指摘されている。実際，2006年時点での就業者一人当たりの資本設備では，東は西のレベルより13％劣っている。しかし，分野別に見れば，建設業も含めた第二次産業での資本集約度は東のほうが高い。製造業では東の中小企業でも自己資本装備率はほぼ西と同等のレベルにある[19]。投資援助政策の効果は確かに出ている。

他方，この政策は建設業での過剰投資をもたらした。それが東の経済に歪みを与えたことは否定できない。東の経済は90年代前半に年率10％を超える統一ブームに沸いたが，このブームを支えた最大の要因は，建設業での活況であった。

統一ブームでは，まず，未曾有の建設ラッシュが起きた。建設業では1991年より95年の間に毎年22％ずつ生産が増えた。建設関連の手工業，サービス業も興隆した。その結果，建設業での雇用は1995年のピーク時に105万人（全雇用の17％）に達した。しかし需要が一巡したこの年を境に生産は急減し，以後ほぼ10年間，建設業の生産と雇用は減少し続ける。設備過剰の調整が長引いたのである。「地域振興法」が1996年に廃止されたことも痛手となった。

次に，雨後の筍のごとく新設ラッシュに沸いたのは，ホテル，小売，薬局，運送業，書籍など小規模の自営業（小民営化）であった。同時に西から大型小売チェーン店，銀行・保険，自動車ディーラー，ガソリンスタンドなどが東に大挙進出して，新たな需要に応えた。これらはすべて，域内需要を当て込んだサービス産業である。後に述べるように東の家計には西からの財政移転（トランスファー）がもたらされた。流れ込んだ現金を東の人々はまず身近なサービス需要に当てることができた[20]。トランスファーのために，消費が活発になり，域内需要向けの生産が台頭した。しかしこうしたサービス経済の興隆が東の経済発展の原動力になることはありえなかった。

3. 経済発展の新たな展開

　1990年代の中頃以降，建設業不振の影響で，東の経済全体にブレーキがかかった。成長率は，僅かとはいえ，西の成長率を下回り始めた（この状態は2004年まで続く）。これでは西へのキャッチアップは見込めない。失業率も跳ね上がった。就業者数は2003年に565万人までに減少し，統一直後からほぼ100万人減らした[21]。2000年前後には，東の将来への悲観論や経済政策の変更を迫る議論が噴出した[22]。建設業ではこの間に雇用が半減している。建設業の不況は2006年に底をうつが，それ以後，東の失業率は（西も同様であるが）顕著に改善してくる。

　この間，東で著しく生産を伸ばしたのが製造業であった。東の製造業は統一ショックによりほぼ壊滅状態となり，DDR（東ドイツ）末期の生産レベルの3分の1に縮小したと推測されている[23]。そのため，1992年の生産シェアは全ドイツの3.5％に過ぎなかった。以後，生産は着実に伸び，シェアも5.6％（1995年），7.6％（2000年），10％（2008年）と増えてきた。東の域内でのGDPに占める製造業のシェアも11％（1995年）から20％（2008年）と高まった。しかし就業者数は，1992年に激減して110万人になり，その後も増えていない。2008年時点で，92万人である。製造業において雇用増なき生産増が実現しているのである。その結果，製造業での労働生産性は一貫して上昇している。就業者一人当たりのGDPで見た製造業の労働生産性は西との比較で，1991年に18.9％であったが，1995年に50％となり，現在（2008年）では78.3％に到達した[24]。但し，この生産性のキャッチアップは1990年代後半に現在のレベルに到達して以降，同じ水準に止まって，それ以上の改善は見られない。また，労働時間当たりの生産はもっと劣る（2008年で71％）。東の労働時間は西より長いからである。製造業での生産が増えた原因は，民営化に際して好条件が提示されたこと，国の投資助成政策があったこともあるが，最も重要な要因は東の賃金が西と比較して3分の2のレベルに止まっているためであると見られる。東のユニットレーバーコストは，全産業では，

2008年時点で、まだ西のレベルを上回っているが、製造業に限れば一貫して低下し、西と比較したレベルは1995年に133％、2000年に100％、2008年に85.7％となっている。東の賃金が西より低いことは、地区一律の賃金を定めた協約賃金制度が機能していないためである。

トロイハント企業では協約賃金が締結されたとはいえ、多くの企業で実効賃金はそのレベルを下回った。協約が実施されなかったのである。合法的に回避条項が適用される場合もあったが、従業員の暗黙の同意を得た非合法の協約破りが横行した[25]。雇用が不安定な中で、労働者が雇用を優先したのは当然であったかもしれない。また、経営者の側も、新設企業の場合、使用者の全国団体に加入することを回避し、個々の企業内での労使合意により労働条件を取り決めた[26]。そうすることで地区一律の協約賃金の拘束を免れたのである（『基本法9条』及び『協約法』は団結の自由のみならず経営者に使用者団体に加わらない自由を認めている）。こうしたことが起こりえたのは、ドイツでの労働組合の影響力の低下が関係している。それを象徴する出来事は、全国金属労組のIGメタルが、東において西と同様の週35時間労働[27]を実現しようとして計画したストライキが、東の労働者の同意を取り付けることができずに失敗に終わった（2003年春）ことである。協約に拘束されない、柔軟な労働市場が実現していることが、東の立地上の優位性となっている[28]。

就業人口別の産業構造を見ると、1990年代末より、東は西と類似の構造を形成してきた。サービス経済化、知識集約型の製造業の優位、対外競争力のない高コスト分野の衰退が進んだのである。西のレベルにはまだ達していないが、金融、リース、企業関連サービスなど人的資本を要するサービス業での就業者の伸びが最も顕著になった。ドイツは伝統的に製造業に強みをもつ国である。東の復興政策も製造業の再建に力点が置かれてきた。これに対し、時代の趨勢からサービス経済化が必然であり、近代的サービス産業の育成を重視する議論もある[29]。とくにドイツ近隣の小国ではサービス業で成功した事例が多い。オランダの卸、運送、スイス・ルクセンブルクの金融、銀行、スイス・オーストリアでの観光などである。西のドイツの場合でもハンブルク・デュッセルドルフの商業、メディア、ミュンヘン・ケルンの出版・保険、フランクフ

ルト（マイン）の金融は世界的センターになっている。しかしこうした海外展開するサービスを東が提供することはかなり困難であろう。

　観光業では，気候や地理的条件の特殊性が強みであるし，経済インフラよりは都市や地域のイメージといった無形資質が発展の条件として重要であろう。東の観光業は活発になっているが，発展の条件は整っていない。卸・金融・保険等が産業として定着するためには，数十年にわたる業務展開が不可欠である。顧客層との信頼関係は短期間では構築できないからである。流通の中継拠点のための港湾インフラ，地理的優位性があるかどうかも重要である。しかもこうしたサービス産業は個々に立地するのではなく，運送，商業，金融，保険などが一体として，相互の分業関係を形成することが発展の条件となっている。さらに東にとり最も厳しい条件は，サービス産業では周辺地域に高度人材の労働市場が存在することが重要であることだ。専門労働者を確保できる場所でなければ立地は固定化しない。この事情は，例えば，固定資本を最も必要とせず，理論上は最も立地移動の容易な金融業が，特定地域に止まり続ける事態を説明するだろう。高度人材の側にしても同職種内での転職によりキャリアアップをはかる可能性を考慮して，この地域に居続ける。例えば，フランクフルト（マイン）の「ドイッチェ・バンク」は戦前に本店を構えたベルリンに統一後も移転していない。「ドイツ鉄道」は中枢機能をベルリンに移したが，それはインフラ整備の重要性を考慮した特殊に政治的判断であったといわれる。東の新規設立の銀行や保険業は，広域展開している西の既存の大手にとても対抗できない。コンサルタント，税理士，信託事業などの専門サービス業も同様である。戦前の大商業都市であったベルリンとライプチッヒの復活に期待がかけられているが，現在そうなっていない。ベルリンには政治的中枢の移転に伴い，各種団体の本部が移住したが，金融機関は支店を進出させただけに止まっている。工業基盤がないため，サービスが先行して展開するわけにはいかないのである。ライプチッヒでは政治主導で，飛行場，メッセ施設などインフラ整備が大々的に進められた。その影響で，ここには「ドイツポスト」の荷物の集配，輸送を担うDHLがブリュッセルから移転し，さらなる立地集中が期待されている。しかし，かつて書籍，ダイヤモンド，毛皮の取引で繁栄したライプ

チッヒ商業の復活は困難となっている。ベルリンも同様であるが，出版，卸・小売，自由業などの活動を担ったユダヤ人がいなくなったことの影響は決して小さくない。

4. 都市での産業集積と「アウトバーン経済」の出現

　東の発展の原動力は，製造業の回復，拡張に求められた。ところで，西と東は戦後，自動車，化学，機械，電機といった投資財の生産を中心とした類似の産業構造を発展させていた。戦争直後の自動車生産では製品の品質は同レベルであった（アイゼナッハで生産されたヴァルトブルクとインゴルシュタットで生産されたDKW）が，1980年代には，ツヴィッカウのトラバントとヴォルフスブルクのポロを比較すればわかるように，デザイン，機能性，技術装備の点で，製品はまったく異質の価値を持つに至った。従って，トロイハント企業の民営化に際しては，西の投資家は旧型設備の投資財産業や素材産業の購入をためらった[30]。民営化が成功した事例は実は少なくないのであるが，それらには戦前から商標（ブランド）を確立させ，固定顧客層をつかみ，流通網も確立していた食品産業が多かった。代表例はビール醸造である。ビールは西では生産過剰で，販売も減少していたのだが，東の銘柄ビールには次々と西の資本が投入された[31]。その後，これらの食品産業は生産工程を近代化し，西のマーケット戦略を取り入れ，大幅に収益を伸ばしている。

　人口の多い地方中核都市で製造業が新たに復興してきたが，その分野別，地域別分布では，東の戦前の工業立地との驚くべき親近性（「経路依存性」）が見られる。まず，ケムニッツ，ドレスデンを擁するザクセン州には，かつての電子技術を継承した自動車およびマイクロエレクトロニクス産業が展開している。ハレ（ザーレ），マクデブルクを擁するザクセン・アンハルト州には食品，機械製造，化学，フォトヴォルタイク（太陽光発電）が，エアフルト，イエナを擁するテューリンゲン州には精密機械，光学産業が集中している。一般的に東は，西に比べ高度の職業訓練を受けている労働者の割合が高いことが指摘されている[32]。戦前からの工業地帯である都市部には，親子代々にわたり

地域の代表的産業に従事してきた専門労働者が残っていて，そうした労働者には新技術の習得のための再訓練を進んで受け入れる準備があったと思われる。地域の固有の産業を維持，促進するために補助金を与える政治的決定も行われた[33]。「経路依存性」に基づく都市部での特定の工業の集積は，たとえば西のカールスルーエ，ミュンヘン，シュトゥッツガルト周辺での産業集積（クラスター）との類似性が注目され，成長センターとして期待を集めた。『経済諮問委員会』は1999年の報告書において，地域労働市場として区分される東の全67地域を，成長要因に基づいて6段階のクラスターに分類し，有望なクラスター（8地域）に重点的に振興政策を適用することを提言している。この時期は東の経済成長が停滞し，西との生産性格差が解消されないことが懸念されてきた時期であり，東の復興政策の方針転換が模索されていた。クラスターとは，多様な産業に属する多くの企業が近接して立地する地域をさす概念であり，各企業の分業により労働生産性を上げる効果が期待される。またその波及効果から周辺地域での更なる発展も見込まれるとされた。しかし，有望なクラスターでの生産性上昇が東の平均的上昇を大幅に上回るものでないことがその後明らかになるにおよび，成長センターへの過度の期待は後退しているように思われる。

　東の新設企業は，西の技術優位性の前に製造業シェアではまだ遅れをとっている。自動車・機械・化学・電機といった西に伝統的な強みのある投資財産業では東の製造業はいまだ劣位にある。他方，将来有望で，西では規制などのため開発の後れている新規分野で東が世界的に発展する萌芽が出てきた。太陽光発電のパネルや半導体の製造，バイオテクノロジーの分野である。ハイテク研究の集中するイエナとドレスデンでは，公的な基礎研究と民間の応用研究がうまく噛み合って，「ソーラー・バレー」「シリコン・サクソニー」と呼ばれるハイテク産業の集積地が形成されている。しかしこうした事例はまだ少数であるし，労働コストの低さや補助金など東の立地上の優位性が競争力の源になっていることから，過大評価はできないだろう。

　以上に見たのは都市の工業集積地であるが，東ではこうした中核都市の多い南部（ザクセン州とチューリンゲン州）と人口希薄な北部（メクレンブルク・

フォア‐ポンメルン州）の間に成長率で地域格差がある。しかしその差は僅かであり，労働生産性にいたっては各地域でほぼ拮抗している。投資補助金があたかもじょうろで水を撒くように一律に施されたため，政策の効果が拡散し，地域差が出にくくなっているのであろう。問題は東の中で生産性の最も高いベルリンでさえ，西の10州の中で生産性の最も低いシュレスウィッヒ・ホルシュタイン州に及ばないことである[34]。

　ところで都市での工業集積とは別に，あまり注目はされないが，しかし着実に広がっている東の新たな工業化のパターンがある。「経路依存」とはまったく結びつかない，新しい工業立地がアウトバーンや主要幹線道路の出入り口に出現しており，「アウトバーン経済」とも名付けるべき現象が起こっている。ここに立地するのは，生産物は何であれ，交通の利便性を重視する工業であり，従って相互にまったく関連性を持たない雑多な企業群である。多くの場合，過疎化などに悩む中小の自治体の行政担当者により，交通の結節点への最短のアクセスが可能であることを最大の売りにして，租税優遇策その他の好条件を提示されてここへの立地を決めた製造業である。こうした工業立地は近辺に大都市を控えていることが多い。大都市では，こうした形での企業誘致は不可能であるため，なおさら近郊に交通アクセスを重視する企業が密集することになる。大都市には旧型の工業地が荒廃したまま残され，近郊の「アウトバーン経済」の活況に比べて奇妙な対照をなしている。実はこうした「アウトバーン経済」は，まさに西で広域道路網の整備が進行していた1960年代から70年代にかけて，既に始まっていた。この立地のパターンは，地方の中小自治体にとって，企業誘致で大都市に対抗しうる唯一の手段であった。この立地のためにはアウトバーンへのアクセスが最大の条件であって，サービスの場合のように，高度人材市場の存在はさして重要な要因ではない。立地上の制約があるため，従業員は場合によっては長距離通勤を強いられるが，それを厭わない労働者の市場があればよい。こうした条件は東に揃っており，立地のこのパターンが1990年代半ば以降広まっている。確かにこの工業化では，研究・開発など高度の付加価値を生み出す活動ではなく，製品の標準的な製造と組み立て工程，配送などが中心になるだろう。その点で，ここに立地する企業は，西に本

社を置く経営の出先工場であったり外注先である場合が多い[35]。従って，生産性の上昇に大きく寄与することは考えられないが，地方での雇用の創出には貢献している。事の良し悪しは別にして，今後「アウトバーン経済」型の工業展開が東での成長にとりますます重要な役割を果たすであろう。ただし，この種の工業展開は東の対ポーランド国境地域では希薄であり，対西の州境地域に近づくほど活発化するという特徴がある。これは統一ドイツの経済統合の進展に比し，東欧地域との経済統合が後れていることを示しているだろう[36]。

5. 労働生産性停滞の原因

東の労働生産性が，西に比べて低いままに止まっている原因は何だろうか。資本集約度の低さや社会インフラ（道路）の未整備がかつて指摘されていたが[37]，現在では当てはまらない。労働力の質についても，東から西への出稼ぎ労働者（ペンドラー）に関する分析などを通じ，両者間に相違のないことが明らかにされている[38]。職業教育を受けた労働者が東に多いことは既に述べた通りだ。また東への技術移転にはなんら制度的障害はない。生産要素に質・量の差がなく[39]，技術格差もない以上，生産物そのものの付加価値の違いが生産性格差を生み出していることが考えられる。そうした推論を傍証する事実をいくつか指摘できる。

まず，研究・開発（R&D）が著しく西に集中している。2006年において，民間企業での研究者の90.3％は西の企業で活動している。東の全就業者中，R&Dに従事する者の割合は0.42％に過ぎない（西は0.88％）。R&D資金でも，東への支出は8％程度であり，この低さは1990年代の中頃以来一貫している。イノベーション力の弱さのために製品の品質を高められず，低い価格づけに甘んぜざるを得ない状況が推測できる。統一直後の時期には，新設企業が，その製品に低品質イメージを持たれ，成約のために価格設定で譲歩を強いられたこともあった。このことと関連するが，東の製造業売り上げに占める輸出比率（2008年に33％）は西（46％）より低い[40]。東の製造業製品は現在までに輸出比率を急上昇させてはいるが[41]，海外市場においてまだ西のよう

な成果をあげていない。

こうしたことの背景として，東の製造業企業の規模の小ささが指摘できる。従業員250人未満の中小経営が東では3分の2を占める（2007年，西では3分の1）[42]。ドイツの大企業上位700社の中，東に立地するのは5％に過ぎない[43]。東の企業の所有者はその5分の4が東の出身者であるが，これらの企業の平均従業員数は12人である。トロイハントによる民営化の途上で大経営が解体，分割されたため，またコメコン市場が解体し，貿易依存度が低まったために，東では統一当初から中小企業が多いとされる。しかも民営化された企業はその後雇用を拡大することはできず，従業員10人前後の新規開業企業が雇用の受け皿になる場合が多かった[44]。東の全就業者の48％が，現在こうした中小経営に雇用されている。規模の小さい企業ではR&Dに資金を回せない。西ないし外国人に所有される企業は比較的規模が大きいが，これらの経営はその中枢（本社機能）を西ないし外国に置いている。こうした大企業は，東に新技術を導入しはするものの，R&D部門や経営統括部門を移植することはしない。西に本社を置く企業の場合，東の立地は標準化された製造工程を担っている場合（「延長された作業所」）が多いとされる。東の製造業では，単純な手作業，ないし高度な手作業が西より多いという調査もある[45]。東の就業者数はこの間減少しているのだが，高度な資格を持つ人材が，東に適当な職場を見つけることができず，西へ転出する場合もある。

東にはイノベーションの基盤が欠如しているとされることも問題であろう。これこそ世界市場から隔絶していたDDRの計画経済の最大の「負の遺産」だとする指摘もある[46]。技術と自然科学の発展を最も重視した社会主義計画経済が，「企業家精神」を軽視したためにイノベーションの温床を枯渇させてしまったという。確かに，西ドイツの戦後経済発展では，リスク感覚と自己責任を持ち，先祖代々経営の才覚を培ってきた同族企業が少なからぬ役割を果たした。それに匹敵する経営者が東では不足しているとも指摘される[47]。「ベルリンの壁」が建設される（1961年8月）までに，企業家を含む多くの市民が東を去ったことも影響しているだろう。現在の東では企業数が少ないこともあり，経営者相互間での協力やネットワークの形成が不足しているとされる。企

業間で分業関係を進化させることができずに,生産性を上昇させる機会を逃している面もあろう。

経済全体での生産性で東が西より劣位にあることの端的な理由は,産業構造上,生産性の低いセクターが東では(生産と就業人口ともに)多くを占めることである[48]。農林業と鉱山業は東の生産性が西を上回る唯一の分野であるが,そのシェアは極度に低いため,あまり影響はない。東の製造業の生産性は高いが,その就業者シェア(15.4%)は西(20.2%)より低い。他方,東の建設業(生産性は西の71%)は1990年代の中頃以降,就業者を大幅に減らしたとはいえ,全体に占めるそのシェア(8.3%)は西(5.1%)よりまだ高い。またサービス業では,生産性の低い,公務員,警備員,社会保険員,清掃業者,派遣労働者,教員の割合が高い。

6. トランスファーと可処分所得の上昇

建設業と並んで,統一直後の東の経済発展を支えたのは,西からの財政移転であった。東では失業者が増え,社会不安が高まっているのに暴動が起きないのは,トランスファーのために可処分所得が増え,東の住民が満足しているからだという暴論さえあった[49]。東はトランスファーの補塡を受けて,域内で自己の生産分以上の需要(消費+投資)が可能となった[50]。補塡がなければ域内需要は自力では賄えなかったのであるから,東の経済は西からの「点滴」に依存する経済であると揶揄された[51]。西の財政負担が嵩んだこともあり,東は「点滴経済」から自立するべきだという議論は西で多くの支持を得た[52]。

トランスファーとして具体的にどのような費目が想定されるのか。それは,必ずしも東の復興のコストを表すものではないが,一応の目安にはなるだろう[53]。まず第1に,「投資交付金」を始めとした投資補助金である。第2に,既存の財政調整(州間の財政力格差の是正措置)の枠内での財政移転である。東の5州とベルリンは1995年よりこの制度に組み入れられた。財政調整には水平的調整と垂直的調整の2種類があった。水平的調整は豊かな州(拠出州)が貧困州(受領州)に資金を分け与える仕組みであり,州相互間での内部調整

である。これでも埋まらない格差を連邦政府が補完的に是正しようとするのが垂直的調整であり，「連邦補完交付金」(Bundesergänzungszuweisungen) が貧困州に交付された。東の5州とベルリンは当然ながらすべて受領州である。東の地方財政収支は極めて悪化している。2003年において，州の税収（住民一人当たり）は西の58％レベルにしか達しない。州の財源とは自動車税を除けば，相続税，土地取得税などであるが，住民の資産所得が低いため収税が見込めないのである。所得税，法人税などは，連邦・州の共同税であるが，東ではそもそもこの税収が低いこと，またここから投資補助金への優遇税制分が控除されるため徴収が低いことなどから，連邦からの再分配額が減らされ，共同税の税収も西の32％レベルにしか達していない。売上税の再分配（これもトランスファーと見なせるだろう）を得て，ようやく東の税収は西の90％レベル程度に達する。こうした中で，財政調整は東の地方財政の歳入面に大きく寄与している。とりわけ垂直的調整では，1995年以来，この枠組みの中で特別に東にのみ適用される財政支援パッケージ（「連帯協定」Solidarpakt) が期限を限って実施されている[54]。この協定により，「特別連邦補完交付金」が支払われる。この交付金はまったく過渡的な措置であり，その用途は，まだ未整備のインフラと地方財政の赤字補填とされた。「連帯協定Ⅰ」の期限は2004年までであったが，批判もある中で，2005年以後の継続が決まり，特別支援（「連帯協定Ⅱ」）が2019年まで続くことになった。（いつまでも東に特別な財政支援を続けることに西の人々は批判的［2003年に激しい議論が行われた］であるが，「連帯協定」の継続が決まったことは，いまだ東西間でドイツ分断に起因する経済格差が残ることを財政当局が認めた形である。また2019年以降，東は特別の財政支援を受けられないわけだから，それまでに東は格差を解消すべくタイムリミットのたがをはめられたわけでもある。）以上の項目がそれぞれどれほどの金額に達したかは資料によりまちまちである。しかし明白であることは，以下に述べるトランスファーの第3の柱である社会保障給付の方が，金額の点でも消費を増大させる効果の点でもより重要であることだ[55]。

　東の家庭に支払われた社会保障給付は，主として公的年金と失業保険である。これらは「点滴」としてのトランスファーの最たるものである。但し，こ

の社会保障給付は決して東への特別の財政支援ではない。東の老齢者と失業者に給付が支払われることは、国家統一の当然の帰結として政府の果たすべき責務である。但し問題は、統一後の東での経済状況から給付権利者が急増し、給付金の支払いが嵩んだことであり、さらに支給額の算定に際し、東に寛大な方式がとられたことである[56]。

　特に公的年金の受け取りが東では西より有利となった。1991年8月1日の「年金移植法」(Rentenüberleitungsgesetz) により西の賦課方式の年金システムが東に移植されるが、問題はDDR時代の就業履歴に基づく請求権をどれだけ承認するか、それによるコストを誰が負担するかであった。「負担調整」の意味合いもあったかもしれないが、西の基準と異なるDDR時代の就業履歴が寛大に評価されたため（例えば、DDRには失業による就業の中断はないし、職能上の格付けが西の基準より高かった）、東での年金の平均受給水準は1995年以降、西を15％程度上回った。特に女性の年金は有利に算定され、西より40％高くなった。(もちろん西には公的年金以外に企業年金や公務員の付加年金など他の付加給付があり、それらを考慮すれば老後の年金は東西で拮抗する。さらに個人の金融資産、家賃収入、貯蓄などでは東の見劣りは明白であり老後の収入は西の方が10〜20％程度高いと見られている。) 増えた年金給付の負担は、当初は保険加入者団体に限定されていたが、年金収支がパンクして連邦予算から補塡されたため、結局納税者である国民に転嫁された。東での年金給付の大きさを東の域内生産と対比してみると、統一直後16〜20％程度であったが、現在（2007年）ではほぼ18％（西は9〜11％）の規模である[57]。

　主要な社会保障給付のもう一方は失業保険の給付である。統一後、登録失業者は100万人程度（公式失業率15％）であったが、「隠れた失業者」が急増した。操短労働者（90万人）、早期退職者（80万人）、継続修業者（40万人）、雇用創出政策適用者（30万人）などである。つまり就業人口の3分の1は事実上の失業状態に陥った。失業者には「連邦雇用庁」より「失業金」(Arbeitslosengeld) と「失業手当」(Arbeitslosenhilfe) が給付され、「隠れた失業者」に対しても補助金が支給された。雇用保険や生活保護が、不況期に

おいて景気を下支えするビルトイン・スタビライザーの機能を果たすことはよく知られている。「失業手当」は長期失業者に対する給付であり，長期失業者が西より多かった東では特に重要であった。1990年代の労働市場政策や，「ハルツ改革」（2003～2005年）は東の状況を念頭において施行されたという側面が強い。1990年代の中頃以来，失業保険の東での年間の給付総額は120億ユーロ（1995年）ほどで推移してきた。これは域内生産の12％程度であった。公的年金と失業保険給付を合わせると域内生産のほぼ30％相当のトランスファーが毎年東の家計に流入していた勘定になる。

東の家計の所得水準（税引き前）はまだ西のほぼ3分の2のレベルに止まっているが，可処分所得ではほぼ80％レベルに達した（2006年）。家賃など生活必需品価格の東での低さ（8.5％程度西より低い）を考慮すれば，実質の生活水準は東西でさらに近接するだろう。東の家計の税引き前所得は可処分所得とほとんど一致するが，これは家計が支払う所得税と社会保険料の合計にほぼ匹敵する金額を社会保障給付の形で受け取っていることを示す。可処分所得の中で社会保障給付の占める割合は，西の30％弱に対し，東では40％以上である[58]。

他方，トランスファーは西に対してはネガティブな影響を与えた。政府の財政調整の財源は多くが公債発行により賄われたため，政府債務が跳ね上がった[59]。税収の多く（14.1％）が利子負担に充てられなければならず，減税の余地が狭まった。それでもドイツでは，競争力を高めるため「税制改革2000」を決定して，2001年より2005年まで段階的に所得税減税が実施されたが，法人税の実効税率は他のEU諸国より高いままである。これがドイツ経済の成長を抑制したという見方もある[60]。社会保険給付の増大に対しては，保険金の引き上げ（あるいは引き下げの据え置き）によって対処された。その結果，保険料の対GDP比は15％（1990年）から17％（2004年）に高まっている。ただし，この引き上げ分のどれくらいが東へのトランスファーに対応するものであるかは不明である。例えば，この間（1995年）には介護保険も導入されているからだ。1999年に導入された環境税も税収の9割を社会保険に充当するという条件で実現した。こうした保険料の負担増大は，生産要素と

しての労働のコストを高め，西での雇用にも抑制的に作用したと考えられる。

トランスファーは，統計上把握できる最終年の2006年には，320億ユーロとなり，ピーク時（1995年）の3分の1程度に減少している[61]。域内生産に対する比率も12%にまで下がった。30万人に達するとされる東の出稼ぎ労働者（ペンドラー）の西での所得を含めて評価すれば，東の自立の度合いはもっと高まっていると見なしてよいだろう。この傾向は今後も続くと予想される。

7. 将来の成長の隘路

今後の東の発展にとり障害となるであろう要因を3点指摘しておきたい。

（1）東では，失業が構造化し，改善の展望が暗い。西と比較した東の労働市場の特徴を列挙すれば，登録失業率が西の2倍（2008年現在で13%）である，域内全域でくまなく失業率が高い，長期失業者の割合が高い，女性は労働参加率が高く失業率も高い，基幹労働者層（40～55歳）に失業が多い，雇用創出政策により補助金を受けている「隠れた失業者」が多い，早期退職者の割合が低いなどである[62]。東西を問わず，労働市場の大きな問題は，労働者の技能レベルに応じた賃金の差異化が，高度人材ではなされつつも低レベル技能労働者にあっては困難になっていることである。高い失業保険給付が暗黙の最低賃金の役割を果たし，「留保賃金」（失業者に再就職を決断させるに足る賃金）が上昇したので，提供される仕事が低報酬ならばむしろ失業が選択されてしまう。この状態を変えようとしたのが「ハルツIV改革」（2005年）であった。まず失業者が労働仲介機関から提示された仕事を拒否することにペナルティー（給付停止）が課せられた。そして「失業金」の支給期間を短縮し，その支給期間の切れた長期失業者への「失業手当」は，生活保護と一体化されて「失業金II」とされ，旧賃金との比例性がはずされ，一定額の基礎的生活費[63]になった。当然，減額される場合が多い。仕事へのインセンティブを少しでも高めるためさらに，「失業金II」の受給者が，公園清掃のような市町村の行政サービスや介護の労働に就くことを可能にした。この仕事での出費は全額補填されつつ1～2ユーロの時給が支払われた（「1ユーロジョブ」）。ワーキング

プアが増加したが，これには「社会法」に基づき，国の支援が「積み増し」された（「アウフシュトッカー」と呼ばれた）。「ハルツⅣ改革」に由来する以上の諸施策の対象となった失業者は実は東に圧倒的に偏っている。「失業金Ⅱ」の受給者は，西では就業人口の7.3％であるのに対し，東では15.3％である（2008年）。「1ユーロジョブ」に従事する「失業金Ⅱ」受給者の半数は東の失業者であるし，「アウフシュトッカー」の人数は西（就業者数は東の5倍）の76万人に対し，東は46万人である（2007年）。こうして東では極度に低賃金のサービス労働市場が出現しているが，この状態は果たして持続可能だろうか。「ハルツ改革」には根強い批判があり，基礎的生活費の算定には基本法違反の判決が下されている。今後かなりの修正を余儀なくされるだろう。現状でも次のような問題が指摘されている[64]。「失業金Ⅱ」の受給者は現状に満足してしまい，正規就労に復帰する努力を放棄してしまう。彼らは，低技能労働者の烙印を押され，現状からの脱出がますます困難になっている。「1ユーロジョブ」を雇う市町村その他公的機関の側に，こうした低賃金でのサービス遂行に安易に依存する傾向が生じかねない。また民間のサービス業者はより高度のサービスを提供しようと試みても，コスト競争でとても対抗できない状態になっている。東欧からの労働力移動の自由化（2011年5月より）に対処するためにも，現状の改善は必至であろう。

　(2) 東は西に比べ人口密度が極度に低い。人口密度は西の264人（1平方キロ当たり）に対し，東は153人である（2006年）。ドレスデン近郊を除けば，東の人口密度はすべての地域[65]で西のレベルに達しない。とくに北部州では50人を下回る地域さえある。歴史的にもこの事態は変わっていない。東と西の生産性格差の原因として，人口要因が影響していることも以前から指摘されている[66]。人口一人当たりのGDPと人口密度の関係に着目した回帰分析の調査によれば，西では両要因の相関度が高い[67]。例外はルール地域（人口が多い割には一人当たりGDPが少ない）であるが，ここを除けば，地域経済格差の45％は人口密度により説明できるという。これに対し，東の人口と生産性の相関関係は明瞭ではない（例外のベルリンを除いても相関係数は0.2875）。しかし，東のほぼすべての地域が，人口密度と一人当たりGDPの

両方とも，西のすべての地域を下回る。人口が希薄であることは労働供給と域内需要の拡大を抑制し，生産性にネガティブな影響を与えていると推測される。

　ところで1989年以後2008年までに，東の人口は210万人（13.7％）も減少した[68]。その理由としてまず，多くの住民が東を去ったことが挙げられる。西からの流入を考慮しても，差し引き110万人が東から西に流出した。統一前後の時期には政治的不満分子が出て行ったが，その後は，有利な職場と所得チャンスを西に求める若者が流出した。若者の流出は東の今後の展望に暗い陰を落とすが，東西間に所得格差がある以上，労働力の移動は当然起こる。労働力移動は，むしろ市場統合の進展の深さを示していると見ることもできる。しかも高度人材であるほど流動性は高いだろう。

　人口減少のより深刻な原因は，出生率の低下による人口の自然減が起こったことである。DDRの崩壊の直後，人々の価値観が変わり，出産意欲が減退したことはしばしば指摘される。合計特殊出生率は，1989年に1.57であったが，1994年には0.77に急落した。若い夫婦が将来展望に不安を抱いたこと，DDR時代の子育て支援策がなくなったことが原因であるといわれる。また，流出した労働力には女性が多かった。東の女性人口（20歳〜40歳）は250万人（1989年）から150万人（2007年）に減っている。女性の減少は直ちに出生数の減少となって現れた。合計特殊出生率は，現在では西とほぼ同様のレベル（1.4）に回復しているが，西と同様に出産年齢の高齢化も進んでいる。

　東の人口はここ数年コンスタントに年間ほぼ1万人ずつ減少している。特に，経済発展を欠く大都市や僻地での人口減少が顕著である。こうした傾向は今後も続くことが予想される。出生率が低い上に，統一直後の新生児急減の影響で，20〜40歳の出産年齢コーホートが縮小するからである。当然人口の高齢化も進む。

　以上の人口動態は，今後の経済発展に影響を与えずにはおかない。まず，労働参加率や生産性を引き上げない限り，供給面の制約を受け，経済成長率は低下するだろう。労働人口の減少は生産性を上昇させることもある。人口の減少より労働人口の減少の方が大きいが，生産性の上昇がそれを補って余りあるな

らば，人口一人当たり生産は上昇するだろう。生活水準もそれに合わせて上昇するだろうが，しかしそれが西のレベルにキャッチアップできる見込みは極めて少ないと見られている[69]。また労働人口の高齢化から生産性の上昇も多くを期待できない。従って，西との生産性格差は今後も埋まらない可能性が高い。需要面を見ると，域内消費向けの生産物への需要は減るだろうが，輸出向けへの需要は競争力がある限り落ちない。従って，製造業など輸出向け生産が有利となり，建設業や消費関連サービスは不利となるだろう。しかし高齢化のため労働力の流動性が低下するので，そうした方向への産業構造の転換がスムーズに進むかは疑問である。労働人口の減少により，失業率は下がるかもしれない。もし今述べた方向への産業構造の転換があれば，高度人材への労働需要が増えるので，高度人材はむしろ不足気味になるだろう。他方，技能の低い労働ではそうはならない。

　(3) 人口の減少はまた，地方財政を悪化させる。財政調整金は州の人口に応じて配分されるため，東の州へのトランスファーが今後減らされることは確実であるからだ。自動車税や所得税などの地方自治体の財源も人口減により減収になる。現在は「連帯協定Ⅱ」による特別の財政支援が与えられ，東の住民一人当たりの歳入は西のレベルを15％程度[70]上回っているが，2019年にこの特別措置は消滅する。しかも「連帯協定Ⅱ」の総額1050億ユーロ（バスケット1）は，毎年逓減方式で支給され，最終的にゼロになる。他方，職員の給与，施設の維持・管理費，教育・福祉に必要な予算などの経常経費および利払いは多くの場合固定費であり，住民数が減少しても減らない。従って，住民一人当たりの歳出は上昇する。しかも東の住民一人当たりの自治体の債務額は，1997年以来西を上回っている。東にとり財政再建が待ったなしになっている。西に比べて歳出が多い公共投資，人件費などを削減することが財政再建にとり不可避である。

　公共投資は東の自治体予算の6～8％を占め，西よりはるかに多い。統一後，インフラもほぼ整備されつくし，今後人口が減少する中で，これ以上の公共投資は控えるべきだという意見は多い[71]。しかも未整備のインフラを建設する必要があれば，「連帯協定Ⅱ」の資金が使えるのである。

東の各自治体の公務員数は西に比べ多すぎる。住民10万人当たりのフルタイムの公務員数（病院機関を除く）は，西の3290人に対し，東は4111人である（2002年）[72]。特に託児所の職員数は西の2倍である。教員，一般行政職員，警察官の数も多い。これらのポストは人口減に対応して減らされるべきなのに，そうなっていない。行政コストの削減には，まず過剰な人員の整理が避けて通れない。その他，利子支払いの負担が多い。統一直後期に由来する債務が大きいからである。その削減は金融状況に左右されるから，行政努力だけでは解決しない。現在，東の州が自己の税収で賄える歳出の割合は50％である。西では，最も財政力の弱い州でも歳出の70％を税で賄っている。財政格差をさらに広げるようなこの財政状況を是正するタイムリミットは，「連帯協定II」の消滅する2019年までででなければならない。

8. まとめ

　統一ショック後，東の経済は建設業とトランスファーに依存しつつ統一ブームを現出させた。しかし長期的には，公共投資による社会資本の整備と製造業の着実な発展が東の経済力を西に接近させる重要な要因であった。東の工業展開としては，「経路依存性」に基づく中核都市での産業集積が見られる一方，立地優位を生かした郊外での「アウトバーン経済」の広がりもある。総じて，中小規模の生産であり，西からの投資による「延長された作業所」であることが多く，技術の集約度も低いので，生産性レベルでは西にキャッチアップできない状態が続いている。他方，政府による社会保障給付がビルトイン・スタビライザーとしての役割を果たし，生活水準のレベルでは西へのキャッチアップはより進んでいる。今後は，急激な人口減少と喫緊の財政再建が制約となって，成長が抑制される危惧がある。

　いずれにせよ，域内需要の充足がトランスファーに依存する限り，また工業投資の大半を西の企業が調達し，製造業製品の半分程度が西で販売されている現状では[73]，東の成長の見通しは西の成長いかんに大きく影響されるだろう。

　東の生産性が近い将来西にキャッチアップする可能性は低いと思われる。現

在の生産性格差は東の構造問題に起因しているからである。西においても慢性的な構造不況地域は存在するのであり，これら地域の経済停滞を一律に解消することはこれまでにも果たされていない。したがって，東は格差を受け入れ，独自の発展方途を探るべきであるとする議論は多い。

東の立地上の優位性として，硬直的な協約賃金制度の効力喪失が指摘されるが，この状況は必ずしも望ましいことではない。失業を減少させるのに有効な方法として技能レベルに応じた賃金の差別化（特に未熟練労働力において）が要請されているが，そうした改革の受容には労使間の協約は不可欠であろう。さらに，2011年5月にようやく解禁される東欧からの労働力移動の自由化に対して，一部の産業分野で最低賃金制が導入されているが，それを実効あらしめるためにも地区横断的な協約は重要である。

トランスファーに依存する東の経済が「自立していない」とする批判は当たらない。トランスファーのほぼ半分が社会保障給付であるからだ。今の社会国家の制度を前提にする限り，給付は国家の責務である。問題は，今なお東への特別の財政援助が継続していることである。財政援助を，過剰とさえいえるインフラをさらに増やすのに用いるのではなく，いかに人的資本の育成に回すかが求められている。

【注】
1) 復興の財源は大部分が公債発行により調達されたが，それにより政府債務が増大した。財政再建のため，1991年7月より国民に対し「連帯税」(Solidaritätszuchlag) が課せられたが，これは所得税と法人税への付加税 (7.5%) として導入された。これは当初は1年間限定の課税であり，1992年6月に失効したが，3年後 (1995年1月) に再導入され，現在 (2011年) も存続している。付加税率は1998年1月より5.5%に引き下げられた。この他，東への社会保険給付にまわすため，社会保険料が引き上げられた。
2) H.-W. Sinn, *Ist Deutschland noch zu retten?* 2004. シュミット元首相は，このままでは将来の東は「マフィアなきメッツォ・ジョルノ」になってしまうと警告した。H. Schmidt, *Auf dem Weg zur deutschen Einheit, Bilanz und Ausblick*, 2005. あるジャーナリストのベストセラー本のタイトルは『超大災害のドイツ統一』である。U. Müller, *Supergau Deutsche Einheit*, 2005.

3) ドイツの国民経済計算では，GDP（生産面）の区分は，5分野（1農林水産，2生産工業，3商業・交通，4サービス，5公的・私的家計）14業種である。製造業は2分野に属している。因みに，生産工業は3業種に区分され，2.1エネルギー・水供給・鉱山，2.2製造業，2.3建設である。A. Stobbe, *Volkswirtschaftliches Rechnungswesen*, 1994, S.143.
4) K. Brenke/K. F. Zimmermann, Ostdeutschland 20 Jahre nach dem Mauerfall: Was war und was ist heute mit der Wirtschaft? in: *Vierteljahrshefte zur Wirtschaftsforshung (Deutsches Institut für Wirtschaftsforschung)*, 2009, S.38.
5) K.-H. Paqué, Deutschlands West-Ost-Gefälle der Produktivität: Befund, Deutung und Konsequenzen, in: *Ebenda*, S.64.
6) Aufbauというドイツ語には，壊れたものを再建するという意味と新たに造りなおすという二義があるが，現実の過程では前者を期待しながら，後者に転換せざるをえなかった。
7) ドイツ基本法72条2項では国内の全地域における「同一の生活水準」(Gleichwertigkeit der Lebensverhältnisse) を保証することが規定されている。「同一の」の解釈は一義的ではない。
8) 『経済諮問委員会報告書』(*Jahresgutachten des Sachverständigenrates zur Begutachtung der gesamtwirtschaftlichen Entwicklung*) は，例年，東の経済概況を報告してきたが，近年では2004/05年の報告書に詳細な分析を掲載して以来，報告はない。
9) いくつかの経済研究機関は，統一後20年の東の現状の総括を行っている。Die Wirtschaft in Ostdeutschland 20 Jahre nach dem Fall der Mauer — Rückblick, Bestandsaufnahme, Perspektiven, *Vierteljahrshefte zur Wirtschaftsforshung (DIW)*, 2009,2; *Wirtschaftsdienst, Zeitschrift für Wirtschaftspolitik*, 2010,6; *Orientierungen zur Wirtschafts- und Gesellschaftspolitik* 123, 1/2010. また，K.-H. Paqué, *Die Bilanz. Eine wirtschaftliche Analyse der Deutschen Einheit*, 2009を参照。著者パケー（マクデブルク大学教授）は，2002年より4年間ザクセン・アンハルト州の財務大臣として復興行政を担当した。彼の研究は優れたものであるが，政策責任者であった彼の現状評価は客観的ではありえない。さらに，拙稿「統一後10年の旧東ドイツ」，『社会科学年報』（専修大学），2003年を参照。
10) *Jahresgutachten 2002/03*, S.211.
11) K.-H. Paqué, *a.a.O.*, S. 67.
12) ジンがもっとも強調する点である。H.-W. Sinn, *a.a.O.*, S. 21f.
13) 1990年後半から翌年夏の間に，協約賃金制度に基づいて賃金の引き上げが締結されるが，先陣をきったのはザクセンの金属・電機産業であった。協約は，そこでの賃金水準を1994年初頭までに西の隣接州バイエルンの同産業のレベルに引き上げるという内容であった。
14) 財源の負担は90％が連邦，10％が西の州であった。
15) 1991年4月に連邦議会は「ドイツ統一交通計画協定」を締結し，750億マルクという

巨額予算をつけた。

16) 2000年時点でのインフラのストック（住民一人当たり設備額）では，東は西の57％レベルであった。西の貧困州（財政調整の「受領州」）の62％レベルに過ぎない。分野別に整備状況に違いがあり，道路，上下水道で後れが目立つという。但し，2003年時点では西とのインフラ格差はほとんど解消したという調査もある。特に，通信，航空，鉄道（遠隔地）では西のレベルに引けをとらない。学校，医療機関は量的には不足がなく，住宅は供給過剰状態にある。*Jahresgutachten 2004/05 des Sachverständigenrates zur Begutachtung der gesamtwirtschaftlichen Entwicklung*, S.311.

17) ジンの一連の研究を参照。

18) G. A. Ackerlof et.al., East Germany in from the Cold: The Economic Aftermath of the Currency Union, in: *Brookings Papers on Economic Activity* 1. 1991.

19) *Jahresgutachten, a.a.O.*, S.310.

20) サービス業の生産物は西と競合しない「非貿易財」であり，トランスファーによりそれらの価格と生産者報酬が上昇した。これに対し，「貿易財」である製造業生産物の相対価格は下がり，交易条件が悪化（実質為替レートの上昇）した。こうして東には「オランダ病」経済が出現し，製造業の消滅（「脱工業化」）が危惧されたのである。H. Siebert, *Jenseits des Sozialen Marktes*, 2005, S.68.

21) 東の数値は，以下すべて，ベルリンを除いたもの。

22) 政府の諮問機関である「対話サークル東」（与党SPDの有力政治家のドナニーが中心）は，財政資金を一律にばら撒くのではなく成長センターへの集中投下，産業集積地（クラスター）の支援，経済特区の創設，財政移転の見直しなどを提案した。K. v. Dohnanyi, E. Most, *Kurskorrektur des Aufbau Ost, Bericht des Gesprächskreises Ost der Bundesregierung*, 2004を参照。クラスターの議論は「経済諮問委員会」の1999年報告で提起されている（*Jahresgutachten 1999/2000*, S.72f.）。但し，同委員会は2004年報告において，重点的な振興地域の選定には慎重であるべきとして，クラスター支援に消極的な立場に転換した。

23) K. Brennke/K. F. Zimmermann, *a.a.O.*, S.38.

24) K.-H. Paqué, *a.a.O.*, S.146.

25) 2003年の調査によれば，業種別協約賃金を締結している東の企業の域内全企業に対する割合は21％（西は43％）であり，協約のない企業は74％（西は55％）であった。残りは企業内協約のある経営である。こうした経営に所属する従業員数の全就業者に対する割合では，業種別協約ありは東で43％（西62％），協約なしは東で46％（西は30％）であった。中小経営ほど協約なしの傾向が強い。協約賃金が締結された場合，東の賃金レベルは西の93.5％である。（*Jahresgutachten 2004/05*, S.317, 483）。

26) 1998年のある調査によれば，協約締結可能な使用者団体に未加入の企業は79％であった。特に，個人企業（未加入85％），新設企業（同88％）に多い。外資系企業（同60％）

と民営化されたトロイハント企業（同 67％）では少し低い（つまり加入企業が多い）が，たいした差ではない。K.-H. Paqué, *a.a.O.*, S.150.
27) 西ドイツでは 1984 年に労働時間の短縮を求める金属労組の長期ストライキを経て，翌年 4 月より，週 38.5 時間労働が実現された。その後段階的に削減され，1995 年より週 35 時間に短縮された。W. Franz, *Arbeitsmarktökonomik*, 2006, S.182.
28) 東の実効賃金が，西の同業職種の協約賃金とまったく独立に決定されていたわけではない。1990 年代半ばに東の労働賃金が西の 3 分の 2 に到達して以降，この比率は今日まではほぼ不変である。1996 年より 2008 年までの間，西でも東でも賃金の上昇率は年平均 2.1％であった。労働者に移動の自由がある以上，西の賃金上昇率は東のベンチマークになったと思われる。
29) K. P. Möller, *Nichts produzieren und trotzdem gut leben. Standort Deutschland ohne Industrie?* 1996.
30) 1994 年のトロイハントの活動停止に際しても未売却で，後継機関（BVS）に処分を委ねられた旧コンビナートとして，「ドイツワゴン製造」「グレーディッツ製鋼所」「VEM 電機」「マンスフェルト銅・真鍮」「ロイナ」「ブナ」「ザクセン精油」「SKET 重機械」「エコ鉄鋼」などが指摘できる。これらの経営は，雇用維持を優先する政治的配慮から，補助金を付与して投資家に譲渡された。
31) ザクセン州の「ラーデベルガー」はビールフェルトの「エトカーグループ」に，チューリンゲン州の「ケストリッツァーシュバルツビアー」は「ビットブルガー」飲料グループに，ザクセン・アンハルト州の「ハーゼレーダー」はハノーファーの「ギルデ醸造」に，メクレンブルクの「リュップツアー」はハンブルクの「ホルステン醸造」に買収された。食品での他の成功例はチョコレートの「ハローレン」とソーセージの「ハルヴァーシュタット」がある。
32) *Jahresgutachten 2004/05*, S.314; H.-W. Sinn, *a.a.O.*, S.241. 1998 年において，大学等の卒業資格を有し，社会保険加入義務のある職種に就いている就業者の比率は，西では 2.6％，東（ベルリンを含む）では 3.1％であった。*Jahresgutachten 1999/2000*, S.80.
33) ハレ（ザーレ），ビッターフェルト地域は DDR 時代の化学工業の中心地であり，環境破壊に苦しんだ地域であるが，住民の同工業への帰属意識は高い。コール首相は西の同じ化学工業の都市（ルードウィフィスハーフェン）の出身者としてそれに理解を示し，ここでの化学工業の維持のため多額の補助金を与える決定を下したとされる。
34) 州別の労働生産性比較（2008 年）では，トップはハンブルク（全ドイツ平均の 126％），ブレーメン（117％）など西の都市州であり，東ではベルリン（84％）がトップである。最劣位はチューリンゲン州（75％）であった。K.-H. Paqué, *a.a.O.*, S.163.
35) 西の「延長された作業所」(verlängerte Werkbänke) と揶揄される。
36) 2000 年以降の 6 年間に，東において就業者が 12％以上減少した自治体 9 郡の中，8 郡はポーランド隣接州に属している。他方，同時期に製造業就業者が 12％以上増加した自

治体はすべて対西の州境地域にあった。K.-H. Paqué, *a.a.O.*, S.179.
37) *Jahresgutachten 2002/03*, S.181.
38) このテーマは計量経済学が活発に取り組んでいる。T. Buettner, J. Rincke, Labor Market Effects of Economic Integration: The Impact of Re-Unification in German Border Regions, in: *German Economic Review*, vol.8(4), 2007.
39) 投資の増大にもかかわらず東の生産性が停滞している状況を「生産性パズル」として論じたのはクロートである。H. Klodt, Industrial Policy and East German Productivity Puzzle, in: *German Economic Review*, vol.1(3), 2000. クロートは, 投資が収益性の観点からでなく, 補助金目当てに行われた点を説得的に論じた。また東の生産性停滞の原因を残差(全要素生産性)に求めた M. C. Burda, J. Hunt, From Reunification to Economic Integration. Productivity and the Labour Market in Eastern Germany, *Brookings Papers on Economic Activity*, 2, 2001 を参照。なお,上記拙稿も参照。
40) OECD, *Wirtschaftsberichte: Deutschland* 2010, S.24.
41) 東の輸出比率は 1995 年に 12%(西は 30%), 2000 年に 20%(同 38%)であった。K.-H. Paqué, *a.a.O.*, S.159.
42) K. Brenke/K. F. Zimmermann, *a.a.O.*, S.46f.
43) 「ドイツ銀行」の調査による。OECD, *a.a.O.*, S.24.
44) *Jahresgutachten 1999/2000*, S.77.
45) K. Brenke/K. F. Zimmermann, *a.a.O.*, S.45f.
46) K.-H. Paqué, *a.a.O.*, S. 208ff.
47) H.-W. Sinn, *a.a.O.*, S.241.
48) 以下ここでの数値は 2006 年のものであり, K. Brenke/K. F. Zimmermann, *a.a.O.*, S.48f. に拠る。
49) H.-W. Sinn, *a.a.O.*, S.225.
50) 1991 年において, 東の域内生産は 1070 億ユーロであったのに対し, 域内需要(消費+投資+政府支出)は 1840 億ユーロであった。域内収支の赤字分 770 億ユーロ(対域内生産比 72%)は, 一部は公債発行により調達されたとはいえ, 大部分はトランスファーにより補塡された。その後建築ブームの影響でトランスファーの額は増え, 1994 年にピーク(1010 億ユーロ)に達した。K.-H. Paqué, *a.a.O.*, S.121f. ここでのトランスファーとは連邦政府及び社会保険機関からの東への資金流入と東からの租税及び保険の支払いとの差額である。「ドイツ統一基金」が連邦会計に組み入れられた 2006 年以後は, 償還額が政府内で処理されるためトランスファーの金額を正確に知ることは不可能になった。
51) トランスファーを論じた文献は枚挙に暇がない。以下の 3 点のみを挙げるに止める。G. Leis, *Das deutsche Transferproblem der neunziger Jahre*, 1994; M. Burda/U. Busch, West-Ost-Transfers im Gefolge der deutschen Vereinigung, in: *Konjunkturpolitik*, 47.Jg. 2001,; U. Busch, *Am Tropf. Die ostdeutsche Transfergesellschaft*, 2002.

52) ジンは，東が「身の丈以上の生活をしている」とし，ドイツが「ヨーロッパの病人」になってしまった（1995年から2003年の間にドイツの成長率はヨーロッパ諸国の平均を下回った）のは，東へのトランスファーが原因であると断じている。H.-W. Sinn, *a.a.O.*, S. 228ff.

53) 東の復興コストの推定は極めて難しい。例えば，ベルリン―ハノーファー間に東西を結ぶ幹線道路が公共投資により建設されたが，これは東の復興コストだろうか。交通量の多い6車線のこのアウトバーンは東のザクセン・アンハルト州を貫通しているが，道路沿いはほとんど人気のない農村地帯であり，道路を利用するのはむしろ西の人々であろう。

54) 1995年以前の復興のための基金などもここに引き継がれて償還された。トロイハントの赤字分，「信用清算基金」(Kreditabwicklungsfonds)，「旧負債償還基金」(Erblastentilgungsfonds) などである。

55) さまざまな試算があるが，目安のためにいくつか紹介しておく。ジーベルトによれば，1995年のトランスファーは1080億ユーロ（ネットでは820億ユーロ）であった。これ（ネット）は全ドイツのGDPの3.6%に相当する。1080億ユーロのうち26%が社会保障給付であった（H. Siebert, *a.a.O.*, S.379)。「経済諮問委員会」によれば，1991年より2003年までのトランスファー累計額は1兆2800億ユーロ（ネットでは9800億ユーロ）であった。この中，社会保障給付の支給総額は6300億ユーロ（64%）である(*Jahresgutachten 2004/05*, S. 466)。パケーによれば，1995年より2008年までのトランスファー累計額はおよそ1兆2000億ユーロであり，その中，社会保障給付の総額はおよそ7000億ユーロ（58%）であった（K.-H. Paqué, *a.a.O.*, S.190f)。以上から，西のGDPのほぼ4%程度がトランスファーとして東に流れ，そのほぼ60%は社会保障給付によって占められたことが浮かび上がる。

56) 社会保障に関わる西の制度の東への移植が統一ドイツの大きな負担となったことについては，G. A. Ritter, *Der Preis der deutschen Einheit. Die Wiedervereinigung und die Krise des Sozialstaats*, 2006 を参照。

57) K.-H. Paqué, *a.a.O.*, S.114.

58) 所得水準の東西比較については K. Brenke/K. F. Zimmermann, *a.a.O.*, S.54f を参照。

59) GDPに占める公的債務の比率は42%（1989年）から66.1%（2004年）に高まり，ドイツはマーストリヒト条約の財政規律を遵守できなくなった。

60) H. Siebert, *a.a.O.*, S.382.

61) K.-H. Paqué, *a.a.O.*, S.184.

62) *Jahresgutachten 2004/05*, S.314f. 但し，雇用創出政策は効果が疑問視され，近年は縮小している。

63) 2005年より，単身者，月額で，西は345ユーロ，東は331ユーロであった。家族には基礎額の一定割合が追加支給される。

64) K.-H. Paqué, *a.a.O.*, S.120.

65) ここでの地域とは「空間秩序地域」(Raumordnungsregionen) と呼ばれる分類であり，西を74地域，東を23地域に区分したものである。K. Brenke/K. F. Zimmermann, *a.a.O.*, S.51f.
66) OECD, *Wirtschaftsberichte Deutschland*, 2001, S.146ff.
67) K. Brenke/K. F. Zimmermann, *a.a.O.*, S.52.
68) J. Ragnitz, Demographische Entwicklung in Ostdeutschland: Tendenzen und Implikationen, in: *Vierteljahrshefte zur Wirtschaftsforschung, a.a.O.*, S.110ff.
69) *Ebenda*, S.118.
70) *Jahresgutachten 2004/5*, S.321.
71) しかし公共投資の削減がすんなりと進まない背景には，大型プロジェクトの場合には，連邦政府とEUに対し支出の一部を肩代わりしてもらうことが期待できるという事情がある。プロジェクトの緊急性よりも国の援助が得られるという理由から事業を起こすことは公共投資にありがちなことである。
72) *Jahresgutachten 2004/05*, S.323
73) J. Ragnitz, Fifteen Years After: East Germany Revisited, in: *CESifo Forum* 4/2005, p. 6.

第13章
イギリス経済衰退／再生論の動向

永島　剛

1. はじめに——イギリス経済の「再生」論

　昨今日本で出版されているイギリスにかんする数ある書籍のなかで，経済の現況を中心テーマにすえたものはそれほど多くない。日本経済新聞社編『イギリス経済　再生の真実』(2007年。以下『再生の真実』と略記)は，そうしたなかの一冊だ。『日経金融新聞』の連載記事を基礎にしたこの本は，記者たちによる2007年前半時点でのイギリス経済最新事情の報告である。マーガレット・サッチャー首相にはじまる保守党政権からトニー・ブレア，ゴードン・ブラウンの労働党政権へと引き継がれた「構造改革」(2章)の結果，経済界では「新陳代謝」がすすみ (3章)，わけても「シティ」すなわち金融ビジネスの興隆はめざましく (4章)，ブレア政権以降はさらに「公共サービスの再生・地方分権」もすすんだ (5章)。格差拡大などへの批判がないわけではないが (6章)，総じてイギリス経済は「活況」に沸き，1992年以来の「15年景気」を謳歌している (1章)。この15年景気さなかの2001年，「失われた10年」にあえぐ日本を1人当たりGDPでも追い抜いた (図1参照)。「改革」によって「再生」したイギリス経済に，日本も見習うべきであるとするこの本のメッセージは，一読すれば明解だ[1]。

　「再生」というからには，それに先立つ「衰退」の存在が前提となっている。図1の1人当たりGDPの推移をみると，1970年代にイギリスは日本にほぼ追いつかれ，1980年に追い抜かれた。それに先立つ1960年代，日本の高度

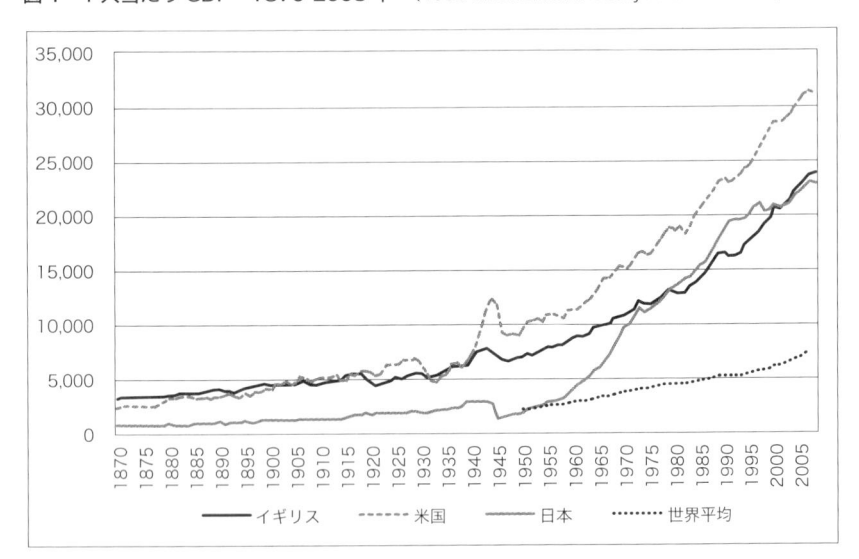

図1　1人当たりGDP　1870-2008年　(1990 International Geary-Khamis dollars)

出所：Angus Maddison, Statistics on World Population, GDP and Per Capita GDP（http://www.ggdc.net/MADDISON/）より作成。

成長にくらべると，イギリスのGDP成長は緩やかであったことが見て取れる。その間，西ドイツやフランスなど他のいくつかの西欧諸国にも追い抜かれ，イギリスの相対的な低成長が問題として認識されるようになった。すなわち，19世紀には「世界の工場」とよばれたイギリス経済の「相対的衰退」だ。投資不足による技術開発の後れ，低生産性，「国際競争力」の低下，ストライキ多発，社会不安などを症状とする「イギリス病（英国病）」という言葉も，この時期に端を発している。

　1979年に成立したサッチャー政権以降，この病気にたいして断固とした治療，すなわち「構造改革」がすすめられた結果，再び日本を追い抜きイギリス経済は「再生」したというのが，『再生の真実』が前提とする歴史観となっている。こうした①衰退→②改革→③再生というプロセスをへてきたとする見方は，今日の日本において，そしてイギリス当国においても，かなり支配的なイギリス経済観であると思われる。たとえば『フィナンシャル・タイムズ』編集

表1 戦後イギリスの歴代政権

	与党	首相名
1945-51年	労働	クレメント・アトリー
1951-55年	保守	ウィンストン・チャーチル（第3次）
1955-57年		アンソニー・イーデン
1957-63年		ハロルド・マクミラン
1963-64年		アレック・ダグラス＝ヒューム
1964-70年	労働	ハロルド・ウィルソン（第1次）
1970-74年	保守	エドワード・ヒース
1974-76年	労働	ハロルド・ウィルソン（第2次）
1976-79年		ジェームズ・キャラハン
1979-90年	保守	マーガレット・サッチャー
1990-97年		ジョン・メージャー
1997-2007年	労働	トニー・ブレア
2007-10年		ゴードン・ブラウン
2010年–	保守（自由民主との連立）	デービッド・キャメロン

長から LSE (London School of Economics) に転じたジェフリー・オーウェンによって著わされ，日本語にも翻訳されている『帝国からヨーロッパへ：戦後イギリス産業の没落と再生』も，副題がしめすように基本的にはそうした見方に立つ研究書である[2]。

　本稿の目的は，ときとしてかなり単純化してのべられることのある「衰退→改革→再生」論を，現代イギリス経済史の近年の研究動向に照らして再考することにある。改革・再生を問うためには，サッチャー政権から現キャメロン政権にいたる歴代政権下の経済・経済政策をどうとらえるかについて検討するのが常道であろうが，本稿では，やや搦手からのアプローチをとってみたい。すなわち，直接的に「改革」や「再生」の是非を検討するというより，それらの前提となっている「衰退」をめぐる研究動向に焦点をあてる。上述のように，一般的にはイギリスの経済衰退は自明のように語られてきた。しかし経済史研究の分野では，1990年代以降，こうした「衰退史観 (declinism)」を問い直

す議論が台頭するようになっている。もし「衰退」が自明ではないとすれば，その後の「改革」や「再生」の意味も問い直さなければならなくなる。イギリス経済にたいする多面的な視角を確保するためにも，こうした「衰退」再考論を概観しておくことは有用であると思われる。

2. イギリス病論争

　衰退再考論をみる前に衰退論を簡単にみておく必要がある。といっても，戦後の「イギリス病」にかんする論争だけに限っても，論者によって論点や主張は多岐にわたる[3]。まずどのような指標をもって「経済衰退」とみなすかだけでも，成長率の相対的な低さのほか，低生産性，低収益性，国際収支の悪化，世界市場におけるシェア低下などさまざまである。そして，このうち何を重視するかによって「衰退」の原因をめぐる議論も変わってくる。

　原因論，すなわちどこに（何に，あるいは誰に）「衰退」の責任があったかについて，毛利健三の整理にならってさまざまな指摘を分類してみると，以下の3群にわけられる[4]。

(1)　労働者と労働市場：労働組合の戦闘性（ストライキの頻発）・過剰権力，制限的労働慣行，労働者の技能不足・怠惰
(2)　経営と資本・産業構造：企業家精神の貧困，経営者層の保守的心性，小規模経営の存続，研究開発投資の不足，資本の海外逃避，製造業と金融の乖離
(3)　国家・政府：公共部門の肥大，重税，政府の過剰介入，福祉国家の悪影響

　多くの論者は，これら要因のいくつかを組み合わせて衰退を説明してきた。このうち（1）の労働組合や（3）の福祉国家やケインズ政策による過剰保護の弊害などをとくに問題視する議論を右派的，（2）や（3）に関連して製造業のシティ（金融ビジネス）への従属，過剰な海外投資などに起因する国内投資の不足，ひいては内需の喚起の失敗，それを是正できなかった政府への批判などに重点をおく議論を左派的というように，政策志向上の方向性による大まか

な分類もできるかもしれない。それぞれ重視する要因によって，「イギリス病」にたいする処方箋も違ってくる。右派的な議論であれば，市場メカニズムを阻害する労働組合や政府＝官僚機構の介入を排し，競争のなかで勝ち抜いていける有能で強い企業や個人の力を活かすことを目標とするのにたいし，左派は，政府が苦境にある産業・地域・個人に公正な配分をおこなうために適切な役割を果たすべきであると考える。ただし，各々の論者の主張の異同は錯綜しており，かならずしもこうした左右軸で整理しつくせるものではないことには注意が必要である。

概括的には，1979年の時点で，ここでいう「右派」的な処方箋が選択されたということができる。既存のケインズ主義や福祉国家体制を擁護する「左派」的な議論よりも，現状打開の方策としては「右派」のほうがより多くの人々にとって魅力的にみえたことの結果であったといえるだろう。以降，マネタリズムにもとづくインフレ対策，需要管理に代わるサプライ・サイド改革の重視，民営化，社会諸サービス予算の削減，金融市場や労働市場における開放・規制緩和，労働組合活動の制限など，「サッチャー主義」と称される一連の（とはいえ必ずしも首尾一貫していたわけではない）諸政策が追求されることになる。サッチャー主義は，市場メカニズムに信をおくと同時に，それを機能させるための「強い国家権力」を志向していたともいえる[5]。このため，サミュエル・ブリッタン（フィナンシャル・タイムズ論説委員）のように，イギリス病にたいする市場重視の改革を擁護しながらも，サッチャー政権のナショナリスト的側面には批判的な論者もいた[6]。

1980年代において，サッチャー主義との親和性が高い議論として注目を集めたのが，マーティン・ウィナーの著作である[7]。ウィナーは，イギリスのエリート層にみられる「反産業主義」的文化が，イギリス病の基底にあるとみた。19世紀中葉までイギリス産業革命を担った産業資本家層だが，社会的地位の向上をもとめて，その子弟をパブリック・スクールからオックスフォード大学／ケンブリッジ大学（オックスブリッジ）といった旧来からの支配層である貴族・ジェントルマンの子弟が多く通う伝統校に進ませることが多かった。そこでは商売や技術といった実学的なことよりも，ギリシア・ローマの古典を

はじめとする高い教養の習得に重きがあった。旧来のジェントルマン層は，当然保守的であり，しばしば騒々しく煤や油にまみれた鉱工業や地道で小さな商売を蔑視・忌避する心性もみられた。こうした教育環境のもとで育った子弟に象徴されるような，産業資本家・経営者層のいわば「ジェントルマン化」により，19世紀末になると産業を指導すべき立場の人々のなかでの「産業精神」や「競争精神」の衰退が顕著になった。ウィナーは，政・官・業の各界にわたるこうしたジェントルマン的なエリートによる支配がイギリス経済衰退の大きな要因である可能性を，文化史的に示唆してみせたのである。

ジェントルマン的価値による支配の存続の問題は，「不完全なブルジョワ革命」を現代イギリスの危機の起源とみたペリー・アンダーソンのようなニュー・レフトの思想家によっても指摘されており[8]，ウィナーの分析は，不労所得で生活する投資家階級や経営者層の力量などに疑問を付す，左派的な考えをもつ人々にとっても納得しうる部分があったと思われる。しかし，サッチャー首相による産業精神の復活策への期待がこの本のむすびとなっていることで，彼の議論はサッチャー政権と親和性が高くなっている[9]。ジェントルマン的な態度（今風に表現すれば「上から目線」）で民間に余計な介入をしてきた既成政治家や官僚層，あるいは進取の気性に乏しい保守的な企業経営層を打破して市場競争を促進することが，サッチャー政権の目標となっていたからである。ウィナー自身の意図はともかく，サッチャー派の政治家やメディアによって，彼の議論は援用された[10]。

1986年に出版された著作のなかで軍事史家コレッリ・バーネットは，ウィナーが指摘した教養主義・アマチュア主義の弊害に加えて，産業界や労働者のあいだにみられた独善的な実践主義にもとづく科学・技術の軽視も指摘した。教養主義・実践主義双方の行き過ぎのため最新技術の摂取や開発が遅れ，第二次大戦期には軍事的にも産業的にもすでにイギリス病の兆候はあらわれていた。戦後体制の構築にあたっても，感傷的な理想主義・道徳主義が先行し，完全雇用・福祉国家・産業国有化など実際の力に見合わない政策が採用された。バーネットの表現によれば，アトリー労働党政権は「新しきエルサレム」（＝「地上の楽園」）を夢見たのだという。こうして個人・企業による合理的な判断

と努力によって技術力を高める余地を狭めた結果，競争相手国に水をあけられることになったというのが，バーネットの診断だった[11]。彼自身は自由市場志向というより，優秀なテクノクラートによって指導される効率的で強い国家を理想としているようであるが，旧エリート層や福祉国家体制を敵視する点でサッチャー主義と合致していた。ウィナーとともにバーネットの主張も，1980年代のイギリス病をめぐる論争のなかで影響力の大きかったもののひとつであったといえる。

3．製造業とシティ

1990年代に入り，ウィナーやバーネットらの衰退論にたいして批判を投げかけた論者のひとりがビル・ルービンステインである。彼はその著書『イギリスにおける資本主義・文化・衰退』（邦訳題『衰退しない大英帝国』）において，ウィナーらのいう「反産業主義」的なエリート層こそ，イギリス経済発展の牽引役であったと言い，イギリス経済は衰退などしていないと主張した。すなわちルービンステインの力点は，イギリス経済の強みはつねに商業・金融・サービス業にあったのであり，たとえ製造業において「衰退」があったとしても，それはイギリス経済総体としての「衰退」ではないというところにある[12]。

財産保有者の遺言記録の分析によって近代イギリスにおける富の分布を研究していたルービンステインは，19世紀前半の「産業革命」の最盛期においてすらイングランド北部工業地域の比重は小さく，富はイングランド南東部とくにロンドンに偏在していたことを明らかにした[13]。彼のこの結論は，「産業革命」のインパクトをダウンサイズしたニック・クラフツによる経済成長率の新推計や，ロンドンの金融街シティを通して経済活動するジェントルマン層（土地貴族・大商人など）の北部製造業者にたいする優越の連続性を主張したピーター・ケインとトニー・ホプキンズの「ジェントルマン資本主義」論とも軌を一にするものだった[14]。ルービンステインによれば，製造業が「衰退」したとしても，それは金融や商業など第3次産業の優位がさらに強まったことを意味するだけであり，むしろイギリス経済元来の長所を補強するものであると

の解釈になる。したがって，そうした金融・サービス業を担ってきたジェントルマン層の「反産業主義」をイギリス経済衰退の要因としてみなすことは，的外れだというわけだ。多くの論者が指摘してきた国内産業投資にたいするシティの「冷淡」な態度も，彼にとっては重要な問題とは認識されていない。

そして興味深いことは，サッチャー退陣後の1990年代において，このルービンステインの議論が，サッチャー政権の「成果」にたいしてもっとも親和的な論調を帯びている点である。ウィナーらの議論を援用したことからもわかるように，サッチャー政権は「衰退」を重大な問題とし，「産業精神」ないし「企業家精神」を復活させ，製造業を含めたイギリス経済の再生を目標としていた。だからこそ，インフレ依存症に陥って競争力が弱まっている企業の経営努力や（それでもだめな場合の）市場からの退場を促すためのインフレ対策だったのであり，既存企業の創意や新たな強い企業の参入（日本など外資も含む）を期待しての規制緩和や市場開放もすすめられた。ただ，こうしたサッチャー政権の目論見の達成度が高かったと考えられる点で衆目がもっとも一致しているのは，金融業であった。売買手数料の自由化や銀行・証券の垣根撤廃など，金融ビッグバン（1986年）といわれる一連の改革により，外国勢の参入もあってシティが活況を取り戻したことは，冒頭で取り上げた『再生の真実』でも報告されているとおりである。これにたいし製造業については，サッチャー政権下ではたして目論見どおりに改善がすすんだのかについて，懐疑的な意見が多い。結果としてみれば，サッチャー政権は，製造業衰退を問題にしていたウィナーやバーネットよりも，ルービンステインが是と考える金融・サービスのさらなる活性化の方向で，より明確な「成功」をみたといえる。

サッチャー政権が製造業の改革に成功したという議論もある。イギリス製造業の労働生産性伸び率のデータをみると（表2），サッチャー政権成立の1979年を境に，前の時期よりも後の時期に改善がみられる。しかし，このいわゆる「生産性ミラクル」が製造業の「再生」を意味するのかについては異論が多い。というのも，まず製造業セクター内の業界によって状況が異なるということがある。産業全体にかんする議論においてサッチャー改革による生産性の向上を強調するオーウェンの著作では，製造業にかんして10業界が個別に検討

表2 イギリス製造業：産出高・雇用・労働生産性の成長率（年率%）

	1951-73年	1973-79年	1979-97年
産出高	3.1	-0.6	0.9
雇用	-0.2	-1.5	-2.9
労働生産性	3.3	0.9	3.8

出所：A. Booth, *The British Economy in the Twentieth Century* (2001), Table 4.2, pp. 92-93 より転載。

されているが，このうちオーウェンが改革による改善をみとめているのは繊維，製鉄，自動車（外国からの直接投資），製紙，機械（ただし隙間市場に特化の傾向）のみである。その他の5業界のうち，造船とエレクトロニクスは改善しておらず，航空機，化学，製薬は改革の前後にかかわらず一貫してまずまずのパフォーマンスをしめしてきたとしている[15]。すなわち，業界ごとにみれば，改革が生産性向上をもたらしたとはかならずしもいえないのである。

そして製造業全体としての生産性が向上したとするその時期に，産出高は伸び悩んでいた。1970年代におけるマイナス成長からは回復したものの，1979年から97年の産出高成長率は0.9%にとどまっている。さらに雇用をみると，1951年以降一貫して減少傾向であるが，とくに1979-97年期における減少率が高い。このことから，サッチャー政権以降の生産性向上は，積極的な設備投資の拡大や技術革新によって達成されたというよりも，おもに人員整理の結果だった可能性が高い[16]。失業率（図2）は，1980年代前半には戦間期以来となる10%水準超となり，とくに製造業の集中する地域で深刻だった。80年代末には失業率は一旦下降したが，製造業における雇用は回復しなかった。雇用や産出高における製造業の比重の低下は，「改革」によって反転したとはいえないことになる。しかしその分のサービス・セクターへの比重の移行は，ルービンステイン流にみれば，元来の得意分野への移行，すなわちイギリス経済のさらなる強化を意味する。

製造業の比重低下をイギリス経済全体の「衰退」と直結させないことは，多くの衰退再考論に共通の傾向だが，イギリスのリーディング・セクターとしての金融業にたいする楽観的な見通しを強調する点で，ルービンステインの議論

図2 イギリス失業率の推移 (1913-2009年)

出所：B. R. Mitchell, *British Historical Statistics* (1988), Labour force table 8; Great Britain. Office for National Statistics Home page, Labour market statistics (updated April 6, 2011)

は際立っている。イギリス経済発展にとっての製造業の役割を重視しない彼の議論には，まず歴史論としての正しさについて議論の余地が大きい[17]。そして現状および将来への見通しとしても，「脱工業化」といえば少し楽観的に，「産業空洞化」といえば悲観的にきこえる製造業の縮小の意味や限度をどう捉えるかは，一国経済やその国際経済との関係のあり方にかんする根本的問題であり，見解が大きくわかれるところである。グローバル経済のなかでシティが繁栄すれば，その儲けの「滴下」によってイギリス経済は潤い，国内製造業の衰退はさしたる問題ではないという論調は，1993年以降2000年代にかけての長い「好景気」のもとで，たしかに有力となっていた。その意味でルービンステインの議論は時流にのっていたといえる。そのいっぽう，「好景気」の時期にも長期失業や若年失業の問題，あるいは社会的疎外の問題は存在し続けていた。2007年夏，さらには2008年秋の金融危機をうけて，グローバル金融ビジネスへの偏重を考えなおすべきであるとする声は，いくぶん揺り戻しをみた[18]。こうした論点の検討は今まさに重要であるが，ここではルービンステインの議論の立ち位置だけを確認して，「衰退」をめぐる論議の概観にもどりたい。

4.「豊かな社会」と経済衰退

　ルービンステインの本の出版と同じ 1993 年，イギリス経済史学会（The Economic History Society）の年次大会において，同学会の会長バリー・サプルは「失敗への危惧：歴史とイギリスの衰退」というタイトルで会長講演をおこなった[19]。また，権威ある概説集として定評のあるロデリック・フラウド／D. マクロスキー編『1700 年以降のイギリス経済史』（ケンブリッジ大学出版会。以下，『ケンブリッジ経済史』と略記）の第 2 版（1994 年）には，サプルの担当章「1945 年以降のイギリス経済衰退」が収録されている[20]。タイトルからはわかりにくいが，これらの論考でサプルが試みたのは「経済衰退」論というより「経済衰退・再考」論であった。

　再考論として，サプルの議論もルービンステインと重なる部分は多い。製造業からサービス・セクターへの比重の移行が，直ちに「衰退」を意味するわけではないとする部分などもそのひとつだ。ただし，ルービンステインほど「シティの優位」を特別視しているわけではないことから，論調はだいぶ異なる。一口にサービス・セクターといっても，そこには金融に関連しない業種も多く含まれる。なぜモノ（ハードウェア）の製造だけが重要で，たとえば教育・医療や芸術にかかわるサービス生産の比重が相対的に高まると経済の「衰退」を意味するのか。サプルは，そこには明確な根拠がないとみる。モノづくりを軽視しているわけではない。ただ，業種間の優劣はけっして自明ではないとの主張である[21]。

　サプルは産業史研究の泰斗であり，イギリス経済史における鉱工業の重要な役割に注目してきた点では，ルービンステインとは視点が異なる。サプルは，製造業内における構造変化にも言及している。基幹産業の衰退を，その国の製造業一般の衰退と同一視していいのだろうか。彼がこの問いにたいして懐疑的であるのは，石炭業に注目してきたからこそと考えることもできよう。エネルギー転換にともなう石炭業の衰退はある意味で必然であり，より有望な分野にシフトするのであれば，それは製造業にとっての進展であるとも考えられる。

図3　総付加価値のセクター別シェア（1990，2009年）

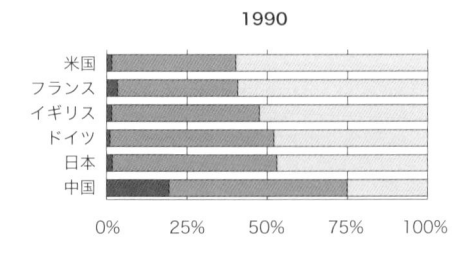

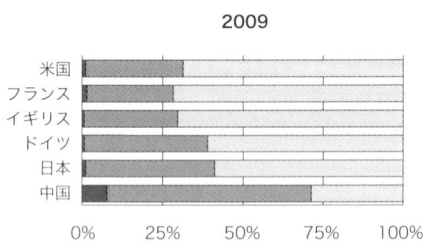

1990

2009

■農・林・水産・狩猟
■鉱・工・建設
□卸売・小売・サービス・その他

出所：UN National Accounts Main Aggregates Database.

　もちろん一大産業の衰退にともなう痛み（低賃金・失業・ストライキなど）は大きく，そのことは別途考えなければならない[22]。

　そしてこうした経済構造の変化は，けっしてイギリスだけの現象ではない点にも注意が喚起されている。1990年前後の時点で，ドイツと日本をのぞけば，イギリスは他の「先進」諸国とくらべて，経済に占める製造業のシェアがけっして小さいわけではない（その順位の傾向は，2009年においても大きくは変わっていない。図3参照）。「先進」諸国は，最初は第1次産業から第2次産業へ，そして第3次産業への比重の移行を，同様に経験している。したがって，これをイギリス経済の「衰退」ととらえて，イギリス固有の理由で説明しようとすることには無理があるとサプルは指摘するのである[23]。

　もちろん移行のタイミングやスピードは，国によって違う。たとえば工業化の「後発国」である日本は，イギリスよりも急激なスピードで工業化が進展した。『ケンブリッジ経済史』（1994年）において戦後経済成長にかんする章を

担当したチャールズ・ファインステインは，戦後イギリスの相対的な低成長を，まさにこの点に関連させて説明している。1950-60年代のドイツや日本における高度成長にくらべてイギリスの成長率が低いのは，すでに工業化社会として成熟していたからである。いわゆる「後発国」メリットに加えて，敗戦国であったドイツや日本には，物質的な豊かさの水準が低いところからの戦後の再スタートであったために，そのぶんの「伸びしろ」もあった。成長率の相対的低さを，イギリスが背負った「先発国」のペナルティと考えることもできるが，「後発国」においても第1次産業から第2次産業への移行がさらにすすめば，成長のペースは遅くなる。ファインステインがここで下敷きにしているは，経済成長論におけるいわゆる「収斂仮説 (convergence hypothesis)」である[24]。たしかに，その後のイギリスと日本の経済成長の推移を追う（図1参照）と，1990年代後半以降，両者は収斂しているようにもみえる。イギリスの低成長はあくまで相対的なものであること，それをイギリス固有の問題としてのみ捉えることはできないことを示唆している点で，ファインステインとサプルの議論には共通性がある。

　1950-60年代，西ドイツ・日本よりは緩やかながらイギリスは経済成長し，平均的にみれば人々はかつてない物質的豊かさを享受していた。それにもかかわらず，この時期になぜ「経済衰退」が意識されるようになったのか。サプルはその理由のひとつとして，イギリスの「大国意識」の影響を示唆している。当時はイギリスが植民地をつぎつぎに失っていた時期にあたる。ファインステインが指摘するように，「帝国」維持にはコストがかかり，イギリス本国にとっての経済的利益はもはや明確ではなかった。その意味では，ロイドン・ハリソンがいうように，「帝国」維持そのものが「衰退」要因とも考えられるわけである[25]。経済的に考えれば植民地独立はイギリスにとって必ずしも損失ではなかったが，国際政治上のイギリスのプレゼンス低下への懸念は高まった。世界でのプレゼンスの高さがくらし向きに直結するわけではないにもかかわらずある種の喪失感が人々をおそい，たとえば世界市場におけるシェア低下や成長率レースにおける「出遅れ」などに過敏に反応したことが，「失敗」や「衰退」認識の一因になったとサプルはみている[26]。

1950-60年代「豊かな社会 (affluent society)」において「経済的失敗」の感覚が広まったというパラドクスを解く鍵としてサプルがもうひとつあげていることは、人々の経済的欲求や野望における水準の変化である。生活水準や経済成績の向上を経験した人々はさらなる向上を望み、それがかつてほどのペースで向上しないとき、あるいは他とくらべて低いとき、たとえ今がかつてより豊かであったとしても、挫折や不満を感じることがある。「衰退」認識も、そうした主観的な感情と関係しているのではないかというのが、サプルの指摘である[27]。もちろん彼は、国の平均値としてこれを議論しているのであり、それぞれが享受している生活水準は、国民のあいだで大きな開きがある。「豊かな社会」にも貧困や格差は存在する。しかしそこには、一国経済が衰退しているかという問題の前に、国内における分配の問題があるはずである。サプルは、社会諸サービスや所得配分の問題はまた別に議論されるべきであることを示唆している[28]。

　不平等の問題は、もちろん国内だけでなく国際的にも存在する。そのパースペクティブでみれば、『ケンブリッジ経済史』の編者のひとりでもあるマクロスキーがいうように、国民所得におけるイギリスと貧しい開発途上国との差とくらべて、イギリスと他の「先進」諸国との差は小さい。アンガス・マディソンの推計による図1のイギリスと世界平均との差は、推計の不確実さを勘案するとしても、イギリスが世界のなかで豊かな国であることをしめしているといえる。そのことをさしおいて、イギリスの先進国間での相対的な低成長を「衰退」と言いつのることに、マクロスキーは批判的である[29]。

5. 戦後の経済運営をめぐって

　サプルらの提起がおもにマクロ・レベルでの成長の評価にかんするものであったのにたいし、衰退論者たちがあげた個々の要因をめぐってのミクロ・レベルでの実証研究をふまえた衰退論批判も提出されている。たとえばマイケル・サンダーソンは、パブリック・スクールやオックスブリッジにおけるカリキュラムやエートスは19世紀第4四半期以降大きく変化したのであり、いつ

までも「反産業主義」的な存在であったわけではないことを指摘した[30]。またマイケル・トムソンによれば，成功した経営者層の「ジェントルマン化」はドイツや米国でもみられた現象であり，イギリス経営者層だけがことさら「反産業主義」的であるとはいえないという[31]。さらに20世紀における産・官・学の研究開発活動の詳細な分析をおこなったデービッド・エドガートンは，イギリスが科学技術やその産業への応用を軽視してきたとはいえ，1960年代にいたるまでR&Dはそれなりに経済実績にむすびついていたと主張して，ウィナーやバーネットらの議論に反論している[32]。

バーネットが「新しきエルサレム」とよんだ戦後のケインズ主義・福祉国家体制による負担あるいは国民の依存体質が，「衰退」を生んだという議論も有力であった。しかしジョセ・ハリスをはじめとする多くの社会政策史家は，ベヴァリッジ報告（1942年）を青写真とする戦後福祉国家政策の主眼は，既存の諸サービスを合理化していかに効率的にナショナル・ミニマムを保障するかにあったのであり，イギリス福祉国家が現実離れした理想主義の産物であるとするバーネットの議論に疑問を呈している。じっさい他の「先進」諸国（とくに北欧諸国）とくらべて，イギリス福祉国家が財政負担や給付水準の面で際立っていたわけではない[33]。

戦後の歴代政権が「福祉」ばかりに気をとられて「効率」が疎かになったという通説にたいしては，ニック・ティラッソーとジム・トムリンソンによる再検討論がある。アトリー労働党政権とそれに続く保守党歴代政権の産業政策を検討した彼らは，保守党のみならずアトリー政権の最大の関心事も，産業の効率化にあったと主張した。米国流の大量生産方式の導入も視野に入れた国立R&D法人（NRDC = The National Research and Development Corporation）を創設したのはアトリー政権であった。また，反対者からは悪名高い労働党による産業国有化も，その主眼は弱小の民営企業を合併して規模の経済をはかり，経営を合理化することにあったという。したがって，同政権が「新しきエルサレム」を夢見て産業政策を疎かにしたとするバーネットの議論にたいしては批判的である[34]。

ただし彼ら自身が認めるように，じっさいにこれらの政策が効果をあげたの

かは，また別の話である。1960年代まで，国有企業のパフォーマンスは概して良好だった。ただ，業種・時期によって違いもあり，どこを重視するかによって評価が変わってくる[35]。また，民間企業も含めた英米間の生産性の差異を従属変数とする回帰分析をおこなったスティーブン・ブロードベリとクラフツは，イギリスの制限的労働慣行（政府・経営者団体・労働組合）と低生産性との関係を析出し，アトリー政権の意図はともかく，市場機能を充分に作用させることができなかったために，効率化には限界があったと指摘した。この点にかんしては，彼らとトムリンソン／ティラッソーとの間で，方法論を含めた論争がおこなわれている[36]。ブロードベリ／クラフツによれば，アトリー以来の戦後歴代政権のもと，マクロ的安定重視のため市場競争をつうじた効率の促進が疎かになったことによる問題の累積が1970年代に噴出し，生産性の悪化を招いたという。これについてはアラン・ブースから，1970年代の生産性悪化（表2参照）は1973年以降の国際経済情勢に関連して生起した諸問題によっておもに説明されるべきであるとの異論が出され，やはり論争になっている[37]。

　ブロードベリ／クラフツの認識は，戦後体制のもとでの経済停滞が，サッチャー政権以降の市場をつうじたサプライ・サイド改革の促進によって改善をみたとするもので，基本的には「衰退→改革→再生」史観といえる。いっぽうトムリンソンやブースらは，戦後経済体制は問題を抱えながらも1960年代まではまずまずのパフォーマンスをしめしていたのであり，1960年代以前と70年代以降を連続的な「衰退」プロセスとする見方に異議をとなえているのである。ただブロードベリやクラフツも，収斂仮説や経済停滞の相対性には留意しており，過度な「衰退史観」とは距離をおく姿勢をしめしている[38]。すなわち一国経済の全面的な「衰退」を主張するというより，ある特定の論点（ブロードベリの場合であれば，各産業の生産性）に限定して停滞や改善を検証することに力点があるといえるだろう。

6. 衰退史観と政治

　1997年にはサプルのケンブリッジ大学教授退職を記念して編まれたクラーク／トレビルコック編『衰退を理解する』が，2000年にはイングリッシュ／ケニー編『イギリスの衰退を再考する』（邦訳題『経済衰退の歴史学』）が出版された[39]。これらの論文集の焦点は，もはや「衰退」そのものの存在や要因の分析というより，「衰退」がどのように論じられてきたかにあった。「衰退」というより「衰退史観」を問題とする研究潮流の台頭とみてよい。

　そうしたなか，今日にいたるまで積極的に衰退史観の批判的検討をつづけている論者のひとりが，ジム・トムリンソンである。上述のように，彼のもともとの研究領域は戦後を中心とする経済政策史である。他の欧米諸国とくらべて低成長ながら，かつてない繁栄を享受していた1950-60年代以降，なぜ衰退論が台頭するようになったかを問題にする点でサプルらの議論と重なっているが，トムリンソンはとくに時の政治状況との関わりを重視している。イギリスの「衰退」を指摘し「改革」の必要性を訴えることは，19世紀末のジョゼフ・チェンバレン以来，多かれ少なかれ多くの政治家がもちいてきた手法であるが，トムリンソンによれば，第二次大戦後これをはじめて明示的にもちいた有力政治家は労働党のハロルド・ウィルソンであった。この背景のひとつに，このころに国民所得や生産性などについて国際比較が可能な統計が利用できるようになったことがある。こうした統計を使用しながら，時の保守党政権のもとでの相対的経済「衰退」を批判し，自らの産業近代化政策をアピールすることにウィルソンは積極的だったという[40]。

　しかしその後政権についたウィルソンは，彼の公約どおりの経済成長を達成することはできなかった。そして彼の2回目の首相在任中に，彼にも増して「衰退」反転策を強力にアピールする人物が野党・保守党の党首に就任した。マーガレット・サッチャーである。彼女は，イギリスの衰退が100年におよぶプロセスであること，そしてとくに1945年以来の諸政策によってそれが悪化していると断定し，自らの考える「改革」の必要性をアピールした。1979

年の首相就任後も彼女の衰退史観は，ウィナーやバーネットらの議論も援用しながら補強され，政権の推進力であり続けた。そして，その後の労働党ブレア／ブラウン政権もまた，「衰退」「再生」のレトリックをしばしば使用していた[41]。

トムリンソン自身は，「衰退」の存在をかならずしも否定していない。個々の企業，業界，事象に注目すれば，衰退といえる事態がみられるという。それにもかかわらず彼が「衰退史観」を批判の俎上にのせるのは，それがポピュラーな政治言説として独り歩きする危険があるからである。左派であれ右派であれ，特定の「改革」案を補強するために用いられる衰退史観は，しばしば一面的であり，バランスを失した経済史観になるおそれがある。とくに，「改革」対象たるべき「衰退」の犯人を特定してそれを強調するために，必要以上の糾弾になったり，それ以外のさまざまな問題が看過されることにもなりかねない。トムリンソンの主張は，経済社会における問題の所在や，それぞれの政策・制度のメリット・デメリット，そしてどのような経済成長のあり方や産業構造が望ましいのかなどについての冷静な議論を詰めるためには，衰退史観からいったん自由になるべきだというものである[42]。

7. おわりに

以上のイギリスにおける衰退再考論の限定的なサーベイから確認しておきたいことは，それが，「衰退」があったと考える「悲観」論者にたいする，なかったと主張する「楽観」論者の批判という二項対立の図式ではかならずしも捉えきれないという点である。再考論者のなかでも，ルービンステインの議論はたしかに楽観的なトーンを帯びていた。いっぽうサプルやトムリンソンらの議論は，戦後経済（1960年代ごろまで）についての相対的な楽観論といえるかもしれない。しかし衰退論やその原因論に疑問を呈しつつも，何も問題がなかったと主張しているわけではない[43]。トムリンソンにいわせれば，そうした二分法的思考こそが「衰退史観」の陥穽ということになるだろう。

いずれにせよ，「改革」「再生」をめぐる諸々の議論において，それらが前提

としている「衰退」論がいかなるものであるのかを吟味することは重要であろう。さらにいえば，その「衰退」論が前提としている「成長」論も問われることになる。資源や地球環境の問題をかんがみたとき，「持続可能」な経済社会のあり方とはどのようなものであるのかもまた，自明ではないからである。そして，イギリス経済がグローバル経済と切り離せない関係にある以上，イギリス固有の要因のみならず，グローバル経済の展開自体が内包する問題点が問われなければならない。漠然とした「衰退」気分や，あるいは一面的な「衰退」要因論にのみとらわれると，検討されるべき問題は何であるのかがかえって見えにくくなる可能性がある。日本から「衰退」や「改革」「再生」についてイギリスの事例を参考にする場合にも，「衰退」を自明とするのではなく，その意味を問い直すところから始める必要がある。

【注】

1) 日本経済新聞社編『イギリス経済　再生の真実』日本経済新聞社，2007年。同様の趣旨である特集「日本とイギリス」『週刊・東洋経済』2007年7月28日号も参照。

2) G. Owen, *From Empire to Europe: The Decline and Revival of British Industry since the Second World War* (London, 1999). G. オーウェン（和田一夫監訳）『帝国からヨーロッパへ：戦後イギリス産業の没落と再生』名古屋大学出版会，2004年。

3) 「イギリス病論争」にかんして日本語で読める文献として，A. Gamble, *Britain in Decline: Economic Policy, Political Strategy and the British State* (London, 1981). A. ギャンブル（都築忠七・小笠原欣幸訳）『イギリス衰退100年史』みすず書房，1987年；毛利健三「サッチャー時代の歴史的文脈：製造業の衰退の問題」東京大学社会科学研究所編『現代日本社会 2　国際比較 (1)』東京大学出版会，1991年；A. ケアンクロス（嘉治佐保子訳）「英国病」『三田学会雑誌』86　1993年；R. ハリソン（松村高夫・高神信一訳）『産業衰退の歴史的考察：イギリスの経験』こうち書房，1998年；松永友有「イギリスにおける産業衰退と政党政治」『明大商學論叢』83　2001年，45-62頁；川北稔「イギリス近代史再考―衰退論争のゆくえ」『関学西洋史論集』31　2008年，27-36頁；R. English and M. Kenny (eds.), *Rethinking British Decline* (London, 2000). R. イングリッシュ／M. ケニー編（川北稔訳）『経済衰退の歴史学　イギリス衰退論争の諸相』ミネルヴァ書房，2008年など参照。とくにイングリッシュ／ケニー編は，論争当事者の回想も含まれており興味深い。また以下のテキストブックも論点の把握に有用である。M. Dintenfass, *The Decline of Industrial Britain 1870-1980* (London, 1992); D. Coates,

The Question of UK Decline: The Economy, State and Society (New York, 1994).

4) 毛利，前掲論文，179頁。

5) A. Gamble, *The Free Economy and the Strong State: Politics of Thatcherism* (Durham, 1988) A. ギャンブル（小笠原欣幸訳）『自由経済と強い国家―サッチャリズムの政治学』みすず書房，1990年。

6) イングリッシュ／ケニー編，前掲訳書，142-144頁。

7) M. J. Weiner, *English Culture and the Decline of the Industrial Spirit 1850-1980* (Cambridge, 1981) M. J. ウィナー（原剛訳）『英国産業精神の衰退―文化史的接近』勁草書房，1984年。

8) Perry Anderson, 'Origins of the present crisis', *New Left Review*, 23, 1964. P. アンダーソン（米川伸一訳）「イギリス危機の諸起源（一）（二）」『思想』498・501 1965-66年。

9) ウィナー，前掲訳書，284頁。

10) こうした読まれ方についてのウィナー自身の回想として，イングリッシュ／ケニー編，前掲訳書，33-46頁。

11) C. Barnett, *The Audit of War: The Illusion and Reality of Britain as a Great Nation* (London, 1986). イングリッシュ／ケニー編，前掲訳書，47-64頁も参照。

12) W. D. Rubinstein, *Capitalism, Culture and Decline in Britain 1750-1990* (London, 1993). W. D. ルービンステイン（平田雅博他訳）『衰退しない大英帝国 その経済・文化・教育 1750-1990』1997年。

13) W. D. Rubinstein, *Men of Property: The Very Wealthy in Britain since the Industrial Revolution* (London, 1981).

14) N. F. R. Crafts, *British Economic Growth during the Industrial Revolution* (Oxford, 1985); P. J. Cain and A. G. Hopkins, 'Gentlemanly capitalism and British expansion overseas I: The old colonial system, 1688-1850', *The Economic History Review*, 39 (1986), pp. 501-525; idem, 'Gentlemanly capitalism and British expansion overseas II: new imperialism, 1850-1945', *The Economic History Review*, 40 (1987), pp. 1-26. P. J. ケイン／A. G. ホプキンズ（竹内幸雄・秋田茂訳）『ジェントルマン資本主義と大英帝国』名古屋大学出版会，1997年。

15) オーウェン，前掲書，4〜13章；J. Tomlinson, 'Not 'decline and revival': An alternative narrative on British post-war productivity', in R. Coopey and P. Lyth (eds.), *Business in Britain in the Twentieth Century* (Oxford, 2009), pp. 154-155 も参照。

16) 詳しい分析は，毛利，前掲論文，190-219頁；櫻井幸男『現代イギリス経済と労働市場の変容 サッチャーからブレアへ』青木書店，2002年。

17) たとえばマーティン・ドーントンによる批判論とルービンステインの応答。M. J.

Daunton, '"Gentlemanly Capitalism" and British industry, 1820-1914', *Past & Present*, 122 (1989), pp. 119-158; W. D. Rubinstein, 'Debate', *Past & Present*, 132 (1991), pp. 150 170; M. J. Daunton, 'Reply', *Past & Present*, 132 (1991), pp. 170-189. シドニー・ポラード (S. Pollard) によるルービンステイン的史観への批判も参照。イングリッシュ／ケニー編, 前掲訳書, 122頁。

18) たとえば『フィナンシャル・タイムズ』の以下のコラム参照。G. Rachman, 'The end of the Thatcher era', *Financial Times*, April 27, 2009.

19) B. Supple, 'Fear of failing: history and the decline of Britain', *Economic History Review*, 47 (1994), pp. 441-458. P. Clarke and C. Trebilcock (eds.), *Understanding Decline: Perceptions and Realities of British Economic Performance* (Cambridge, 1997), pp. 9-29 に再録（以下, 引用は再録版からおこなう）。

20) B. Supple, 'British economic decline since 1945', in R. Floud and D. McCloskey (eds.), *The Economic History of Britain since 1700*, 2nd edn. vol. 3 1939-1992 (Cambridge, 1994), pp. 318-346.

21) Supple, 'Fear of failing', p. 22. この点に関連して考えると, どうして第1次産業の「衰退」はもはやイギリス経済衰退の問題として認識されることがないのかも論点として浮上してくる。

22) *ibid.*, p. 23; B. Supple, 'The British coal industry between the wars', *Refresh*, 9 (Autumn 1989), p. 8.

23) Supple, 'Fear of failing', p. 24.

24) C. Feinstein, 'Success and failure: British economic growth since 1948', in R. Floud and D. McCloskey (eds.), *The Economic History of Britain since 1700*, 2nd edn. vol. 3 1939-1992 (Cambridge, 1994), pp. 95-122. 「衰退」の要因としての「先発国のペナルティ」にかんする議論としては, ハリソン, 前掲訳書, 第2～4章も参照。

25) C. Feinstein, 'The end of empire and the golden age', in P. Clarke and C. Trebilcock (eds.), *Understanding Decline: Perceptions and Realities of British Economic Performance* (Cambridge, 1997), pp. 212-233; ハリソン, 前掲訳書, 第7章。

26) Supple, 'Fear of failing', p. 13-17.

27) *ibid.*, pp. 25-28.

28) Supple, 'British economic decline since 1945', pp. 340-342.

29) D. N. McCloskey, '1066 and a wave of gadgets: the achievements of British growth', in J.-P. Dormois and M. Dintenfass (eds.), *The British Industrial Decline* (London, 1999), p. 40.

30) M. Sanderson, *Education and Economic Decline in Britain, 1870 to the 1990s* (Cambridge, 1999). M. サンダーソン（安原義仁・藤井泰・福石賢一監訳）『イギリスの

経済衰退と教育―1879-1990s』晃洋書房, 2010年。

31) F. M. L. Thompson, *Gentrification and the Enterprise Culture: Britain 1780-1980* (Oxford, 2001).

32) D. Edgerton, *Science, Technology and the British Industrial 'Decline' 1870-1970* (Cambridge, 1996).

33) J. Harris, 'Social policy, saving, and sound money: budgeting for the New Jerusalem in the Second World War', in P. Clarke and C. Trebilcock (eds.), *Understanding Decline: Perceptions and Realities of British Economic Performance* (Cambridge, 1997), pp. 166-185; P. Thane, 'Histories of the welfare state', in W. Lamont (ed.), *Historical Controversies and Historians* (London, 1998), p. 61; P. Johnson, 'The welfare state, income and living standards', in R. Floud and P. Johnson (eds.), *The Cambridge Economic History of Britain* vol. 3, 1939-2000 (Cambridge, 2004), pp. 211-237.

34) N. Tiratsoo and J. Tomlinson, *Industrial Efficiency and State Intervention: Labour 1939-51* (London, 1993); N. Tiratsoo and J. Tomlinson, *The Conservatives and Industrial Efficiency, 1951-64: Thirteen Wasted Years?* (London, 1998). その後のウィルソン政権の産業近代化策の意義と限界については,長谷川淳一・市橋秀夫「戦後労働党における改革派の挑戦：ゲイツケルとウィルソンの時代を中心に」『社会経済史学』67-6 2002年。

35) 湯沢威「国有化・民営化と戦後経済の軌跡」服部正治・西沢保編『イギリス100年の政治経済学―衰退への挑戦』ミネルヴァ書房,1999年,227頁。

36) S. Broadberry and N. Crafts, 'British economic performance in the early postwar period', *Business History*, 38 (1996), pp. 65-91; J. Tomlinson and N. Tiratsoo, 'An old story freshly told? A comment on Broadberry and Crafts' approach to Britain's early postwar economic performance', *Business History*, 40 (1998), pp. 62-72; S. Broadberry and N. Crafts, 'The postwar settlement: Not such a good bargain after all', *Business History*, 40 (1998), pp. 73-79.

37) A. Booth, 'The manufacturing failure hypothesis and the performance of the British industry during the long boom', *Economic History Review*, 56 (2003), pp. 1-33; S. Broadberry and N. Crafts, 'UK productivity performance from 1950 to 1979: a restatement of the Broadberry - Crafts view', *Economic History Review*, 56 (2003), pp. 718-735.

38) N. Crafts, *Britain's Relative Economic Performance 1870-1999* (London, 2002); S. Broadberry, 'The performance of manufacturing', in R. Floud and P. Johnson (eds.), *The Cambridge Economic History of Britain* vol. 3, 1939-2000 (Cambridge, 2004), esp. p. 59.

39) P. Clarke and C. Trebilcock (eds.), *Understanding Decline: Perceptions and Realities of British Economic Performance* (Cambridge, 1997). ただしサプルの実際のケンブリッジ退職は 1993 年。English and Kenny, *op. cit.* イングリッシュ／ケニー編, 前掲訳書。川北稔による訳者解説も参照。

40) J. Tomlinson, 'Inventing 'decline': the falling behind of the British economy in the postwar years', *Economic History Review*, 49 (1996), pp. 731-757; J. Tomlinson, 'Economic Policy', in R. Floud and P. Johnson (eds.), *The Cambridge Economic History of Britain* vol. 3, 1939-2000 (Cambridge, 2004), pp. 205-210.

41) J. Tomlinson, 'Economic 'decline' and post-war Britain', in P. Addison and H. Jones (eds.), *A Companion to Contemporary Britain 1939-2000* (Oxford, 2005), pp. 167-168.

42) J. Tomlinson, 'Thrice denied: 'Declinism' as a recurrent theme in British history in the long twentieth century', *Twentieth Century British History*, 20 (2009), p. 249.

43) 衰退史観を批判しつつも楽観論を戒める議論として，N. Tiratsoo, 'British management since 1945: 'Renaissance' and inertia, illusions and realities', in R. Coopey and P. Lyth (eds.), *Business in Britain in the Twentieth Century* (Oxford, 2009), pp. 144-148.

第14章
ウェルフェアからワークフェアへ
——ニューレイバーと福祉国家——

毛利 健三

1. はじめに

　ニューレイバー政権は,「経済効率」と「社会正義」を両立させる,と主張してきた。この主張には,《市場か国家か》という狭量な考えをのりこえて《市場も国家も》抱きしめようとする新しい野心が秘められている。問題は「経済効率」と「社会正義」の位置関係である。旧来の社会民主主義においては社会的目標と経済的目標とが衝突した場合には,あえて前者が後者に道を譲らせるという場面がみられた（1970年代まで）。これにたいしてニューレイバーは「経済効率」を妨げない範囲で「社会正義」の実現に努力するという。トニー・ブレアはヨーロッパ社会主義者会議でもこのことを明言している[1]。
　第一に,「経済効率」は,ネオリベラリズムとグローバル資本主義——英国政治の文脈ではサッチャリズム——が最優先する基本哲学である。ニューレイバーが現代政治経済の主潮流に同調し,グローバライゼーションに積極的にコミットしてきたことは疑いをいれない。双頭政権ともいわれたニューレイバー内閣の首相と蔵相であるトニー・ブレア（首相1997.5.～2007.6.）とゴードン・ブラウン（蔵相1997.5.～2007.6.；首相2007.6.～2010.5.）はともにサッチャー政治の遺産の多くの部分を積極的に継承しただけでなく,部分的にはさらに徹底しようとつとめている。ブレア首相はサッチャー・メジャー政権による労働市場改革（8つの雇用法・労働組合法）——労働組合を弱体化（この面では幾重もの規制強化）し,使用者（企業）の自由を大幅に拡大する——

の遺産を積極的に継承したし、ブレア政権下で制定された1999年の雇用関係法および2002年の雇用法によっても事態に大きな変化はなかった。両法制定後もイギリス労働市場は世界中でもっとも自由化された市場でありつづけている、とブレア自身が産業界の指導者層をまえにして胸を張ってみせたとおりである[2]。

ブレアが市場哲学を世界中に説いてまわったのは周知であろうし[3]、ブラウンもブレアに劣らず市場とグローバリズムをつよく擁護している。かれはサッチャー政治の所産である金融市場改革(ビッグ・バン)を積極的に継承し、蔵相就任後の初仕事がイングランド銀行をはじめとするロンドン金融市場の独立性を保証することであった。かれが主導する大蔵省の政策文書(『ミクロ経済改革』)は「市場は公益を促進する強力な手段である。……したがって政府の役割は、公益のために市場を支持するだけでなく積極的に強化することにある[4]」とのべ、かれ自身も「19世紀に産業化がまさしく英国に寄与したように、21世紀にはグローバライゼーションが英国に寄与すると実証してみせることができる[5]」と大胆である。

第二に、しかし、ニューレイバーはネオリベラリズムに全面的に同調したかといえば、そうではない。もっとも顕著な差異は、国家・政府の積極的な役割をみとめるニューレイバーと、国防・治安警察関係をのぞけば概して「国家の縮小・撤退」を唱えるネオリベラリズム(サッチャリズム)とのあいだにみられる。ニューレイバーの教育や医療など公共サービスへの積極的財政投資にあらわれた国家の独自的役割の認識と強調を「サプライ・サイド社会主義」とみなす論者さえいる[6]。また、ニューレイバーの反貧困の明確な姿勢やその「所得再分配」——税制・社会保障制の一体改革をつうじた所得移転はしばしば「人目を忍んだ(by stealth)」という形容詞をつけられた——を念頭におくとき、ネオリベラリズム(サッチャリズム)との断絶面があきらかになる。そのほかアイルランド和平の実現、地球温暖化とアフリカ諸国の累積負債帳消し(世界的貧困との取組)にかかわってEU首脳会議やG8首脳会議などで主導性を発揮した点などニューライトと異質なニューレイバーの特徴はいくつも列挙することができる。

以上要するに、私はニューレイバーをネオリベラリズムのイデオロギー的外被とみなす（一部の左派論客の）偽装説にも、また、その反対に、ニューレイバーを旧態依然たるオールド・レイバーの本質を隠蔽する覆面にすぎないとみなす（1997年総選挙で保守党が宣伝し、そして完敗した）逆偽装説にも同意できない。

　ニューレイバーをめぐる評価が分かれるのは、論者の思想上の立ち位置によるとともに考察対象としてどの政策分野を選ぶかにもよる。イラク戦争や対米追随外交でブレアを非難しない論者を見つけにくいのと同じように、児童貧困の撲滅をめざすブレアを非難する論者も見つけにくい。

2. ワークフェア戦略

　社会保障を対象とする福祉改革の領域でニューレイバーが掲げた政策は疑問の余地なく明確であった。「政府の狙いは仕事(ワーク)のまわりに福祉国家を建て直すことにある [7]」。政権発足直後のこの政府見解は、10年経過後にブレアが首相辞任を決意したのちのマンチェスター講演でも再確認されている。「仕事(ワーク)が、つまり、仕事(ワーク)の実態と変化する性質が、最初から政府の経済社会政策の中心問題であった [8]」と。ここに明言されている《仕事(ワーク)中心の福祉国家に組み替える》こと、これがワークフェア戦略である。

　「ワークフェア」の語は「ウェルフェアからワークへ（welfare to work）」を短縮した新造語でレーガン政権下のアメリカで普及するようになった。クリントン大統領の「福祉というものを終わらせる」という有名な言葉も同一の思想を受け継いでおり、同大統領が署名して成立した1996年の「個人責任と就労機会を調和させる法律（PRWORA）」はその一帰着点といえる [9]。ニューレイバーのワークフェア戦略の基本的思想もアメリカから輸入されたといってよい。総じて「第三の道」の基本戦略は「ユーロスターによるよりも大西洋間ジャンボ・ジェット機によって [10]」より多く運ばれたといってよいのである。

　ともあれ「ワークフェア」は、旧来の福祉国家にたいするニューライトの批判を受け容れて軌道修正した新しい再建構想にもとづいていた。第一に市民

権（社会権）を根拠として救済を求める社会保障制度は市民の権利と責任のバランスを毀して権利の肥大化と義務の卑小化をまねいているという批判，第二に国家が家父長的な役割を演じ，社会給付に依存する受動的な市民を大量生産し，社会的に「福祉依存文化」をはびこらせてきたという非難である。「第三の道」が強調する市民の権利と責任（義務）の相補性という理念は，ブレアによれば「責務 (duty) こそが品位ある社会の隅の礎石である。……責務こそが諸権利が賦与される文脈を規定する[11]」と表現される。コミュニタリアニズムに傾斜する権利・義務の主客関係に注目したい。

　この市民権の再解釈が政府・市民関係の再解釈に直結してくるのは当然である。このことを福祉国家改革の主軸をなすワークフェア戦略の領域においてブレア政権で担当したのはブラウン蔵相が主導する史上まれにみる強力な財政当局であった。この財政当局は1944年「完全雇用白書」にコミットするとくりかえしのべながら，しかし同時に肝心の「完全雇用」の語義を希釈してしまうのである。すなわち，「完全雇用の現代的定義」として「全ての者にとっての雇用機会 (employment opportunity for all)」と再定義したのである[12]。「雇用」の保障と「雇用機会」の保障とがどれほど異なるかは，この「現代的定義」を前提とするとき，「雇用機会」が存在するにもかかわらず，「雇用」されないのは個人の努力不足（責任放棄）だとする論法(レトリック)が成立する点に明らかであろう。このようにして，市民権（権利・義務関係）の再解釈は「ワークフェア」戦略に適用されるとき，貧困と貧困原因（失業）にかんして社会制度の欠陥（社会責任）を放免しつつ個人責任を膨張させるという政策思想の再転換と結びつかないわけにいかない。これこそ「個人責任と就労機会を調和させる法律 (PRWORA)」の極意にほかならない。

　政府は一方で市民が「機会」を活用する義務を強調しつつ，他方では市民の「雇用適性 (employability)」を開発し，向上させる「能力開発パートナー(エネイブリング)」となるのだ，とニューレイバーは主張した。ブレア首相の言によれば「規制をつうじる雇用保護 (job protection) は時代遅れ」となったのであり，政府の役割は「雇用者の能力開発」，すなわち，「現代の労働力として通用する市場適性 (marketability in the modern workforce) を強化[13]」するのに役立つ方

策というサプライ・サイドに絞られる。「雇用適性」とは，労働者が販売可能な唯一の商品である労働力の市場適性（販売能力）にほかならず，その強化策であるワークフェア戦略はまさしく「市場を積極的に支持するだけでなく強化する」というニューレイバーの旗幟を鮮明にしている。

　トニー・ブレアがニューレイバーの筆頭目標として「教育，教育，教育」と三連呼して有名になった演説もこの文脈において理解される必要がある。かれは「教育はありうる最良の経済政策である。教育と技術の結合に未来はかかっている[14]」と率直にのべている。教育を《仕事中心に再編》(ワーク)すること，すなわち，教育を経済への奉仕者に転換することも福祉国家の「現代化」戦略の中心課題となる。勤労の義務を大衆の頭脳に日常的に刷り込むことも教育戦略の主眼点となる。

　ワークフェア戦略が受動的な福祉国家から能動的な福祉国家への転換と宣伝され，また，能力養成・人材育成型の積極的労働市場政策の推進とみなされるのはこのような意味においてである。また，変貌をとげた福祉国家がしばしば「条件付き」福祉国家とか「契約主義的」福祉国家とよばれるのは，第一に，市民の権利・義務の相補性が強調される文脈で，市民の義務の遂行が市民の権利（社会給付適格性）の交換条件となったからであり，第二に，福祉国家改革戦略が「政府・市民間の契約」として提示され，この契約の双務性が強調されたからである。政府が提供する「機会」を活用することは市民の権利である以上に義務であるとされ，この「機会」を活用しない者——端的に「ニューディール」（第3節）などの政府プロジェクトに参加しない者——には相応のサンクション（社会給付の受給資格停止など）が課されるようになった[15]。この場合，事実上，政府のオファーを受諾することが市民に強制されているとみなせるから新福祉国家の「強制的」ないし「拘束的」性格が指摘されることになる。この政府・市民間契約の双務性という考えをブレアの言葉に移すと「われわれ〔政府—引用者〕が提供する新しい機会のどれひとつをとっても，われわれはその見返りに〔市民の—引用者〕責任を要求する[16]」と表現されることになる。

　さて，それではイギリスでみられるワークフェア戦略は具体的にどんな姿

をしているだろうか。〔A〕失業者と経済的不活動人口（いずれも定義上，労働年齢層に属す）の減少を目的として労働市場への参加や復帰（要するに就労）を促進するための求職活動支援，または，その前段階としての職業訓練の機会を提供する対象別（年齢層別，および，世帯類型別）の「ニューディール（ND）」プログラムが新設された（第3節）。〔B〕とくに低所得者層を対象にして労働市場参加意欲を高めるため，「仕事を報酬面でやり甲斐あるものとする（make work pay, MWP）」諸措置——以下，「就労報償改善策」あるいは「就労利得増進策」という訳語を当てておく——として，税制・国民保険制度の一体的改革が計画され実施された。所得税と国民保険料の統合的調整（第4節）と「税額控除・給付制（タックス・クレディット）」の導入（第5節）がその代表的な施策である。〔C〕「最低賃金制（National Minimum Wage, NMW）」の導入も就労報償改善策の一環であるが，便宜上，切り離して簡潔に論じている（第6節）。〔B〕と〔C〕の就労報償改善策はいずれも直接にはいわゆる「貧困の罠」「失業の罠」——あわせて「福祉の罠」——を駆除（すくなくとも縮小）し，就労インセンティヴを高めようとする政策目標を具体化している。

　これらの就労促進政策はもともと「福祉依存文化」を断ち切るために考案された経緯からわかるように，たんなる雇用政策にとどまらず反貧困政策としても理解すべきである。というより「貧困からの最良かつ持続的な脱出路は雇用である」という根本思想に立脚しているのがワークフェア戦略である。行論中，ひとり親世帯の箇所で「児童貧困」問題に言及したのは便宜上のことであり，児童貧困がひとり親世帯にかぎられる問題ではないのはいうまでもない。

（補遺）「貧困の罠」「失業の罠」について

　「貧困の罠」とは，労働時間を増やしたり，報酬がより有利な職に転職しても，所得税や国民保険料負担額が増えたり，逆に，それまで得ていた社会保障給付が減額されたり，打ち切られたりするために手取額（可処分所得）の増加が低くなる（極端な場合，かえって減少する）という税制・給付制の作用をいう。このため勤労意欲や向上心は水を差され，所得階梯（earnings ladder）を上昇しようとするインセンティヴは損なわれ，労働市場の働きが歪曲される。

「貧困の罠」は「限界削減率（Marginal Deduction Rate: MDR）」によって計測される。MDR は総所得の限界増の結果えられる純所得増の比率を1から差し引いて得られる。この数値は就労時にみられる所得税・国民保険料の増加率と各種社会保障給付の逓減率との複合作用によって定まる。「低所得」世帯に支給される主要な社会保障給付（「税額控除・給付制」導入以前の家族給付や住宅給付，地方税給付，など）は課税後・保険料徴取後の所得増につれて減額される。

「失業の罠」とは，失業時の所得額（失業手当その他の社会保障給付額）とくらべて就労時の純所得額（所得税および国民保険料支払後の可処分所得額）がそれほど増えないならば，就労動機は失われるか弱まり，労働市場のフレクシビリティが損なわれるという事態をさしている。

「失業の罠」は無職（失業）時に取得する社会保障給付額と（再）就労時の給与手取額（課税後・保険料徴取後）との差額，つまり，「就労利得増（gain to work）」か，あるいは，課税後・保険料徴取後の所得の〔失業時所得にたいする〕パーセンテージ（「代替率（replacement ratio）」）によって計測される。

「貧困の罠」と「失業の罠」とはあわせて「福祉の罠（welfare trap）」とも称される。これらの二つの罠はとくに低所得層・低賃金層の行動に重大な作用をおよぼす。

3. ニューディール

ニューディールには，若年者（18〜24歳），25歳以上（2年以上長期失業者），50歳以上，ひとり親，障害者，失業者のパートナーなどを対象とした年齢層別・世帯類型別などのプロジェクトがある（さまざまな社会的機会剥奪が重なって不利益を蒙っている劣悪な住居環境やエスニック・マイノリティが集中している地域社会の住民を対象とするコミュニティ・ニューディールもある）。これらのプロジェクトには各種社会給付の打ち切りを制裁措置として参加を義務づける実質的に強制的なものと，制裁措置をともなわない自発的参加型がある。若年者ニューディールは前者の，ひとり親ニューディールは後者の例である。それぞれから一例を選んでかんたんに紹介してみよう。

(1)「若年者ニューディール (NDYP, 1998〜)」は 18〜24 歳の年齢層[17]をターゲットとし，予算額でも事業規模でも旗艦的位置を占め，しかも参加を義務づけた――不参加には各種給付の支給停止を制裁措置として課す――最初のニューディールである。学業終了後 6 カ月以上無職の者はこのプロジェクトに参加しないかぎり「求職者手当 (JSA)」(「失業給付」は 1996 年に JSA に変更された) の支給を打ち切られる。NDYP 事業は，①入門コース，②選択コース，および，③継続コースからなり，入門コースでは専門家の就職指導者が個人ごとに就職の助言と指導をあたえる (4 カ月)。このコース修了だけで就職できる者はきわめて少なく，就職できない者は選択コースにすすむ。ここには 4 種の選択肢，(a) 企業試用雇用 (6 カ月)，(b) ボランティアとしてのコミュニティ活動，(c) 環境保全作業 (6 カ月)，(d) 全日制教育か職業訓練 (1 カ年)，が用意されている[18]。

以上のいずれかを選択した場合，その期間中，生活費 (JSA 相当額) とケースにおうじて一定の必要経費が補助支給される。たとえば企業試用雇用を選択した場合，本人には「求職者手当」相当額プラス週£15.83，協力企業にたいしては週£60 の補助金が 6 カ月間支給される (いずれも当初年度の数値)。

それでも定着的に就労できない者にはさらに雇用適性をひろげ高めるための強化訓練を施す継続コースが用意されている。しかしこのコースは再入門コースとよばれることもあるように，内容的には入門コースと大同小異だというのが実態らしい。

(2)「ひとり親ニューディール (NDLP, 1998〜)」は，ひとり親世帯 (圧倒的に母子世帯) を支援するプログラムである。ひとり親世帯数は 1970 年代初頭の 50 万世帯から 2002 年の 170 万世帯に急増し，その半数の約 85 万世帯が「所得扶助 (Income Support, IS)」を受給している[19]。NDLP は，社会保障給付の停止を条件とする参加の義務づけはなく，自発的参加をよびかけるプログラムとして発足した (後に公的扶助 (IS) の受給者ならびに申請者には，労働年齢層であるかぎり，就労状況についての面接が義務づけられる[20])。参加者にたいして個別の就職指導員がさまざまな情報提供，就労にかんする各種相談，職業訓練，教育，子どもの世話にかんする支援，さらには，就労中の金

銭補助，および，自営業にかんする指導・助言など，就労促進の手助けをする。参加適格要件は無職，または，週16時間以下就労の全てのひとり親である（最年少児童が5歳3カ月以上，後に3歳以上に拡張）。

なおこの箇所で触れておくと，このように社会保障給付と雇用促進の両サービスを一つの場所（one-stop shop）でおこなうための行政機関の統合が図られジョブセンター・プラス（Jobcentre Plus, 2002～）が新設された。ちなみに縦割り行政にかえて省庁横断的な統合行政サービスを目指すという行政組織の統廃合は他にもみられるが，それらを単に利用者（消費者）本位の行政改革とのみみなすのは一面的である。政府文書が率直に明記しているように「ジョブセンター・プラスは各人が可能なかぎり仕事(ワーク)による自助義務を負うという原則を秘めている[21]」とともに，それに照応する政府の就労支援義務原則を表現している。ジョブセンター・プラスの創設は，「政府・市民間契約」の双務性を具現しつつ，ワークフェア戦略の効率的運用を図る現場の拠点であり，福祉国家の「仕事(ワーク)中心の組み替え」を推進する行政機構改革の要である。

ひとり親（圧倒的に母親）の就労を後押しする施策は，その阻害要因となっている子どもの養育・世話にかんして保育施設の増設計画や保育費補助と切り離せない。保育費補助は後述の「税額控除・給付制(タックス・クレディット)」にふくまれる（第5節）。

(3) 児童貧困[22]　ひとり親世帯の貧困はすなわち児童貧困を表現している（有子世帯の4分の1がひとり親世帯であり，全児童の4分の1がひとり親世帯に属している[23]）。ニューレイバーの反貧困三大目標のひとつである児童貧困との取り組みはひとり親世帯と有子不就労カップル世帯への支援策を欠かせない。児童貧困はサッチャー・メジャー保守党政権期に激増し（1979年から1997年に住宅費支払前で12％から25％へ，住宅費支払後で14％から34％へ），EU加盟国中最悪の状態にあった。その後の推移をみてみると，1999年3月，ブレア首相がおこなったベヴァリッジ回顧演説が「われわれの歴史的目標はわれわれが児童貧困を絶滅した史上最初の世代となることである」とのべて以来，児童貧困との闘いは勢いを増し，2008年までに相対的貧困（「同等所得」中央値の60％以下）世帯から60万の児童を，また絶対的貧困世帯から180万の児童を，それぞれ解放した。結果，絶対的低所得世帯の児童は

1998/99年水準（360万）から半減した[24]。しかし2004年になお英国の貧困児童の二人に一人は就労者である親をもつ家庭に属しているという。いわゆる「就労者貧困層(ワーキング・プア)」にとっては「仕事こそが貧困からの最良の脱出路だ」というニューレイバーの託宣は実効性を否定されていることになる[25]。

　この箇所で児童期の貧困に由来する生涯をつうじる「貧困と機会剥奪のサイクル」を予防するためにさまざまな取り組みがなされていることにも一言しておきたい。貧困が強制する「ワーク・ライフ・バランス」の崩壊にたいする対策（育児休暇権行使や就労時間・形態の弾力化への企業努力喚起，総じて「ワーキング・カルチャー」の変革），保育施設の新増設，児童問題担当相（Minister of Children）の新設，児童センターの新設と支援事業の拡充，とくに低所得に起因する幼少時発育不全への対処（Sure Start Programme），16歳以上の就学継続を支援する奨学金制度などがある。さらに低所得世帯を貯蓄慣行に馴染ませようとする独特の誘導策（Saving Gateway や Child Trust Fund の創設）など目を見張るような試みもある。

　とくに保育施設の新増設はひとり親家族の就労促進策と不可分であり，「全国児童ケア戦略（National Childcare Strategy）」を立ち上げ，1997～2003年にすでに100万人分の児童ケア施設（個人ボランティア，小中学校舎などの利用もふくむ）を増加している。

4. 所得税および国民保険料の改革——就労報償改善策（MWP）(1)

　税制および社会保障制度の一体的改革の狙いは，両制度の複合作用によって生じる労働市場の歪曲作用を駆除することにある。所得税と国民保険料が史的起源を異にし，別個の制度のもとでそれぞれ独自に発達してきたことが以下にのべるような歪みを労働市場にもたらしてきた。

　テーラー報告[26]（『税制・給付制現代化』シリーズ第2号）および大蔵省『ミクロ経済改革』（前掲）から改革前の主要な難点をひろってみよう。①従業員の国民保険料は所得税の課税点以下の所得額から支払義務が生じ，とりわけ低所得層にたいして「就労利得（gains to work）」——就労にともなう所得

増——を減殺する働きをしてきた。とくにいわゆる国民保険「加入料（entry fee)」（俗称）が労働市場に大きな歪みをあたえた。いま改革直前 (1998/99 年度) の数値を用いて例解すると，従業員の給与が「低収入限界点 (Lower Earnings Limit, LEL)」(週当たり£64）に達すると，従業員は給与総額の 2%（£64 × 0.02 ＝ £1.28），雇用主は同 3%（£1.92）を保険料として拠出しなければならない。これが「加入料」と俗称されるものである。雇用主は保険料負担を免れるため「限界点 (LEL)」ぎりぎりの£63.99 以下の低収入域に従業員を滞留させ，この給与域周辺に瘤状の団塊を生じさせる結果をまねいた。②さらに国民保険の拠出制度は以下の弊害をともなった。まず雇用主の拠出率は従業員の給与が上昇するにつれて段階的に引き上げられ，しかも引き上げられた拠出率がそれぞれの段階を超えた超過額部分に適用されるだけではなしに給与総額に適用されるため，雇用主の拠出金負担は段階毎にはねあがり，結果，従業員の昇給にたいする強力なディスインセンティヴとして作用した。ちなみに雇用主に段階的に適用される 4 段階の拠出率を，同様に 1998/99 年時点の数値で例示すると（給与額は週単位），£64 ～ 110 ＝ 3%，£110 ～ 155 ＝ 5%，£155 ～ 210 ＝ 7%，£210 ～ ＝ 10% である。③つぎに従業員の保険料負担率は 2 段階の制度設計となっていた。まず，「限界点 (LEL)」を超えた場合，低収入域給与（£64）にたいする 2% の拠出を，つぎに限界点を超過した部分にたいする 10% の拠出を——ただし一定の上限まで，すなわち「高収入限界点 (Upper Earnings Limit, UEL)」(1998/99 年時点で週当たり£485）まで——義務づけていた。このため「限界削減率 (MDR)」が 100% を超えるケース（つまり昇給の結果かえって手取額が減少するケース）が低収入域を超える周辺で多発した。

　テーラー報告が提案した改革案は 1999 年度，2000 年度，2001 年度に順次導入された改革によって陽の目をみ，歪みは大幅に是正された。すなわち，①従業員と雇用主の保険料拠出義務が生じる給与額の起点を引き上げ，所得税課税の起点に揃える (2000/01 年度に£64 → £87 [27])。②従業員および雇用主にとっての「加入料」をなくする。③雇用主拠出金の階段型増徴レイトを廃止して均一レイトに変える。これらの改定の結果，90 万の従業員が国民保険

料の支払義務から完全に解放された。改革は限界削減率を大幅に引き下げ（無論 100% を超える限界削減率は姿を消した），低所得者層の就労利得を増やし，労働市場への参加意欲を強めた。④並行してなされた税制改正——最低所得税率の 20% から 10% への引き下げ（1999～）——は 300 万の低所得者層の限界税率を半減した。総じてこれらの措置は「貧困の罠」と「失業の罠」の除去・縮小に貢献し，労働市場の弾力性の回復に役立った。

5.「税額控除・給付制(tax credits)」の導入——就労報償改善策(MWP)(2)

ここでいう「税額控除」は，所得税算定にさいして「課税所得」額を確定するために総所得額の一定部分を「非課税収入」とみなして控除する「所得控除（disregard）」（わが国の基礎控除や配偶者控除など）のことではない。課税所得にもとづいて算定された所得税負担額から差し引かれる控除額のことである。この控除額が所得税の負担額より大きくなる低所得者の場合に生じるマイナスの差額分は当人に給付される。かりに基準課税額に達しない低所得者の場合には，税額控除相当額がそのまま所得に上乗せされて支給される。つまり「負の所得税」の性格をあわせもっている。したがってこの制度は強力な所得移転の機能を演じることになる。本章はそのことを明示するため，煩を厭わず「税額控除・給付制」と「給付」の語を補っている。

5.1「就労家族税額控除・給付（WFTC）」

「就労家族税額控除・給付（Working Families Tax Credit, WFTC, 1999～）」は 1999 年 10 月に新設され，サッチャー政権時代の社会保障制度改革[28]が創設した「家族給付（Family Credit, FC, 1988～）」にとって代わった（同時新設の「障害者税額控除・給付（Disabled Person's Tax Credit, DPTC）」とそれにともなう「障害者就労手当」の廃止については解説を省く）。ワークフェア戦略の全体がそうであるように，「就労家族税額控除・給付」もアメリカ生まれの制度（「稼得所得税額控除・給付（Earned Income

Tax Credit, EITC, 1975 ～ , 拡充 1993 ～)」) に手直しを加えた輸入品であった[29]。この制度の採用を政府に勧告したテーラー報告書が「ワーク・インセンティヴ」と題しているとおり，その狙いは紛れもなく「失業の罠」と「貧困の罠」の除去による就労意欲の増進にあった。

　ニューレイバー改革の「就労家族税額控除・給付」とファウラー改革が創設した「家族給付（FC）」との関連にこの場で一言すれば，それはねじれをふくんでいる。すなわち，一方で「福祉依存」＝「福祉の罠」を廃して就労による自立を促すワークフェア戦略面ではサッチャリズムと連続する共通性を保持しつつ，他方で所得保障の面では「家族給付（FC）」の不十分・不徹底性を修正していわゆる「就労者貧困層(ワーキング・プア)」にたいして厚く配慮する性格をもっている。①就労意欲の増進という点では限界税率を引き下げてとりわけ低所得層の就労所得増進に配慮し――しばしば「人目を忍んだ所得移転」といわれる――，②「家族給付」が「所得控除（disregard）」（「非課税収入」扱い）とした児童保育費――「所得控除」の扱いは週給与£139以上層だけを最大に利し，適用起点である£79以下層を何ら益しなかった[30]――にかんしては「児童保育税額控除・給付（childcare tax credit）」による保育費補助に踏みこみ，③「家族給付」が資産調査付(ミーンズ・テスト)の社会給付として申請率（捕捉率）に影響してきた欠陥を修復するため，財政当局（国税庁）が所管する賃金パケット方式に変更するなどの工夫が凝らされている。

　「就労家族税額控除・給付」は週16時間以上の就労者がすくなくとも一人いる有子世帯を適格者とし，世帯主（申請者）個人の所得だけではなくパートナーがいる場合にはその所得も考慮した世帯単位の所得にもとづいて算定される（従来は所得税は個人単位，社会保障は世帯単位の所得に依拠していた）。「就労家族税額控除・給付」の構造は次のとおりである（数値は1998年刊の『税制・給付制現代化』シリーズ第3号に則っている。金額は実施初年度の実態をあらわす例解と諒解されたい）。①適格世帯すべてに適用される基礎控除額£48.80（週当たり，以下同），②子どもの年齢に応じて一人当たり£14.85～£25.40（0～11歳＝£14.85，11～16歳＝£20.45，16～18歳＝£25.40）の児童基礎控除，③30時間以上の就労者には£10.80のフルタイム

報償控除がそれぞれ加算され，さらに④児童保育費にかんして「児童保育税額控除・給付」を設け，保育所（国家認定施設）必要経費を一定額（児童一人につき週当たり£100，二人以上につき£150を上限として）の70%までを税額控除・給付額に加算する。この「児童保育税額控除・給付」の有資格者は(a) 16時間以上（週当たり）就労のひとり親有子世帯，および，(b) カップルの場合には，パートナーが二人とも16時間以上就労の有子世帯である。⑤これらの合計額が税額控除・給付額となる。⑥税額控除・給付制の限界削減率は55%である（「家族給付」の限界削減率は70%）。すなわち，世帯純所得（所得税・国民保険料徴取後）が週£90.00を超えると限界削減率が適用され，超過額£1ごとに55%が税額控除・給付額合計から削減される[31]。

　これらの措置により低所得就労家族における就労所得は増大した。例示されたモデルによって制度適用の成果の一部を紹介してみる。①11歳以下の子ども一人をもつパートタイマーの母親（ひとり親世帯）は，稼得収入が£90（週当たり，以下同）の場合，国民保険料£2.60（所得税はなし）を引かれて純所得£87.40となるが，「就労家族税額控除・給付」による£63.65（基礎控除£48.80と児童加算£14.85の合計）と普遍的給付である「児童給付（Child Benefit, CB）」£13.95を加算して可処分所得は£165に引き上げられる。この場合「児童保育税額控除・給付」が適用されないのは，就労時間が16時間以上という要件を満たしていないためである。以下，結果だけをしめすと，②11歳以下の子ども二人をもつカップルで30時間以上の就労者一人がいる世帯では，稼得収入が£220の場合，最終的可処分所得は£242.37となる。③11歳以下の子ども二人をもつカップルで一人は30時間以上の就労（収入£200），一人はパートタイム就労（収入£100）の場合，結果は£319.98となる。ただしこのケースでは週£60の児童保育経費が税額控除適格と認められ，その70%（£42）の補助分がさらに上積みされている。④11歳以下の子ども二人をもつカップルで父親は£250，母親は£150を稼得する家族で，児童保育費が満額適格とされる（したがって，二人の上限£150の70%の補助が算入されている）ケースでは，最終可処分所得は£429.06となる。

　なお，税額控除・給付制の導入という税制・社会保障制度の一体改革によっ

て，それまで50万世帯が所得税を国税庁に支払い，家族給付を社会保障省から支給されるという重複と無駄が除かれるようになった点も付記しておきたい。

5.2 「就労税額控除・給付（WTC）」と「児童税額控除・給付（CTC）」の新設

　ブレア政権は第2期（2001～05）に入って税額控除・給付制を一段と拡充した。2003年に「就労家族税額控除・給付（WFTC）」が廃止され，「就労税額控除・給付（Working Tax Credit, WTC, 2003～）」と「児童税額控除・給付（Child Tax Credit, CTC, 2003～）」に引き継がれる（2001年新設の「児童税額控除・給付（Children's Tax Credit, 2001～）」については省略する。これは2003年新設のCTCに吸収された）。

　新設の両制度とも低所得者層の就労所得を増加させ，就労インセンティヴを高めようとする目標においてはWFTCとおなじであるが，以下に列挙する相違点に新制度への転換の理由が認められる。

　①税制と社会保障給付制との統合がより一層すすんだ。新制度は税制年度（tax year）と同調させ，施行初年度は前年の所得を基礎とする。大抵の家族は税額控除・給付を得るのに年に一度だけ確定申告すれば足りる（WFTCは半年ごとの申告が必要であった）。②WFTCと異なり，新制度（WTCとCTCの両制度をさす，以下同）は課税前・保険料徴取前の世帯所得を算定の基礎とする。③「就労税額控除・給付」は児童がいない世帯（無子世帯や単身者世帯）や非障害者世帯にまで対象を拡大した（DPTCは廃止され，WTCに吸収）。④新制度は所得が一定基準を超えた場合の限界削減率を37％に引き下げた（FCは70％，WFTCは55％。なお，詳細は後述参照）。⑤家族事情の変化（カップルの崩壊または形成，新生児の誕生，保育費の変化，所得の変化など）にいっそう機敏に対応することができるようになった。⑥「児童税額控除・給付」は初めて両親の《雇用上のステイタス》——有職か無職か，フルタイムかパートタイムか，求職活動の有無（経済的に活動的か不活動的か），など——に一切かかわりなく児童への金銭的支援を可能とした。結果，有子世

帯のおよそ10世帯中9世帯がこの制度の受益者となった（後述参照）。⑦新制度はWFTCと異なり資産の取り扱いを税制と一致させた。すなわち，資産の有無・多寡を不問に付し，資産から派生する所得だけを考慮することにした（資産調査(ミーンズ・テスト)を廃止し，税制と同様に所得調査(インカム・テスト)のみとする）。スティグマの除去だけでなく，貯蓄意欲を促進する効果も期待できる。⑧総じて，新制度はWFTC（DPTCおよびChildren's TC）より寛大で控除・給付額が大きい。以上，依拠した大蔵省資料はこれらの改良を家族への金銭的支援の政策領域でみられる『ベヴァリッジ報告書』以来の単一最大の変革だと自負している[32]。

5.3 「就労税額控除・給付（WTC）」

「就労税額控除・給付」の適格要件は，①有子世帯と障害をもつ就労者がいる世帯についてはすくなくとも週16時間以上の就労者一人（この属性では16歳以上で適格要件を満たす）がいること，②無子世帯および障害をもつ就労者がいない世帯ではすくなくとも週30時間以上の就労者一人（この属性では25歳以上が適格要件[33]）がいること。

「就労税額控除・給付」が種々の「要素」加算から組み立てられている点はWFTCとおなじである。①適格者すべてに該当する基礎額，②カップル・ひとり親加算，③30時間以上就労報償加算（この場合，WFTCと違う点は，有子カップル世帯の場合，一人がすくなくとも16時間以上の就労者であれば，二人の就労時間をあわせて30時間以上となれば30時間クレジットが認められる），④就労障害者加算，⑤重度障害者加算，⑥一定期間の失業後に就労復帰した50歳以上の者への特別加算（就労時間が16～30時間か30時間以上かで2段階），さらに，⑦児童保育費加算（児童一人の場合，上限£135，二人以上の場合，上限£200のそれぞれ70%が加算される）。なお，税額控除・給付の限界削減率は「児童税額控除・給付」の場合とまったく同一なので次項でまとめて紹介する[34]。

なお付言すれば，上に列挙した加算「要素」のうち，保育費補助費は従来から伝統的に普遍主義的に支給されてきた「児童給付（CB）」とともに子どもの直接の養育者（主に母親）に支払われる（その他の諸項目の控除額ないし支給

5.4「児童税額控除・給付（CTC）」

ニューレイバーの最優先課題はワークフェア戦略とならんで児童貧困との闘いにあった。児童貧困との闘いとしては多様な方策が試みられているが、「児童税額控除・給付」の新設はその一環としてとりわけ重要である。ワークフェア戦略の一環でありながらも、適格要件として「ワーク・ステイタス」（就労の有無や就労時間・形態のみならず求職活動の有無さえも）をまったく問題にしない——学生でも扶養児童がいれば適格とされる——点に、この制度の狙いと性格が如実に示されている。この制度の受益者層が広範なことについても既述のとおりである（有子家族の10世帯中9世帯）。

「児童税額控除・給付」は、「就労税額控除・給付」にふくまれている児童保育費加算とならんで普遍主義的給付である「児童給付（CB）」を別とすれば、その他の旧来の各種給付（WFTC, DPTC, Children's TC, IS, JSAなど）にふくまれていた児童関係加算要素をすべて糾合するもので、対象児童の要件は16歳以下（正確には16歳の誕生日の次に来る9月1日まで）の子ども（高等教育以外の全日制教育課程にある者については19歳まで特例として適格とされる）がいる世帯である。既述のとおり就労状況や世帯類型とはいっさい無関係である。「児童税額控除・給付」の組成要素は、①有資格世帯の全てに適用される家族要素、②児童要素、③新生児加算要素、④障害児および重度障害児加算要素、からなる。

税額控除・給付の限界削減率については、新制度を提案している2002年政府資料[35]が掲げる2003/04年度予算の数値を例示すると、上述のようにWTCとCTCとに共通に、世帯所得が第一基準額（週額£97＝年額£5,060）を超えると37%、第二基準額（週額£958.90＝年額£50,000）を超えると15分の1（£15超過ごとに£1削減）となる。ちなみに2007年の国税庁の広報文書[36]から拾った応答文の一例をあげておく。「1歳以上の児童二人をもつ家族なら家族の年所得が最高£57,785まで適格です。もしあなたが1歳以下の児童一人をおもちなら家族の年所得が最高£65,965まで児童税額控除の

適格者です」。このように相当の高所得層にまで適格者がひろがっており，有子家族の10世帯中9世帯が適格範囲だということが理解されるであろう。

「児童税額控除・給付」は（上にのべた「就労税額控除・給付」にふくまれている児童保育費要素とともに，「児童給付」と同様），国税庁から主たる児童養育者（主に母親）に直接支払われる（受領方法を毎週1回とするか4週間分まとめて受領するか選択し行政当局に指定できる）。

6. 最低賃金制

政府は「最低賃金制（NMW, 1999～）」の導入にさいして「低賃金委員会（Low Pay Commission, LPC）」を発足させ，その勧告にもとづいて最低賃金（時間給）——成人レイト（22歳以上適用）と若年未熟者レイト（18～21歳適用）の二本立て制[37]——を導入し，毎年の改定（引き上げ）を実施してきた。裁定にあたって「適正な」最低水準を模索するのに慎重を期しているのはいうまでもない。委員会委員には雇用主代表を加えるほか，委員会が勧告にあたって考慮すべき事項として，雇用水準や物価におよぼす影響はもとより，企業の競争力や政府財政負担の多寡にも目配りするよう義務づけている[38]。幸いブレア首相の時代はイギリス経済が好調を持続したため導入時に反対派が懸念したような悪影響はみられなかった。

最低賃金制が経済にあたえる影響についてはこれまで存在する多数の研究にもかかわらず，なお不明な点が多く残されている。英国の当時期の事情にかぎっていえば以下の諸点が明らかになっている[39]。①最低賃金制導入によって生じた賃金格差の縮小を挽回しようとする波及効果はほとんどなかった，②雇用全体におよぼす影響も統計的に有意な数値は認められなかった（後述参照），③最底辺の低賃金部門とされる養護ホーム部門（the care home sector）にかぎっては最低賃金制導入が30%の労働者の賃金を引き上げるという大きな賃上げ効果があり，この部門にかぎって小幅な雇用減少効果が生じた，④最低賃金制の受益者の多くは女性であった（75万人以上の女性に賃上げ効果があった）が，にもかかわらず男女間賃金格差への影響は微小（ジェンダー・ペ

イ・ギャップ 0.5% ポイントの縮小）にとどまった，⑤低賃金セクター（繊維，小売り，接客，警備保障，掃除・洗濯，養護・介護，整髪・美容など 7 業種）で賃金を 0.3% から 1.4% 程度引き上げる効果をもった，⑥業種を別とすれば女性労働者のほか，とりわけパキスタン，バングラデシュ出身のエスニック・マイノリティと障害者とをもっとも裨益した，などである。

なお OECD 諸国を対象とした国際比較研究が明らかにした点を一つ補足しておくと，最低賃金制のインパクトは相対的低賃金国と高賃金国とでは異なり，それに応じて最低賃金のネガティヴな雇用弾力性が 0.1 ないし 0.2 の諸国とならんで統計的にゼロとみなしうる諸国が検出できる[40]。とくに最低賃金制の雇用にたいするネガティヴ・インパクトはティーンエージャーにおいて統計的に有意とされているが，英国の二層制最低賃金制（成人レートと若年者レート）はこの効果を未然に防ぐ機能を演じていると評価されている。

7. 結論

本稿が考察の対象としてきたのは，18 年間（1979 ～ 1997）におよんだ長期野党時代をへて政権に復帰した英国のニューレイバー政権が 13 年間（1997 ～ 2010）にわたって推進してきたワークフェア戦略である。ワークフェア戦略は，「福祉から仕事へ」をかけ声に労働能力をもつ労働年齢層の者であるかぎり労働市場外での社会給付依存（いわゆる「福祉依存」）を抑制して労働市場参入（就労）へ誘導し自立を促す政策であり，ニューレイバー政権の場合，同時に就労報酬が自立の条件を最低限みたすように考案された所得保障制度と抱き合わせとなっていた。「ニューディール」は就労促進策であり，「就労報償改善策」は就労インセンティヴを高める補完戦略であった。行論のなかであえて制度設計の具体相にこだわった箇所があるのは，建て前としての改革理念がどこまで本音であるかを解く鍵は制度の細部にみいだされると考えたからである。本稿では触れなかったけれども，比較的共通項を多くもつようになった英米両国間にも——アメリカ合衆国内部における「州」別の相違をふくめて——かなりな違いが存在している。

「就労報償改善策」は「貧困の罠」と「失業の罠」——総じて「福祉の罠」——を除去することを狙いとする一連の諸改革から構成されている。所得税・国民保険料の統合的調整改革はその第１弾であり，「最低賃金制」の新設はその第２弾，そしてその根幹に位置する各種の「税額控除・給付制(タックス・クレディット)」は第３弾であった。

「税額控除・給付制(タックス・クレディット)」は低賃金層への所得移転＝所得保障機能をつよく併有し，直截にいえば，租税制度によって低賃金労働者の収入を補塡する仕組みであった。いいかえると，この所得移転（再分配）機構は国家が最大限に《自由化された労働市場》を護持するといいつつ，その実，市場（企業）を放任するのではなく低賃金労働者の生活費の一部を補塡するという国家の積極的，かつ，大規模な労働市場「支持＝強化」構想を具体化していた。

ニューレイバーのワークフェア戦略は，反貧困政策の性格をつよくそなえていた。ひとり親むけのニューディール政策は，「児童税額控除・給付」とあいまって，この性格をひときわ鮮明にしめしていた。「ワーク・ステイタス」の如何を問わない「児童税額控除・給付」の制度設計によって，ニューレイバー政権の反貧困の闘いは労働市場内給付だけでなく労働市場外給付にもおよぶことを明らかにした[41]。ニューレイバーのワークフェア戦略は，反貧困と所得移転の特徴によって社会民主主義的な色彩を保持している。

英国のワークフェア戦略を通観してみえてくるのは社会保障における税制の役割の拡大である。それは一部の研究者がいうようなゴードン・ブラウン蔵相に率いられた財政当局の「帝国」的膨張とか社会保障関係省庁との管掌事項の縄張り争いといった低次元の問題だけにとどまらない。税制が医療保障（NHS）とならんで，福祉国家の基底をなす所得保障に従来以上の大きな責任をもつこと，保険方式の限界を租税制度との統合によって下支えする方向に大きく舵を切ったとみられること，この点に注目すべきであろう。そうだとすると，ニューレイバー政権期の社会保障制度の変革は，たしかに福祉国家の重大な変質（ウェルフェアからワークフェアへ）をもたらしながらも，それは単純に福祉国家の衰退や終焉とみなされるべきではなく，かえってそのしたたかな強靱さを秘めた変化の相であったと考えることもできる。

社会保障行政の一部を税制当局がとりこんだ「税額控除・給付制」は低所得階層と中高所得階層の扱いを無差別化すること，すなわち，この制度の内部においては「資産調査」(ミーンズ・テスト)（社会給付制度）を廃して「所得調査」(インカム・テスト)（保険制と所得税制）に一本化することによって前者につきまとうスティグマを一掃しようとする意味をふくみもっている点にも注意しておきたい。

　以上のようなおおよそ中立的な評価とならんで，以下のような疑問や批判も否定できない。

　ニューライトの主張に歩みよって市民権にもとづく社会給付の「権原」性を否定して就労義務を強調するニューレイバーのワークフェア戦略は，人的資本形成を目標に謳いながらこの根幹的な目標の面では成果をあげえず，実質的に低賃金層市民の労働市場送致機構となる危険性を払拭しきれなかったようにみえる。あたかも労働市場に参入することだけで，「社会的包摂」が達成されるかのごとき一面的な主張もきかれた。労働力商品化のフェティシズムに囚われて，企業とグローバル資本主義に奉仕する性格を否定することは困難である。上段で強調した反貧困的志向も格差拡大を積極的に容認したうえでの対応措置であった。かれらが標榜した「プロアクティヴ」（事前介入）策からほど遠いものであった。国家による就労促進が労働市場「自由化」政策と絡み合って，事実上，「ディーセント・ワーク」準則を軽視する危険（「どんな職でもないより増しだ（Any job is better than no job）」）も皆無だったとはいえない。総じて，共同体への個人責任という思想的契機をコミュニタリアニズムから孤立的にとりだして強調するかにみえるワークフェア戦略は社会工学的発想と社会マネジャリアリズム的傾向をつよめた。この点ではニューレイバーのワークフェア戦略も，それを唱導した言説とは裏腹に，ニューライトが非難した家父長制的管理と市民の非自発性を姿を変えて温存する危険性を内包している。

　1944年の「完全雇用」白書を換骨奪胎していわゆる「完全雇用の現代的定義」へと修整することは，失業と貧困を社会制度（資本主義）の構造的欠陥に由来するとみなす批判的認識を捨て去り，政府の義務を労働市場の自由化（使用者＝企業の自由の拡大）と市民の労働市場適性（雇用適性）の強化というサプライ・サイドの市場支持強化策におきかえるのに必要な手続きであった。結

局，個人責任を強調しつつ社会制度（資本主義）の欠陥を免責することに帰結する。総じて福祉国家が資本主義経済の欠陥を補正する役割よりも資本蓄積に奉仕する役割をつよめつつ生き残りを図っているのが現状にみられる社会民主主義の特徴であり，この点にネオリベラリズムとグローバライゼーションの拘束下にあるニューレイバー政権の特質の一端が表現されていた。

【注】
1) T. Blair, Speech to the Party of European Socialists' Congress, Malmo, 6 June 1997, cit. in M. Bevir, *New Labour. A Critique*, Routledge, London, 2005, p. 64.
2) R. Taylor, "New Labour, new capitalism," in A. Seldon ed., *Blair's Britain, 1997-2007*, Cambridge UP, 2007, p. 229.
3) とりあえず，日本で経団連に向けて行った講演をふくむ，T. Blair, *New Britain. My Vision of a Young Country*, Fourth Estate, London, 1996 所収の論説をみられたい。
4) HM Treasury (2004), *Microeconomic Reform in Britain. Delivering Opportunities for All*, eds. by E. Balls, J. Grice and G. O'Donnell, Palgrave Macmillan, Basingstoke, pp. 6 & 8. 本書にはブラウン蔵相が序文を寄せ，ブラウンの側近にしてブレーンであるエド・ボールズら三者が著者として名を連ねている。
5) 2006年6月21日，ロンドン市長がマンション・ハウスで主催した宴会での発言。Cit. in S. Lee, "The British Model of Political Economy," in M. Beech and S. Lee eds., *Ten Years of New Labour*, Palgrave Macmillan, Basingstoke, 2008, p. 29. 実はニューレイバー政権下で持続した経済成長が政権晩年（第三期政権期）にバブル化したこと——ある論者はそれを英国資本主義の「カジノ化」という——については別の機会に譲らなければならない。
6) Bevir, *op. cit.*, pp. 110, 111-12, 118, 120.
7) Department of Social Security (1998), *New Ambitions for Our Coutry: A New Contract for Welfare* (Cm 3805), SO, London, p. 124.
8) この演説は，ブレア首相がなお在任中ながら，すでに辞任を決意したのちの2007年4月30日にマンチェスターで行われた。ブレア政権の生誕以降の一貫した方針を回顧する内容であるだけに重みをもって理解される必要がある。Cf. Taylor, op. cit., p. 214ff.
9) この過程の紆余曲折は，B. O'Connor, *A Political History of the American Welfare System. When Ideas Have Consequences*, Rowman & Littlefield Publishers, Lanham, 2004, pt. III の諸章に詳しい。
10) M. Powell and M. Hewitt, *Welfare State and Welfare Change*, Open University

Press, Buckingham, 2002, p. 115.「英国福祉（国家）のアメリカ化」について語っている研究者は数多い。Cf. R. Walker, "The Americanisation of British Welfare: a case-study of policy transfer," *Focus*, 19(3), 1998; A. Deacon, *Perspective on Welfare. Ideas, ideologies and policy debates*, Open University Press, Buckingham, 2002, pp. 5f.; R. Walker and M. Wiseman eds., *The Welfare We Want? The British Challenge for American Reform*, The Polity Press, Bristol, 2003.

11) Blair, *New Britain, op. cit.*, p. 237.

12) HM Treasury (1997), *The Modernisation of Britain's Tax and Benefit System*, (以下『税制・給付制現代化シリーズ』*MBTBS* と略記) No. 1, *Employment Opportunity in a Changing Labour Market*, p. 5; HM Treasury & DWP (2001), *The Changing Welfare State: Employment Opportunity for All*, p. 1 など。この「完全雇用の現代的定義」はその後の数多くの政策文書で登用され定着する。ちなみに1944年白書『雇用政策』における完全雇用へのコミットメントは「高水準で安定的水準の雇用の維持を政府の主要な目標および主要な責任の一つとして受諾する」と明記されていた。毛利健三『イギリス福祉国家の研究』東京大学出版会、1990年、第4章、および、同「雇用政策―社会政策と経済政策の接点」同編著『現代イギリス社会政策史 1945～1990』ミネルヴァ書房、1999年、第1章、参照。

13) Cit. in R. Taylor, *op. cit.*, p. 216.

14) Blair, *New Britain, op. cit.*, p. 66.

15) 注7にしめした政府の 緑 書（グリーン・ペーパー）が「福祉の新契約」と題されていることに注意。以降、「福祉の新契約」をタイトルにもつ政府文書が相継いで刊行され、いずれも政府・市民間契約の双務性を強調している。Cm.4101: *A New Contract for Welfare: Principles into Practice*, 1998; Cm.4102: *A New Contract for Welfare: The Gateway to Work*, 1998; Cm.4103: *A New Contract for Welfare: Support for Disabled People*, 1998; Cm.4179: *A New Contract for Welfare: Partnership in Pensions*, 1998 など。

16) T. Blair, Speech to Women's Institute, 7 June 2000. Cit in Bevir, *op. cit.*, p. 67.

17) この場で18歳未満（16～17歳）層について一言補っておく。この年齢層は例外的事情がないかぎり社会保障給付の対象外（不適格）であるにもかかわらず、およそ10%はいわゆる「ニート（NEET）」であり、また、失業率――「経済的活動人口」にたいする失業者数の比率――は1997年以降20%前後から29%（2007年）へ高まっている。「経済的活動人口」（分母）の減少（少子化と進学増加）と失業者（分子）の増大との相乗効果である。この年齢層にたいして、義務教育・訓練年齢を2013年までに17歳に、2015年までに18歳に引き上げるとされているが、今後の推移を見守るしかない。Cf. R. Lupton, N. Heath and E. Salter, "Education: New Labour's top priority," in J. Hills, T. Sefton and K. Stewart eds., *Towards A More Equal Society? Poverty, inequality and policy since 1997*, The Policy Press, Bristol, 2009, ch. 4, pp. 82-83; A. McKnight, "More

equal working lives? An assessment of New Labour policies," in J. Hills, et al. eds., *op. cit.*, ch. 5, pp. 103-04. なお後出注33) をも参照されたい。
18) 1999年6月から2002年6月時点の4ヵ年の実績を単純平均してみると，選択肢 (a) 19.7% (b) 21.6% (c) 18.8% (d) 39.7% となり，全日制教育・職業訓練が一番多く選択されている。R. Blundell, H. Reed, J. Van Reenen and A. Shephard, "The Impact of the New Deal for Young People on the Labour Market: a four-year assessment," in R. Dickens, P. Gregg and J. Wadsworth eds., *The Labour Market under New Labour. The State of Working Britain 2003*, Palgrave Macmillan, Basingstoke, 2003, ch. 1, p. 22, Tab. 1.2.
19) P. Gregg and S. Harkness, "Welfare Reform and the Employment of Lone Parents," in Dickens, Gregg and Wadsworth eds., *op. cit.*, ch. 7, pp. 99, 106. なお行論中，ひとり親世帯は圧倒的に母子世帯だとのべたが，ひとり親世帯の8%が父子世帯である (2002年)。ibid., p. 115, n. 4.
20) 細部の制度変更については，Cf. Gregg and Harkness, op. cit., p. 103, Tab. 7.1.
21) HM Treasury and DWP (2001), *The Changing Welfare State, op. cit.*, p. iv.
22) この場で「貧困」概念について一言しておく。現在，英国には政府公認の「公的貧困線」は存在しないが，ニューレイバー政権下で政府および研究者間で共有されている「貧困」概念は以下のとおりである。通常用いられるのは，当該時点における「同等化」された世帯所得の中央値(メディアン)の60%以下を「貧困」とみなす，相対的貧困概念である（住居費支払前の純所得か支払後の純所得かによって相当の違いを生じるのでいずれであるかについて注意が必要である)。

「同等所得 (equivalent or equivalised income)」とは家族規模，家族員構成，世帯主であるか否か，などの点を考慮して，同等の生活の質と水準を享受しうるとみなされる所得の相当価額である。その尺度の一部を例示すると，夫婦（無子)世帯を基準 (1.0) として，世帯主単身者 0.61，非世帯主単身者 0.42，夫婦（4歳と6歳の2児) 1.39 などがあり，これによって夫婦（無子）の週£100の収入と夫婦（2児）の£139の収入がほぼ同等の生活の質を可能とする相当額とみなされる。

なお，時として「絶対的貧困」（ないし「物質的貧困」）という語が用いられるが，これはアメリカで用いられている（それぞれの世帯類型に応じて同等化された）一群の「必要生活物資」の購買力をしめす概念ではない。英国の場合，絶対的貧困は特定時点の相対的貧困（つまり特定年次の所得の中央値(メディアン)の60%以下）を固定して（ただし物価変動修正値＝時価換算額)，それ以下の所得額をさしている。たとえば，注24にあげた2008年政府文書は1998/1999年の「相対的貧困」（物価変動修正値＝時価換算額）に該当する所得額によって2008年度の「絶対的貧困」を意味させている。
23) Gregg and Harkness, op. cit., pp. 99, 114.
24) HM Treasury, DWP and DCSF (2008), *Ending child poverty: everybody's business*,

pp. 3 and 5. www.hm-treasury.gov.uk/d/bud08_childpoverty_1310.pdf. (access at 22 Dec., 2010).

25) D. Coates, *Prolonged Labour. The Slow Birth of New Labour Britain*, Palgrave Macmillan, Basingstoke, 2005, p. 150.

26) HM Treasury (1998), *MBTBS*, No. 2, *Work Incentives:A Report by Martin Taylor*,(「テーラー報告」と略記) chap. 2 (pp. 11-18), および, HM Treasury (2004), *Microeconomic Reform in Britain, op. cit.*, ch. 10 (esp. pp. 210-11).

27) やや細かすぎる嫌いもあるが, あえて正確を期すために注記する。テーラー報告 (1998年) は £64 → £80 とちょうど 25% の引き上げを提唱した。しかし, 予算上, 実現された 2000/01 年度には, この間の物価上昇率を考慮すると, 報告書時点の £80 に相当する数値は £87 と計算された。

28) 私は時の担当大臣 (社会保障相) の名をとって「ファウラー改革」とよんでいる。毛利『イギリス福祉国家の研究』前掲, 第 5 章がこの改革を主題としている。

29) その経緯ははっきりしている。すなわち, 蔵相ブラウンは「テーラー報告書」作業班にアメリカの「稼得所得税額控除・給付」に学ぶようにとくに指示し, これに応えてテーラー報告書は「英国と米国の税制・給付制のあいだには無視できない違いがある」にもかかわらず, この制度がもつ長所を「英国が採用するのを妨げる理由は何もない」と結論している。HM Treasury (1998), *MBTBS*, No. 2, pp. 19 & 22.

なお, EITC につけた「拡充 1993〜」の挿入は, 1975 年に新設された EITC がクリントン大統領 (1993〜2001) の時代に質的変化とみてよいほど内容的に拡充されたことを意味している。ニューレイバーは選挙戦略をはじめとして, じつに広範な領域でクリントン陣営からさまざまな影響をうけ, 教訓を学んだが, ブラウン蔵相が「輸入」しようとしたアメリカ産の「税額控除・給付制」もクリントン化されたそれであった。

30) HM Treasury (1998), *MBTBS*, No. 3, *The Working Families Tax Credit and Work Incentives*, p. 9. この「所得控除」制の受益者はわずか 32,000 家族にとどまった。

31) 仮に所得税 20% バンドに属し, 国民保険料 10% を支払う者は稼得所得の超過額 £1 ごとに 38.5 ペンス (70p × 0.55) を税額控除・給付額から削減されることを意味する。

32) HM Treasury (2004), *Microeconomic Reform in Britain, op. cit.*, pp. 213-14.

33) なぜ 25 歳以上を要件とするかについては HM Treasury (2004), *Microeconomic Reform in Britain, op. cit.*, p. 216, および, HM Treasury (2002), *MBTBS*, No. 10, *The Child and Working Tax Credits*, Annex A, p. 32, Tab. A.1 and p. 33, paragraph A.10 をみられたい。簡単にいえば, 18〜24 歳の若年者と比較して相対的に 25 歳以上の者は就労インセンティヴが弱く, また, 長期的貧困に陥る可能性がより高いということらしい。いいかえると, 18〜24 歳の若年者は 25 歳以上の者にくらべて親との同居率も高く (住居費負担がなく, 就労にともなう「住宅給付」の削減措置も響かない), 昇給の可能性も高く, 総じて就労インセンティヴが相対的に高く,「失業の罠」と「貧困の罠」に

34) WTC および CTC の加算「要素」については紙幅の都合上，具体的数値の紹介を省いた。それについては以下を参照されたい。HM Treasury (2002), *MBTBS*, No. 10, *op. cit.*, Annex A, pp. 31-35.
35) HM Treasury (2002), *MBTBS*, No. 10, *op. cit.*, Annex A, p. 32, Tab. A.1.
36) HM Revenue and Customs (2007), "Am I eligible for Child Tax Credit?" http://www.taxcredits.direct.gov.uk/what_child_eligible.html. (access at 23 Mar., 2011.)
37) HM Treasury (2004), *Microeconomic Reform in Britain*, *op. cit.*, p. 217, Tab. 10.1 が与えている金額を紹介しておくと，最低賃金制発足時点（1999年4月）で成人£3.60，若年者£3.00，毎年更新され2004年10月には，それぞれ£4.85，£4.10となっている（いずれも時間賃金）。

　2002年政府資料は「就労税額控除・給付（WTC）」は2003/04年度の数字として，①最低賃金でフルタイム就労する一人の稼得者がいる子ども一人の世帯に週給£237（年俸換算£12,357.89），②最低賃金でフルタイム就労する一人の稼得者で子どもがいないカップル世帯に週給£183（年俸換算£9,542.17）を保障すると公約している。HM Treasury (2002), *MBTBS*, No. 10, *op. cit.*, pp. 4-5, §2.5; §2.13.
38) D. Coates, *Prolonged Labour*, *op. cit.*, pp. 87-89.
39) 以下は，HM Treasury (2004), *Microeconomic Reform in Britain*, *op. cit.*, pp. 216-23, 232-38; R. Dickens and A. Manning, "Minimum Wage, Minimum Impact," in Dickens, Gregg and Wadsworth eds., *op. cit.*, ch. 13, p. 201; J. Millar, "The art of persuation? The British New Deal for Lone Parents," in R. Walker and M. Wiseman eds., *The Welfare We Want? The British Challenge for American Reform*, The Policy Press, Bristol, 2003, ch. 5, pp. 131-32; P. Sinclair, "The Treasury and economic policy," in Seldon ed., *Blair's Britain, 1997-2007*, *op. cit.*, ch. 10, p. 208-09 などに負う。

　なお本章が依拠している上記の諸研究は，さらに D. Card and A. Krueger, *Myth and Measurement: The New Economics of the Minimum Wage*, Princeton UP, NJ, 1997 のほか，C. Brown, M. Stewart, S. Machin et al., D. Neumark & W. Wascher, LPC などの研究書・報告書に依拠していることを付記する。
40) 賃金の雇用弾力性マイナス0.1 は，最低賃金を10%引き上げると雇用が1%減少することを意味する。ネガティヴ弾力性は慣行的にマイナス記号を付さず表現している。
41) 本稿では触れなかったが，児童だけでなく，年金生活者や重度障害者などの労働不能者にたいする反貧困志向も前保守党政権にくらべて格段につよめられている。

（なお，本稿で利用している出版社，出版地を明示していない政府文書は，すべてそのときどきに英国政府関係省庁のウェブサイトからダウン・ロードしたものである。）

第 15 章
土地のアクセス権と自然環境保全
―― イングランドの歩く権利・アクセス権から考える ――

泉　留維

1. はじめに ―― 奪われる日本の土地？

　経済のグローバル化，資本取引の自由化が進み，土地の取引も国境を超えた規模で流動化しつつある。そのような中で，日本では2010年頃から，外国資本による土地，特に森林地の買い占めを問題視する論調が高まっている。東京財団の研究員の著作『奪われる日本の森』（2010年）や，NHKの番組であるクローズアップ現代「日本の森林が買われていく」（2010年9月7日放送）などにおいて，その点が詳しく指摘されている。
　まず前提として語られるのが，諸外国では，外国人（法人）による自国内の土地所有に対し，許可制や地域限定など，一定の規制を講じているところが多く，所有規制がない国でも利用面で規制をかけていることが多いにもかかわらず，日本はほぼ何の規制もないということである（東京財団［2011:25-26］）。そのため極端な場合は，外国資本が日本の森林を乱伐したり，地下水を大規模にくみ上げたりして，自国に持ち帰るといった行為が発生しうるとする。すなわち，日本の現行の土地制度は，グローバル経済下で自然資源を守っていくためには不十分なものであるとしている。
　ナショナリズムを煽るような問題提起ではあるが，背景に抱える問題は，基本的には国籍とは関係のないものである。すなわち，日本の土地所有権（私有制度）が極端に強いことが問題の本質であると考える。そもそも，森林の乱伐や水源の枯渇といった問題は，どのような所有者でも起こしうることだが，土

地が地域社会の共有であったり，地元住民の個人有であったりすれば，地域社会の暗黙のルールなどが働き，自然資源が著しく毀損することは少ない。暗黙のルール外にいる企業などが土地を買い占めた場合，その土地に付随するありとあらゆる資源，例えば森林や地下水が排他的に処分されうる。ここには土地所有権が土地利用権に優越する地位にあるという前提が入っているが，伝統的な日本社会では，地域の自然資源の利用権者と土地の所有権者は常に一致するわけではなく，また所有権が利用権に常に優越する地位にあるわけでもなかった。

例えば，日本の農山村には，今なお，入会権という民法上の用益物権（民法263条および294条）が設置されている土地や自然資源がある。入会権とは，徳川時代の慣習から生み出されたものである。徳川時代，現在の大字や集落など当時の「むら」を単位として，そこに住む住民が，林野，ため池・水路等の水利施設，墓地，宅地など，多様な財産を共同で管理・利用していた。それらの資源がある土地のほとんどは「むら」有か藩有であったが，資源の乱用を防ぎ，その再生産を維持するための一定の制限の下で，住民が自由に使用することができた[1]。このような利用権を現在では入会権と呼んでいるのだが，この入会権を持つ者は土地の所有権を持つ者とは必ずしも一致しない。土地所有者は，入会権が設定されていた場合は，入会権を持っている集団の資源利用を一方的に妨げることは，原則的にはできないことになっている。

このように自然資源の管理・利用とその自然資源がある土地の所有の権利を分割し，前者に優越性を持たせることが，持続的な資源の共同管理と所有権の関係性を見ていく上で重要な視点だという指摘は，関東弁護士会連合会からもなされている（関東弁護士会連合会編［2005:485］）。しかし，入会権自体は，徳川時代からの慣習により発生したもののため，現在では新規に設定するのは困難であり，日本国土一般では土地所有権の絶対性はゆるぎないものである。また，利用権の優越性を新たに設定するのも困難であろう[2]。この私的所有権の絶対性を少しでもゆるめ，制度的に土地の公共性を担保し，公共性を大きく乱す安易な土地利用を躊躇させるためには，まず少なくとも土地利用の状態が衆人環視下に置かれるようにする必要がある。そのためには，所有権の有無に

かかわらず土地へのアクセス（進入）を認めることが重要である。それは，入会権のある土地に対するようなメンバーシップを持つ地元住民のみのアクセスではなく，万人のアクセスとすることも重要である。

　北欧諸国を中心にして，土地の所有権とは別に，アクセス権を設定している国は少なからず存在する。本章では，特にイングランドのアクセス権に注目して，その権利獲得までの流れやアクセス権の実態について説明し，その上で日本での類似の権利が設定されている土地や，アクセス権と環境保全機能の関係性について検討していく。

2. イングランドにおける歩く権利・アクセス権について

　公有地，私有地を問わず，所有者に断りなくそこにアクセスすることができる権利がアクセス権であり，道路にのみアクセスすることができる権利が歩く権利である。さらに両方の権利とも，その土地を提供したからといって経済的補償を得ることはない。前者の方がより広い権利であるが，アクセス権は，主にノルウェー，フィンランド，スウェーデンといった北欧諸国において導入されており，1950年代後半から1970年代にかけて法整備が行われた。本章では，イングランドに着目するのだが，特にイングランドでは，19世紀から20世紀にかけて，労働者を中心とした公衆が議会などに強く働きかけることで1932年に歩く権利を獲得し，さらに2000年にはアクセス権も獲得している。このような歴史やその権利実態に着目することで，日本におけるそれらの権利の導入可能性について検討する下地としたい。

2.1　歩く権利・アクセス権制定の歴史的変遷

　イングランドにおいて，一般に，自然保護・環境保全運動を，農地の囲い込みや産業革命等が引き起こした大規模な自然・居住環境破壊，景観破壊に対するリアクションととらえるのなら，その始まりとして，19世紀後半に広がった3つの大衆的運動，すなわち，①コモンズ（入会地）などのオープンスペース化を求める運動，②水鳥等の乱獲規制を求める運動，③アメニティ

のための土地保全運動を掲げるのが妥当であろう（畠山 [2008:135]，Evans [1997:33-40]）。大衆的運動の中心にいたのが，①に関しては 1865 年設立のコモンズ保存協会 (Commons Preservation Society)，②は 1889 年設立，1904 年に王立となった鳥類保護協会 (Royal Society for the Protection of Birds) など，③は 1895 年設立のナショナルトラスト (National Trust for Places of Historic Interest or Natural Beauty) である。この中で，歩く権利およびアクセス権と直接的な関係があるのは，①の運動であり，コモンズ保存協会である。この運動は，多くの都市労働者と自由党急進派のインテリ層が絡み合って，展開していったものであった。

そもそもイングランドには公有地が少なく，大多数の農民は自らの土地を持たず，コモンズで放牧をするなどの農業を行っていた。カントリーサイド（田園地帯）の土地は貴族所有のものが少なからずあり，1873 年に行われた近代最初の国勢調査によると，上院世襲貴族 400 人を含めた 1688 人で，平均約 3410 ha の土地を所有し，彼らだけでイギリス全土の 41.2％の土地を占有していた（水谷 [1987:9]）。そのような中で，18 世紀初頭からの土地囲い込み（第二次エンクロージャー）によって，土地所有者が，輸出型の農業を目指すための規模の拡大を求め，コモンズや荒地を囲い込み，そこでの農民の利用と権利を排除しようとした。放牧や農耕の機会を奪われた農民は，都市に流出して労働者となった。こうして，イギリス社会は，土地持ち貴族と土地なし都市労働者に分化し，貴族達は 19 世紀に入ると広大な敷地にパーク（狩猟場）や庭園を整備することに勢力を傾ける一方で，労働者は劣悪な都市環境に閉じこめられることになった。こうした囲い込みとそれがもたらした不平等な土地所有に対する労働者の抗議運動として，都市部のコモンズのオープンスペース化とカントリーサイドでの私有地におけるスポーツやウォーキングを中心としたレクリエーションの機会が求められていくことになる。

そもそもレクリエーションとしてのウォーキングは，現在の日本と近くどちらかというと山好きのインテリ層がするものであり，19 世紀の段階では，労働者は都市部の緑地を軽く散策する程度であった。それが，20 世紀に入ると，実質賃金の上昇や有給休暇制度の導入などにより，イギリス産業革命の中核で

あった工業都市シェフィールドを中心に，マンチェスター市，バーミンガム市などの労働者が，鉄道などの交通手段の進化も相まって，週末，好んで郊外をウォーキングするようになり，その人数は爆発的に増加した。

ほとんど公有地がないイングランドでは，ウォーキングをするとなると，自ずと私有地に入らざるをえない。特にウォーカーが好むのは放牧地や森林地のような土地となるが，突然，土地所有者が囲い込むことによりアクセスできなくなったりすることも珍しくなかった。囲い込みは，先述したとおり，もともと農民が自由にアクセスすることができたコモンズにまで及んだ。そのため，労働者を中心とした都市住民は都市域内に残ったコモンズへの自由なアクセスにとどまらず，都市郊外やカントリーサイドのコモンズを含む私有地への自由なアクセスを求めていくようになる。これらの要求をとりまとめ，議会に提案し，法的な権利を獲得するのを後押ししていったのが，1865年設立のコモンズ保存協会であり，1935年設立のランブラーズ協会（Ramblers Association）である。

コモンズ保存協会は，自由党の下院議員であったルフェーブル（George Shaw-Lefevre）が中心となり，哲学者であり経済学者のJ. S. ミル（John Stuart Mill）もメンバーとして参加し設立された。この団体は，オープンスペースの保存は，人々の健康とレクリエーションにとって絶対にかかすことができないと宣言し，コモンズの囲い込みをいかに阻止しオープンスペースを拡大するかを大きな課題としていた（平松［1999:114］）。会の設立と同じ頃の1866年，首都圏コモンズ法（Metropolitan Commons Act, 1866）が制定され，ロンドン中心部から24 km四方にあるコモンズの囲い込みを全面的に禁止し，公衆のレクリエーションとスポーツの場としてのコモンズをオープンスペースとして管理することを定めた。コモンズ保存協会は，首都圏の範囲を少しでも拡大することが会の目的の一つであったが，環境保護のための土地の自己所有を重要視するナショナルトラストとは異なり，土地の所有権にとらわれず，その土地への公衆のアクセスを認める，すなわちオープンスペース化することで環境を保全していくという姿勢であった。つまり，端的に言うと，自然にアクセスする機会が増えることによって，自ずと自然保全への関心を持つ

人々を育て，増やし，それが環境保全につながると考えた。そのため，コモンズ保存協会は，コモンズのオープンスペース化と並び，公的な歩く権利・アクセス権の確立に尽力することになる。

　ルフェーブルや，会のメンバーであるブライス（James Bryce）などの自由党の下院議員は，1888 年，20 年の使用によって歩く権利が設定された道として認めることを盛り込んだフットパス・荒地法案（Footpath and Roadside Wastes Bill）を議会に提案した。しかし，3 回にわたる議会提案を行ったが，いずれも失敗に終わっている。そして，ほぼ同旨の歩く権利法（Public Rights of Way Bill）が，コモンズ保存協会と関わりの深い自由党の下院議員のポールトン（James Mellor Paulton）らによって 1906 年に議会に提案された（Harlow etc. [1992:51]）。その後，あしかけ 25 年にわたり 11 回も提案され，そのうち 5 回は下院の立法手続きの第二段階に当たる第二読会に回付されたが，成立することはなかった（Chubb [1938:1-2]）。この 1888 年以来試みられた「歩く権利法」案は，貴族達が所有する広大な土地における強固な所有権に対する市民的権利の保持という哲学的な提起が含まれていた（平松 [1999:163]）。地主の許可や法律によって「歩く権利」があるのではなく，公衆の「歩く権利」が正当な理由もないのに排除されるのを防ぐということである。しかし，議員の多くは大土地所有者でもあることから，ながらく法案が議会を通過することはなかったのだが，1932 年のキンダー・スカウト集団侵入事件（Kinder Scout Mass Trespass）を契機にして，一気に法案が成立していくことになる。

　キンダー・スカウト事件[3]が起きたのは，マンチェスター市とシェフィールド市の間に位置し，現在，ピーク・ディストリクト国立公園の一部として指定されている荒野である。この荒野は，労働者が好んでウォーキングする場所であり，このピーク地域全体では年間 1500 万人もが訪れていたとされる。そのような場所の中にあるデヴォンシャー公爵の土地が，ライチョウを保護するという口実で一方的に立ち入りが禁止されたのであった。しかし，実態は，ライチョウを獲物とする狩猟が地主たちの大きな収入源になっており，自然保護ではなく，自らの利益を守るための行為であった。それまで労働者たちが

享受してきた自由なアクセスが地主による狩猟拡大によって侵害されたため，1932年4月24日，マンチェスター市などからやってきた約400人もの労働者達が，森番の制止を振り切り，キンダー・スカウトへ登ったのであった。その後，労働者5人が警察に連行されたこともあり，翌日の新聞に大きく報道され，世論も自由なアクセスの侵害に対して沸騰したのであった。

世論が歩く権利の制定を支持し，1930年にできていた議会のアメニティ委員会の強いはたらきかけもあって，1932年に歩く権利法（Rights of Way Act, 1932）が成立した。この法律によって，20年の使用期間があることで，当該の道が，歩く権利が設定された道，公道であると推定されることになった。そして，この法律を強く支持した判例が，1938年のJones v Batesである。この裁判でスコット裁判官は，「最近，バス，自動車やバイクが，ビジネスやレジャーでカントリーサイドに入ってくることが多くなり，カントリーサイドの人口の大半を占める農民は自転車を持っている。50年前にはコミュニケーションのためもっとも重要な意味を持った農道は，ほとんど使われなくなり，歩く権利が設定されている道，フットパスが，公道ということが証明されないことを理由にして，いとも簡単に閉鎖されるようになっている。しかし，ウォーキング愛好者は，これまでになくフットパスを必要としている。各地のフットパス団体によって行われている保全運動は国家的にも重要であり，実際に歩き現実を知っているカントリーサイドの真の愛好者にとって，フットパスこそすべてなのである。つまり，法律により閉鎖する場合を除いて，公衆のためのフットパスが失われてはならないことにこそ，真の公的な重大性が存在している（Riddall etc.［2007:3-4］）」と述べ，レクリエーション目的の道のネットワークを法的に保護することを明確に位置づけた。

1932年に公的な権利となった歩く権利は，1938年以降，何度となく改善されてきたが，この権利を後押ししてきたのが各地のウォーキング団体であり，先述したコモンズ保存協会（1982年にオープンスペース協会に改称）とランブラーズ協会である。ランブラーズ協会とは，11の地域散策団体の集まりから生まれたランブラーズ連盟国民評議会（National Council of Ramblers' Federations）を母体として創設された全国的組織である。カン

トリーサイドを自由に散策する法律上の権利の保障を求めて運動を展開したり，ウォーカーのための宿泊所などの様々な情報の提供を行ったりしている。1935 年の設立時には約 1200 人の会員しかいなかったが，70 周年を迎えた 2005 年には 14 万人を超えるまでになった（Ramblers Association [2011]）。

歩く権利は，コモンロー（裁判所の判例によって定義づけられる法）と制定法によって確立したが，この約 80 年間で制定された主に 9 本の法律が公的な歩く権利を確固たるものとし，そしてアクセス権を確立することにもなった（表 1 参照）。歩く権利に関する最初の法律が，先述した 1932 年の歩く権利法であるが，続いて制定されたのが 1949 年の国立公園・カントリーサイドアクセス法（National Park and Access to the Countryside Act, 1949）である。歩く権利が設定された道についての地図，公式図を作成する作業を行うことを定めたもので，これにより裁判において歩く権利の有無についての決定的な証拠として採用可能となり，フットパスを土地所有者が勝手に付け替えたり，消滅させたりすることが法律上は困難となった。また，この法律では，フットパスの維持管理に公的資金を使用することが認められ，長距離フットパスの設定も可能となった。

1959 年の公道法（Highways Act, 1959）では，1980 年の公道法でより強固なものとなるのだが，道路管理局（highway authority）に対してフットパスを良好な状態に保つことを義務づけているのが特徴である。1968 年のカントリーサイド法（Countryside Act, 1968）は，1949 年法での公式図の規定を修正し，ブライドルウェイ[4]で自転車に乗ることを認め，フットパスに道標を設置することを定めた。1981 年の野生生物・カントリーサイド法（Wildlife and Countryside Act, 1981）は，公式図作成の手続きを大幅に修正し，フットパスの設備や歩く権利が設定された道を横切っての放牧に関する規定が定められた。

1990 年の改正歩く権利法（Rights of Way Act, 1990）は，これまでの歩く権利の内容に大きな変更を促すものとなった。すなわち，歩く権利そのものは，公道と推定されることによって自動的に発生するが，私有地に自由にとどまったり遊んだりするアクセス権の設定は，基本的に地主と自治体との協定に

表1 イングランドにおける歩く権利・アクセス権に関する略年表

年	出来事	備考
1824年	ヨーク古歩道保存協会設立	世界最初の地方自然保護団体
1826年	マンチェスター古歩道保存協会設立	
1829年	議会不動産財産委員会が60年の使用による歩く権利の設定を勧告	
1865年	コモンズ保存協会設立	1982年にコモンズ・オープンスペース・フットパス保存協会に改称（通称はオープンスペース協会）
1866年	1866年首都圏コモンズ法制定	ロンドンの24キロ四方にあるコモンズへの自由なアクセスを許可
1888年	ルフェーブル議員らがフットパス・荒地法案を議会に提出	3回にわたり議会に提案されたが未成立
1895年	ナショナルトラスト設立	
1905年	ロンドン散策クラブ連盟設立	
1906年	ポールトン議員らが歩く権利法案を議会に提出	11回にわたり議会に提案されたが未成立
	1906年オープンスペース法制定	庭地、レクリエーション地や荒地のオープンスペース化を提起
1919年	マンチェスター散策クラブ連盟設立	
1922年	リヴァプール地域散策連盟設立	
1925年	1925年財産法制定	都市のコモンズへの自由なアクセスを許可
1926年	シェフィールド地域散策連盟設立	
1931年	ランブラーズ連盟国民評議会設立	
1932年	キンダー・スカウト事件	
	1932年歩く権利法制定	
1935年	ランブラーズ協会設立	マンチェスター散策クラブ連盟のみ1939年に参加
1938年	ジョンズ対ベツ裁判（Jones v Bates）	
1949年	1949年国立公園・カントリーサイドアクセス法制定	
1959年	1959年公道法制定	
1965年	1965年コモンズ登記法制定	コモンズにおける権利、権利保有者、地盤所有者を記載する登記簿を作成し、公衆のアクセスを保障
	長距離フットパスであるペナイン・ウェイ開通	2011年までにイングランドとウェールズに15の長距離フットパスが設置（総延長約4,000km）
1968年	1968年カントリーサイド法制定	
	田園地方委員会設置	1968年カントリーサイド法に基づいて、イングランドの田園地域の自然景観とアメニティの保護促進を目的に設立された政府の外郭団体
1980年	1980年公道法制定	
1981年	1981年野生生物・カントリーサイド法制定	
1990年	1990年歩く権利法制定	
1999年	田園地方庁設置	田園地方委員会に代わり、政府により設立された公的機関
2000年	2000年カントリーサイド・歩く権利法制定	
2006年	2006年自然環境・地方コミュニティ法制定	
	ナチュラル・イングランド設置	
	2006年コモンズ法制定	コモンズ登記法の修正
2009年	2009年海洋・沿岸アクセス法制定	

出所：The Ramblers Association（2011）、平松（2002:84）などより筆者作成。

委ねられていた。アクセス権はあくまでも「好意」であるとする土地所有者や農民は、所有地に入り込むウォーカーを「強盗」、「侵入罪」と反撃していたのである（平松 [2003:168]）。1990年法では、耕作や歩く権利の妨害について農民の権利と義務を明確にし、農業が歩く権利を行使する人を妨害してはならないという規定などを導入した。これらにより、歩く権利がアクセス権へと拡張していくことになった。

2000年のカントリーサイド・歩く権利法（Countryside and Rights of Way Act, 2000）は、歩く権利を大幅に拡張する法律である。詳細については次節で述べるが、例えば、これまでは公道と指定されたところしか権利がなかったが、オープンスペースと指定された場所については道以外でも自由に散策することができる権利（right to roam）や、農民が耕作した後などに耕作地内のフットパスを元に復元しなかった時に、公衆が妨害の除去したり、農民らを起訴する権利を新たに設けている。

2006年の自然環境・地方コミュニティ法（Natural Environment and Rural Communities Act, 2006）は、「いったん公道になったら、永久にそこは公道である（Once a highway, always a highway）」という原則[5]の例外条項が盛り込まれ、いくつかの条件はあるが、公道における機械力で推進する乗り物に関する権利は自動的に消滅することになった。そして、2009年の海洋・沿岸アクセス法（Marine and Coastal Access Act, 2009）では、イングランド沿岸への公衆のアクセスを改善することを目指す規定が盛り込まれている。

イングランドでは、大土地所有者への労働者の抗議運動の一環として、歩く権利の獲得が唱えられ、その権利が徐々に拡張し、現在では、公道のみでなく、2000年法で認定されたオープンスペースを自由にアクセスできるようになっている。次項では、現在の歩く権利・アクセス権の実態について詳細に見ることにする。

2.2 歩く権利・アクセス権の実態

イングランドにおいて、1932年に確立した歩く権利が設定されている道

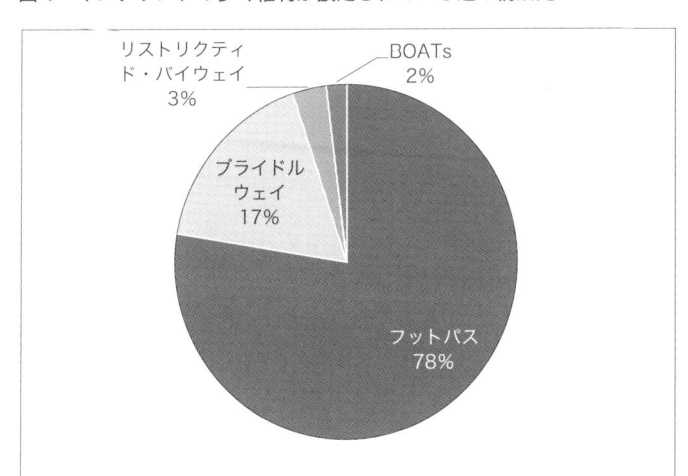

図1 イングランドの歩く権利が設定されている道の構成比

- リストリクティド・バイウェイ 3%
- BOATs 2%
- ブライドルウェイ 17%
- フットパス 78%

出所：Department for Environment, Food and Rural Affairs（2008）

は，イギリスの環境・食糧・農村地域省によれば，18万8700 km にものぼる (Department for Environment, Food and Rural Affairs [2008]，図1参照)。そして，2000年法では，徒歩のみであるが，歩く権利が拡張し，新たに野外レクリエーションのために立ち入り留まる権利が認められた。オープンカントリーおよび1965年コモンズ登記法 (Commons Registration Act, 1965) に基づき登記されたコモンズが，その権利を行使できる対象である。オープンカントリーとは，山岳，荒野やヒースなどからなる土地のことであり，地方自治体によって発行された地図に「オープンカントリー (open country)」と記載されているものである。さらに，地図に記載されていなくても，海抜600m以上の土地は，原則的にアクセス可能な土地となっている。

2000年法によって，アクセス地を定めるために地図を作成することになったが，当時の管轄官庁の一つである田園地方庁 (Countryside Agency) は，2001年11月，地図にしていく3段階のプロセスを定め，2005年10月31日にアクセス権の開始と共に地図を完成させるとした。そして，2005年10月31日の時点でアクセス権が設定された土地は，86万5000ha になった

(Natural England [2011])。この面積は，イングランド全体の面積の 6.63%を占めている。その後，登記されたコモンズが増えたことなどから，2011 年 4 月 1 日現在では，93 万 6000 ha（同 7.18%）まで増えている。さらに，土地所有者と地方自治体が協定を結ぶなどして公衆のアクセスが可能となっている土地としては，国立公園内の公衆に開かれた土地として 47 万 ha，土地所有者（約 9 割はイギリス森林委員会（Forestry commission））および借地人によって公衆のアクセス権が許可された土地として 15 万 6000 ha, そしてアクセス権がある海岸線として 2940 km となっている（Department for Environment, Food and Rural Affairs [2011]）。

　現在，イングランドの歩く権利が設定された道およびアクセス地の地図の作成や監督に関しては，ナチュラル・イングランド（Natural England）が統括することになっている。ナチュラル・イングランドは，2006 年の自然環境・地方コミュニティ法により，3 つの既存の環境関連団体であるイングランド自然保護評議会（English Nature），田園地方庁および地方開発サービス局（Rural Development Service）の一部の機能が統合して，2006 年 10 月に活動を開始した。ナチュラル・イングランドの設置目的は，現在および将来の世代のために，自然環境の保全，改善，管理を確保することによって，持続可能な発展に貢献することにあり，カントリーサイドおよびオープンスペースへのアクセスの促進，野外でのレクリエーションの促進は，彼らの活動において重要な位置を占めている。

　歩く権利が設定された道に関しては，公衆が使用できるように常に良好な状態を保つことが重要となる。良好な状態を保つ責任，つまり公道の施設の設置や管理は，1949 年の国立公園・カントリーサイドアクセス法がその基本を定め，1990 年の歩く権利法で補強されている。基本的には，土地所有者・占有者および地方関係当局が対等な管理責任者である。ここでの占有者とは「歩く権利」が存在する土地での農民，貸借人のことであり，地方関係当局とは国立公園当局や地方自治体などのことである。土地所有者・占有者は，歩く権利が設定されている道が，農作物などで権利が行使できないような状態になるのを防ぎ，ルートは常に識別できるようにしなくてはならない。つまり，歩く権利

が設定されている道が1m～1.8mの最小幅を保ち、良好な状態になるように、自己負担で整備することになっている。自己負担の原則は、公道の各種施設は農民のためにあるものだからという考え方が背景にあり、農家民宿やエコツーリズムなどの収入が農家経済を支え、歩く権利を保持することがむしろ多くの農民にとって不可欠になっている現実もあることで受け入れられている（平松［2003:169］）。また、1年に28日間は農業のために公道を閉鎖することができるが、祭日およびウォーキング・シーズンの土日には閉鎖することはできない。一方、地方関係当局は、公式図上の歩く権利が設定されている道の状態を確認し、公衆が使用できるように土地所有者・占有者が適切に管理をするように指導しなくてはならない。特に農民による公道の侵害行為はたびたび起きており、「歩く権利」を尊重するように啓発活動も行うことになっている。そして、地方自治体は、舗装された道を離れる際の道標の設置や、土地所有者・占有者が公道の整備にかかった費用の最低25％を負担することにもなっている。

このような歩く権利やアクセス権は土地所有者以外にも付与されるため、環境・食糧・農村地域省のレポート[6]でも強調されているが、アクセス、移動、コミュニケーション等の自由から得られる社会経済的便益は大きい。フットパスやブライドルウェイなどの歩く権利を保護し、尊重することは、人々が都市部および地方を気軽に楽しむことを促進し、結果的に健康と福祉の改善につながる。都市部における歩く権利は、コミュニティ・レベルでの人々の移動とふれあいのネットワークを提供し、車輛による交通への依存度を引き下げる。一方、地方における歩く権利は、カントリーサイドへのアクセスを決定づけ、レクリエーションと観光の振興に資するとともに、地元住民に対しての移動のためのネットワークを提供している。

イングランドでは、歩く権利がすべての人が享受できる公共財と捉える発想がある。それゆえ、その維持には公的または民間の資金が投入されるのである。自由に利用できるものだからこそ、損なわれるか失われてしまうまで、その価値が認識されにくいという問題もある。住宅開発、道路建設、工場用地の開発などに伴う圧力の増加や、カントリーサイドにおける土地利用形態の変化

を受けて，伝統的な歩く権利が補償されることなく損失を受け，消滅していっているところが少なくない。紛争だけでも年間 200 ケースもあり，ランブラーズ協会の調査によれば，土地所有者による一方的な閉鎖や地方自治体等の整備不良などで，イングランドの公道の 25％は使用が困難か不可能になっている (Ramblers Association [2003])。このような事態は，歩く権利の「権利」としての脆弱性をあらわしているとも言える。実際，法律による所有権に基づく開発が，歩く権利のある公道の「閉鎖」を可能にしていることが遠因でもある。公道が存在する土地の開発行為については，開発がもたらすであろう影響評価が，閉鎖予定の少なくとも 28 日前に広告される。そして，自治体による修復勧告を含め，異議申し立て，監察官による公聴会と決定，その結果に異議ある場合のさらなる公聴会といった計画・許認可手続が準用される。その決定には，代替案としての「迂回」の義務も可能とされる（平松 [2003:171]）。このような規定があっても，紛争から裁判になるケースも少なくなく，その多くは公道を閉鎖する開発許可や迂回協議に対する訴えである[7]。

　イングランドにおける歩く権利やアクセス権は，都市部やカントリーサイドにおいて一定の便益をもたらしている可能性が高いが，一方で法的手続きに沿った開発には対抗できるかは，その開発手続の問題となり，手続上の不備がなければ対抗するのは簡単ではない。その意味では，一物二権ではあっても，所有権の方がより強い権利とも言えるのが実情である。

3. 日本における歩く権利・アクセス権について

　日本では，本章冒頭で述べたとおり，公的な歩く権利・アクセス権は存在しない。基本的に，私有地には土地所有者の同意がなければ，通り抜けることも立ち入ることも一切できない。ただし，日本において，事実上，歩く権利に類似した権利が設定されている土地があるとすれば，それは里道（りどう）であろう。里道とは，近代的所有権制度が確立された明治時代以前，地元住民によって造られて，コミュニティの利便に供された道である。明治時代になり，国に接収され，国有地となったが，歴史的には地域の共有地であり，誰もがアクセスでき

る細長い土地である。その意味では，所有権を意識せず，アクセスすることができた土地とも言える。本節では，この里道の歴史や実態に着目し，日本における自由なアクセスが，地域社会においてどのような意義を持ちうるかを見ていく。

3.1 里道の概要

現在，日本では，道に関して，道路法上の道とその他の道に分類することができる。前者には高速道路，一般国道，都道府県道，市町村道が含まれ，後者には道路運送法上の道路，林道，農免道路，港湾道路，自然公園道路，私道，そして里道が含まれる。つまり，里道とは，道路法による道ではなく，そして旧土地台帳附属地図（いわゆる公図）上，赤色の線で表示されているものとなる。

そもそも里道という概念は，現在の法律には見あたらない（寳金［2003:100］）。その由来は，明治9（1876）年6月8日太政官達60号となる。同達では，一般交通の用に供されている道を「国道」「県道」及び「里道」に分類し，さらにそれぞれ1等から3等に区分した。このうち里道の区分については，1等は区をつなぐ道，2等は用水，堤防，坑山等の施設のために当該区の人民の協議によって別段に設ける道，3等は神社，仏閣や田畑の耕作のために設ける道となっていた。その後，大正8（1919）年4月施行の旧道路法のもとにおいて，里道のうち，重要なものは市町村道に認定するよう建設省（当時）の指導が行われ，認定作業が進められていった。

このような里道は，明治時代から2000年の地方分権一括法の施行後，市町村に譲与されるまで，国有財産であった。ただし，里道の大半は，公的機関が造成したものではなく，けもの道のような自然発生的なものを除けば，地元住民が必要性に応じて造成したものである。それがなぜ国有財産となったのであろうか。

里道は，特定個人による排他的な利用や管理は行われず，コミュニティにおいて自由に利用し，共同で管理することを本来の姿とする。明治時代に入り，当時としては生産能力がなく細く長い資源は財産的価値がほとんどなかったた

め，利用者の側にも政府の側にも所有権意識はあまり働かなかった。そのような状況の中で，土地制度の近代化が進められる。明治5（1872）年2月15日太政官布告50号にて，「地所永代売買ノ儀，従来禁制ノ処自今四民共，売買致所持候儀被差許候事」と定めて，身分のいかんを問わず何人も土地を所有し，売買する自由があることを宣言した。そして，複雑な性格を有する幕藩体制下の土地支配形態を解体し，さらに民有か官有かはっきりしない土地をなくすため，「地券発行ニ付地所ノ名称区別共更正（明治6（1873）年太政官布告114号）」，および「地所名称区別改定（明治7（1874）年11月7日太政官布告120号）」を布告した。

太政官布告120号において，様々な道の中で「公衆ノ用ニ供スル道路」は，官有だけでなく民有の存在も認めている。民有の確証があり，所有権の存続を望む者に対しては「民有地第三種（地券を発行するが，税を賦課しない土地）」に編入され，それ以外は「官有地第三種（地券を発せず，税を賦課しない土地）」に編入された（同上 [2003:104]）。ただし，地租改正事業の要領を定めた地租改正条例細目（明治8（1875）年7月8日地租改正事務局議定）では，官有地と認定された道については，地番を付することなく，実測も要しないこととなった。そのため，官有地に編入された道であるのか，官民有区分が行われていない未定地や脱落地としての道であるのか判然としない可能性が出てくる。そこで，明治8年7月8日地所処分仮規則に「渾テ官有地ト定ムル地処ハ地引絵図中ヘ分明ニ色分ケスヘキコト」と規定されていることから，公図上無番地として表示され赤で着色されているものは，地所名称区別改定により官有地第三種と区別されたものとみなすこととなった（ぎょうせい編 [2005:510]）。ちなみに，赤色の線で表されたことから，里道は，「赤線」や「赤道」と言われることもある。

旧来の生活道を，原則，官有地化し，あらたに里道として法的に認定することについては，特段の問題は発生しなかった。これは，同じくコミュニティの共用資源であった入会利用の山林原野の官有地化の場合とは大きく異なる。両者ともコミュニティにとって不可欠な資源ではあるが，後者は前者に比べて生産能力を有し，財産的価値があった。そのため，官有地化されることでその利

用が妨げられるのではないかと危惧され，コミュニティから激しい反発が起きた。里道に関しては，意図的に官有化されたというよりも，コミュニティの誰もが所有権を主張せず民有地にならなかったため，反射的効果として官有地化されたと言えよう。

　このような里道は，普通財産ではなく行政財産（国有財産法3条2項2号，地方自治法238条3項）であるので，原則として貸し付けたり私権を設定したりすることはできない（国有財産法18条1項，地方自治法238条の4第1項）。しかし，公共用財産として用途または目的を妨げない限度においてならば，例外的にその使用・用途を許可することができるものとされている（国有財産法18条3項，地方自治法238条の4第4項）。つまり，機能を有しているものなら当然であり，現在は喪失しているものでも将来の使用可能性があれば，自治体が自由に廃止や普通財産への転換はできないと考えられる。

　明治以来，行政財産として存在してきた里道であるが，日本全国でどのくらいの里道が存在するのかは明確にはわかっていない。1967年，当時の建設省は，全国土の約33%（約12万km²）に相当する都市地域，農村地域および海浜地域においてサンプル調査を行い推計したところ，全国の里道の総面積は1,847 km²（建設省財産管理研究会［1999:90］），香川県とほぼ同じ面積となり，幅を一般的な里道の約1間（約1.8m）とすると，総延長は約103万kmにもなった。また，1991～92年にかけては，全国の地籍調査済地（10.7万km²）の都市地域，都市周辺地域，農村地域においてサンプル調査（60 km²）を行い推計したところ，総面積は879 km²（同上［1999:90］），同じく幅を1間とすると，総延長は約49万kmとなった。1980年代頃以降から，国土調査法に基づく地籍調査で，機能が喪失しているとみなされた里道が大量に削除されていることなどから，総延長は大幅に減じている。しかし，現在の里道の総延長も決して短いものではない。国土交通省発行の『道路統計年報2008』を見ると，2007年4月1日時点で，道路法上の道路の総延長が約119万kmであり，調査時期は少し離れているが，延長にして40%以上ともなる里道がいまだ日本各地に残っていることがわかる。

　里道は，長らく，所有者は国（国土交通省）で，管理はその里道が所在する

市町村が行うことになっていた。しかし，先述したとおり，地方分権の推進を図るため，機能を有するものについては，2005年3月末までに市町村にすべて譲与されている。

3.2 里道の現代的な意義

伝統的な里道が，コミュニティにおいていかにすばらしい機能を持っていても，都市化などに伴うコミュニティの劣化や自動車利用の浸透などにより，その利用は減り，コミュニティの賦役としての管理作業も行われなくなっている。里道は，もともとは利用者 = 管理者 = 所有者という関係にあり，アクセスする権利と管理する義務の関係もほぼ表裏一体で明確であった。しかし，現在では，多くが機能喪失か自動車道化し，利用者 ≠ 管理者 ≠ 所有者と分離され，権利と義務の関係も一体ではなくなった。さらに，自動車道化した里道は，その空間を通過するだけの道となり，コミュニティからますます遠い存在になっている。他にも，機能を有していても整備は完全に自治体任せとなったり，住民が勝手に宅地に組み入れ私有地にしたりする場合もある。

そもそも里道は，濃淡の差はあれ3つの機能を持つ（泉［2010:39］）。一つ目は，交通機能である。日常生活の中での集落内や街道への移動，農地や林地など生産現場への移動，さらには神社や墳墓といった宗教・儀礼の場への移動などで用いられる。二つ目は，道を立体的に捉えた空間機能である。立ち話などのコミュニケーションをとる空間や子どもたちの遊びの空間でもあり，また採光や通風などのための生活上必要な衛生空間でもある。最後に，空間機能の一つとも言える景観形成機能である。道を歩く人の視点が景観の視点となり，街路樹や建物，そして田畑，遠景の山々などの風景と相まって景観を形成することになる。里道は，単に人が歩き，自動車が走る以上の多様な機能と社会的な意味を持っていると言える。

慣習的なものとして歩く権利があったとも言える里道は，繰り返し述べてきたように自動車利用の浸透などにより，急激に利用が減っていったのだが，近年，里道の上記の3機能に再注目し，里道を見直す動きが出てきている[8]。第一に，まちづくりの一端を担えることがあげられる。里道には景観形成機能が

あると述べたが、ここではそれをより積極的に捉え、フットパスとしての役割に注目する。前節で詳細に取り上げたフットパスであるが、日本では、現在のところ歩く権利の有無とは関係なく、歩くことによって、自分の健康維持だけではなく、知的な面、人とのコミュニケーション、さらには土地への理解、愛着へと波及するものとされる（小川 [2007:166-167]）。また、フットパスは、公的機関が主体となるのではなく、整備・補修にあたっては地元住民を主体に都市住民との協働で実施する方法が定着しつつある（同上 [2007:170]）。このような要素はすべてまちづくりに関係するものであり、フットパスの設置が、住民にとってはまちを歩き、そして見直すきっかけにもなりうる。

第二に、里道を廃止したり、付け替えをしたりする場合は、原則として隣接土地所有者全員の同意を自治体の条例で課せられている場合が多い。民法に記されている地役入会権（民法294条）ほど強固ではないが、それに類似した権利を持つコミュニティの財産とみなせよう。この権利を盾にして、主に里山の乱開発を阻止しうる役割をあげることができる。たとえ、山は買収されても、網の目状に張り巡らされた里道を廃止ないしは付け替えをしなければ、事業者は自由に開発ができない[9]。

第三に、コミュニティの自然資源へのアクセス路を保持することがあげられる。里山や河川、磯などにある地域の自然資源の利用は以前ほど盛んではないが、将来にわたって、現在のような低利用状態が続くとは限らない。自治体が、利用がないなどの理由で、勝手に用途を廃止して行政財産から普通財産へ転換すると、いつでも売却が可能となる。実際、公的機関の主導で、正規の手続きを踏まず、用途廃止、公図からの削除が少なからず行われている（寶金 [2003:119]）。私有地化すると、日本では公的な「歩く権利」が認められていないため、当該資源に容易にたどり着けなくなる可能性がある。資源を保全することも重要だが、そこに至る道の保全も同様に重要である。

以上のように里道の見直しが行われつつあるが、里道は全く利用がなくなっても、さらに私有地を通り抜ける形で存在していても、原則的にはそこを公衆がアクセスする権利がなくなることはない。法的には行政財産（法定外公共物）であるからだが、その裏付けは歴史的な利用慣行であり、イングランドの

「いったん公道になったら，永久にそこは公道である」という原則に近いものがある。イングランドで新たな歩く権利のある道やアクセス権のある土地が設定されるようには里道を新設することはできないが，残存する里道は，イングランドの公道に近いものであり，アクセス権が保証されていることで，もともとの地元住民の道から変貌し，新しい形に変化し，新しい便益をもたらしているものも出てきていると言える。

4. むすびにかえて――歩く権利・アクセス権と地域の環境保全

イングランドにおいてレジャーといえば，ウォーキングを指すといっても過言ではないだろう。ナチュラル・イングランドの2005年の調査レポートによれば，余暇活動でもっとも行うことがウォーキング (18%，2003年調査と比べて+6%) であり，さらに絞って国立公園で行う活動は，52%がウォーキング，11%が飲食，10%がドライブとなっている (Natural England [2006:14, 29])。また，2000年法でアクセス地となった場所を訪れた人は，2005年の一年間で，延べ2120万人にものぼる (同上 [2006:33])。このようにイングランドにおいて，公道やアクセス地で歩くことは日常的なことであり，公衆は常に歩く権利・アクセス権を行使していることになる。つまり，利用者にとって価値のある権利の行使とは，旅行や余暇での使用であり，そこから直接的な便益を享受する。そして，これらの権利は，将来，コミュニティや社会に対して幅広くもたらされるであろう便益をも考慮しておく必要がある。それらの便益の多くは，具体的には，経済的発展，社会の進展と社会的包摂，環境保全，自然資源の賢明な利用といった持続可能な発展の指標として表現されるものであろう (Department for Environment, Food and Rural Affairs [2007:4])。さらに，権利のネットワークを利用しなくても社会への便益は存在する。すなわち，権利が，現在そして将来にわたって存続し，人々が将来使用することについての選択肢が存在するということ自体に社会に便益をもたらしてくれるとも考えられる。

　将来的に発生しうる便益としては，特に地域の環境保全，自然を共に利用す

る権利によって自然破壊に対し一定の抑制をかけることが可能かどうかが重要となってくる。確かに歩く権利・アクセス権の存在によって，多くの人が立ち入るなどの過剰な土地へのアクセスにより動植物へダメージを与えることになるかもしれない。また，イングランド北部の高地コモンズでは，コモンズを利用した放牧農業が健在であり，そこをレクリエーションも楽しめるアクセス地にしてオープンスペース化することは，持続的に農業を展開してきた農民に対する妨害ともみなせる（三俣［2009］）。しかし，原則として，公的な権利が存在することは，さらなる開発によるダメージに対して防波堤になり，より高い次元での野生生物の生息域を守ることが可能となる。すなわち，歩く権利・アクセス権によって，自然にアクセスする機会が増えることから，自ずと自然保全への関心を持つ人々を育て，増やすことになる。また，土地所有者が自然の現状を大きく変更し，土地所有者と権利を持つ公衆とのバランスが著しく損なった場合は，法律が保障する歩く権利もアクセス権も意味をなさなくなるかもしれない。そのときは，土地所有者の所有権の行使を，自然侵害として歩く権利・アクセス権を武器に裁判でも闘えるという論理も成り立つ（平松［1999:218］）。

　日本では，イングランドのような歩く権利・アクセス権によって，自然侵害に対して公衆が闘う論理は存在していない。そもそも，日本のコミュニティの道，多くの里道が明治時代に官有地化され，一方的に人々が閉め出されることはなく，また自然にアクセスすることが市民のレクリエーションとしてイングランドほど国民的には成立せず，「権利」を意識する必要性が生まれなかった。しかし，私有地においては，所有権の絶対性が過度に強調され，アクセスに対する大きな障害になっている。この排他的な所有権が，監視の目が行き届かないなどにより自然資源の過剰利用を許してしまい，当該資源を著しく毀損し，再生不能に陥らせるというのは，教科書などに出てくる典型的な環境問題の一つである。ただ，日本では，どちらかというと過少利用により自然資源が毀損する場合の方が増えていると思われる。例えば，アカマツ，クヌギやコナラ等からなる里山などの人里に近い自然環境は，薪炭や刈敷（緑肥）を得るために人の手が入ることで構築されてきた環境であり，そこへ人がアクセスしなくな

ることにより荒廃してきているのである。荒廃により，生態系の多様性が失われたり，竹が侵入し山が崩れやすくなっている。アクセス不足が，里山などの人里に近い自然環境の破壊の一因にもなっているのである。

　里山におけるアクセス不足をもたらしているのは，第一義的にはエネルギー革命などにより薪炭や刈敷が必要とされなくなったことがあげられるが，近年，環境教育やレクリエーション目的での里山利用が望まれているにもかかわらず，土地所有者の理解や協力不足でアクセスできないといったこともあげることができる（関東弁護士会連合会編［2005:484］）。「自然資源の所有者」＝「それを管理・利用する地元住民」という構造は崩れており，その意味で，良好な環境を保つためには，所有者ではない地域外住民のアクセスを個々の所有者の善意で認めるだけではなく，公的に土地所有者の同意を得ずとも一定のアクセスを認める方向も必要だと考える。

　つまるところ，これまでは，自由なアクセスは環境破壊につながるという論理構造の方が強かったかもしれないが，今後は，その土地にアクセスできることが，その土地の環境保全につながるという論理構造も作り上げることが，日本においても重要である。土地所有者や地元住民から見ればよそ者と位置づけられる人々が，一定範囲でアクセスするという市民的アクセスを公的な権利として確立することが，その第一歩となる。イングランドはその第一歩を踏み出しているが，日本はまだ踏み出しておらず，里道に関しては慣習的に残っている権利に過ぎないため，より一般的な権利へと拡張することが必要となってくる。日本の強固な土地私有制度によって，冒頭で述べたような外国資本のみが日本国土を蹂躙するという論は受け入れがたいが，強固な土地私有制度自体はもっと問題視してもよいだろう。

　ウォーキングが一般的なレクリエーションとして根付いているイングランドの歩く権利・アクセス権を，そのまま日本に移植することは社会背景が違いすぎることなどから不可能であるが，一物二権，所有権とアクセス権の同居，もしくは少なくとも所有権の排他性をゆるめる形での対応はすべきである。公益的な利用のため私権の一部に制約をかけることになるため，慎重に議論は進めなければならず，歴史を根拠にすることによって形成あるいは獲得されるレジ

ティマシー（正当性）が付与される形で新しい権利が認められなければならない。そのためには，イングランドほどではなくても，日本なりのアクセス運動[10]であったり，単に国道沿いを歩くのではなく，意識的に里道を歩くというようなウォーキングなどの実態が必要である。その上で，自然と利用者，占有者，所有者が「共生」できるような土地になることを目指すことになる。「上から」の権威的規制によって新たな権利を押しつけるのではなく，生業として今なお使用されている土地に関しては，特に占有者の意向を尊重しながら，合意と協力のもとに土地所有者，地元住民や自治体，環境 NGO，さらには都市住民などが利用のルール作りを行い，新たな権利の導入を進めていくあり方が望ましい。

［謝辞］　本研究の一部は，平成 22 年度ニッセイ財団環境問題研究助成（若手研究助成）を受けたものである。ここに謹んで感謝の意を表す次第である。

【注】
1) 入会権の詳細については，川島武宜・潮見俊隆・渡辺洋三編（1968）『入会権の解体Ⅲ』岩波書店を参照のこと。
2) 土地基本法（1989 年制定）の 2 条では，「土地は，現在及び将来における国民のための限られた貴重な資源であること，国民の諸活動にとって不可欠の基盤であること，その利用が他の土地の利用と密接な関係を有するものであること，その価値が主として人口及び産業の動向，土地利用の動向，社会資本の整備状況その他の社会的経済的条件により変動するものであること等公共の利害に関係する特性を有していることにかんがみ，土地については，公共の福祉を優先させるものとする」と規定されている。すなわち，法の趣旨からいえば，土地所有者に最終処分権まですべて明け渡すものではないはずなのだが，実態としては明け渡していると言えよう。宣言法としての限界かもしれない。
3) キンダー・スカウト事件については，Stephenson（1989）を参照のこと。
4) イングランドで，現在，歩く権利が設定された道は 4 種類に分類されている。フットパス（Footpath）とは，歩行者のみが通行権を持っている道で，通常，道標として金属製またはプラスチック製の丸い板に黄色の矢印が描かれたものが用いられる。次に，ブライドルウェイ（Bridleway）とは，歩行者以外に，馬（騎乗）および自転車も通行権を持っている道で，青色の矢印が目印である。リストリクティド・バイウェイ（Restricted

byways) とは，ブライドルウェイで通行できるものに加えて，機械的な推進装置がついていない馬車などの車輛も通行権を持ち，濃い紫色の矢印が目印である。最後に，BOATs (Byways open to all traffic) とは，バイクなどの車輛を含むすべての交通手段が通行権を持ち，赤色の矢印が目印である。
5) 1860年のDawes v Hawkins裁判や，1903年のHarvey v Truro Rural District Council裁判の判決文で記載されている原則である（Riddall etc.［2007:2］)。
6) Department for Environment, Food and Rural Affairs (2007:1-4) および片山 (2009: 61-62) を参照のこと。
7) 近年の典型的な紛争としては，イースト・サセックス州でおきた事件（Kate Ashbrook v East Sussex County Council) をあげることができる。新興地主が，1989年，突如，約140年来使用されてきたフットパスに門を設置，周囲に有刺鉄線を張り巡らし，通行不能にしたことに端を発したものである。ランブラーズ協会による治安裁判所への訴訟では，2000年1月，妨害物の排除と1700ポンド（当時の為替レートで約30万円）の罰金の判決が下ったのだが，地主は判決に一切従わなかった。同年7月，地主側が提案した迂回案について州政府が合意し，州は公衆に了解を求めるための協議の公示をした。この公示に対して異例とも言える約5000もの反対意見があり，ランブラーズ協会は州による妨害物の排除の執行を求めて高等法院に訴えたが却下された。しかしながら，2002年11月，控訴院にて州による迂回案は却下され，2003年2月にはランブラーズ協会によって門が撤去されてフットパスが再開されることになった（Ramblers Association［2003］)。
8) 具体的な新しい里道利用の事例については，泉 (2010) を参照のこと。
9) 神奈川県鎌倉市の広町緑地開発問題では，地元住人たちが実際に里道の存在を開発阻止の一つの手段として用いている。
10) 東京都町田市のNPO法人みどりのゆびなどの各地のフットパス運営・推進団体が集まり，2009年，日本フットパス協会が設立されている。そこでは，直接的には歩く権利の獲得は掲げられていないが，森林や田園地帯，古い街並みなど，地域に昔からあるありのままの風景を楽しみながら歩くことができる小径の整備を重要な活動として位置づけている。

【参考文献】
泉留維 (2010)「里道が担う共的領域：地域資源としてのフットパスの可能性」三俣学・菅豊・井上真編著『ローカル・コモンズの可能性』ミネルヴァ書房。
小川巌 (2007)「フットパスは地域を変える：北海道の取り組みから」淺川昭一郎編『北のランドスケープ：保全と創造』環境コミュニケーションズ。
片山直子 (2009)『英国における環境保全への取り組み』清文社。
関東弁護士会連合会編 (2005)『里山保全の法制度・政策：循環型の社会システムをめざして』創森社。

ぎょうせい編（2005）『長狭物　維持・管理の手引：自治体による旧法定外公共物の運営』。
建設省財産管理研究会編（1999）『地方分権と法定外公共物』ぎょうせい。
東京財団（2011）『グローバル化時代にふさわしい土地制度の改革を』東京財団。
畠山武道（2008）「英国国立公園制度史研究序説」『地球環境学』第4号。
平松紘（1999）『イギリス緑の庶民物語：もうひとつの自然環境保全史』明石書店。
平松紘（2002）『ウォーキング大国イギリス：フットパスを歩きながら自然を楽しむ』明石書店。
平松紘（2003）「イギリスにおける歩く権利法と自然保護」環境法政策学会編『環境政策における参加と情報的手法』商事法務。
寶金敏明（2003）『里道・水路・海浜：長狭物の所有と管理：新訂版』ぎょうせい。
水谷三公（1987）『英国貴族と近代：持続する統治1640-1880』東京大学出版会。
三俣学（2009）「21世紀に生きる英国の高地コモンズ」室田武編著『グローバル時代のローカル・コモンズ』ミネルヴァ書房。

Chubb, Lawrence (1938) *The Rights of Way Act, 1932: Its History and Meaning*, London: Commons Preservation Society.
Department for Environment, Food and Rural Affairs (2007) *the Social and Economic Benefits of Public Rights of Way–Quantifying Value for Money*.
Department for Environment, Food and Rural Affairs (2008) "What are public rights of way?" http://www.defra.gov.uk/rural/countryside/prow/about.htm （2011年4月30日アクセス）
Department for Environment, Food and Rural Affairs (2011) "Access to countryside and coast" http://www.defra.gov.uk/rural/countryside/access/ （2011年4月30日アクセス）
Evans, David (1997) *A History of Nature Conservation in Britain; 2nd ed.*, New York: Routledge.
Harlow, Carol and Richard Rawlings (1992) *Pressure through law*, New York: Routledge.
Natural England (2006) *England Leisure Visits 2005*.
Natural England (2011) "Open Access Land" http://www.naturalengland.org.uk/ourwork/enjoying/places/openaccess/ （2011年4月30日アクセス）
Ramblers Association (2003) "Van Hoogstraten' footpath re-opened" http://www.ramblers.org.uk/news/archive/vanhoogstraten/vanhoogindex （2011年4月30日アクセス）
Ramblers Association (2011) "Our History" http://www.ramblers.org.uk/aboutus/history （2011年4月30日アクセス）

Riddall, John and John Trevelyan (2007) *Rights of Way: a guide to law and practice;* *4th ed.*, London: Ramblers' Association and Open Spaces Society.

Stephenson, Tom (1989) *Forbidden Land: The Struggle for Access to Mountain and Moorland*, Manchester: Manchester University Press.

執筆者紹介 (掲載順)

野口　旭 (のぐち・あさひ)
　　[現職] 専修大学経済学部教授。[専門] 国際経済，経済政策，経済理論史。
　　『経済政策形成の研究―既得観念と経済学の相剋』(編著，ナカニシヤ出版，2007年)，『グローバル経済を学ぶ』(ちくま新書，2007年)，『エコノミストたちの歪んだ水晶玉―経済学は役立たずか』(東洋経済新報社，2006年)，『昭和恐慌の研究』(共著，東洋経済新報社，日経・経済図書文化賞，2004年)，『経済論戦―いまここにある危機の虚像と実像』(日本評論社，2003年)，『ゼロからわかる経済の基本』(講談社現代新書，2002年)，『構造改革論の誤解』(共著，東洋経済新報社，2001年)，『経済学における正統と異端―クラシックからモダンへ』(共編，昭和堂，1995年)。

伊藤萬里 (いとう・ばんり)
　　[現職] 専修大学経済学部准教授。[専門] 国際経済学。
　　『グローバルイノベーション』(共著，慶應義塾大学出版会，2011年)，"Offshore Outsourcing and Productivity: Evidence from Japanese firm-level data disaggregated by tasks" (共著，*Review of International Economics* 19, pp. 555-567, 2011年)。

小島　直 (こじま・なおし)
　　[現職] 専修大学経済学部教授。[専門] エネルギー経済，中東の経済，国際経済。
　　『現代国際経済』(共著，東大出版会，1983年)，『中東情勢と石油の将来』(共著，東洋経済新報社，1984年)，『中東』(共著，自由国民社，1993年)，『天然ガス産業の挑戦』(共著，専修大学出版局，2004年)。

大橋英夫 (おおはし・ひでお)
　　[現職] 専修大学経済学部教授。[専門] アジア経済・開発経済学。
　　『中国企業のルネサンス』(共著，岩波書店，2009年)，『現代中国経済論』(岩波書店，2005年)，『シリーズ現代中国経済5　経済の国際化』(名古屋大学出版会，2003年)，『国際開発の地域比較』(共著，中央経済社，2000年)，『米中経済摩擦：中国経済の国際展開』(勁草書房，1998年)，『香港返還：その軌跡と展望』(共編著，大修館書店，1996年)，『激動のなかの台湾：その変容と転成』(共編著，田畑書店，1992年)，『中国改革開放の経済』(編訳，蒼蒼社，1991年)。

野部公一（のべ・こういち）

[現職] 専修大学経済学部教授。[専門] ソフホーズ史，旧ソ連諸国農業の現状分析。
「ウズベキスタンにおける農業改革：1992～2009年―『漸進的』改革下の『急進的』変化」（『専修経済学論集』45巻1号，2010年），「経済体制移行後のロシア・中央アジア農業と農業政策の現状」（『農業と経済』75巻6号，2009年），「再編途上のカザフスタン農業：1999～2007年」（『専修経済学論集』43巻1号，2008年），「ロシアにおける土地流通・土地市場―実態理解のための若干の考察」奥田央編『20世紀ロシア農民史』（社会評論社，2006年），『CIS農業改革研究序説』（農山漁村文化協会，2003年）。

大倉正典（おおくら・まさのり）

[現職] 専修大学経済学部准教授。[専門] 国際金融。
「中国の省際間資本移動性と非金融企業の投資資金の調達」（専修大学社会科学研究所編『中国社会の現状』専修大学出版局，2009年），『最初の経済学（第三版）』（共著，同文舘出版，2011年）。

飯沼健子（いいぬま・たけこ）

[現職] 専修大学経済学部教授。[専門] 発展途上国研究，ジェンダー研究。
"Polarized Utility of Social Capital in Development: Learning from the Case of Thailand." (The Senshu Social Capital Review, No. 1, 2010)，「ラオスの「移行経済」再考：継続性と非継続性の視点から」（『専修大学人文科学研究所月報』240号，2009年），"Partnerships for Community Development: the LEADER Experience in Scotland." (『専修大学人文科学研究所月報』239号，2009年）。

狐崎知己（こざき・ともみ）

[現職] 専修大学経済学部教授。[専門] 国際関係論・ラテンアメリカ経済。
『グアテマラ内戦後―人間の安全保障の挑戦』（編著，岩波書店，2009年），Civic Identities in Latin America? (編著，Keio University Press, 2008)，『平和・人権・NGO』（編著，新評論，2004年）。

稲田十一（いなだ・じゅういち）

[現職] 専修大学経済学部教授。[専門] 国際協力論，開発と紛争・政治の境界領域。
『開発と平和―脆弱国家支援論』（編著，有斐閣，2009 年），『国際協力―その新しい潮流（新版）』（共著，有斐閣，2009 年），『アジアのガバナンス』（共著，有斐閣，2006 年），『紛争と復興支援―平和構築に向けた国際社会の対応』（編著，有斐閣，2004 年），「開発と政治・紛争をみる新しい視角」（『国際政治』第 165 号，日本国際政治学会，2011 年），「ASEAN における開発と民主化」（黒柳米司編『ASEAN 再活性化への課題』明石書店，2011 年）など。

鈴木直次（すずき・なおつぐ）

[現職] 専修大学経済学部教授。[専門] アメリカ経済・産業論。
『アメリカ社会のなかの日系企業』（東洋経済新報社，1991 年），『アメリカ産業社会の盛衰』（岩波新書，1995 年），『アメリカの経済』（共著，岩波書店，1998 年，同，第 2 版，2005 年），「大量生産方式の普遍性と特殊性」（東大社会科学研究所編『20 世紀システム 2 経済成長 I　基軸』東大出版会，1998 年），「IT 産業の成長と産業構造の変化」（篠原三代平編『経済の停滞と再生』東洋経済新報社，2003 年），「アメリカ IT 産業の成立と世界的展開」（馬場宏二・工藤章編『現代世界経済の構図』ミネルヴァ書房，2009 年）。

堀江洋文（ほりえ・ひろふみ）

[現職] 専修大学経済学部教授。[専門] 近世初期ヨーロッパ史。
「スペイン異端審問制度の史的展開と司法権の時代的・地域的特質」（『専修大学社会科学研究所月報』547），「フランス革命とイギリス議会」（『フランス革命とナポレオン』第 7 章，未来社），'The Lutheran Influence on the Elizabethan Settlement, 1558-1563', *The Historical Journal*, Cambridge Univ. Press, vol. 34, no. 3; 'The Origin and the Historical Context of Archbishop Whitgift's 'orders' of 1586', *Archiv für Reformationsgeschichte*, Gütersloher Verlagshaus, 83.

加藤浩平（かとう・こうへい）

[現職] 専修大学経済学部教授。[専門] ドイツ現代経済論。
『ドイツの統合』（共著，早稲田大学出版局，1999 年），『20 世紀ドイツの光と影』（共著，芦書房，2005 年），『管理された市場経済の生成―介入的自由主義の比較経済史』（共著，日本経済評論社，2009 年）。

永島　剛（ながしま・たけし）
[現職] 専修大学経済学部准教授。[専門] 社会経済史。
「イギリス「大きな社会」構想とソーシャルキャピタル論」（『社会関係資本研究論集』2011年），「20世紀初頭イギリス保健政策における個人主義と団体主義」（『専修経済学論集』2009年），'Sewage disposal and typhoid fever: the case of Tokyo,' *Annales de Demographie Historique* (2004), 「19世紀末イギリスにおける保健行政」（『社会経済史学』2002年）。

毛利健三（もうり・けんぞう）
[現職] 元専修大学経済学部教授，東京大学名誉教授。[専門] イギリス経済・経済史，福祉国家論。
『自由貿易帝国主義―イギリス産業資本の世界展開』（1978年，東京大学出版会），『イギリス福祉国家の研究―社会保障発達の諸画期』（1990年，東京大学出版会），『古典経済学の地平―理論・時代・背景』（2008年，ミネルヴァ書房），『現代イギリス社会政策史1945～1990』（編著，ミネルヴァ書房，1999年）。

泉　留維（いずみ・るい）
[現職] 専修大学経済学部准教授。[専門] コモンズ論，地域通貨論。
「日本における地域通貨の展開と今後の課題」（『専修経済学論集』第40巻 第3号 (97-133), 2006年3月），『環境と公害：経済至上主義から命を育む経済へ』（共著，日本評論社，2007年4月），「里道が担う共的領域：地域資源としてのフットパスの可能性」（三俣学他編『ローカル・コモンズの可能性』ミネルヴァ書房，2010年6月），『コモンズと地方自治：財産区の過去・現在・未来』（共著，日本林業調査会，2011年8月）。

専修大学社会科学研究所　社会科学研究叢書 14
変貌する現代国際経済

2012 年 2 月 10 日　第 1 版第 1 刷

編　者	鈴木直次・野口　旭
発行者	渡辺政春
発行所	専修大学出版局

〒 101-0051　東京都千代田区神田神保町 3-8
㈱専大センチュリー内
電話　03-3263-4230 ㈹

組　版　木下正之
印　刷
製　本　電算印刷株式会社

ⒸNaotsugu Suzuki, Asahi Noguchi et al.
2012 Printed in Japan　ISBN 978-4-88125-264-2

◇専修大学出版局の本◇

社会科学研究叢書 13
中国社会の現状 III
柴田弘捷・大矢根淳 編　　　　　　　　　　　　A5 判　292 頁　3780 円

社会科学研究叢書 12
周辺メトロポリスの位置と変容——神奈川県川崎市・大阪府堺市——
宇都榮子・柴田弘捷 編　　　　　　　　　　　　A5 判　284 頁　3990 円

社会科学研究叢書 11
中国社会の現状 II
専修大学社会科学研究所 編　　　　　　　　　　A5 判　228 頁　3675 円

社会科学研究叢書 10
東アジア社会における儒教の変容
土屋昌明 編　　　　　　　　　　　　　　　　　A5 判　288 頁　3990 円

社会科学研究叢書 9
都市空間の再構成
黒田彰三 編著　　　　　　　　　　　　　　　　A5 判　272 頁　3990 円

社会科学研究叢書 8
中国社会の現状
専修大学社会科学研究所 編　　　　　　　　　　A5 判　220 頁　3675 円

社会科学研究叢書 7
東北アジアの法と政治
内藤光博・古川　純 編　　　　　　　　　　　　A5 判　376 頁　4620 円

社会科学研究叢書 6
現代企業組織のダイナミズム
池本正純 編　　　　　　　　　　　　　　　　　A5 判　266 頁　3990 円

社会科学研究叢書 5
複雑系社会理論の新地平
吉田雅明 編　　　　　　　　　　　　　　　　　A5 判　372 頁　4620 円

社会科学研究叢書 4
環境法の諸相——有害産業廃棄物問題を手がかりに——
矢澤昇治 編　　　　　　　　　　　　　　　　　A5 判　324 頁　4620 円

社会科学研究叢書 3
情報革新と産業ニューウェーブ
溝田誠吾 編著　　　　　　　　　　　　　　　　A5 判　368 頁　5040 円

社会科学研究叢書 2
食料消費のコウホート分析——年齢・世代・時代——
森　宏 編　　　　　　　　　　　　　　　　　　A5 判　388 頁　5040 円

社会科学研究叢書 1
グローバリゼーションと日本
専修大学社会科学研究所 編　　　　　　　　　　A5 判　308 頁　3675 円

（価格は本体＋税）